Eine Tour durch C++

Bjarne Stroustrup

Eine Tour durch C++

Der praktische Leitfaden für modernes C++

Übersetzung aus dem Englischen von
Kathrin Lichtenberg

Bibliografische Information der Deutschen Nationalbibliothek
Die Deutsche Nationalbibliothek verzeichnet diese Publikation in der Deutschen Nationalbibliografie; detaillierte bibliografische Daten sind im Internet über http://dnb.d-nb.de abrufbar.

Bei der Herstellung des Werkes haben wir uns zukunftsbewusst für umweltverträgliche und wiederverwertbare Materialien entschieden.

Der Inhalt ist auf elementar chlorfreiem Papier gedruckt.

ISBN 978-3-7475-0625-7

1. Auflage 2023

www.mitp.de

E-Mail: mitp-verlag@sigloch.de
Telefon: +49 7953 / 7189 - 079
Telefax: +49 7953 / 7189 - 082

Lektorat: Janina Bahlmann
Fachkorrektorat: Philipp Hasper, Conny Lichtenberg
Sprachkorrektorat: Petra Heubach-Erdmann
Covergestaltung: Christian Kalkert
Coverbild: Marco Pregnolato (Unsplash.com: @marco_pregnolato)
Satz: III-satz, Kiel, www.drei-satz.de
Druck: Plump Druck & Medien GmbH, Rheinbreitbach

Inhaltsverzeichnis

Einleitung

Was auch immer du lehren wirst, fasse dich kurz.
– Horaz, Ars poetica 335

C++ fühlt sich an wie eine neue Sprache. Das heißt, man kann Ideen heute deutlicher, leichter und direkter ausdrücken als in C++98 oder C++11. Außerdem werden die daraus entstehenden Programme besser vom Compiler überprüft und laufen schneller.

Dieses Buch bietet Ihnen einen Überblick über das C++, das durch C++20, den aktuellen ISO-C++-Standard, definiert und durch die wichtigsten Anbieter von C++ implementiert wird. Darüber hinaus werden eine Reihe von Bibliothekskomponenten erwähnt, die momentan schon in Gebrauch sind, aber erst mit C++23 in den Standard aufgenommen werden sollen.

Wie andere moderne Sprachen ist C++ umfangreich und es sind viele Bibliotheken erforderlich, um es effektiv benutzen zu können. Dieses recht schmale Buch soll erfahrenen Programmierern eine Vorstellung davon vermitteln, was modernes C++ ausmacht. Es behandelt die wichtigsten Eigenschaften der Sprache sowie die wichtigsten Komponenten der Standardbibliothek. Es ist möglich, das Buch in ein oder zwei Tagen durchzulesen, aber natürlich braucht man mehr als zwei Tage, um zu lernen, gutes C++ zu schreiben. Das Ziel ist hier aber nicht, C++ zu beherrschen. Stattdessen erhalten Sie einen Überblick, zentrale Beispiele und eine gute Ausgangsbasis.

Ich gehe davon aus, dass Sie bereits programmiert haben. Falls nicht, sollten Sie zuerst ein Lehrbuch wie *Programming: Principles and Practice Using C++ (Second edition)* [Stroustrup, 2014] lesen, bevor Sie hier weitermachen[1]. Selbst wenn Sie programmiert haben, könnten die von Ihnen benutzte Sprache oder die von Ihnen geschriebenen Anwendungen sich grundlegend von dem Stil des C++ unterscheiden, der hier vorgestellt wird.

Stellen Sie sich eine Besichtigungstour in einer Stadt wie Kopenhagen oder New York vor. In nur wenigen Stunden erhaschen Sie einen kurzen Blick auf die wichtigsten

1 Anm. zur Übersetzung: Auch im deutschsprachigen Raum sind geeignete Lehrbücher erschienen, beispielsweise *C++ Schnelleinstieg* von (Hasper, 2021) oder *C++ lernen und professionell anwenden* (Prinz/Kirch, 2022).

Sehenswürdigkeiten, hören ein paar Anekdoten und bekommen Vorschläge, was Sie als Nächstes tun könnten. Sie kennen die Stadt nach einer solchen Rundfahrt *nicht*. Sie verstehen *nicht* alles, was Sie gesehen und gehört haben; manche der Geschichten klingen vermutlich seltsam oder sogar unglaubwürdig. Sie kennen auch *nicht* die offiziellen und inoffiziellen Regeln, die das Leben in der Stadt bestimmen. Um eine Stadt wirklich kennenzulernen, müssen Sie darin leben, am besten für viele Jahre. Mit ein bisschen Glück haben Sie allerdings einen Überblick gewonnen, ein Gefühl dafür, was so besonders an der Stadt ist, und können sich vielleicht vorstellen, was für Sie interessant sein könnte. Nach der Tour kann die eigentliche Entdeckungsreise beginnen.

Diese Tour stellt die wichtigsten C++-Spracheigenschaften vor, die Programmierparadigmen unterstützen, wie die objektorientierte und die generische Programmierung. Sie versucht nicht, einen detaillierten, alle Funktionen und Eigenschaften einschließenden Blick auf die Sprache zu liefern – dieses Buch soll kein Referenzhandbuch sein. In bester Lehrbuchtradition versuche ich, ein Feature zu erklären, bevor ich es benutze, aber das ist nicht immer möglich und nicht jeder liest einen Text streng sequenziell. Ich erwarte von meinen Leserinnen und Lesern eine gewisse technische Reife. Sie sind eingeladen, die Querverweise und den Index zu benutzen.

Auch die Standardbibliotheken werden auf dieser Tour nicht allumfassend, sondern nur beispielhaft vorgestellt. Suchen Sie bei Bedarf selbst nach zusätzlichen und unterstützenden Materialien. Das C++-Ökosystem bietet viel mehr als nur die Möglichkeiten, die der ISO-Standard mitbringt (z. B. Bibliotheken, Build-Systeme, Analysewerkzeuge und Entwicklungsumgebungen). Es gibt im Web eine Unmenge an Material (von durchaus unterschiedlicher Qualität). Die Tutorial- und Überblicksvideos von Konferenzen wie CppCon und Meeting C++ werden viele Leserinnen und Leser sicher überaus nützlich finden. Für die technischen Details der Sprache und Bibliothek, die vom ISO-C++-Standard angeboten werden, empfehle ich [Cppreference]. Wenn ich zum Beispiel eine Funktion oder Klasse der Standardbibliothek erwähne, kann deren Definition leicht nachgeschlagen werden. Und in der Dokumentation lassen sich dann auch viele weitere, damit verwandte Möglichkeiten finden.

Diese Tour präsentiert C++ als geschlossenes Ganzes. Entsprechend gebe ich nur selten an, ob Sprachmerkmale zu C, C++98 oder späteren ISO-Standards gehören. Solche Informationen finden Sie in Kapitel 19 (Geschichte und Kompatibilität). Ich konzentriere mich auf die Grundlagen und versuche, mich kurz zu fassen, konnte aber dennoch nicht der Versuchung widerstehen, neue Eigenschaften, wie Module (§3.2.2), Konzepte (§8.2) und Coroutinen (§18.6), ausführlicher zu behandeln. Dass der Schwerpunkt eher auf neueren Entwicklungen liegt, wird auch die Neugier vieler Leserinnen und Leser befriedigen, die bereits ältere Versionen von C++ kennen.

Das Referenzhandbuch oder der Standard einer Sprache hält einfach nur fest, was gemacht werden kann. Programmiererinnen und Programmierer wollen jedoch oft lieber lernen, wie sie die Sprache gut einsetzen können. Diesem Aspekt wird durch die Auswahl der behandelten Themen Genüge getan – zum Teil im Text, vor allem aber in den Abschnitten mit den Ratschlägen. Weitere Hinweise dazu, was gutes, modernes C++ ausmacht, können Sie in den C++ Core Guidelines [Stroustrup, 2015] finden. Die Core Guidelines eignen sich hervorragend, um die in diesem Buch vorgestellten Ideen weiter zu erkunden. Sie werden vermutlich eine bemerkenswerte Ähnlichkeit zwischen der Formulierung und sogar der Nummerierung der Ratschläge in den Core Guidelines und diesem Buch bemerken. Ein Grund dafür ist, dass die erste Auflage von *A Tour of C++* eine wesentliche Quelle für die ersten Core Guidelines war.

Danksagungen

Ein Dank geht an alle, die geholfen haben, die früheren Ausgaben von *A Tour of C++* fertigzustellen und zu korrigieren, vor allem die Studentinnen und Studenten in meinem »Design Using C++«-Kurs an der Columbia University. Ich danke Morgan Stanley, dass sie mir die Zeit gegeben hat, diese dritte Auflage zu verfassen. Danke an Chuck Allison, Guy Davidson, Stephen Dewhurst, Kate Gregory, Danny Kalev, Gor Nishanov und J. C. van Winkel für das Begutachten des Buches und die vielen Verbesserungsvorschläge.

Die Originalausgabe dieses Buches wurde vom Autor mit troff gesetzt, die verwendeten Makros stammten von Brian Kernighan.

Manhattan, New York
Bjarne Stroustrup

Über die Fachkorrektoren der deutschen Ausgabe

Philipp Hasper ist Gründer eines Augmented-Reality-Startups und erfahren in der akademischen und industriellen Entwicklung von KI-Technologien. Er entwickelt mit C++, Java, Python und Typescript und hat bei zahlreichen Open-Source-Projekten mitgewirkt. Von ihm stammt auch das Buch *C++ Schnelleinstieg*, das im mitp-Verlag erschienen ist.

Conny Lichtenberg widmete sich nach seinem Informatikstudium für viele Jahre in seiner eigenen kleinen Firma dem informationstechnischen Allerlei – Systementwurf, Programmierung, Consulting –, bevor er sich neue Herausforderungen suchte und nun Softwareprojekte betreut. Seine Spezialität ist das Werkeln auf der Kommandozeile und er hat den Ehrgeiz, möglichst viele Probleme mit kunstvoll konstruierten regulären Ausdrücken und Pipelines zu lösen.

Kapitel 1

Die Grundlagen

The first thing we do, let's
kill all the language lawyers.
– Henry VI, Part II

1.1 Einführung

Dieses Kapitel präsentiert ganz formlos die Notation von C++, das Speicher- und Berechnungsmodell von C++ sowie die grundlegenden Mechanismen, nach denen Code zu einem Programm zusammengefügt wird. Dies sind die Komponenten, die man vor allem in C sieht und die einen Programmierstil bilden, der als *prozedurale Programmierung* bezeichnet wird.

1.2 Programme

C++ ist eine kompilierte Sprache. Damit ein Programm ausgeführt werden kann, muss sein Quelltext durch einen Compiler verarbeitet werden. Dabei werden Objektdateien erzeugt, die dann ein Linker zu einem ausführbaren Programm kombiniert. Ein C++-Programm besteht typischerweise aus vielen Quellcodedateien (meist einfach *Quelldateien* genannt).

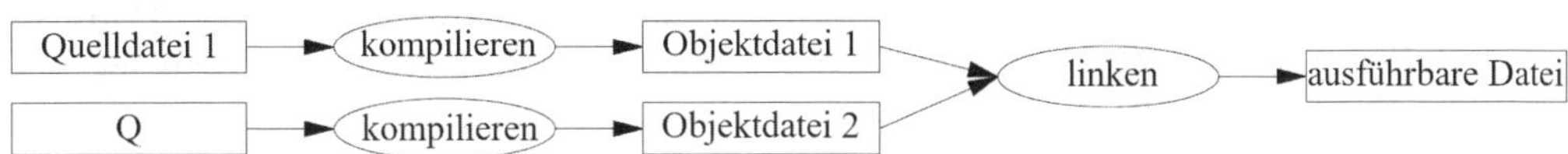

Ein ausführbares Programm wird für eine bestimmte Hardware/System-Kombination erzeugt; es kann nicht von z. B. einem Android-Gerät auf einen Windows-PC übertragen werden. Wenn es um die Portabilität von C++-Programmen geht, dann meinen wir üblicherweise die Portabilität des Quellcodes; das heißt, dass der Quellcode erfolgreich auf einer Vielzahl von Systemen kompiliert und ausgeführt werden kann.

Der ISO-C++-Standard definiert zwei Arten von Entitäten:

- *Elemente der Kernsprache*, wie integrierte Typen (z. B. **char** und **int**) und Schleifen (z. B. **for**- und **while**-Anweisungen)
- *Komponenten der Standardbibliothek*, wie etwa Container (z. B. **vector** und **map**) und I/O-Operationen (z. B. << und **getline()**)

Bei den Komponenten der Standardbibliothek handelt es sich um völlig normalen C++-Code, der von jeder C++-Implementierung bereitgestellt wird. Das heißt, die C++-Standardbibliothek kann selbst in C++ implementiert werden, was auch so ist (mit sehr geringfügigem Einsatz von Maschinencode für Dinge wie **thread**-Kontextwechsel). Das impliziert, dass C++ für die anspruchsvollsten Aufgaben im Bereich der Systemprogrammierung ausreichend ausdrucksstark und effizient ist.

C++ gehört zu den statisch typisierten Sprachen. Das heißt, der Typ jeder Entität (wie etwa Objekt, Wert, Name und Ausdruck) muss dem Compiler an der Stelle bekannt sein, an der sie benutzt wird. Der Typ eines Objekts bestimmt die Menge der Operationen, die darauf angewendet werden können, sowie seine Anordnung im Speicher.

1.2.1 Hello, World!

Das kleinstmögliche C++-Programm ist

```
int main(){}            // das kleinstmögliche C++-Programm
```

Es definiert eine Funktion namens **main()**, die keine Argumente entgegennimmt und nichts tut.

Geschweifte Klammern, **{}**, drücken in C++ eine Gruppierung aus. Hier kennzeichnen sie den Anfang und das Ende des Funktionskörpers. Der doppelte Schrägstrich, **//**, startet einen Kommentar, der bis zum Zeilenende reicht. Ein Kommentar ist für die menschlichen Leserinnen und Leser vorgesehen; der Compiler ignoriert Kommentare.

Jedes C++-Programm muss genau eine globale Funktion namens **main()** besitzen. Das Programm startet, indem es diese Funktion ausführt. Der Integer-Wert **int**, der von **main()** zurückgegeben wird, falls er vorhanden ist, ist der Rückgabewert des Programms an »das System«. Wird kein Wert zurückgegeben, erhält das System einen Wert, der einen erfolgreichen Abschluss des Programms signalisiert. Ist der von **main()** zurückgegebene Wert ungleich null, bedeutet dies ein Fehlschlagen des Programms. Nicht alle Betriebssysteme und Ausführungsumgebungen machen Gebrauch von diesem Rückgabewert: Linux/Unix-Systeme tun es, Windows-Umgebungen dagegen nur selten.

Üblicherweise erzeugt ein Programm irgendeine Ausgabe. Hier ist ein Programm, das **Hello, World!** schreibt:

```
import std;

int main()
{
    std::cout << "Hello, World!\n";
}
```

Die Zeile **import std;** weist den Compiler an, die Deklarationen der Standardbibliothek zur Verfügung zu stellen. Ohne diese Deklarationen wäre der Ausdruck

```
std::cout << "Hello, World!\n"
```

sinnlos. Der Operator **<<** (»ausgeben«) schreibt sein zweites Argument auf sein erstes. In diesem Fall wird das String-Literal **"Hello, World!\n"** auf den Standard-Ausgabe-Stream **std::cout** geschrieben. Ein String-Literal ist eine Folge von Zeichen, die von doppelten Anführungszeichen umgeben sind. In einem String-Literal kennzeichnet der Backslash \ gefolgt von einem anderen Zeichen ein einzelnes »Sonderzeichen«. Hier ist **\n** das Newline-Zeichen. Es werden also die Zeichen **Hello, World!** geschrieben, gefolgt von einem Newline, also dem Steuerzeichen für eine neue Zeile.

std:: gibt an, dass der Name (Bezeichner) **cout** im Namensraum der Standardbibliothek (§3.3) zu finden ist. Ich lasse das **std::** normalerweise weg, wenn es um Standardeigenschaften geht. §3.3 zeigt, wie man Namen aus einem Namensraum auch ohne explizite Qualifizierung sichtbar machen kann.

Die Direktive **import** ist neu in C++20. Es ist noch nicht im Standard verankert, dass die gesamte Standardbibliothek als Modul **std** vorhanden ist. Das wird in §3.2.2 erklärt. Falls Sie Probleme mit **import std;** haben, probieren Sie das altmodische und herkömmliche

```
#include <iostream>          // bindet die Deklarationen für die
                             // I/O-Stream-Bibliothek ein

int main()
{
    std::cout << "Hello, World!\n";
}
```

Das wird in §3.2.1 erklärt und hat in allen C++-Implementierungen seit 1998 funktioniert (§19.1.1).

Im Prinzip wird der gesamte ausführbare Code in Funktionen gepackt und direkt oder indirekt aus **main()** heraus aufgerufen. Zum Beispiel:

```
import std;                  // importiert die Deklarationen für die
                             // Standardbibliothek
using namespace std;         // macht die Namen aus std auch ohne
                             // std:: sichtbar (§3.3)
double square(double x)      // quadriert eine Gleitkommazahl mit doppelter
                             // Genauigkeit
{
     return x*x;
}

void print_square(double x)
{
     cout << "das Quadrat von " << x << " ist " << square(x) << "\n";
}

int main()
{
     print_square(1.234) // Ausgabe: das Quadrat von 1,234 ist 1,52276
}
```

Der »Rückgabetyp« **void** zeigt an, dass die Funktion keinen Wert zurückgibt.

1.3 Funktionen

Die wichtigste Möglichkeit, irgendetwas in einem C++-Programm erledigen zu lassen, besteht darin, dafür eine Funktion aufzurufen. Über das Definieren einer Funktion legen Sie fest, wie eine Operation durchgeführt werden soll. Eine Funktion kann nur aufgerufen werden, wenn sie zuvor deklariert wurde.

Eine Funktionsdeklaration legt den Namen der Funktion, den Typ des zurückgelieferten Werts (falls vorhanden) und die Anzahl und Typen der Argumente fest, die in einem Aufruf angegeben werden müssen. Zum Beispiel:

```
Elem* next_elem();           // kein Argument, liefert einen Zeiger auf
                             // Elem (einen Elem*) zurück
void exit(int);              // int-Argument, liefert nichts zurück
double sqrt(double);         // double-Argument, liefert einen double zurück
```

In einer Funktionsdeklaration steht der Rückgabetyp vor dem Namen der Funktion; die Argumenttypen stehen hinter dem Namen und werden in Klammern eingeschlossen.

Die Semantik der Argumentübergabe ist identisch mit der Semantik der Initialisierung (§3.4.1). Das heißt, die Argumenttypen werden geprüft und falls notwendig findet eine implizite Konvertierung der Argumenttypen statt (§1.4). Zum Beispiel:

```
double s2 = sqrt(2);  // Aufruf von sqrt() mit dem Argument double{2}
double s3 = sqrt("three");  // Fehler: sqrt() verlangt ein Argument des
                            // Typs double
```

Man sollte den Wert einer solchen Prüfung und Typkonvertierung zum Compile-Zeitpunkt nicht unterschätzen.

Eine Funktionsdeklaration könnte Argumentnamen enthalten. Dies kann für den Leser eines Programms hilfreich sein, doch der Compiler ignoriert solche Namen einfach, solange die Deklaration nicht auch eine Funktionsdefinition ist. Zum Beispiel:

```
double sqrt(double d);          // gibt die Quadratwurzel von d zurück
double square(double);          // gibt das Quadrat des Arguments zurück
```

Der Typ einer Funktion besteht aus ihrem Rückgabetyp, gefolgt von einer Abfolge ihrer Argumenttypen in runden Klammern. Zum Beispiel:

```
double get(const vector<double>& vec, int index);   // Typ: double(const
                                                    // vector<double>&,int)
```

Eine Funktion kann Member (Mitglied) einer Klasse sein (§2.3, §5.2.1). Bei einer solchen Member-Funktion ist der Name ihrer Klasse ebenfalls Teil des Funktionstyps. Zum Beispiel:

```
char& String::operator[](int index);    // Typ: char& String::(int)
```

Wir wollen, dass unser Code verständlich ist, weil dies den ersten Schritt auf dem Weg zur Wartungsfreundlichkeit bedeutet. Um Verständlichkeit zu erreichen, zerlegt man als Erstes die Berechnungsaufgaben in sinnvolle Einheiten (dargestellt als Funktionen und Klassen) und benennt diese. Solche Funktionen bilden dann das Grundvokabular der rechnerischen Verarbeitung, genau wie die (integrierten und benutzerdefinierten) Typen das Grundvokabular der Daten bilden. Die C++-Standardalgorithmen (z. B. **`find`**, **`sort`** und **`iota`**) sind ein guter Start (Kapitel 13).

Anschließend können Sie Funktionen, die gängige oder spezialisierte Aufgaben repräsentieren, zu größeren Verarbeitungseinheiten zusammensetzen.

Die Anzahl der Fehler in Code korreliert stark mit der Menge und der Komplexität des Codes. Beiden Problemen können Sie begegnen, indem Sie mehr und kürzere Funktionen verwenden. Eine Funktion zu benutzen, die eine bestimmte Aufgabe erledigt, erspart es oft, mitten in irgendwelchem Code ein spezialisiertes Stück Code schreiben zu müssen; wenn Sie daraus eine Funktion bauen, sind Sie gezwungen, die Aktivität zu benennen und ihre Abhängigkeiten zu dokumentieren. Können Sie keinen passenden Namen finden, dann ist es sehr wahrscheinlich, dass Sie ein Designproblem haben.

Falls zwei Funktionen mit demselben Namen, aber unterschiedlichen Argumenttypen definiert sind, wählt der Compiler bei jedem Aufruf die Funktion, die am passendsten erscheint. Zum Beispiel:

```
void print(int);           // nimmt ein Integer-Argument entgegen
void print(double);        // nimmt ein Gleitkomma-Argument entgegen
void print(string);        // nimmt ein String-Argument entgegen

void user()
{
     print(42);            // ruft print(int) auf
     print(9.65);          // ruft print(double) auf
     print("Barcelona");   // ruft print(string) auf
}
```

Falls zwei alternative Funktionen aufgerufen werden könnten, aber keine von beiden besser als die andere ist, dann gilt der Aufruf als mehrdeutig und der Compiler gibt einen Fehler aus. Zum Beispiel:

```
void print(int, double);
void print(double, int);

void user2()
{
     print(0,0);        // Fehler: mehrdeutig
}
```

Das Definieren mehrerer Funktionen mit demselben Namen wird als *Überladen der Funktion* bezeichnet. Es ist ein wesentlicher Bestandteil der generischen Programmierung (§8.2). Wenn eine Funktion überladen wird, dann sollten alle Funktionen mit demselben Namen die gleiche Semantik implementieren. Die **print()**-Funktionen sind ein Beispiel dafür; jedes **print()** gibt sein Argument aus.

1.4 Typen, Variablen und Arithmetik

Jeder Name und jeder Ausdruck hat einen Typ, der bestimmt, welche Operationen darauf ausgeführt werden dürfen. So legt zum Beispiel die Deklaration

```
int inch;
```

fest, dass **inch** vom Typ **int** ist; das heißt, **inch** ist eine Integer-Variable.

Eine Deklaration ist eine Anweisung, die eine Entität in das Programm einführt und ihren Typ festlegt:

- Ein *Typ* definiert eine Menge an möglichen Werten und eine Menge an Operationen (für ein Objekt).
- Ein *Objekt* ist ein Speicherbereich, der einen Wert eines bestimmten Typs enthält.
- Ein *Wert* ist eine Menge an Bits, die entsprechend einem Typ interpretiert werden.
- Eine *Variable* ist ein benanntes Objekt.

C++ bietet eine ganze Reihe grundlegender Typen, die ich hier aber nicht alle aufführen will. Sie können sie in Referenzquellen finden, etwa in [Cppreference] im Netz. Hier nur einige Beispiele:

```
bool        // Boolean, mögliche Werte sind true und false
char        // Zeichen, zum Beispiel 'a', 'z' und '9'
int         // Integer, zum Beispiel -273, 42 und 1066
double      // Gleitkommazahl doppelter Genauigkeit, zum Beispiel
            // -273.15, 3.14 und 6.626e-34
unsigned    // nichtnegativer Integer, zum Beispiel 0, 1 und 999
            // (wird für bitweise logische Operationen benutzt)
```

Jeder grundlegende Typ besitzt direkt eine Hardware-Entsprechung und hat eine feste Größe, die den Wertebereich festlegt, der darin gespeichert werden kann:

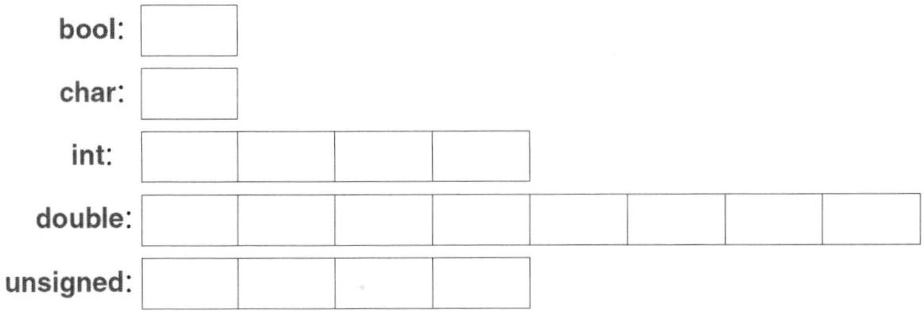

bool:
char:
int:
double:
unsigned:

Eine **char**-Variable hat die natürliche Größe eines Zeichens auf einem bestimmten Computer (üblicherweise handelt es sich um ein 8 Bit langes Byte). Die Größen der anderen Typen sind Vielfaches der Größe eines **char**. Die Größe eines Typs ist von der Implementierung abhängig (d. h. kann auf unterschiedlichen Maschinen verschieden ausfallen) und lässt sich durch den **sizeof**-Operator ermitteln. So ist zum Beispiel **sizeof(char)** gleich **1**, während **sizeof(int)** oft **4** beträgt. Wenn Sie einen Typ einer bestimmten Größe haben wollen, benutzen Sie einen Typ-Alias der Standardbibliothek, wie etwa **int32_t** (§17.8).

Zahlen können als Gleitkommazahlen oder als Integer-Werte vorliegen.

- Gleitkomma-Literale sind an einem Dezimalpunkt (z. B. **3.14**) oder einem Exponenten (z. B. **314e-2**) erkennbar.
- Integer-Literale sind standardmäßig dezimal (z. B. **42** bedeutet zweiundvierzig). Das Präfix **0b** kennzeichnet ein binäres (Basis 2) Integer-Literal (z. B. **0b10101010**). Das Präfix **0x** kennzeichnet ein hexadezimales (Basis 16) Integer-Literal (z. B. **0xBAD12CE3**). Das Präfix **0** kennzeichnet ein oktales (Basis 8) Integer-Literal (z. B. **0334**).

Damit lange Literale für uns Menschen besser lesbar sind, können Sie ein einfaches Anführungszeichen (') als Trennzeichen benutzen. So beträgt zum Beispiel π ungefähr **3.14159'26535'89793'23846'26433'83279'50288** oder, falls Sie die hexadezimale Notation bevorzugen, **0x1.921F'B544'42D1'8P+1**.

1.4.1 Rechenoperatoren

Die arithmetischen Operatoren können für geeignete Kombinationen der Grundtypen benutzt werden:

```
x+y         // Plus
+x          // unäres Plus
x-y         // Minus
-x          // unäres Minus
x*y         // Multiplizieren
x/y         // Dividieren
x%y         // Rest (Modulo) für Integer
```

Das gilt auch für Vergleichsoperatoren:

```
x==y        // Gleich
x!=y        // Ungleich
x<y         // Kleiner als
x>y         // Größer als
x<=y        // Kleiner als oder gleich
x>=y        // Größer als oder gleich
```

Es gibt darüber hinaus auch Logikoperatoren:

```
x&y        // Bitweises Und
x|y        // Bitweises Oder
x^y        // Bitweises Exklusiv-Oder
~ x        // Bitweises Komplement
x&&y       // Logisches Und
x||y       // Logisches Oder
! x        // Logisches Nicht (Negation)
```

Ein bitweiser logischer Operator liefert als Ergebnis den Operandentyp, für den die Operation auf jedem Bit durchgeführt wurde. Die Logikoperatoren **&&** und **||** geben je nach den Werten ihrer Operanden einfach **true** oder **false** zurück.

In Zuweisungen und arithmetischen Operationen führt C++ alle sinnvollen Konvertierungen zwischen den Grundtypen durch, sodass diese frei gemischt werden können:

```
void some_function() // Funktion, die keinen Wert zurückliefert
{
     double d = 2.2; // Initialisiert eine Gleitkommazahl
     int i = 7;      // Initialisiert Integer
     d = d+i;        // Weist d eine Summe zu
     i = d*i;        // Weist i ein Produkt zu; Achtung: das double d*i
                     // wird zu einem int abgeschnitten
}
```

Die in Ausdrücken benutzten Konvertierungen werden als *die üblichen arithmetischen Konvertierungen* bezeichnet und sollen sicherstellen, dass die Ausdrücke mit der höchsten Genauigkeit ihrer Operanden verarbeitet werden. So wird zum Beispiel eine Addition eines **double** und eines **int** mittels Gleitkomma-Arithmetik mit doppelter Genauigkeit ausgeführt.

Beachten Sie, dass = der Zuweisungsoperator ist, == dagegen auf Gleichheit prüft.

Zusätzlich zu den herkömmlichen arithmetischen und logischen Operatoren bietet C++ speziellere Operationen zum Modifizieren einer Variablen:

```
x+=y       // x = x+y
++x        // Inkrementiert: x = x+1
x?=y       // x = x-y
?? x       // Dekrementiert: x = x-1
x*=y       // Skaliert: x = x*y
x/=y       // Skaliert: x = x/y
x%=y       // x = x%y
```

Diese Operatoren sind kompakt, bequem und werden sehr häufig verwendet.

Die Auswertung erfolgt von links nach rechts für **x.y**, **x->y**, **x(y)**, **x[y]**, **x<<y**, **x>>y**, **x&&y** und **x||y**. Zuweisungen (z. B. **x+=y**) werden von rechts nach links ausgewertet. Aus historischen Gründen, die mit dem Drang nach Optimierung zusammenhängen, ist die Auswertungsreihenfolge von anderen Ausdrücken (z. B. **f(x) + g(y)**) sowie von Funktionsargumenten (z. B. **h(f(x),g(y))**) leider nicht festgelegt.

1.4.2 Initialisierung

Bevor ein Objekt benutzt werden kann, muss ihm ein Wert übergeben werden. C++ bietet eine Vielzahl an Notationen zum Ausdrücken einer Initialisierung, wie etwa das bereits vorgestellte = sowie eine universelle Form, nämlich Listen, die durch ein Paar geschweifte Klammern (**{}**) begrenzt werden:

```
double d1 = 2.3;                // Initialisiert d1 auf 2.3
double d2 {2.3};                // Initialisiert d2 auf 2.3
double d3 = {2.3};              // Initialisiert d3 auf 2.3 (das = ist mit
                                // { ... } optional)

complex<double> z = 1;          // eine komplexe Zahl mit
                                // Gleitkomma-Skalaren doppelter
Genauigkeit
complex<double> z2 {d1, d2};
complex<double> z3 = {d1, d2};     // das = ist mit { ... } optional

vector<int> v {1, 2, 3, 4, 5, 6}; // ein Vektor aus ints
```

Die Art, den Operator = zu verwenden, ist traditionell und stammt schon aus C. Falls Sie sich unsicher sind, benutzen Sie die allgemeine **{}**-Listenform. Damit schützen Sie sich zumindest vor Konvertierungen, bei denen Informationen verloren gehen:

```
int i1 = 7.8;          // i1 wird zu 7 (Überraschung?!)
int i2 {7.8};          // Fehler: Gleitkomma- zu Integer-Konvertierung
```

Leider sind Konvertierungen, bei denen Informationen verloren gehen, die sogenannten *verengenden Konvertierungen* (Narrowing Conversions), wie etwa **double** nach **int** und **int** nach **char**, erlaubt und kommen implizit zum Einsatz, wenn Sie = benutzen (nicht jedoch, wenn Sie **{}** verwenden). Die durch implizite verengende Konvertierungen verursachten Probleme sind der Preis, den man für die Kompatibilität zu C bezahlen muss (§19.3).

Eine Konstante (§1.6) kann nicht uninitialisiert bleiben und eine Variable sollte nur unter ausgesprochen seltenen Umständen uninitialisiert bleiben. Führen Sie einen Namen nur dann ein, wenn Sie einen passenden Wert dafür haben. Benutzerdefinierte Typen (wie **string**, **vector**, **Matrix**, **Motor_controller** und **Orc_warrior**) können so definiert werden, dass sie implizit initialisiert werden (§5.2.1).

Wenn Sie eine Variable definieren, müssen Sie deren Typ nicht explizit angeben, falls der Typ sich aus der Initialisierung schlussfolgern lässt:

```
auto b = true;          // ein Boolean
auto ch = 'x';          // ein char
auto i = 123;           // ein int
auto d = 1.2;           // ein double
auto z = sqrt(y);       // z hat den Typ, der von sqrt(y) zurückgegeben wird
auto bb {true};         // bb ist ein Boolean
```

Bei **auto** neigt man meist dazu, = zu benutzen, weil keine potenziell lästige Typkonvertierung im Spiel ist. Falls Sie es jedoch vorziehen, konsistent die **{}**-Initialisierung zu verwenden, so können Sie das auch hier tun.

Man setzt **auto** immer dann ein, wenn es keinen speziellen Grund gibt, den Typ ausdrücklich zu erwähnen. »Spezielle Gründe«, den Typ dennoch anzugeben, sind unter anderem:

- Die Definition ist in einem großen Gültigkeitsbereich, in dem Sie den Leserinnen und Lesern Ihres Codes den Typ ganz eindeutig klarmachen wollen.
- Der Typ des Initialisierers ist nicht offensichtlich.
- Sie wollen den Umfang oder die Genauigkeit einer Variablen ganz ausdrücklich festlegen (z. B. **double** anstelle von **float**).

Durch Verwendung von **auto** werden Redundanz und das Schreiben langer Typnamen vermieden. Das ist vor allem in der generischen Programmierung wichtig, bei der es für die Programmierer schwierig sein kann, den exakten Typ eines Objekts zu kennen, und die Typnamen recht lang sein können (§13.2).

1.5 Gültigkeitsbereich und Lebensdauer

Eine Deklaration führt ihren Namen in einen Gültigkeitsbereich ein:

- *Lokaler Gültigkeitsbereich*: Ein Name, der in einer Funktion (§1.3) oder einem Lambda (§7.3.2) deklariert wurde, wird als *lokaler Name* bezeichnet. Sein Gültigkeitsbereich erstreckt sich vom Punkt der Deklaration bis zum Ende des Blocks, in dem seine Deklaration auftritt. Ein *Block* wird durch ein Paar geschweifte Klammern (**{}**) begrenzt. Namen von Funktionsargumenten werden als lokale Namen betrachtet.

- *Klassen-Gültigkeitsbereich*: Ein Name wird als *Member-Name* (oder *Class-Member-Name*) bezeichnet, wenn er in einer Klasse (§2.2, §2.3, Kapitel 5), aber außerhalb einer Funktion (§1.3), eines Lambda (§7.3.2) oder eines **enum class** (§2.4) definiert wurde. Sein Gültigkeitsbereich erstreckt sich von der öffnenden geschweiften Klammer (**{**) seiner umschließenden Deklaration bis zur dazugehörenden schließenden geschweiften Klammer (**}**).
- *Namensraum-Gültigkeitsbereich*: Ein Name wird als *Namensraum-Member-Name* bezeichnet, wenn er in einem Namensraum (Namespace) (§3.3), aber außerhalb einer Funktion, eines Lambda (§7.3.2), einer Klasse (§2.2, §2.3, Kapitel 5) oder eines **enum class** (§2.4) definiert wurde. Sein Gültigkeitsbereich erstreckt sich vom Punkt der Deklaration bis zum Ende seines Namensraums.

Ein Name, der nicht innerhalb eines anderen Konstrukts deklariert wurde, wird als *globaler Name* bezeichnet und liegt im globalen Namensraum.

Darüber hinaus gibt es Objekte ohne Namen, wie etwa temporäre Objekte und Objekte, die mithilfe von **new** (§5.2.2) erzeugt wurden. Zum Beispiel:

```
vector<int> vec;  // vec ist global (ein globaler Vektor aus Integern)

void fct(int arg) // fct ist global (benennt eine globale Funktion)
                  // arg ist lokal (benennt ein Integer-Argument)
{
    string motto {"Wer wagt, gewinnt"}; // motto ist lokal
    auto p = new Record{"Hume"};        // p zeigt auf ein unbenanntes
                                        // Record (erzeugt durch new)
    // ...
}
struct Record {
    string name; // name ist ein Member von Record (ein String-Member)
    // ...
};
```

Ein Objekt muss vor seiner Benutzung konstruiert (initialisiert) werden. Am Ende seines Gültigkeitsbereichs wird es zerstört. Für ein Namensraumobjekt ist das Ende des Programms der Punkt der Zerstörung. Für ein Member wird der Punkt der Zerstörung durch den Punkt der Zerstörung des Objekts festgelegt, dessen Member es ist. Ein Objekt, das durch **new** erzeugt wurde, »lebt« hingegen, bis es mittels **delete** zerstört wird (§5.2.2).

1.6 Konstanten

C++ unterstützt zwei Arten von *Unveränderlichkeit* (damit ist ein Objekt mit einem unveränderlichen Zustand gemeint):

- **const** bedeutet in etwa: »Ich verspreche, diesen Wert nicht zu verändern«. Dies wird vor allem benutzt, um Schnittstellen zu spezifizieren, damit Daten mithilfe von Zeigern und Referenzen an Funktionen übergeben werden können, ohne dass man befürchten muss, dass sie modifiziert werden. Der Compiler setzt das Versprechen durch, das von **const** gegeben wurde. Der Wert eines **const** kann zur Laufzeit berechnet werden.
- **constexpr** bedeutet in etwa: »wird zum Zeitpunkt des Kompilierens ausgewertet«. Dies wird vor allem dafür verwendet, um Konstanten festzulegen, um die Ablage von Daten in schreibgeschütztem Speicher zu ermöglichen (wo es unwahrscheinlich ist, dass diese beschädigt werden) und zu Performance-Zwecken. Der Wert eines **constexpr** muss vom Compiler berechnet werden.

Zum Beispiel:

```
constexpr int dmv = 17;  // dmv ist eine benannte Konstante
int var = 17;            // var ist keine Konstante
const double sqv = sqrt(var);  // sqv ist eine benannte Konstante,
                         // die möglicherweise zur Laufzeit berechnet wird

double sum(const vector<double>&);     // sum wird sein Argument nicht
                                       // modifizieren (§1.7)

vector<double> v {1.2, 3.4, 4.5};     // v ist keine Konstante
const double s1 = sum(v);      // Okay: sum(v) wird zur Laufzeit
                               // ausgewertet
constexpr double s2 = sum(v);      // Fehler: sum(v) ist kein konstanter
                                   // Ausdruck
```

Damit eine Funktion in einem konstanten Ausdruck verwendet werden kann, das heißt in einem Ausdruck, der vom Compiler ausgewertet wird, muss sie mit **constexpr** oder **consteval** definiert werden. Zum Beispiel:

```
constexpr double square(double x) { return x*x; }

constexpr double max1 = 1.4*square(17);      // Okay: 1.4*square(17) ist
                                             // ein konstanter Ausdruck
constexpr double max2 = 1.4*square(var);      // Fehler: var ist keine
               // Konstante, weshalb square(var) auch keine Konstante ist
```

```
const double max3 = 1.4*square(var);      // Okay: kann zur Laufzeit
                                           // ausgewertet werden
```

Eine **constexpr**-Funktion kann durchaus für nichtkonstante Argumente verwendet werden, allerdings ist das Ergebnis dann kein konstanter Ausdruck. Der Aufruf einer **constexpr**-Funktion mit nichtkonstanten Argumenten ist in Kontexten erlaubt, die keine konstanten Ausdrücke verlangen. Auf diese Weise müssen Sie die gleiche Funktion nicht zweimal definieren: einmal für konstante Ausdrücke und einmal für Variablen. Wenn Sie wollen, dass eine Funktion nur für die Auswertung während des Kompilierens benutzt wird, deklarieren Sie sie mit **consteval** statt mit **constexpr**. Zum Beispiel:

```
consteval double square2(double x) { return x*x; }

constexpr double max1 = 1.4*square2(17);     // Okay: 1.4*square(17) ist
                                              // ein konstanter Ausdruck
const double max3 = 1.4*square2(var);        // Fehler: var ist keine
                                              // Konstante
```

Funktionen, die mit **constexpr** oder **consteval** deklariert werden, sind die C++-Version des Prinzips von reinen Funktionen. Sie können keine Nebeneffekte haben und können nur Informationen verwenden, die ihnen als Argumente übergeben wurden. Insbesondere können sie nichtlokale Variablen nicht modifizieren, aber sie können Schleifen haben und ihre eigenen lokalen Variablen benutzen. Zum Beispiel:

```
constexpr double nth(double x, int n)     // angenommen 0<=n
{
    double res = 1;
    int i = 0;
    while (i<n) {           // while-Schleife: macht etwas, solange
                                  // die Bedingung erfüllt ist (§1.7.1)
        res *= x;
        ++i;
    }
    return res;
}
```

An einigen Stellen verlangen die Regeln der Sprache den Einsatz von konstanten Ausdrücken (z. B. bei Array-Grenzen (§1.7), Case-Bezeichnern (§1.8), Template-Wertargumenten (§7.2) und Konstanten, die mit **constexpr** deklariert werden). In anderen Fällen ist die Auswertung zum Zeitpunkt des Kompilierens aus Performance-Gründen wichtig. Unabhängig von Performance-Fragen ist die Unveränderlichkeit von Objekten eine wichtige Designentscheidung.

1.7 Zeiger, Arrays und Referenzen

Die grundlegendste Form der Sammlung (Collection) von Daten ist ein zusammenhängender Speicherbereich, der mit Elementen desselben Typs belegt ist, ein sogenanntes *Array*. Im Prinzip ist es das, was die Hardware bereitstellt. Ein Array aus Elementen des Typs **char** kann folgendermaßen deklariert werden:

```
char v[6];          // Array aus sechs Zeichen
```

Ein Zeiger (Pointer) auf einen Speicherbereich lässt sich so deklarieren:

```
char* p;            // ein Zeiger auf ein Zeichen
```

In Deklarationen bedeutet **[]** »Array aus« und * »Zeiger auf«. Alle Arrays haben **0** als untere Grenze, sodass **v** die sechs Elemente **v[0]** bis **v[5]** besitzt. Die Größe eines Arrays muss ein konstanter Ausdruck sein (§1.6). Eine Zeigervariable kann die Adresse eines Objekts des entsprechenden Typs enthalten:

```
char* p = &v[3];    // p zeigt auf das vierte Element von v
char x = *p;        // *p ist das Objekt, auf das der Zeiger p zeigt
```

In einem Ausdruck bedeutet das unäre Präfix * »Inhalt von« und das unäre Präfix **&** »Adresse von«. Das kann grafisch so dargestellt werden:

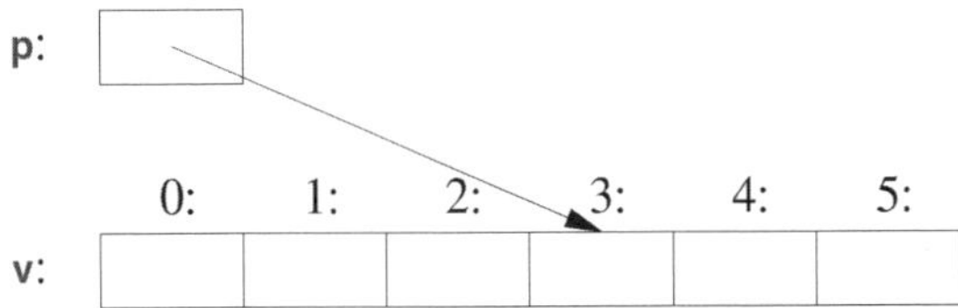

Stellen Sie sich vor, Sie würden die Elemente eines Arrays ausgeben:

```
void print()
{
    int v1[10] = {0, 1, 2, 3, 4, 5, 6, 7, 8, 9};
```

```
    for (auto i=0; i!=10; ++i)      // gibt die Elemente aus
        cout << v[i] << '\n';
    // ...
}
```

Diese **for**-Anweisung kann gelesen werden als: »Setze **i** auf 0; solange **i** noch nicht **10** ist, gib das **i**-te Element aus und erhöhe **i** um 1«. C++ bietet auch eine einfachere **for**-Anweisung, die sogenannte bereichsbasierte **for**-Anweisung, für Schleifen, die eine Sequenz in der einfachsten Weise durchlaufen:

```
void print2()
{
    int v[] = {0, 1, 2, 3, 4, 5, 6, 7, 8, 9};

    for (auto x : v)            // für jedes x in v
        cout << x << '\n';

    for (auto x : {10, 21, 32, 43, 54, 65})   // für jeden Integer in
                                              // der Liste
        cout << x << '\n';
    // ...
}
```

Die erste bereichsbasierte **for**-Anweisung kann gelesen werden als: »Kopiere jedes Element aus **v**, vom ersten bis zum letzten, nach **x** und gib es aus«. Beachten Sie, dass Sie keine Array-Grenze angeben müssen, wenn Sie es mit einer Liste initialisieren. Die bereichsbasierte **for**-Anweisung kann für jede Sequenz von Elementen benutzt werden (§13.1).

Falls Sie die Werte aus **v** nicht in die Variable **x** kopieren wollen, sondern mit **x** nur ein Element referenzieren möchten, könnten Sie schreiben:

```
void increment()
{
    int v[] = {0, 1, 2, 3, 4, 5, 6, 7, 8, 9};

    for (auto& x : v)     // addiert 1 zu jedem x in v
        ++x;
    // ...
}
```

In einer Deklaration bedeutet das unäre Suffix **&** »Referenz auf«. Eine Referenz ist vergleichbar mit einem Zeiger, allerdings müssen Sie nicht das Präfix * benutzen, um auf den Wert zuzugreifen, auf den durch die Referenz verwiesen wird. Außerdem kann im Gegensatz zu einem Zeiger eine Referenz nicht dazu gebracht werden, nach ihrer Initialisierung auf ein anderes Objekt zu verweisen.

Referenzen sind besonders nützlich beim Festlegen von Funktionsargumenten. Zum Beispiel:

```
void sort(vector<double>& v); // sortiert v (v ist ein Vektor aus doubles)
```

Indem Sie eine Referenz benutzen, stellen Sie sicher, dass Sie bei einem Aufruf von **sort(my_vec)** nicht aus Versehen **my_vec** kopieren. Es wird daher tatsächlich **my_vec** sortiert und nicht eine Kopie davon.

Wenn Sie ein Argument nicht modifizieren möchten, aber auch die Kosten des Kopierens vermeiden wollen, benutzen Sie eine **const**-Referenz (§1.6), das heißt eine Referenz auf eine Konstante. Zum Beispiel

```
double sum(const vector<double>&)
```

Funktionen, die **const**-Referenzen übernehmen, sind sehr verbreitet.

In Deklarationen werden Operatoren (wie **&**, * und **[]**) als *Deklaratoroperatoren* bezeichnet:

```
T a[n]     // T[n]: a ist ein Array aus n Ts
T* p       // T*: p ist ein Zeiger auf T
T& r       // T&: r ist eine Referenz auf T
T f(A)     // T(A): f ist eine Funktion, die ein Argument des Typs A
           // entgegennimmt und ein Ergebnis des Typs T zurückgibt
```

1.7.1 Der Null-Pointer

Sie versuchen, dafür zu sorgen, dass ein Zeiger immer auf ein Objekt zeigt, damit beim Dereferenzieren des Zeigers ein gültiges Ergebnis erzeugt wird. Wenn Sie kein Objekt haben, auf das gezeigt wird, oder Sie die Vorstellung vermitteln müssen, dass »kein Objekt verfügbar« ist (z. B. für das Ende einer Liste), dann geben Sie dem Zeiger den Wert **nullptr** (Null-Pointer). Es gibt für alle Typen von Zeigern nur ein **nullptr**:

```
double* pd = nullptr;
Link<Record>* lst = nullptr;     // Zeiger auf einen Link auf ein Record
int x = nullptr;             // Fehler: nullptr ist ein Zeiger, kein Integer
```

Oft erweist es sich als klug zu überprüfen, dass ein Zeigerargument tatsächlich auf etwas zeigt:

```
int count_x(const char* p, char x)
  // zählt, wie oft x in p[] auftritt
  // p soll auf ein 0-terminiertes Array aus char (oder auf nichts) zeigen
{
     if (p==nullptr)
          return 0;
     int count = 0;
     for (; *p!=0; ++p)
          if (*p==x)
               ++count;
     return count;
}
```

Man kann mit **++** einen Zeiger weiterrücken, sodass er auf das nächste Element eines Arrays zeigt, und außerdem den Initialisierer in einer **for**-Anweisung weglassen, wenn er nicht gebraucht wird.

Die Definition **count_x()** geht davon aus, dass **char*** ein *String im Stil von C* ist, das heißt, dass der Zeiger auf ein 0-terminiertes Array aus **char** zeigt. Die Zeichen in einem String-Literal sind unveränderlich, um also **count_x("Hello!")** zu verarbeiten, habe ich **count_x()** mit einem **const char***-Argument deklariert.

In älterem Code wird anstelle von **nullptr** üblicherweise **0** oder **NULL** benutzt. Mit **nullptr** vermeidet man jedoch eine mögliche Verwechslung zwischen Integern (wie **0** oder **NULL**) und Zeigern (wie **nullptr**).

In dem **count_x()**-Beispiel benutze ich für die **for**-Anweisung keinen Initialisierer, Sie können also auch die einfachere **while**-Anweisung einsetzen:

```
int count_x(const char* p, char x)
  // zählt, wie oft x in p[] auftritt
  // p soll auf ein 0-terminiertes Array aus char (oder auf nichts) zeigen
{
     if (p==nullptr)
          return 0;
     int count = 0;
     while (*p) {
          if (*p==x)
               ++count;
          ++p;
     }
     return count;
}
```

Die **while**-Anweisung wird ausgeführt, bis ihre Bedingung **false** wird.

Das Prüfen eines numerischen Werts (z. B. **while (*p)** in **count_x()**) ist äquivalent mit dem Vergleich des Werts mit **0** (hier also **while (*p!=0)**). Das Prüfen eines Zeigerwerts (z. B. **if (p)**) ist äquivalent mit dem Vergleich des Werts mit dem **nullptr** (hier also **if (p!=nullptr)**).

Es gibt keine »Nullreferenz«. Eine Referenz muss auf ein gültiges Objekt verweisen (und die Implementierungen gehen davon aus, dass sie es tut). Es gibt obskure und schlaue Möglichkeiten, diese Regel zu verletzen – machen Sie das nicht!

1.8 Bedingungen prüfen

C++ stellt die übliche Menge an Anweisungen zum Ausdrücken von Verzweigungen und Schleifen bereit, wie etwa **if**-Anweisungen, **switch**-Anweisungen, **while**- und **for**-Schleifen. Hier ist zum Beispiel eine einfache Funktion, die eine Benutzereingabe anfordert und einen booleschen Wert zurückgibt, der die Antwort anzeigt:

```
bool accept()
{
    cout << "Wollen Sie weitermachen (j oder n)?\n"; // Frage anzeigen
    char answer = 0;        // auf einen Wert initialisieren, der nicht in
                            // der Eingabe auftaucht
    cin >> answer;          // Antwort lesen

    if (answer == 'j')
        return true;
    return false;
}
```

Passend zum Ausgabeoperator **<<** (»ausgeben an«) gibt es den **>>**-Operator (»einlesen von«) für Eingaben; **cin** ist der Standard-Eingabe-Stream (Kapitel 11). Der Typ des rechten Operanden von **>>** legt fest, welche Eingabe akzeptiert wird; der rechte Operand ist außerdem das Ziel der Eingabeoperation. Das Zeichen **\n** am Ende des Ausgabestrings repräsentiert ein Newline (§1.2.1).

Beachten Sie, dass die Definition von **answer** dort erscheint, wo sie benötigt wird (und nicht schon vorher). Eine Deklaration kann überall dort auftauchen, wo auch eine Anweisung stehen kann.

Das Beispiel lässt sich noch verbessern, indem man auch die Antwort **n** (für »nein«) berücksichtigt:

```
bool accept2()
{
    cout << "Wollen Sie weitermachen (j oder n)?\n";  // Frage anzeigen
    char answer = 0;      // auf einen Wert initialisieren, der nicht in
                          // der Eingabe auftaucht
    cin >> answer;        // Antwort lesen

    switch (answer) {
    case 'j':
        return true;
    case 'n':
        return false;
    default:
        cout << "Das ist dann wohl ein Nein.\n";
        return false;
    }
}
```

Eine **switch**-Anweisung prüft einen Wert gegen eine Menge aus Konstanten. Diese Konstanten, **case**-Bezeichner genannt, müssen eindeutig sein. Falls der geprüfte Wert zu keinem der Bezeichner passt, wird **default** gewählt. Gibt es keinen zu dem Wert passenden **case**-Bezeichner und wurde auch kein **default** angegeben, dann findet gar keine Aktion statt.

Sie müssen ein **case** nicht verlassen, indem Sie aus der Funktion zurückkehren, die seine **switch**-Anweisung enthält. Oft wollen Sie die Ausführung mit der Anweisung fortsetzen, die auf die **switch**-Anweisung folgt. Das können Sie mit einer **break**-Anweisung erreichen. Schauen Sie sich als Beispiel einen überaus geschickten, wenn auch simplen Parser für ein einfaches, befehlsgesteuertes Videospiel an:

```
void action()
{
    while (true) {
        cout << "Aktion eingeben:\n";    // Aktion anfordern
        string act;
        cin >> act;                      // Zeichen in einen String einlesen
        Point delta {0,0};               // Point enthält ein {x,y} Paar

        for (char ch : act) {
            switch (ch) {
            case 'u':                    // nach oben (up)
```

```
            case 'n':                    // nach Norden
                ++delta.y;
                break;
            case 'r':                    // nach rechts
            case 'e':                    // nach Osten (east)
                ++delta.x;
                break;
           // ... weitere Aktionen ...
            default:
                cout << "Ich hänge fest!\n";
            }
            move(current+delta*scale);
            update_display();
        }
    }
}
```

Genau wie eine **for**-Anweisung (§1.7) kann eine **if**-Anweisung eine Variable einführen und prüfen. Zum Beispiel:

```
void do_something(vector<int>& v)
{
    if (auto n = v.size(); n!=0) {
       // ... wir kommen hierher, falls n!=0 ...
    }
   // ...
}
```

Hier wird der Integer **n** für die Verwendung in der **if**-Anweisung definiert, mit **v.size()** initialisiert und sofort mit der Bedingung **n!=0** hinter dem Semikolon geprüft. Ein Name, der in einer Bedingung deklariert wird, befindet sich im Gültigkeitsbereich beider Zweige der **if**-Anweisung.

Wie bei der **for**-Anweisung deklariert man einen Namen in der Bedingung einer **if**-Anweisung, um den Gültigkeitsbereich der Variablen zu beschränken, womit man die Lesbarkeit verbessert und Fehler minimiert.

Am gebräuchlichsten ist es, eine Variable gegen **0** (oder den **nullptr**) zu prüfen. Dazu verzichten Sie einfach auf die explizite Erwähnung der Bedingung. Zum Beispiel:

```
void do_something(vector<int>& v)
{
```

```
    if (auto n = v.size()) {
        // ... wir kommen hierher, falls n!=0 ...
    }
    // ...
}
```

Nutzen Sie nach Möglichkeit immer diese knappere und einfachere Form.

1.9 Auf Hardware abbilden

C++ ermöglicht eine direkte Abbildung auf Hardware. Wenn Sie eine der grundlegenden Operationen benutzen, dann wird Ihre Implementierung die sein, die die Hardware bietet. Zum Beispiel führt das Addieren zweier **int**, **x+y**, direkt den entsprechenden Maschinenbefehl aus.

Eine C++-Implementierung sieht den Speicher eines Computers als eine Sequenz von Speicherorten, in die sie (typisierte) Objekte legen kann, die sie mithilfe von Zeigern adressiert, also anspricht:

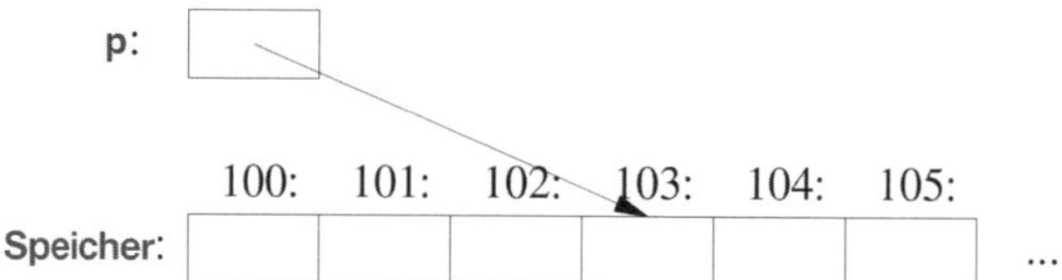

Ein Zeiger wird im Speicher als eine Maschinenadresse dargestellt, der numerische Wert von **p** in dieser Abbildung wäre also **103**. Falls das verdächtig nach einem Array (§1.7) aussieht, dann liegt das daran, dass ein Array für C++ die grundsätzliche Abstraktion einer »fortlaufenden Abfolge von Objekten im Speicher« ist.

Die einfache Abbildung grundlegender Sprachkonstrukte auf die Hardware ist entscheidend für die sagenhafte, maschinennahe Arbeitsweise, für die C und C++ seit Jahrzehnten berühmt sind. Das C und C++ zugrunde liegende Maschinenmodell basiert tatsächlich auf der Computerhardware und nicht auf irgendwelchen Formen von Mathematik.

1.9.1 Zuweisung

Eine Zuweisung eines integrierten Typs ist ein einfacher Kopierbefehl auf Maschinenebene. Nehmen Sie dies hier an:

```
int x = 2;
int y = 3;
x = y;          // x wird 3; wir erhalten also x==y
```

Das ist eindeutig. Grafisch kann das so dargestellt werden:

x: 2   y: 3   x = y;   x: 3   y: 3

Die zwei Objekte sind unabhängig voneinander. Sie können den Wert von **y** ändern, ohne dass der Wert von **x** beeinträchtigt wird. Zum Beispiel verändert **x=99** den Wert von **y** nicht. Anders als in Java, C# und anderen Sprachen – aber genauso wie in C – gilt das für alle Typen, nicht nur für **int**s.

Falls Sie wollen, dass unterschiedliche Objekte auf den gleichen (gemeinsam genutzten) Wert verweisen, dann müssen Sie das angeben. Zum Beispiel:

```
int x = 2;
int y = 3;
int* p = &x;
int* q = &y;   // p!=q und *p!=*q
p = q;         // p wird &y; jetzt ist p==q, also (offensichtlich) *p==*q
```

Grafisch wird das so ausgedrückt:

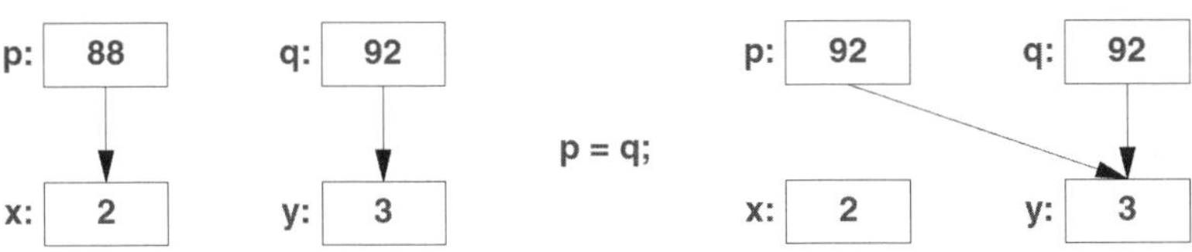

Ich habe willkürlich **88** und **92** als Adressen gewählt. Wieder können Sie sehen, dass das Objekt, auf das die Zuweisung erfolgt, den Wert aus dem zugewiesenen Objekt erhält, wodurch sich zwei unabhängige Objekte (hier: Zeiger) mit demselben Wert ergeben. Das heißt, **p=q** ergibt **p==q**. Nach **p=q** zeigen beide Zeiger auf **y**.

Eine Referenz und ein Zeiger verweisen/zeigen beide auf ein Objekt und beide werden im Speicher als Maschinenadresse dargestellt. Allerdings folgen sie unterschiedlichen Regeln in der Sprache. Die Zuweisung auf eine Referenz verändert nicht, worauf die Referenz verweist, sondern ändert den Inhalt des referenzierten Objekts:

```
int x = 2;
int y = 3;
int& r = x;     // r verweist auf x
int& r2 = y;    // r2 verweist auf y
r = r2;         // liest aus r2, schreibt auf r: x wird zu 3
```

Grafisch kann es so dargestellt werden:

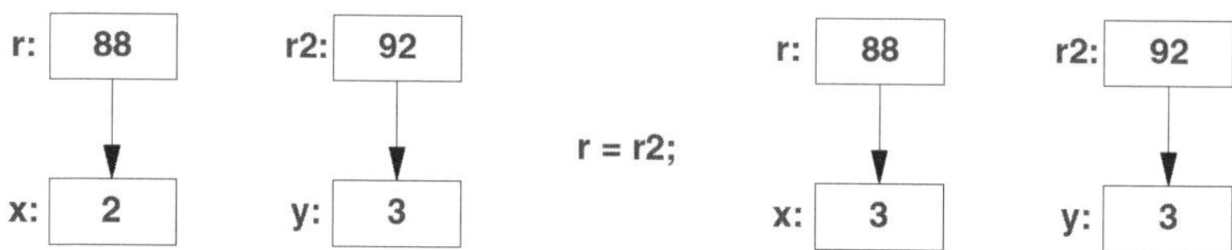

Um auf den Wert zuzugreifen, auf den mit einem Zeiger gezeigt wird, benutzen Sie *; das wird für eine Referenz implizit gemacht.

Neben **x=y** haben Sie **x==y** für jeden integrierten Typ und gut designten benutzerdefinierten Typ (Kapitel 1), der = (Zuweisung) und == (Prüfung auf Gleichheit) anbietet.

1.9.2 Initialisierung

Die Initialisierung unterscheidet sich von der Zuweisung. Damit eine Zuweisung korrekt funktioniert, muss das Objekt, dem etwas zugewiesen wird, schon einen Wert haben. Die Aufgabe der Initialisierung andererseits ist es, ein nichtinitialisiertes Stück Speicher zu einem gültigen Objekt zu machen. Für fast alle Typen ist nicht definiert, welche Wirkung es hat, wenn aus einer nichtinitialisierten Variablen gelesen oder auf sie geschrieben wird. Betrachten Sie die Referenzen:

```
int x = 7;
int& r {x};     // bindet r an x (r verweist auf x)
r = 7;          // Zuweisung auf das, worauf r verweist

int& r2;        // Fehler: nichtinitialisierte Referenz
r2 = 99;        // Zuweisung auf das, worauf r2 verweist
```

Glücklicherweise können Sie keine nichtinitialisierte Referenz haben; wäre es möglich, dann würde dieses **r2 = 99** die **99** zu irgendeinem unspezifizierten Speicherort zuweisen; die Folge wären falsche Ergebnisse oder ein Absturz.

Sie können = verwenden, um eine Referenz zu initialisieren, aber lassen Sie sich davon nicht verwirren. Zum Beispiel:

```
int& r = x;   // bindet r an x (r verweist auf x)
```

Das ist immer noch eine Initialisierung, die **r** an **x** bindet, und nicht irgendeine Form des Kopierens von Werten.

Die Unterscheidung zwischen Initialisierung und Zuweisung ist auch für viele benutzerdefinierte Typen ausgesprochen wichtig, etwa für **string** und **vector**, bei denen das Objekt, dem etwas zugewiesen wurde, eine Ressource besitzt, die irgendwann wieder freigegeben werden muss (§6.3).

Die grundlegende Semantik der Argumentübergabe und Funktionswertrückgabe ist die der Initialisierung (§3.4). Zum Beispiel erhalten Sie auf diese Weise Referenzparameter (§3.4.1).

1.10 Ratschläge

Die Ratschläge, die Sie hier sehen, sind den C++ Core Guidelines [Stroustrup, 2015][1] entnommen. Verweise auf Guidelines sehen so aus: [CG: ES.23], womit die 23. Regel im *Expressions and Statement* gemeint wäre. Im Allgemeinen bietet eine solche Core Guideline weitere Erklärungen und Beispiele.

[1] Keine Panik! Alles wird im Laufe der Zeit klarer; §1.1; [CG: In.0].

[2] Benutzen Sie nicht ausschließlich die integrierten Features. Viele grundlegende (integrierte) Features verwendet man normalerweise am besten indirekt durch Bibliotheken, wie die ISO-C++-Standardbibliothek (Kapitel 9–Kapitel 18); [CG: P.13].

[3] Binden Sie die benötigten Bibliotheken mit **#include** oder (vorzugsweise) **import** ein, um das Programmieren zu vereinfachen; §1.2.1.

[4] Sie müssen nicht jede Einzelheit von C++ kennen, um gute Programme zu schreiben.

[5] Konzentrieren Sie sich auf Programmiertechniken, nicht auf Spracheigenschaften.

[6] Der ISO-C++-Standard ist die entscheidende Instanz bei Fragen und Problemen zur Sprachdefinition; §19.1.3; [CG: P.2].

[7] »Verpacken« Sie sinnvolle Operationen in Funktionen mit sorgfältig ausgewählten Namen; §1.3; [CG: F.1].

[8] Eine Funktion sollte eine einzige logische Operation ausführen; §1.3; [CG: F.2].

[9] Fassen Sie sich bei den Funktionen kurz; §1.3; [CG: F.3].

[10] Verwenden Sie das Überladen, wenn Funktionen konzeptuell die gleiche Aufgabe mit unterschiedlichen Typen ausführen; §1.3.

[11] Falls eine Funktion zum Zeitpunkt des Kompilierens ausgewertet werden darf, deklarieren Sie sie mit **constexpr**; §1.6; [CG: F.4].

[12] Falls eine Funktion zum Zeitpunkt des Kompilierens ausgewertet werden muss, deklarieren Sie sie mit **consteval**; §1.6.

1 `https://github.com/isocpp/CppCoreGuidelines/blob/master/CppCoreGuidelines.md`

[13] Falls eine Funktion keine Nebeneffekte haben darf, deklarieren Sie sie mit **constexpr** oder **consteval**; §1.6; [CG: F.4].

[14] Entwickeln Sie Verständnis dafür, wie die Grundelemente der Sprache auf die Hardware abgebildet werden; §1.4, §1.7, §1.9, §2.3, §5.2.2, §5.4.

[15] Nutzen Sie Trennzeichen, um große Literale besser lesbar zu machen; §1.4; [CG: NL.11].

[16] Vermeiden Sie komplizierte Ausdrücke; [CG: ES.40].

[17] Vermeiden Sie verengende Konvertierungen; §1.4.2; [CG: ES.46].

[18] Minimieren Sie den Gültigkeitsbereich einer Variablen; §1.5, §1.8.

[19] Halten Sie die Gültigkeitsbereiche klein; §1.5; [CG: ES.5].

[20] Vermeiden Sie »magische Konstanten«, verwenden Sie symbolische Konstanten; §1.6; [CG: ES.45].

[21] Bevorzugen Sie unveränderliche Daten; §1.6; [CG: P.10].

[22] Deklarieren Sie (nur) einen Namen pro Deklaration; [CG: ES.10].

[23] Halten Sie häufig benutzte und lokale Namen (Bezeichner) kurz; halten Sie selten benutzte und nichtlokale Namen länger; [CG: ES.7].

[24] Vermeiden Sie ähnlich aussehende Namen; [CG: ES.8].

[25] Vermeiden Sie **ALL_CAPS**-Namen; [CG: ES.9].

[26] Benutzen Sie **auto**, um sich wiederholende Typnamen zu vermeiden; §1.4.2; [CG: ES.11].

[27] Vermeiden Sie nichtinitialisierte Variablen; §1.4; [CG: ES.20].

[28] Deklarieren Sie eine Variable erst, wenn Sie einen Wert haben, mit dem Sie sie initialisieren können; §1.7, §1.8; [CG: ES.21].

[29] Wenn Sie eine Variable in der Bedingung einer **if**-Anweisung deklarieren, dann bevorzugen Sie die Version mit dem impliziten Prüfen gegen **0** oder **nullptr**; §1.8.

[30] Bevorzugen Sie bereichsbasierte **for**-Schleifen gegenüber **for**-Schleifen mit einer expliziten Schleifenvariablen; §1.7.

[31] Benutzen Sie **unsigned** nur für Bit-Manipulationen; §1.4; [CG: ES.101][CG: ES.106].

[32] Halten Sie die Verwendung von Zeigern einfach und unkompliziert; §1.7; [CG: ES.42].

[33] Benutzen Sie **nullptr** statt **0** oder **NULL**; §1.7; [CG: ES.47].

[34] Sagen Sie in Kommentaren nichts, was ganz klar in Code ausgedrückt werden kann; [CG: NL.1].

[35] Drücken Sie in Kommentaren Ihre Absichten aus; [CG: NL.2].

[36] Wahren Sie einen konsistenten Stil bei Ihren Einrückungen; [CG: NL.4].

Kapitel 2

Benutzerdefinierte Typen

Keine Panik!
— Douglas Adams

2.1 Einführung

Wir bezeichnen die Typen, die aus den grundlegenden Typen (§1.4), dem **`const`**-Modifikator (§1.6) und den Deklaratoroperatoren (§1.7) erstellt werden können, als *integrierte Typen*. Die Menge der in C++ integrierten Typen und Operationen ist sehr umfassend, bewegt sich aber bewusst auf einem niedrigen Level. Sie spiegeln direkt und effizient die Fähigkeiten der herkömmlichen Computerhardware wider. Allerdings bieten sie den Programmiererinnen und Programmierern keine leistungsfähige Unterstützung, um bequem fortschrittliche und moderne Anwendungen zu schreiben. Stattdessen erweitert C++ die integrierten Typen und Operationen um einen ausgefeilten Satz von *Abstraktionsmechanismen*, aus denen Programmiererinnen und Programmierer solche modernen Instrumente aufbauen können.

Die C++-Abstraktionsmechanismen sind vor allem dazu gedacht, den Entwurf und die Implementierung eigener Typen mit passenden Repräsentationen und Operationen und den eleganten und einfachen Einsatz dieser Typen zu erlauben. Typen, die mithilfe der C++-Abstraktionsmechanismen aus anderen Typen gebaut werden, nennt man *benutzerdefinierte Typen*. Sie werden als *Klassen* und *Aufzählungen* (Enumerationen) bezeichnet. Benutzerdefinierte Typen können sowohl aus integrierten als auch aus anderen benutzerdefinierten Typen zusammengestellt werden. Der größte Teil dieses Buches ist dem Entwurf, der Implementierung und der Verwendung benutzerdefinierter Typen gewidmet. Benutzerdefinierte Typen werden oft gegenüber integrierten Typen bevorzugt, weil sie einfacher einzusetzen, weniger fehleranfällig und bei dem, was sie machen, meist ebenso effizient, wenn nicht gar effizienter sind als die integrierten Typen.

In diesem Kapitel lernen Sie die einfachsten und grundlegendsten Möglichkeiten zum Definieren und Benutzen von Typen kennen. Die Kapitel 4 bis Kapitel 8 enthalten eine vollständigere Beschreibung der Abstraktionsmechanismen und der Programmierstile, die von ihnen unterstützt werden. Benutzerdefinierte Typen sind das Rückgrat der Standardbibliothek, weshalb die entsprechenden Kapitel zur Standardbibliothek, nämlich die Kapitel 9 bis Kapitel 17, Beispiele dafür bieten, was mithilfe der Sprachmöglichkeiten und Programmiertechniken umgesetzt werden kann, die in Kapitel 1 bis Kapitel 8 vorgestellt werden.

2.2 Strukturen

Der erste Schritt beim Erstellen eines neuen Typs besteht oft darin, die Elemente, die dieser benötigt, in einer Datenstruktur, einem **struct**, zu organisieren:

```
struct Vector {
     double* elem;       // Zeiger auf Elemente
     int sz;             // Anzahl der Elemente
};
```

Diese erste Version von **Vector** besteht aus einem **int** und einem **double***.

Eine Variable des Typs **Vector** kann so definiert werden:

```
Vector v;
```

Für sich allein genommen nützt das jedoch nicht viel, da der **elem**-Zeiger von **v** nirgendwohin zeigt. Damit das Ganze sinnvoll wird, müssen Sie **v** einige Elemente übergeben, auf die gezeigt werden kann. Zum Beispiel:

```
void vector_init(Vector& v, int s)     // initialisiert einen Vektor
{
     v.elem = new double[s];           // alloziert ein Array aus s-doubles
     v.sz = s;
}
```

Das bedeutet, das Member **elem** von **v** erhält einen Zeiger, der durch den Operator **new** erzeugt wurde, und das Member **sz** von **v** erhält die Anzahl der Elemente. Das **&** in **Vector&** zeigt an, dass Sie **v** durch eine Nicht-**const**-Referenz übergeben (§1.7); auf diese Weise kann **vector_init()** den Vektor modifizieren, der an sie (also die Funktion **vector_init()**) übergeben wird.

Der **new**-Operator weist Speicher aus einem Bereich zu, der *freier Speicher* (auch: *dynamischer Speicher* und *Heap*) genannt wird. Objekte, die auf den freien Speicher gelegt werden, sind unabhängig vom Gültigkeitsbereich, in dem sie erzeugt werden, und »leben«, bis sie mit dem **delete**-Operator zerstört werden (§5.2.2).

Eine einfache Verwendung von **Vector** sieht so aus:

```
double read_and_sum(int s)
    // liest s Integer aus cin und gibt ihre Summe zurück;
    // s wird als positiv angenommen
{
    Vector v;
```

```
    vector_init(v,s);       // reserviert s Elemente für v

    for (int i=0; i!=s; ++i)
        cin>>v.elem[i];       // Einlesen in die Elemente
    double sum = 0;
    for (int i=0; i!=s; ++i)
        sum+=v.elem[i];       // berechnet die Summe der Elemente
    return sum;
}
```

Es ist noch eine Menge zu tun, bis dieser **Vector** so elegant und flexibel ist wie der **vector** aus der Standardbibliothek. Insbesondere muss jemand, der **Vector** verwendet, jedes Detail von dessen Repräsentation kennen. Im Laufe dieses Kapitels und in den nächsten beiden Kapiteln werde ich **Vector** als Beispiel für die Eigenschaften und Techniken der Sprache verwenden und schrittweise verbessern. In Kapitel 12 wird dann der **vector** aus der Standardbibliothek vorgestellt, der viele schöne Verbesserungen enthält.

Ich verwende **vector** und andere Standardbibliothekskomponenten als Beispiele

- zum Verdeutlichen von Sprachmerkmalen und Entwurfstechniken und
- um Ihnen zu helfen, die Standardbibliothekskomponenten kennenzulernen und einzusetzen.

Erfinden Sie Komponenten der Standardbibliothek wie **vector** und **string** nicht neu, sondern benutzen Sie sie. Die Namen der Typen aus der Standardbibliothek werden mit Kleinbuchstaben geschrieben. Um sie daher von den Namen der Typen zu unterscheiden, mit denen ich Entwurfs- und Implementierungstechniken demonstrieren möchte (wie **Vector** und **String**), schreibe ich diese mit einem großen Anfangsbuchstaben.

Sie verwenden **.** (Punkt), um über einen Namen (und eine Referenz) auf **struct**-Member zuzugreifen. Um über einen Zeiger auf **struct**-Member zuzugreifen, verwenden Sie **->**. Zum Beispiel:

```
void f(Vector v, Vector& rv, Vector* pv)
{
    int i1 = v.sz;          // Zugriff über den Namen
    int i2 = rv.sz;         // Zugriff über eine Referenz
    int i3 = pv?>sz;        // Zugriff über einen Zeiger
}
```

2.3 Klassen

Es hat seine Vorteile, die Daten getrennt von den Operationen zu spezifizieren. So können die Daten zum Beispiel auf beliebige Weise eingesetzt werden. Allerdings wird eine engere Verbindung zwischen der Repräsentation und den Operationen benötigt, damit ein benutzerdefinierter Typ alle Eigenschaften haben kann, die von einem »echten Typ« erwartet werden. Insbesondere wollen Sie oft die Repräsentation für die Benutzerinnen und Benutzer unzugänglich halten, um die Verwendung zu vereinfachen, den konsistenten Einsatz der Daten zu garantieren und zu erlauben, die Repräsentation später zu verbessern. Dazu müssen Sie zwischen der Schnittstelle zu einem Typ (die von allen benutzt werden kann) und seiner Implementierung (die Zugriff auf die ansonsten unzugänglichen Daten hat) unterscheiden. Der hierzu eingesetzte Sprachmechanismus wird als Klasse bezeichnet. Eine Klasse hat eine Menge von *Membern* (Mitgliedern), bei denen es sich um Daten, Funktionen oder Typen handeln kann.

Die Schnittstelle einer Klasse wird durch ihre **public**-Member definiert; auf ihre **private**-Member kann nur durch diese Schnittstelle zugegriffen werden. Die **public**- und **private**-Teile einer Klassendeklaration können in beliebiger Reihenfolge angeordnet sein. Üblich ist es jedoch, zuerst die **public**-Deklarationen vorzunehmen und anschließend die **private**-Deklarationen. Ein Sonderfall ist, wenn man die Repräsentation hervorheben möchte. Dieses Beispiel zeigt den Normalfall:

```
class Vector {
public:
    Vector(int s) :elem{new double[s]}, sz{s} { }
                        // konstruiert einen Vektor
    double& operator[](int i) { return elem[i]; }
                        // Elementzugriff: Indizierung
    int size() { return sz; }
private:
    double* elem;           // Zeiger auf die Elemente
    int sz;                 // die Anzahl der Elemente
};
```

Nachdem Sie das haben, können Sie eine Variable Ihres neuen Typs **Vector** definieren:

```
Vector v(6);          // ein Vektor mit 6 Elementen
```

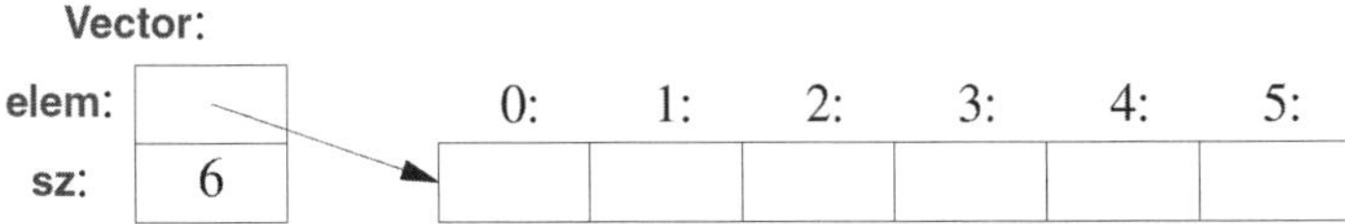

Im Prinzip ist das **Vector**-Objekt ein »Handle«, das einen Zeiger auf die Elemente (**elem**) und ihre Anzahl (**sz**) enthält. Die Anzahl der Elemente (in meinem Beispiel sind es 6) kann von **Vector**-Objekt zu **Vector**-Objekt variieren, und ein **Vector**-Objekt kann zu unterschiedlichen Zeiten verschieden viele Elemente enthalten (§5.2.3). Allerdings besitzt das **Vector**-Objekt selbst immer dieselbe Größe. Dies ist die grundlegende Technik für den Umgang mit variierenden Mengen an Informationen in C++: ein Handle fester Größe, das auf eine variable Menge an Daten »irgendwo« verweist (zum Beispiel auf dem freien Speicher, der mit **new** zugewiesen und reserviert wurde; §5.2.2). Wie man solche Objekte entwirft und verwendet, ist das vorrangige Thema von Kapitel 5.

Hier ist die Repräsentation eines **Vector** (die Member **elem** und **sz**) nur durch die Schnittstelle zugänglich, die durch die **public**-Member bereitgestellt wird: **Vector()**, **operator[]()** und **size()**. Das **read_and_sum()**-Beispiel aus §2.2 vereinfacht sich dadurch auf:

```
double read_and_sum(int s)
{
    Vector v(s);          // erzeugt einen Vektor aus s Elementen
    for (int i=0; i!=v.size(); ++i)
        cin>>v[i];        // Einlesen in die Elemente

    double sum = 0;
    for (int i=0; i!=v.size(); ++i)
        sum+=v[i];        // ermittelt die Summe der Elemente
    return sum;
}
```

Eine Member-Funktion mit demselben Namen wie ihre Klasse wird als *Konstruktor* bezeichnet, das bedeutet, eine Funktion, die benutzt wird, um Objekte einer Klasse zu *konstruieren*. Das heißt, der Konstruktor, **Vector()**, ersetzt **vector_init()** aus §2.2. Anders als eine normale Funktion wird ein Konstruktor garantiert benutzt, um die Objekte seiner Klasse zu initialisieren. Das bedeutet, dass durch das Definieren eines Konstruktors das Problem der nichtinitialisierten Variablen für eine Klasse eliminiert wird.

Vector(int) definiert, wie Objekte des Typs **Vector** konstruiert werden. Dabei sagt er insbesondere aus, dass er dazu einen Integer braucht. Dieser Integer gibt die Anzahl der Elemente an. Der Konstruktor initialisiert die **Vector**-Member mithilfe einer Member-Initialisierungsliste:

```
:elem{new double[s]}, sz{s}
```

Das heißt, zuerst initialisieren Sie **elem** mit einem Zeiger auf **s** Elemente des Typs **double**, die aus dem freien Speicher bezogen werden. Dann initialisieren Sie **sz** auf **s**.

Der Zugriff auf Elemente wird durch die Indizierungsfunktion **operator[]** zur Verfügung gestellt. Sie liefert eine Referenz auf das entsprechende Element (ein **double&** erlaubt sowohl das Lesen als auch das Schreiben).

Die **size()**-Funktion wird angegeben, um den Benutzern die Anzahl der Elemente zu liefern.

Ganz offensichtlich fehlt noch eine Fehlerbehandlung – dazu komme ich in Kapitel 4. Ebenso wurde kein Mechanismus bereitgestellt, um das Array aus **double**s »freizugeben«, das durch **new** erstellt wurde; §5.2.2 zeigt, wie Sie einen Destruktor definieren, um das auf elegante Art und Weise zu erledigen.

Es gibt keinen fundamentalen Unterschied zwischen einem **struct** und einer **class**; ein **struct** ist einfach eine **class**, deren Member standardmäßig **public** sind. Sie können zum Beispiel Konstruktoren und andere Member-Funktionen für ein **struct** definieren.

2.4 Aufzählungen

Zusätzlich zu Klassen unterstützt C++ eine einfache Form benutzerdefinierter Typen, für die Sie die Werte aufzählen können:

```
enum class Color { red, blue, green };
enum class Traffic_light { green, yellow, red };

Color col = Color::red;
Traffic_light light = Traffic_light::red;
```

Beachten Sie, dass die Zähler (z. B. **red**) im Gültigkeitsbereich ihrer **enum class** liegen, sodass sie wiederholt in unterschiedlichen **enum class**en benutzt werden können, ohne dass dies zu Verwirrung führt. So ist etwa **Color::red** das **red** aus **Color**, während **Traffic_light::red** etwas anderes ist.

Aufzählungen werden benutzt, um kleine Mengen aus Integer-Werten darzustellen. Sie dienen dazu, Code lesbarer und weniger fehleranfällig zu machen, als er wäre, wenn man die symbolischen (und mnemonischen) Zählernamen nicht verwendet hätte.

Die **class** nach dem **enum** zeigt an, dass eine Aufzählung stark typisiert ist und ihre Zähler einen Gültigkeitsbereich besitzen. Da es sich um separate Typen handelt, helfen **enum class** dabei, den versehentlichen Missbrauch von Konstanten zu vermeiden. Insbesondere können Sie **Traffic_light**- und **Color**-Werte nicht vermischen:

```
Color x1 = red;                  // Fehler: welches red?
Color y2 = Traffic_light::red;   // Fehler: Dieses red ist  keine Color
Color z3 = Color::red;           // Okay
auto x4 = Color::red;            // Okay: Color::red ist eine Color
```

Genauso können Sie Color- und Integer-Werte nicht implizit vermischen:

```
int i = Color::red;     // Fehler: Color::red ist kein int
Color c = 2;            // Initialisierungsfehler: 2 ist keine Color
```

Das Erkennen versuchter Konvertierungen in ein **enum** ist ein guter Schutz vor Fehlern, doch oft wollen Sie ein **enum** mit einem Wert seines zugrunde liegenden Typs initialisieren (das ist standardmäßig ein **int**). Das ist auch erlaubt, genau wie die explizite Konvertierung des zugrunde liegenden Typs:

```
Color x = Color{5};     // Okay, aber sehr umständlich
Color y {6};            // ebenfalls okay
```

Sie können gleichermaßen einen **enum**-Wert explizit in seinen zugrunde liegenden Typ konvertieren:

```
int x = int(Color::red);
```

Standardmäßig sind in einer **enum class** eine Zuweisung, eine Initialisierung und Vergleiche (z. B. == und <; §1.4) definiert, und zwar nur diese. Eine Aufzählung ist jedoch ein benutzerdefinierter Typ und deshalb können Sie auch selbst weitere Operatoren dafür definieren (§6.4):

```
Traffic_light& operator++(Traffic_light& t)     // Präfixinkrement: ++
{
     switch (t) {
     case Traffic_light::green: return t=Traffic_light::yellow;
     case Traffic_light::yellow: return t=Traffic_light::red;
```

```
    case Traffic_light::red: return t=Traffic_light::green;
    }
}

auto signal = Traffic_light::red;
Traffic_light next = ++signal;      // next wird Traffic_light::green
```

Wenn die Wiederholung des Namens der Aufzählung, **Traffic_light**, zu mühsam wird, können Sie ihn in einem Gültigkeitsbereich abkürzen:

```
Traffic_light& operator++(Traffic_light& t)      // Präfixinkrement: ++
{
    using enum Traffic_light;     // hier benutzen wir Traffic_light

    switch (t) {
    case green: return t=yellow;
    case yellow: return t=red;
    case red: return t=green;
    }
}
```

Falls Sie niemals explizit Zählernamen qualifizieren wollen und die Zählerwerte immer **int**s sein sollen (wodurch keine ausdrückliche Konvertierung erforderlich ist), können Sie das **class** aus **enum class** entfernen. Damit erhalten Sie ein »einfaches« **enum**. Die Zähler aus einem »einfachen« **enum** werden in denselben Gültigkeitsbereich gesetzt wie der Name ihres **enum** und implizit in ihre Integer-Werte umgewandelt. Zum Beispiel:

```
enum Color { red, green, blue };
int col = green;
```

Hier erhält **col** den Wert **1**. Die Integer-Werte von Zählern starten standardmäßig mit **0** und steigen für jeden nachfolgenden Zähler an. Die »einfachen« **enum**s gibt es bereits seit den Anfangszeiten in C++ (und C), weshalb sie in aktuellem Code recht verbreitet sind, auch wenn sie sich nicht ganz so gut verhalten.

2.5 Unions

Eine **union** ist ein **struct**, in dem alle Member unter derselben Adresse zu finden sind, sodass die **union** nur so viel Platz belegt wie ihr größtes Member. Natürlich kann eine **union** zu einem bestimmten Zeitpunkt immer nur den Wert eines Members aufnehmen. Stellen Sie sich zum Beispiel einen Symboltabelleneintrag vor, der einen Namen und einen Wert enthält. Der Wert kann entweder ein **Node*** oder ein **int** sein:

```
enum class Type { ptr, num };  // ein Type kann die Werte ptr und
                               // num enthalten (§2.4)

struct Entry {
    string name;               // string ist ein Standardbibliothekstyp
    Type t;
    Node* p;                   // benutzt p, falls t==Type::ptr
    int i;                     // benutzt i, falls t==Type::num
};

void f(Entry* pe)
{
    if (pe?>t == Type::num)
        cout << pe?>i;
    // ...
}
```

Die Member **p** und **i** werden niemals gleichzeitig verwendet, wodurch Platz verschwendet wird. Das kann man leicht beheben, indem man angibt, dass beide Member einer **union** sein sollen:

```
union Value {
    Node* p;
    int i;
};
```

Nun werden **Value::p** und **Value::i** an derselben, für das **Value**-Objekt vorgesehenen Speicheradresse abgelegt.

Diese Art der Platzoptimierung kann wichtig sein, wenn man Anwendungen hat, die große Speichermengen belegen. Hier ist eine kompakte Repräsentation entscheidend.

Die Sprache behält nicht den Überblick darüber, welche Art von Wert von einer **union** aufgenommen wird. Das muss die Programmiererin oder der Programmierer machen:

```
struct Entry {
    string name;
    Type t;
```

```
        Value v;    // v.p soll benutzt werden, falls t==Type::ptr;
                    // v.i soll benutzt werden, falls t==Type::num
};

void f(Entry* pe)
{
        if (pe?>t == Type::num)
            cout << pe?>v.i;
        // ...
}
```

Das Aufrechterhalten der Verbindung zwischen einem *Typfeld*, manchmal als *Discriminant* oder *Tag* (hier: **t**) bezeichnet, und dem Typ, der in einer **union** enthalten ist, ist fehleranfällig. Um Fehler zu vermeiden, können Sie diese Verbindung erzwingen, indem Sie die Union und das Typfeld in einer Klasse einkapseln und den Zugang nur über Member-Funktionen erlauben, die die Union korrekt benutzen. Auf der Anwendungsebene sind Abstraktionen, die sich auf solche *tagged Unions* verlassen, üblich und sinnvoll. »Nackte« **union** sollten nur selten verwendet werden.

Der Standardbibliothekstyp **variant** ermöglicht es in den meisten Fällen, die direkte Verwendung von Unions zu vermeiden. Ein **variant** speichert einen Wert aus einer Menge alternativer Typen (§15.4.1). So kann z. B. ein **variant<Node*, int>** entweder einen **Node*** oder ein **int** aufnehmen. Mit **variant** könnte das **Entry**-Beispiel so aussehen:

```
struct Entry {
        string name;
        variant<Node*,int> v;
};

void f(Entry* pe)
{
        if (holds_alternative<int>(pe?>v))    // enthält *pe einen int?
                                              // (siehe §15.4.1)
            cout << get<int>(pe?>v);          // holt das int
        // ...
}
```

In vielen Einsatzfällen lässt sich ein **variant** einfacher und sicherer benutzen als eine **union**.

2.6 Ratschläge

[1] Bevorzugen Sie wohldefinierte benutzerdefinierte Typen gegenüber integrierten Typen, wenn die integrierten Typen zu allgemein sind; §2.1.

[2] Organisieren Sie verwandte Daten in Strukturen (`struct` oder `class`); §2.2; [CG: C.1].

[3] Stellen Sie eine Unterscheidung zwischen einer Schnittstelle und einer Implementierung mithilfe einer `class` her; §2.3; [CG: C.3].

[4] Ein `struct` ist einfach eine `class`, deren Member standardmäßig `public` sind; §2.3.

[5] Definieren Sie Konstruktoren, um die Initialisierung von `class` zu garantieren und zu vereinfachen; §2.3; [CG: C.2].

[6] Benutzen Sie Aufzählungen (Enumerationen), um Mengen aus benannten Konstanten wiederzugeben; §2.4; [CG: Enum.2].

[7] Verwenden Sie lieber `class enum`, statt dem »einfacheren« `enum`, um Überraschungen zu minimieren; §2.4; [CG: Enum.3].

[8] Definieren Sie Operationen für Aufzählungen für einen sicheren und einfachen Einsatz; §2.4; [CG: Enum.4].

[9] Vermeiden Sie »nackte« `union`s; packen Sie sie zusammen mit einem Typfeld in eine Klasse; §2.5; [CG: C.181].

[10] Verwenden Sie lieber `std::variant` anstelle »nackter `union`s«; §2.5.

Kapitel 3

Modularität

Kümmern Sie sich um Ihre eigenen Angelegenheiten.
– Volksweise

3.1 Einführung

Ein C++-Programm besteht aus vielen separat entwickelten Teilen, wie etwa Funktionen (§1.2.1), benutzerdefinierten Typen (Kapitel 2), Klassenhierarchien (§5.5) und Templates (Kapitel 7). Der Schlüssel zum Verwalten einer solchen Vielzahl an Teilen besteht darin, die Interaktionen zwischen diesen Teilen ganz klar zu definieren. Der erste und wichtigste Schritt ist die Unterscheidung zwischen der Schnittstelle eines Bestandteils und seiner Implementierung. Auf der Sprachebene werden Schnittstellen in C++ durch Deklarationen dargestellt. Eine *Deklaration* legt alles fest, was erforderlich ist, um eine Funktion oder einen Typ zu benutzen. Zum Beispiel:

```
double sqrt(double);      // die Quadratwurzel-Funktion nimmt ein double
                                    // entgegen und gibt ein double zurück

class Vector {            // was benötigt wird, um einen Vektor zu benutzen
public:
     Vector(int s);
     double& operator[](int i);
     int size();
private:
     double* elem;             // elem zeigt auf ein Array aus sz doubles
     int sz;
};
```

Entscheidend ist hier, dass die Funktionskörper, die Funktions*definitionen*, »woanders« sein können. Bei diesem Beispiel möchte ich, dass auch die Repräsentation von **Vector** »woanders« ist, aber darum kümmere ich mich später (abstrakte Typen; §5.3). Die Definition von **sqrt()** sieht dann so aus:

```
double sqrt(double d)          // Definition von sqrt()
{
    // ... Algorithmus aus dem Mathebuch ...
}
```

Für **Vector** müssen Sie alle drei Member-Funktionen definieren:

```
Vector::Vector(int s)                  // Definition des Konstruktors
    :elem{new double[s]}, sz{s}        // initialisiert die Member
{
}

double& Vector::operator[](int i) // Definition des elementweisen Zugriffs
{
    return elem[i];
}

int Vector::size()                     // Definition von size()
{
    return sz;
}
```

Sie müssen die Funktionen von **Vector** definieren, nicht jedoch **sqrt()**, da dies Teil der Standardbibliothek ist. Allerdings macht das keinen großen Unterschied: Eine Bibliothek ist auch einfach nur »irgendwelcher Code, den wir zufällig benutzen«, geschrieben mit den gleichen Mitteln und Möglichkeiten der Sprache, die Sie auch verwenden.

Es kann für eine Entität, wie etwa eine Funktion, viele Deklarationen geben, aber nur eine Definition.

3.2 Separates Kompilieren

C++ unterstützt das Konzept des separaten Kompilierens, bei dem der Benutzercode nur Deklarationen der verwendeten Typen und Funktionen »sieht«. Das kann man auf zwei Arten erreichen:

- *Header-Dateien* (§3.2.1): Man platziert Deklarationen in separaten Dateien, den sogenannten *Header-Dateien*, und fügt dann mit **#include** eine Header-Datei an der Stelle ein, an der ihre Deklarationen benötigt werden.
- *Module* (§3.2.2): Man definiert **module**-Dateien, kompiliert sie separat und importiert sie mit **import** an den Stellen, an denen sie benötigt werden. Der

Code, der das **module** mit **import** importiert, »sieht« nur die Deklarationen, die ausdrücklich mit **export** exportiert wurden.

Beide Methoden eignen sich, um ein Programm in eine Menge quasi unabhängiger Codefragmente zu zerlegen. Mit einer solchen Aufteilung lassen sich die Kompilierzeiten minimieren. Außerdem kann man das Programm so in logisch getrennten Teilen organisieren (und damit die Fehlerwahrscheinlichkeit verringern). Eine Bibliothek ist oft eine Sammlung separat kompilierter Codefragmente (z. B. Funktionen).

Die Header-Datei-Technik zum Organisieren von Code lässt sich bis in die frühesten Tage von C zurückverfolgen und ist immer noch bei Weitem am gebräuchlichsten. Der Einsatz von Modulen ist neu in C++20 und bietet riesige Vorteile in Bezug auf die Sauberkeit des Codes und die Kompilierzeit.

3.2.1 Header-Dateien

Traditionell legen Sie Deklarationen, die eine Schnittstelle zu einem Stück Code festlegen, das Sie als Modul ansehen, in einer Datei mit einem Namen ab, der ihren vorgesehenen Einsatzzweck andeutet. Zum Beispiel:

```
// Vector.h:

class Vector {
public:
    Vector(int s);
    double& operator[](int i);
    int size();
private:
    double* elem;      // elem zeigt auf ein Array aus sz doubles
    int sz;
};
```

Diese Deklaration würden Sie in einer Datei namens **Vector.h** speichern. Die Benutzer fügen diese Datei, eine sogenannte *Header-Datei*, dann mit **#include** ein, um Zugriff auf diese Schnittstelle zu erlangen. Zum Beispiel:

```
// user.cpp:

#include "Vector.h"       // holt die Schnittstelle von Vector
#include <cmath>          // holt die Mathefunktionen der
                          // Standardbibliothek, einschließlich sqrt()
```

```
double sqrt_sum(const Vector& v)
{
    double sum = 0;
    for (int i=0; i!=v.size(); ++i)
        sum+=std::sqrt(v[i]);      // Summe der Quadratwurzeln
    return sum;
}
```

Um dem Compiler zu helfen, die Konsistenz zu wahren, bindet die **.cpp**-Datei, die die Implementierung von **Vector** bereitstellt, auch die **.h**-Datei ein, die dessen Schnittstelle liefert:

```
// Vector.cpp:

#include "Vector.h"          // holt die Schnittstelle zu Vector
Vector::Vector(int s)
    :elem{new double[s]}, sz{s}     // initialisiert die Member
{
}

double& Vector::operator[](int i)
{
    return elem[i];
}

int Vector::size()
{
    return sz;
}
```

Sowohl **user.cpp** als auch **Vector.cpp** enthalten die **Vector**-Schnittstelleninformationen, die in **Vector.h** bereitgestellt werden. Ansonsten sind die beiden Dateien unabhängig voneinander und können getrennt kompiliert werden. Grafisch lassen sich die Programmteile so darstellen:

Das beste Vorgehen zur Programmorganisation besteht darin, sich ein Programm als eine Menge aus Modulen mit wohldefinierten Abhängigkeiten vorzustellen. Header-Dateien repräsentieren diese Modularität in den Dateien und nutzen diese Modularität dann durch ein separates Kompilieren aus.

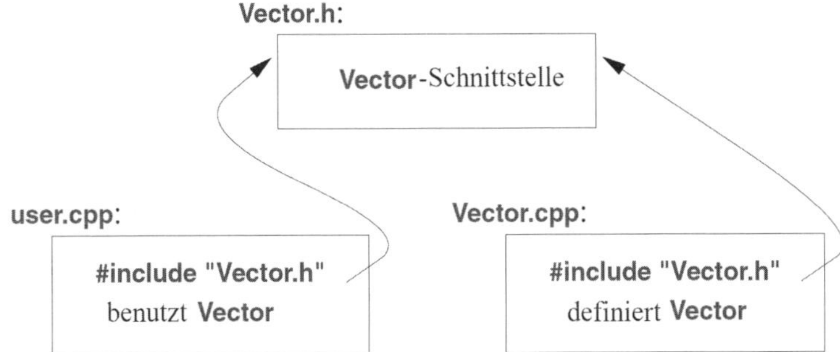

Eine **.cpp**-Datei, die für sich allein kompiliert wird (einschließlich der **.h**-Dateien, die mit **#include** eingefügt werden), nennt man *Übersetzungseinheit*. Ein Programm kann aus Tausenden von Übersetzungseinheiten bestehen.

Header-Dateien und **#include** werden schon sehr lange eingesetzt, um Modularität zu simulieren. Allerdings hat diese Methode einige entscheidende Nachteile:

- *Zeit für das Kompilieren:* Wenn Sie **#include header.h** in 101 Übersetzungseinheiten einbinden, dann wird der Text von **header.h** 101-mal vom Compiler verarbeitet.
- *Reihenfolgeabhängigkeiten:* Setzt man **#include header1.h** vor **header2.h**, dann können die Deklarationen und Makros (§19.3.2.1) in **header1.h** die Bedeutung des Codes in **header2.h** beeinflussen. Kommt stattdessen **#include header2.h** vor **header1.h**, dann könnte wiederum **header2.h** den Code in **header1.h** beeinflussen.
- *Inkonsistenzen:* Wird eine Entität, wie etwa ein Typ oder eine Funktion, in einer Datei und dann noch einmal ein wenig anders in einer anderen Datei definiert, kann das zu Abstürzen oder subtilen, schwer verständlichen Fehlern führen. Das könnte passieren, wenn man – versehentlich oder bewusst – eine Entität separat in zwei Quelldateien deklariert, anstatt sie in einen Header zu packen. Dieses Problem tritt auch durch Reihenfolgeabhängigkeiten zwischen unterschiedlichen Header-Dateien auf.
- *Transitivität:* Der gesamte Code, der erforderlich ist, um eine Deklaration in einer Header-Datei auszudrücken, muss in dieser Header-Datei vorhanden sein. Das führt zu einem massiv aufgeblähten Code, weil Header-Dateien mittels **#include** andere Header einfügen, und sorgt dafür, dass der Benutzer einer Header-Datei – versehentlich oder absichtlich – abhängig von solchen Implementierungsdetails wird.

Das ist ganz offensichtlich nicht ideal. Diese Technik ist seit ihrer Einführung in C in den frühen 1970er-Jahren ein riesiger Kostenfaktor und eine Fehlerquelle.

Trotzdem werden Header-Dateien seit Jahrzehnten benutzt und alter Code mit **#include** wird uns noch sehr lange erhalten bleiben, da es teuer und zeitaufwendig sein kann, große Programme entsprechend umzuschreiben.

3.2.2 Module

In C++20 haben wir nun endlich eine von der Sprache unterstützte Möglichkeit, Modularität direkt auszudrücken (§19.2.4). Schauen Sie sich an, wie sich das **Vector**- und **sqrt_sum()**-Beispiel aus §3.2 mit Modulen formulieren lässt:

```
export module Vector;     // Definieren des Moduls "Vector"

export class Vector {
public:
     Vector(int s);
     double& operator[](int i);
     int size();
private:
     double* elem;     // elem zeigt auf ein Array aus sz doubles
     int sz;
};

Vector::Vector(int s)
     :elem{new double[s]}, sz{s}     // Initialisieren der Member
{
}

double& Vector::operator[](int i)
{
     return elem[i];
}

int Vector::size()
{
     return sz;
}

export bool operator==(const Vector& v1, const Vector& v2)
{
     if (v1.size()!=v2.size())
         return false;
     for (int i = 0; i<v1.size(); ++i)
         if (v1[i]!=v2[i])
```

```
            return false;
    return true;
}
```

Damit wird ein **module** namens **Vector** definiert, das die Klasse **Vector**, all ihre Member-Funktionen sowie die Nicht-Member-Funktion exportiert, die den Operator == definiert.

Zur Benutzung importieren Sie dieses Modul dann dort, wo Sie es benötigen. Zum Beispiel:

```
// Datei user.cpp

import Vector;              // holt die Schnittstelle zu Vector
#include <cmath>            // holt die Schnittstelle der Mathefunktionen
                            // der Standardbibliothek, einschließlich sqrt()

double sqrt_sum(Vector& v)
{
    double sum = 0;
    for (int i=0; i!=v.size(); ++i)
        sum+=std::sqrt(v[i]);      // Summe der Quadratwurzeln
    return sum;
}
```

Ich hätte die mathematischen Funktionen der Standardbibliothek auch mit **import** importieren können, habe aber das altmodische **#include** benutzt, um zu zeigen, dass Sie Altes und Neues mischen können. Auf diese Weise ist es möglich, schrittweise älteren Code von der Verwendung von **#include** auf **import** umzustellen.

Die Unterschiede zwischen Headern und Modulen sind nicht nur syntaktischer Art.

- Ein Modul wird nur einmal kompiliert (anstatt in jeder Übersetzungseinheit, in der es benutzt wird).
- Zwei Module können in beliebiger Reihenfolge importiert werden, ohne dass sich deren Bedeutung ändert.
- Wenn Sie etwas mit **import** oder **#include** in ein Modul einfügen, erhalten Benutzer Ihres Moduls nicht implizit Zugriff darauf (und werden entsprechend davon auch nicht gestört): **import** ist nicht transitiv.

Die Auswirkungen auf die Wartbarkeit und die Leistung beim Kompilieren können spektakulär sein. Ich habe zum Beispiel gemessen, dass das »Hello, World!«-Programm mit

```
import std;
```

Zehnmal schneller kompiliert als die Version mit

```
#include<iostream>
```

Dies wird ungeachtet der Tatsache erreicht, dass das Modul **std** die gesamte Standardbibliothek enthält, also zehnmal so viele Informationen wie der **<iostream>**-Header. Der Grund ist, dass Module nur Schnittstellen exportieren, während ein Header alles, was er direkt oder indirekt enthält, an den Compiler liefert. Das erlaubt es, große Module zu benutzen, sodass Sie sich nicht merken müssen, welche Header aus der verwirrend großen Sammlung an Headern (§9.3.4) Sie mit **#include** einfügen müssen. Von jetzt an werde ich **import std** für alle Beispiele voraussetzen.

Leider ist **module std** kein Bestandteil von C++20. Anhang A erklärt, wie man ein **module std** erhält, falls die Implementierung einer Standardbibliothek es noch nicht bereitstellt.

Wenn Sie ein Modul definieren, müssen Sie Deklarationen und Definitionen nicht in separate Dateien auslagern; Sie können das tun, falls es Ihre Quellcodeorganisation verbessert, müssen es aber nicht. Sie könnten ein einfaches **Vector**-Modul so definieren:

```
export module Vector;     // Definieren des Moduls "Vector"

export class Vector {
    // ...
};

export bool operator==(const Vector& v1, const Vector& v2)
{
    // ...
}
```

Grafisch können die Programmteile so dargestellt werden:

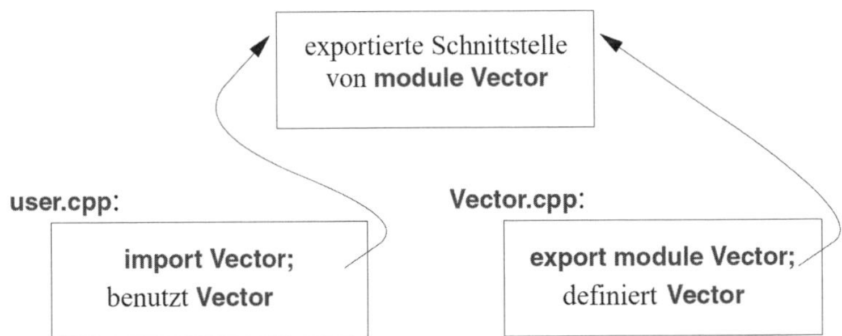

Der Compiler trennt die Schnittstelle eines Moduls, die durch das Schlüsselwort **`export`** markiert wird, von den Details ihrer Implementierung. Das heißt, die **`Vector`**-Schnittstelle wird vom Compiler generiert und niemals ausdrücklich vom Benutzer benannt.

Wenn Sie Module benutzen, müssen Sie Ihren Code nicht verkomplizieren, um die Implementierungsdetails vor den Anwendern zu verstecken; ein **`module`** gewährt nur Zugriff auf Deklarationen, die auch tatsächlich exportiert wurden. Schauen Sie sich dies an:

```
export module vector_printer;

import std;

export
template<typename T>
void print(std::vector<T>& v)           // dies ist die (einzige) Funktion,
                                        // die die Benutzer sehen
{
     cout << "{\n";
     for (const T& val : v)
          std::cout << " " << val << '\n';
     cout << '}';
}
```

Indem Sie dieses triviale Modul importieren, erhalten Sie nicht plötzlich Zugriff auf die gesamte Standardbibliothek.

Das **`template<typename T>`** ist die Methode zum Parametrisieren einer Funktion mit einem Typ (§7.2).

3.3 Namensräume

Zusätzlich zu Funktionen (§1.3), Klassen (§2.3) und Aufzählungen (§2.4) stellt C++ mit *Namensräumen* einen weiteren Mechanismus bereit, mit dem man ausdrücken kann, dass einige Deklarationen zusammengehören und deren Namen nicht anderen Namen in die Quere kommen sollten. Ich könnte zum Beispiel mit meinem eigenen Typ komplexer Zahlen experimentieren (§5.2.1, §17.4):

```
namespace My_code {
    class complex {
        // ...
    };

    complex sqrt(complex);
        // ...
    int main();
}

int My_code::main()
{
    complex z {1,2};
    auto z2 = sqrt(z);
    std::cout << '{' << z2.real() << ',' << z2.imag() << "}\n";
   // ...
}

int main()
{
    return My_code::main();
}
```

Indem ich meinen Code in den Namensraum **My_code** setze, sorge ich dafür, dass meine Namen nicht in Konflikt mit den Standardbibliotheksnamen im Namensraum **std** geraten (§3.3). Dies ist eine kluge Vorsichtsmaßnahme, da die Standardbibliothek mit **complex** Unterstützung für komplexe Berechnungen bietet (§5.2.1, §17.4).

Die einfachste Möglichkeit, um Zugriff auf einen Namen in einem anderen Namensraum zu erhalten, besteht darin, ihn mit dem Namen des Namensraums zu qualifizieren (z. B. **std::cout** und **My_code::main**). Das »wirkliche **main()**« ist im globalen Namensraum definiert, das heißt nicht lokal für einen definierten Namensraum, eine Klasse oder Funktion.

Wenn das wiederholte Qualifizieren eines Namens lästig oder störend wird, können Sie den Namen mit einer *using-Deklaration* in einen Gültigkeitsbereich bringen:

```
void my_code(vector<int>& x, vector<int>& y)
{
     using std::swap;          // macht das swap der Standardbibliothek
                               // lokal verfügbar
     // ...
     swap(x,y);               // std::swap()
     other::swap(x,y);        // ein anderes swap()
    // ...
}
```

Eine **using**-Deklaration macht einen Namen aus einem Namensraum so benutzbar, als wäre er in dem Gültigkeitsbereich deklariert worden, in dem er auftritt. Wenn Sie **using std::swap** angegeben haben, ist das genauso, als hätten Sie **swap** in **my_code()** deklariert.

Um Zugriff auf alle Namen im Standardbibliotheksnamensraum zu erhalten, können Sie eine *using-Direktive* benutzen:

```
using namespace std;
```

Eine **using**-Direktive macht unqualifizierte Namen in dem genannten Namensraum aus dem Gültigkeitsbereich verfügbar, in den Sie die Direktive gesetzt haben. Nach der **using**-Direktive für **std** können Sie also einfach **cout** schreiben und müssen nicht mehr **std::cout** benutzen. Sie können zum Beispiel die wiederholten **std::**-Qualifikationen in dem trivialen **vector_printer**-Modul vermeiden:

```
export module vector_printer;

import std;
using namespace std;

export
template<typename T>
void print(vector<T>& v)          // dies ist die (einzige) Funktion,
                                  // die die Benutzer sehen
{
     cout << "{\n";
```

```
    for (const T& val : v)
        cout << " " << val << '\n';
    cout << '}';
}
```

Wichtig ist, dass diese Verwendung der **using namespace**-Direktive nicht die Benutzer Ihrer Module beeinflusst; es ist ein Implementierungsdetail, das lokal im Modul wirkt.

Durch die Benutzung einer **using**-Direktive verlieren Sie die Fähigkeit, selektiv Namen aus diesem Namensraum zu verwenden. Deshalb sollte diese Möglichkeit mit Bedacht eingesetzt werden. Üblicherweise wird sie für eine Bibliothek benutzt, die überall in einer Anwendung vorhanden ist (z. B. **std**), oder übergangsweise für eine Anwendung, die keine **namespace** verwendet hat.

Namensräume dienen vor allem dazu, größere Programmkomponenten, wie Bibliotheken, zu organisieren. Sie vereinfachen die Zusammensetzung eines Programms aus getrennt entwickelten Teilen.

3.4 Funktionsargumente und Rückgabewerte

Die vorrangige und empfohlene Methode, Informationen aus einem Teil eines Programms in einen anderen zu übergeben, ist der Funktionsaufruf. Informationen, die erforderlich sind, um eine Aufgabe auszuführen, werden als Argumente an eine Funktion übergeben. Die erzeugten Ergebnisse werden als Rückgabewerte zurückgeliefert. Zum Beispiel:

```
int sum(const vector<int>& v)
{
    int s = 0;
    for (const int i : v)
        s += i;
    return s;
}

vector fib = {1, 2, 3, 5, 8, 13, 21};

int x = sum(fib);          // x wird zu 53
```

Es gibt andere Wege, um Informationen zwischen Funktionen zu übergeben, wie etwa globale Variablen (§1.5) und einen gemeinsamen Zustand in einem Klassenobjekt (Kapitel 5). Von globalen Variablen wird dringend abgeraten, da sie eine notorische Fehlerquelle darstellen, und ein Zustand sollte üblicherweise nur zwischen Funktionen geteilt werden, die gemeinsam eine wohldefinierte Abstraktion implementieren (z. B. Member-Funktionen einer Klasse; §2.3).

Angesichts der Bedeutung der Informationsweitergabe zwischen Funktionen wundert es nicht, dass es dafür eine Vielzahl von Möglichkeiten gibt. Entscheidende Fragen sind:

- Wird ein Objekt kopiert oder geteilt?
- Wenn ein Objekt geteilt wird, ist es veränderlich?
- Wird ein Objekt verschoben und hinterlässt dabei ein »leeres Objekt« (§6.2.2)?

Das Standardverhalten sowohl für die Argumentübergabe als auch für die Werterückgabe ist: »Mach eine Kopie« (§1.9), doch viele Kopien können implizit auf Verschiebungen optimiert werden.

Im **sum()**-Beispiel wird das resultierende **int** aus **sum()** herauskopiert, doch es wäre ineffizient und sinnlos, den potenziell sehr großen **vector** nach **sum()** zu kopieren, sodass das Argument durch eine Referenz übergeben wird (angedeutet durch das **&**; §1.7).

Es gibt für **sum()** keinen Grund, sein Argument zu modifizieren. Diese Unveränderlichkeit wird angezeigt, indem das **vector**-Argument **const** (§1.6) deklariert wird, sodass der **vector** durch eine **const**-Referenz übergeben wird.

3.4.1 Argumentübergabe

Überlegen Sie zunächst einmal, wie Sie Werte in eine Funktion bekommen. Standardmäßig kopieren Sie (»pass-by-value«). Wenn Sie auf ein Objekt in der Umgebung des Aufrufers verweisen wollen, benutzen Sie eine Referenz (»pass-by-reference«). Zum Beispiel:

```
void test(vector<int> v, vector<int>& rv)     // v wird über den Wert
                                   // übergeben; rv wird über die Referenz übergeben
{
     v[1] = 99;          // modifiziert v (eine lokale Variable)
     rv[2] = 66;         // modifiziert das, was rv referenziert
}

int main()
{
     vector fib = {1, 2, 3, 5, 8, 13, 21};
     test(fib,fib);
     cout << fib[1] << ' ' << fib[2] << '\n';     // gibt 2 66 aus
}
```

Wenn die Performance wichtig ist, dann übergeben Sie üblicherweise kleine Werte als Wert und größere Werte als Referenz. »Klein« bedeutet hier »etwas, das sich wirklich billig kopieren lässt«. Was genau »klein« bedeutet, hängt von der Architektur des Rechners ab, aber »die Größe von zwei oder drei Zeigern oder weniger« ist eine gute Faustregel. Falls die Performance wirklich entscheidend ist, führen Sie Messungen durch.

Falls Sie aus Performance-Gründen eine Referenz übergeben wollen, aber das Argument nicht modifizieren müssen, übergeben Sie es als **const**-Referenz, so wie im **sum()**-Beispiel. Das ist der bei Weitem verbreitetste Fall in normalem Code – schnell und nicht fehleranfällig.

Es ist nicht ungewöhnlich, dass ein Funktionsargument einen Standardwert besitzt, das heißt einen Wert, der als bevorzugt betrachtet wird oder einfach der üblichste Wert ist. Sie können eine solche Vorgabe durch ein *Standardfunktionsargument* festlegen. Zum Beispiel:

```
void print(int value, int base =10); // Ausgabe des Werts zur Basis "base"

print(x,16);            // hexadezimal
print(x,60);            // sexagesimal
print(x);               // Benutzung des Standardwerts: dezimal
```

Das ist aus Sicht der Notation eine einfachere Alternative zum Überladen:

```
void print(int value, int base);     // Ausgabe des Werts zur Basis "base"
void print(int value)                // Ausgabe des Werts zur Basis 10
{
    print(value,10);
}
```

Die Benutzung von Standardargumenten bedeutet, dass es nur eine Definition der Funktion gibt. Das ist normalerweise gut für das Verständnis und die Codegröße. Wenn Sie allerdings unterschiedlichen Code benötigen, um dieselbe Semantik für unterschiedliche Typen zu implementieren, können Sie das durch Überladen umsetzen.

3.4.2 Werterückgabe

Nachdem Sie ein Ergebnis berechnet haben, müssen Sie es aus der Funktion herausbekommen und wieder an den Aufrufer zurückgeben. Auch hier wird standardmäßig für die Rückgabe kopiert, was für kleine Objekte ideal ist. Sie geben nur dann »per Referenz« zurück, wenn Sie dem Aufrufer Zugriff auf etwas gewähren wollen, das nicht lokal für die Funktion ist. Zum Beispiel kann ein **Vector** einem Benutzer durch Indizierung Zugriff auf ein Element gewähren:

```
class Vector {
public:
    // ...
    double& operator[](int i) { return elem[i]; }
            // gibt eine Referenz auf das i. Element zurück
private:
    double* elem;      // elem zeigt auf ein Array aus sz
    // ...
};
```

Das **i**. Element eines **Vector** existiert unabhängig vom Aufruf des Indizierungsoperators, weshalb Sie eine Referenz darauf zurückgeben können.

Andererseits verschwindet eine lokale Variable, wenn die Funktion verlassen wird, sodass Sie keinen Zeiger bzw. keine Referenz darauf zurückgeben sollten:

```
int& bad()
{
    int x;
    // ...
    return x;          // schlecht: gibt eine Referenz auf die lokale
                       // Variable x zurück
}
```

Glücklicherweise erkennen alle relevanten C++-Compiler den offensichtlichen Fehler in **bad()**.

Das Zurückgeben einer Referenz oder eines Werts eines »kleinen« Typs ist effizient. Doch wie bekommen Sie große Informationsmengen aus einer Funktion heraus? Schauen Sie sich dies an:

```
Matrix operator+(const Matrix& x, const Matrix& y)
{
    Matrix res;
    // ... für alle res[i,j], berechne res[i,j] = x[i,j]+y[i,j] ...
    return res;
}
Matrix m1, m2;
// ...
Matrix m3 = m1+m2;          // keine Kopie
```

Eine **Matrix** kann sehr groß und selbst auf moderner Hardware sehr aufwendig zu kopieren sein. Deshalb kopieren Sie nicht, sondern geben der **Matrix** einen Verschiebekonstruktor (§6.2.2), der die **Matrix** sehr billig aus **operator+()** herausschiebt. Selbst wenn Sie keinen Verschiebekonstruktor definieren, ist der Compiler oft in der Lage, das Kopieren wegzuoptimieren und die **Matrix** genau dort zu konstruieren, wo sie gebraucht wird. Das wird als *Copy Elision* bezeichnet.

Sie sollten aber nicht auf eine manuelle Speicherverwaltung »abgleiten«, wie im folgenden Negativbeispiel zu sehen:

```
Matrix* add(const Matrix& x, const Matrix& y)      // komplizierter und
                         // fehleranfälliger Stil, so was von 20. Jahrhundert
{
     Matrix* p = new Matrix;
    // ... für alle *p[i,j], berechne *p[i,j] = x[i,j]+y[i,j] ...
     return p;
}

Matrix m1, m2;
// ...
Matrix* m3 = add(m1,m2);             // kopiert nur einen Zeiger
// ...
delete m3;                           // wird leicht vergessen
```

Leider ist das Zurückgeben eines großen Objekts durch das Zurückgeben eines Zeigers auf dieses Objekt in älterem Code recht verbreitet und stellt eine große Quelle schwer aufzufindender Fehler dar. Vermeiden Sie es, solchen Code zu schreiben. **Matrix operator+()** ist mindestens so effizient wie **Matrix add()**, aber viel leichter zu definieren, leichter zu benutzen und weniger fehleranfällig.

Wenn eine Funktion ihre erforderliche Aufgabe nicht ausführen kann, dann kann sie eine Ausnahme (Exception) werfen (§4.2). Dies hilft möglicherweise dabei, Code zu vermeiden, der mit Fehlercode-Tests für »Ausnahmeprobleme« gespickt ist.

3.4.3 Rückgabetyp ableiten

Der Rückgabetyp einer Funktion kann aus ihrem Rückgabewert abgeleitet werden. Zum Beispiel:

```
auto mul(int i, double d) { return i*d; } // "auto" bedeutet hier
                                          // "Ableiten des Rückgabetyps"
```

Das kann ganz bequem sein, vor allem für generische Funktionen (§7.3.1) und Lambdas (§7.3.3), sollte aber mit Bedacht eingesetzt werden, weil ein abgeleiteter Typ keine stabile Schnittstelle bietet: Eine Veränderung an der Implementierung der Funktion (oder des Lambda) kann auch ihren Typ verändern.

3.4.4 Suffix-Rückgabetyp

Warum kommt der Rückgabetyp vor dem Namen und den Argumenten einer Funktion? Der Grund ist vor allem in der Geschichte zu suchen. So haben es nämlich Fortran, C und Simula gemacht (und machen es immer noch). Manchmal jedoch müssen Sie sich die Argumente anschauen, um den Typ des Ergebnisses zu ermitteln. Die Ableitung des Rückgabetyps ist ein Beispiel dafür, allerdings nicht das einzige. In Beispielen, die über den Umfang dieses Buches hinausgehen, tritt das Problem im Zusammenhang mit Namensräumen (§3.3), Lambdas (§7.3.3) und Konzepten (§8.2) auf. Entsprechend erlauben Sie das Hinzufügen des Rückgabetyps nach der Argumentliste, wenn Sie den Rückgabetyp explizit angeben wollen. Das heißt, dass **auto** bedeutet: »Der Rückgabetyp wird später erwähnt oder abgeleitet«. Zum Beispiel:

```
auto mul(int i, double d) ?> double { return i*d; }   // der Rückgabetyp
                                                        // ist "double"
```

Wie bei Variablen (§1.4.2) können Sie diese Notation hier einsetzen, um die Namen ordentlicher aufzulisten. Vergleichen Sie diese Verwendung von Suffix-Rückgabetypen mit der Version in (§1.3):

```
auto next_elem() ?> Elem*;
auto exit(int) ?> void;
auto sqrt(double) ?> double;
```

Ich persönlich finde diese Rückgabetyp-Notation mit Suffix logischer als die traditionelle Präfix-Notation, aber da die überwiegende Masse an Code die traditionelle Notation verwendet, habe ich mich in diesem Buch auch daran gehalten.

3.4.5 Strukturierte Bindung

Eine Funktion kann nur einen einzigen Wert zurückliefern, doch dieser Wert kann ein Klassenobjekt mit vielen Membern sein. Auf diese Weise können Sie ganz elegant viele Werte zurückgeben. Zum Beispiel:

```
struct Entry {
    string name;
    int value;
```

```
};

Entry read_entry(istream& is)          // ganz einfache Lesefunktion (für
                                       // eine bessere Version, siehe §11.5)
{
     string s;
     int i;
     is >> s >> i;
     return {s,i};
}
auto e = read_entry(cin);
cout << "{ " << e.name << " , " << e.value << " }\n";
```

Hier wird **{s,i}** verwendet, um den **Entry**-Rückgabewert zu konstruieren. Genauso können Sie die Member eines **Entry** in lokale Variablen »auspacken«:

```
auto [n,v] = read_entry(is);
cout << "{ " << n << " , " << v << " }\n";
```

Das **auto [n,v]** deklariert die zwei lokalen Variablen **n** und **v**, deren Typen aus dem Rückgabetyp von **read_entry()** abgeleitet werden. Dieser Mechanismus, bei dem Membern eines Klassenobjekts lokale Namen gegeben werden, wird als *strukturierte Bindung* bezeichnet.

Betrachten Sie ein anderes Beispiel:

```
map<string,int> m;
// ... m füllen ...
for (const auto [key,value] : m)
     cout << "{" << key << "," << value << "}\n";
```

Wie üblich können Sie **auto** um **const** und **&** ergänzen. Zum Beispiel:

```
void incr(map<string,int>& m)          // inkrementiert den Wert der
                                       // einzelnen Elemente von m
{
     for (auto& [key,value] : m)
          ++value;
}
```

Wenn die strukturierte Bindung für eine Klasse ohne private Daten verwendet wird, dann kann man leicht sehen, wie die Bindung erfolgt: Es muss für die Bindung die gleiche Anzahl an Namen definiert werden, wie Daten-Member im Klassenobjekt existieren; jeder Name, der in der Bindung eingeführt wird, benennt das entsprechende Member. Es gibt keinen Unterschied in der Qualität des Objektcodes, verglichen mit der expliziten Verwendung eines zusammengesetzten Objekts. Insbesondere impliziert die Verwendung des strukturierten Bindens keine Kopie des **struct**. Darüber hinaus bedeutet die Rückgabe eines einfachen **struct** selten eine Kopie, weil einfache Rückgabetypen direkt an der Stelle konstruiert werden können, wo sie benötigt werden (§3.4.2). Beim Einsatz der strukturierten Bindung geht es zuerst und vor allem darum, wie sich eine Idee am besten ausdrücken lässt.

Es ist auch möglich, Klassen zu verarbeiten, bei denen der Zugriff durch Member-Funktionen erfolgt. Zum Beispiel:

```
complex<double> z = {1,2};
auto [re,im] = z+2;          // re=3; im=2
```

Ein **complex** hat zwei Daten-Member, doch seine Schnittstelle besteht aus Zugriffsfunktionen wie **real()** und **imag()**. Das Abbilden eines **complex<double>** auf zwei lokale Variablen, wie etwa **re** und **im**, ist möglich und effizient, doch die Technik dafür geht über das hinaus, was in diesem Buch behandelt wird.

3.5 Ratschläge

[1] Unterscheiden Sie zwischen Deklarationen (die als Schnittstellen verwendet werden) und Definitionen (die die Implementierung bestimmen); §3.1.

[2] Bevorzugen Sie **module** gegenüber Headern (wo **module** unterstützt werden); §3.2.2.

[3] Benutzen Sie Header-Dateien, um Schnittstellen zu repräsentieren und die logische Struktur hervorzuheben; §3.2; [CG: SF.3].

[4] Fügen Sie einen Header mit **#include** in der Quelldatei ein, die seine Funktionen implementiert; §3.2; [CG: SF.5].

[5] Vermeiden Sie Funktionsdefinitionen in Headern (außer Inline-Funktionsdefinitionen); §3.2; [CG: SF.2].

[6] Benutzen Sie Namensräume, um die logische Struktur auszudrücken; §3.3; [CG: SF.20].

[7] Verwenden Sie **using**-Direktiven nur übergangsweise, für grundlegende Bibliotheken (wie **std**) oder innerhalb eines lokalen Gültigkeitsbereichs; §3.3; [CG: SF.6][CG: SF.7].

[8] Setzen Sie eine `using`-Direktive niemals in eine Header-Datei; §3.3; [CG: SF.7].

[9] Übergeben Sie »kleine« Werte als Wert und »große« Werte als Referenz; §3.4.1; [CG: F.16].

[10] Bevorzugen Sie die Übergabe durch `const`-Referenz gegenüber der einfachen Übergabe durch Referenz; §3.4.1; [CG: F.17].

[11] Geben Sie Werte als Funktionsrückgabewerte zurück (anstelle von Out-Parametern); §3.4.2; [CG: F.20].

[12] Übertreiben Sie es nicht mit der automatischen Erkennung von Rückgabetypen; §3.4.2.

[13] Übertreiben Sie es nicht mit der strukturierten Bindung; ein benannter Rückgabetyp ergibt oft einen besser lesbaren Code; §3.4.5.

Kapitel 4

Fehlerbehandlung

Unterbrechen Sie mich nicht, während ich unterbreche.
— Winston S. Churchill

4.1 Einführung

Die Fehlerbehandlung ist ein großes und komplexes Thema mit Fragen und Konsequenzen, die weit über die Mittel der Sprache hinausgehen und bis in die Programmiertechniken und -werkzeuge reichen. Allerdings bietet C++ einige Hilfen an. Das wichtigste Werkzeug ist das Typsystem selbst. Anstatt Ihre Anwendungen mühsam aus den integrierten Typen (z. B. **char**, **int** und **double**) und Anweisungen (z. B. **if**, **while** und **for**) aufzubauen, konstruieren Sie sich Typen (z. B. **string**, **map** und **thread**) und Algorithmen (z. B. **sort()**, **find_if()** und **draw_all()**), die zu Ihren Anwendungen passen. Solche komplexeren Konstrukte vereinfachen die Programmierung, begrenzen die Möglichkeit, Fehler zu machen (z. B. werden Sie wahrscheinlich nicht versuchen, eine Baum-Traversierung auf eine Dialogbox anzuwenden), und erhöhen die Chancen des Compilers, Fehler zu erkennen und abzufangen. Die meisten Sprachkonstrukte von C++ zielen darauf ab, elegante und effiziente Abstraktionen zu entwerfen und zu implementieren (z. B. benutzerdefinierte Typen und Algorithmen, die diese verwenden). Eine Auswirkung solcher Abstraktionen besteht darin, dass die Stelle, an der ein Laufzeitfehler erkannt werden kann, getrennt ist von der Stelle, an der er behandelt werden kann. Wenn Programme größer werden und vor allem, wenn umfassend Bibliotheken zum Einsatz kommen, wird es wichtig, Standards für den Umgang mit Fehlern zu haben. Es ist immer eine gute Idee, bereits frühzeitig während der Entwicklung eines Programms eine Strategie für die Fehlerbehandlung auszuarbeiten.

4.2 Exceptions

Betrachten Sie wieder das **Vector**-Beispiel. Was *sollte* gemacht werden, wenn Sie versuchen, auf ein Element zuzugreifen, das außerhalb des Bereichs für den Vektor aus §2.3 liegt?

- Der Programmierer von **Vector** weiß nicht, was der Anwender in diesem Fall gern machen würde (der Programmierer von **Vector** weiß üblicherweise nicht einmal, in welchem Programm der Vektor laufen wird).
- Der Anwender von **Vector** kann das Problem nicht verlässlich erkennen (wenn er es könnte, dann würde der Zugriff außerhalb des Bereichs gar nicht erst auftreten).

Angenommen, dass der Zugriff außerhalb des Bereichs eine Art von Fehler ist, mit der Sie irgendwie zurechtkommen wollen, besteht die Lösung darin, dass der Programmierer von **Vector** den versuchten Zugriff außerhalb des Bereichs erkennt und dem Benutzer davon berichtet. Der Benutzer kann dann eine entsprechende Aktion auslösen. Zum Beispiel kann **Vector::operator[]()** den Versuch eines Zugriffs außerhalb des Bereichs erkennen und dann eine **out_of_range**-Exception werfen:

```
double& Vector::operator[](int i)
{
      if (!(0<=i && i<size()))
           throw out_of_range{"Vector::operator[]"};
      return elem[i];
}
```

Das **throw** überträgt die Kontrolle an einen Handler für Exceptions des Typs **out_of_range** in einer Funktion, die direkt oder indirekt **Vector::operator[]()** aufgerufen hat. Dazu *entlädt* die Implementierung den Stack des Funktionsaufrufs so weit, dass sie bis zum Kontext dieses Aufrufers gelangt. Das bedeutet, der Mechanismus zum Verarbeiten der Exception durchläuft Gültigkeitsbereiche und Funktionen, bis er zurück zu einem Aufrufer gelangt, der Interesse daran ausgedrückt hat, diese Art von Exceptions zu verarbeiten. Dabei werden ganz nach Bedarf Destruktoren (§5.2.2) aufgerufen. Zum Beispiel:

```
void f(Vector& v)
{
     // ...
      try {     // out_of_range-Exceptions, die in diesem Block geworfen
    // werden, werden von dem Handler verarbeitet, der unten definiert ist
           compute1(v);                 // könnte versuchen, hinter dem Ende
                                        // von v zuzugreifen
           Vector v2 = compute2(v);  // könnte versuchen, hinter dem Ende
                                        // von v zuzugreifen
           compute3(v2);                // könnte versuchen, hinter dem Ende
                                        // von v2 zuzugreifen
```

```
    }
    catch (const out_of_range& err) {     // Hoppla: out_of_range-Fehler
        // ... verarbeitet den Bereichsfehler ...
        cerr << err.what() << '\n';
    }
    // ...
}
```

Sie setzen Code, in dem Sie Exceptions erwarten, in einen **try**-Block. Die Aufrufe von **compute1()**, **compute2()** und **compute3()** sollen Code darstellen, für den sich nicht leicht im Vorfeld feststellen lässt, ob ein Bereichsfehler auftreten wird. Die **catch**-Klausel wird bereitgestellt, um Exceptions des Typs **out_of_range** zu verarbeiten. Wäre die Funktion **f()** keine gute Stelle für den Umgang mit solchen Exceptions gewesen, hätten Sie keinen **try**-Block benutzt, sondern stattdessen die Exception implizit an den Aufrufer von **f()** weitergeben lassen.

Der **out_of_range**-Typ ist in der Standardbibliothek definiert (in **<stdexcept>**) und wird tatsächlich von einigen Containerzugriffsfunktionen der Standardbibliothek benutzt.

Ich habe die Exception als Referenz aufgefangen, um ein Kopieren zu vermeiden, und habe die **what()**-Funktion genutzt, um die Fehlermeldung auszugeben, die am **throw**-Punkt in sie hineingegeben wurde.

Mechanismen zur Exception-Behandlung können die Fehlerbehandlung einfacher, systematischer und lesbarer machen. Dazu sollten Sie es allerdings mit den **try**-Anweisungen nicht übertreiben. In vielen Programmen gibt es typischerweise Dutzende von Funktionsaufrufen zwischen einem **throw** und einer Funktion, die vernünftig mit der geworfenen Exception umgehen kann. Das heißt, die meisten Funktionen sollten einfach zulassen, dass die Exception den Funktions-Stack entlang nach oben propagiert wird. Die wichtigste Technik, mit der die Fehlerbehandlung einfach und systematisch erledigt wird (das sogenannte *Resource Acquisition Is Initialization*; *RAII*), wird in §5.2.2 erläutert. Die grundlegende Idee hinter RAII ist, dass ein Konstruktor die Ressourcen anfordert, die eine Klasse zum Betrieb benötigt, und den Destruktor verwendet, um alle Ressourcen freizugeben, sodass die Ressourcenfreigabe garantiert und implizit erfolgt.

4.3 Invarianten

Die Verwendung von Exceptions zum Signalisieren von Zugriffen außerhalb des erlaubten Bereichs ist ein Beispiel für eine Funktion, die ihr Argument prüft und die Ausführung verweigert, weil eine Grundannahme, eine *Vorbedingung*, nicht eingehalten wurde. Hätte Sie den Indizierungsoperator von **Vector** formal beschrieben, dann hätten Sie so etwas gesagt wie: »Der Index muss im Bereich [**0**:**size()**) liegen.« Genau das haben Sie in Ihrem **operator[]()** getestet. Die Notation [**a**:**b**) gibt einen halboffenen Bereich an. Das bedeutet, dass **a** Teil des Bereichs ist, **b** jedoch nicht. Immer wenn Sie eine Funktion definieren, sollten Sie darüber nachdenken, was ihre Vorbedingungen sind und ob Sie sie testen sollten (§4.4). Für die meisten Anwendungen bietet es sich an, einfache Invarianten zu testen; siehe auch §4.5.

Allerdings arbeitet **operator[]()** auf Objekten des Typs **Vector**, und nichts, was es macht, ist sinnvoll, solange die Member von **Vector** keine »vernünftigen« Werte haben. Insbesondere haben Sie gesagt, »**elem** zeigt auf ein Array aus **sz** Doubles«, allerdings nur in einem Kommentar. Eine solche Aussage darüber, was als wahr für eine Klasse angenommen wird, ist eine sogenannte *Klassen-Invariante* oder einfach eine *Invariante*. Es ist die Aufgabe eines Konstruktors, die Invariante für seine Klasse einzurichten (damit die Member-Funktionen sich darauf verlassen können). Die Member-Funktionen wiederum müssen sicherstellen, dass die Invariante gültig bleibt, nachdem sie beendet wurden. Leider hat unser **Vector**-Konstruktor seine Aufgabe nur teilweise erledigt. Er hat die **Vector**-Member korrekt initialisiert, aber nicht geprüft, ob die Argumente, die an sie übergeben wurden, sinnvoll sind. Betrachten Sie dies:

```
Vector v(?27);
```

Das wird vermutlich Chaos anrichten.

Hier ist eine passendere Definition des Konstruktors:

```
Vector::Vector(int s)
{
     if (s<0)
          throw length_error{"Vector constructor: negative size"};
     elem = new double[s];
     sz = s;
}
```

Ich nutze die Standardbibliotheks-Exception **length_error**, um eine negative Anzahl an Elementen zu melden, weil manche Operationen der Standardbibliothek diese Exception ebenfalls hierfür verwenden.

Wenn der Operator **new** keinen Speicher zum Belegen finden kann, wirft er die Exception **std::bad_alloc**. Sie können nun schreiben:

```
void test(int n)
{
    try {
```

```
        Vector v(n);
    }
    catch (std::length_error& err) {
        // ... befasst sich mit negativer Größe ...
    }
    catch (std::bad_alloc& err) {
        // ... befasst sich mit fehlendem Speicher ...
    }
}
void run()
{
    test(?27);                    // wirft length_error (-27 ist zu klein)
    test(1'000'000'000);          // könnte bad_alloc werfen
    test(10);                     // wahrscheinlich okay
}
```

Speichererschöpfung (Memory Exhaustion) tritt auf, wenn Sie mehr Speicher anfordern, als der Rechner zur Verfügung stellt, oder wenn Ihr Programm schon fast so viel Speicher verbraucht hat und Ihre Anfrage die Grenze überschreitet. Beachten Sie, dass moderne Betriebssysteme Ihnen üblicherweise mehr Platz bieten, als auf einmal in den physischen Speicher passt. Fordern Sie also zu viel Speicher an, kann dies das System drastisch verlangsamen, lange bevor ein **bad_alloc** ausgelöst wird.

Sie können Ihre eigenen Klassen für Exceptions definieren und sie von dem Punkt, an dem ein Fehler erkannt wird, bis zu dem Punkt, an dem er verarbeitet werden kann, so wenige oder so viele Informationen transportieren lassen, wie Sie brauchen (§4.2). Es ist dabei nicht notwendig, die Exception-Hierarchie der Standardbibliothek zu benutzen.

Eine Funktion hat oft keine Möglichkeit, die ihr zugewiesene Aufgabe abzuschließen, nachdem eine Exception geworfen wurde. Das »Behandeln« einer Exception bedeutet dann, einige minimale lokale Aufräumaktionen durchzuführen und die Exception erneut zu werfen. Zum Beispiel:

```
void test(int n)

{
    try {
        Vector v(n);
    }
    catch (std::length_error&) {     // macht etwas und wirft erneut
        cerr << "test failed: length error\n";
```

```
        throw;      // erneutes Werfen
    }
    catch (std::bad_alloc&) {     // Autsch! Dieses Programm ist nicht
                    // dafür gemacht, mit fehlendem Speicher klarzukommen
        std::terminate();         // Programm wird terminiert
    }
}
```

In gut designtem Code gibt es nur sehr wenige **try**-Blöcke. Versuchen Sie, ihre übermäßige Verwendung zu vermeiden, indem Sie systematisch die RAII-Technik einsetzen (§5.2.2, §6.3).

Die Idee der Invarianten ist von zentraler Bedeutung beim Design von Klassen, und Vorbedingungen spielen eine vergleichbare Rolle beim Design von Funktionen:

- Das Formulieren von Invarianten hilft, exakt zu verstehen, was Sie wollen.
- Invarianten zwingen dazu, genau zu sein; dies erhöht die Wahrscheinlichkeit, dass der Code korrekt wird.

Das Prinzip der Invarianten liegt der Ressourcenverwaltung in C++ zugrunde, die durch Konstruktoren (Kapitel 5) und Destruktoren (§5.2.2, §15.2.1) unterstützt wird.

4.4 Alternativen für die Fehlerbehandlung

Fehlerbehandlung ist ein wichtiges Thema in allen Softwareprogrammen, weshalb es natürlich eine Vielzahl von Ansätzen und Vorgehensweisen gibt. Wenn ein Fehler entdeckt wird und nicht lokal in einer Funktion behandelt werden kann, muss die Funktion das Problem irgendwie an einen Aufrufer kommunizieren. Das Werfen einer Exception ist in C++ der gebräuchlichste Mechanismus dafür.

Es gibt Sprachen, in denen Exceptions so entworfen sind, dass sie einfach ein alternativer Mechanismus zum Zurückgeben von Werten sind. C++ gehört nicht zu diesen Sprachen: Exceptions sind dafür gedacht zu melden, dass eine bestimmte Aufgabe nicht erledigt werden konnte. Exceptions bilden zusammen mit Konstruktoren und Destruktoren ein kohärentes Framework für die Fehlerbehandlung und die Ressourcenverwaltung (§5.2.2, §6.3). Compiler sind so optimiert, dass die Rückgabe eines Werts viel billiger ist als das Werfen desselben Werts als Exception.

Das Werfen einer Exception ist nicht der einzige Weg, um einen Fehler zu melden, der nicht lokal behandelt werden kann. Eine Funktion kann anzeigen, dass sie die ihr zugewiesene Aufgabe nicht ausführen kann, indem sie:

- eine Exception wirft
- irgendwie einen Wert zurückgibt, der ein Scheitern anzeigt
- das Programm terminiert (durch Aufrufen einer Funktion wie **`terminate()`**, **`exit()`** oder **`abort()`** (§16.8)).

Sie geben einen Fehlerhinweis (»Fehlercode«) zurück, wenn:

- ein Fehler normal ist und erwartet wird. Zum Beispiel ist es relativ normal, dass eine Anforderung, eine Datei zu öffnen, scheitert (vielleicht gibt es keine Datei dieses Namens oder vielleicht kann die Datei nicht mit den angeforderten Berechtigungen geöffnet werden).
- man vernünftigerweise erwarten kann, dass der direkte Aufrufer den Fehler behandelt
- eine von vielen parallelen Aufgaben fehlschlägt und Sie wissen müssen, welche Aufgabe genau fehlerhaft war
- ein System so wenig Speicher hat, dass die Laufzeitunterstützung für Exceptions die grundlegende Funktionalität beeinträchtigen würde

Sie werfen eine Exception, wenn:

- ein Fehler so selten ist, dass ein Programmierer mit hoher Wahrscheinlichkeit vergisst, darauf zu achten. Wann haben Sie zum Beispiel zum letzten Mal den Rückgabewert von **`printf()`** geprüft?
- ein Fehler nicht durch den direkten Aufrufer bearbeitet werden kann. Stattdessen muss der Fehler die Aufrufkette nach oben zum »ultimativen Aufrufer« durchgereicht werden. Es ist zum Beispiel nicht machbar, jede Funktion in einer Anwendung zuverlässig dazu zu bringen, mit allen Speicherzuweisungsfehlern und Netzwerkausfällen zurechtzukommen. Das wiederholte Prüfen eines Fehlercodes wäre mühsam, teuer und fehleranfällig. Die Tests auf Fehler und das Übergeben von Fehlercodes als Rückgabewerte kann leicht die eigentliche und wesentliche Logik einer Funktion verschleiern.
- neue Arten von Fehlern in grundlegenden Modulen einer Anwendung hinzugefügt werden, wodurch höhere Module nicht mit solchen Fehlern zurechtkommen. Das gilt zum Beispiel, wenn eine Anwendung, die früher einmal sequenziell gearbeitet hat, nun so verändert wurde, dass sie mit mehreren Threads arbeitet oder Ressourcen ausgelagert werden, sodass sie über ein Netzwerk erreichbar sind.
- kein passender Rückgabepfad für Fehlercodes verfügbar ist. Zum Beispiel besitzt ein Konstruktor keinen Rückgabewert, den ein Aufrufer prüfen könnte. Insbesondere könnten Konstruktoren für mehrere lokale Variablen oder in einem teilweise konstruierten komplexen Objekt aufgerufen werden, sodass Aufräumarbeiten anhand von Fehlercodes recht kompliziert wären. Auch Ope-

ratoren haben normalerweise keinen offensichtlichen Rückgabepfad für Fehlercodes. Zum Beispiel `a*b+c/d`.

- der Rückgabepfad einer Funktion durch die Notwendigkeit, sowohl einen Wert als auch einen Fehlerindikator (z. B. ein `pair`, §15.3.3) zurückzuliefern, komplizierter oder teurer gemacht wird, was möglicherweise zur Verwendung von Out-Parametern, nichtlokalen Fehlerstatus-Indikatoren oder anderen Workarounds führt
- die Wiederherstellung nach Fehlern von den Ergebnissen mehrerer Funktionsaufrufe abhängt, was zu der Notwendigkeit führt, den lokalen Status zwischen Aufrufen und komplizierten Kontrollstrukturen zu wahren
- die Funktion, die den Fehler gefunden hat, ein Callback (ein Funktionsargument) war, sodass der direkte Aufrufer vielleicht nicht einmal weiß, welche Funktion aufgerufen wurde
- ein Fehler impliziert, dass irgendeine »Undo-Aktion« benötigt wird (§5.2.2)

Sie terminieren das gesamte Programm, wenn:

- ein Fehler von einer Art ist, die nicht behoben werden kann. Es gibt zum Beispiel für viele – wenn auch nicht für alle – Systeme keinen vernünftigen Ausweg, wenn der Speicher erschöpft ist.
- auf dem System die Fehlerbehandlung vorsieht, dass ein Thread, Prozess oder Computer neu gestartet werden muss, sobald ein nichttrivialer Fehler entdeckt wird

Ein Weg, die Terminierung sicherzustellen, besteht darin, `noexcept` (§4.5.3) zu einer Funktion hinzuzufügen, sodass ein `throw` von irgendwo in der Implementierung der Funktion in ein `terminate()` umgewandelt wird. Beachten Sie, dass es Anwendungsfälle gibt, in denen bedingungslose Abbrüche nicht akzeptabel sind, weshalb Alternativen erforderlich sind. Eine Bibliothek für den allgemeinen Einsatz sollte niemals bedingungslos terminieren.

Leider sind diese Bedingungen nicht immer eindeutig und leicht anzuwenden. Die Größe und die Komplexität eines Programms spielen hier eine Rolle. Manchmal ändern sich die Bedingungen, wenn eine Anwendung sich weiterentwickelt. Da ist Erfahrung wichtig. Im Zweifel sollten Sie Exceptions den Vorzug geben, da ihre Verwendung skaliert und keine externen Werkzeuge erfordert, um zu prüfen, ob alle Fehler bearbeitet werden.

Glauben Sie nicht, dass alle Fehlercodes oder alle Exceptions schlecht sind; es gibt klare Anwendungsfälle für beides. Glauben Sie außerdem nicht an den Mythos, dass die Behandlung von Exceptions langsam ist. Oft ist sie sogar schneller als die korrekte Behandlung komplexer oder seltener Fehlerbedingungen und wiederholtem Testen von Fehlercodes.

RAII (§5.2.2, §6.3) ist wesentlich für die einfache und effiziente Fehlerbehandlung mittels Exceptions. Code, der mit **try**-Blöcken gespickt ist, spiegelt oftmals einfach die schlimmsten Aspekte von Fehlerbehandlungsstrategien wider, die für Fehlercodes konzipiert wurden.

4.5 Assertions

Es gibt momentan keine allgemeine und standardisierte Methode, optionale Laufzeittests von Invarianten, Vorbedingungen usw. zu schreiben. Dennoch besteht für viele große Programme die Notwendigkeit, Benutzer zu unterstützen, die sich beim Testen auf ausführliche Laufzeittests verlassen wollen, dann aber Code mit minimalen Tests ausliefern möchten.

Momentan müssen Sie auf Ad-hoc-Mechanismen zurückgreifen, von denen es viele gibt. Sie müssen flexibel und allgemein sein und dürfen keine Kosten verursachen, wenn sie nicht aktiviert sind. Dies bedeutet Einfachheit bei der Konzeption und Raffiniertheit bei der Umsetzung. Hier ist ein Schema, das ich benutzt habe:

```
enum class Error_action { ignore, throwing, terminating, logging };
                                    // Alternativen für die Fehlerbehandlung

constexpr Error_action default_Error_action = Error_action::throwing;
                                      // das Standardverhalten

enum class Error_code { range_error, length_error };
                                      // einzelne Fehler

string error_code_name[] { "range error", "length error" };
                                      // Namen der einzelnen Fehler
template<Error_action action = default_Error_action, class C>
constexpr void expect(C cond, Error_code x)     // führt Aktion "action"
               // aus, wenn die erwartete Bedingung "cond" nicht zutrifft
{
     if constexpr (action == Error_action::logging)
          if (!cond()) std::cerr << "expect() failure" << int(x) << ' '
                            << error_code_name[int(x)] << '\n';
     if constexpr (action == Error_action::throwing)
          if (!cond()) throw x;
     if constexpr (action == Error_action::terminating)
          if (!cond()) terminate();
// oder keine Aktion
}
```

Das mag auf den ersten Blick verwirrend sein, da viele der benutzten Sprachelemente noch nicht vorgestellt wurden. Doch wie gefordert, ist dies sowohl sehr flexibel als auch einfach zu benutzen. Zum Beispiel:

```
double& Vector::operator[](int i)
{
    expect([i,this] { return 0<=i && i<size(); }, Error_code::range_error);
    return elem[i];
}
```

Dies prüft, ob ein Index im Bereich liegt, und führt die vorgegebene Aktion aus. Liegt der Index nicht im Bereich, wird eine Exception geworfen. Die einzuhaltende Bedingung, **`0<=i&&i<size()`**, wird als Lambda an **`expect()`** übergeben, **`[i,this]{return 0<=i&&i<size();}`** (§7.3.3). Die **`if constexpr`**-Tests werden zum Compile-Zeitpunkt durchgeführt (§7.4.3), sodass für jeden Aufruf von **`expect()`** höchstens ein Laufzeittest erfolgt. Setzen Sie **`action`** auf **`Error_action::ignore`**, und es wird keine Aktion durchgeführt und für **`expect()`** wird auch kein Code generiert.

Durch das Setzen von **`default_Error_action`** kann ein Benutzer eine Aktion auswählen, die passend für einen bestimmten Einsatzfall des Programms ist, also etwa **`terminating`** oder **`logging`**. Um das Logging zu unterstützen, muss eine Tabelle mit **`error_code_name`** definiert werden. Die Logging-Informationen ließen sich darüber hinaus weiter verbessern, indem man außerdem **`source_location`** hinzufügt (§16.5).

In vielen Systemen ist es wichtig, dass ein Assertion-Mechanismus, wie etwa **`expect()`**, eine zentrale Steuerung der Bedeutung der Assertion-Fehler bietet. Das Durchsuchen einer großen Codebasis nach **`if`**-Anweisungen, die in Wirklichkeit Tests von Annahmen sind, ist normalerweise ziemlich unpraktisch.

4.5.1 assert()

Die Standardbibliothek enthält das Debug-Makro **`assert()`**, mit dem festgelegt wird, dass eine Bedingung zur Laufzeit eingehalten werden muss. Zum Beispiel:

```
void f(const char* p)
{
    assert(p!=nullptr);          // p darf nicht der nullptr sein
    // ...
}
```

Wenn die Bedingung eines **assert()** im »Debug-Modus« scheitert, wird das Programm beendet. Ist man nicht im Debug-Modus, wird das **assert()** nicht geprüft. Das ist ziemlich krude und unflexibel, aber oftmals besser als nichts.

4.5.2 Statische Assertionen

Exceptions melden Fehler, die zur Laufzeit entdeckt wurden. Besser ist es normalerweise, wenn ein Fehler zum Zeitpunkt des Kompilierens gefunden werden kann. Für diesen Zweck sind ein Großteil des Typsystems und die Möglichkeiten zum Festlegen der Schnittstellen für benutzerdefinierte Typen gedacht. Sie können jedoch auch einfache Tests der meisten Eigenschaften durchführen, die zum Zeitpunkt des Kompilierens bekannt sind, und alles, was nicht Ihre Erwartungen erfüllt, als Compiler-Fehlermeldung ausgeben. Zum Beispiel:

```
static_assert(4<=sizeof(int), "integers are too small"); // prüft die
                                                         // Integer-Größe
```

Dies gibt **integers are too small** (Integer sind zu klein) aus, falls **4<=sizeof(int)** nicht zutrifft, das heißt, falls ein **int** auf diesem System nicht wenigstens 4 Byte groß ist. Wir bezeichnen diese Aussagen über unsere Erwartungen als *Assertions*.

Der **static_assert**-Mechanismus kann für alles verwendet werden, was sich durch konstante Ausdrücke (§1.6) formulieren lässt. Zum Beispiel:

```
constexpr double C = 299792.458;                    // km/s

void f(double speed)
{
    constexpr double local_max = 160.0/(60*60);     // 160 km/h ==
                                // 160,0/(60*60) km/s

    static_assert(speed<C,"can't go that fast");          // Fehler:
                                // speed muss eine Konstante sein
    static_assert(local_max<C,"can't go that fast");      // Okay

   // ...
}
```

Im Allgemeinen gibt **static_assert(A, S)** das **S** als eine Compiler-Fehlermeldung aus, wenn **A** nicht **true** ist. Falls Sie keine spezielle Meldung ausgegeben haben wollen, lassen Sie das **S** weg. Der Compiler liefert in diesem Fall eine vorgegebene Meldung:

```
static_assert(4<=sizeof(int));    // benutzt die vorgegebene Meldung
```

Die vorgegebene Meldung ist üblicherweise die Quelle des **static_assert** plus eine textuelle Darstellung des behaupteten Prädikats.

Ein wichtiger Einsatzfall für **static_assert** besteht darin, Behauptungen (Assertions) über Typen aufzustellen, die als Parameter in der generischen Programmierung verwendet werden (§8.2, §16.4).

4.5.3 noexcept

Eine Funktion, die niemals eine Exception werfen soll, kann als **noexcept** deklariert werden. Zum Beispiel:

```
void user(int sz) noexcept
{
    Vector v(sz);
    iota(&v[0],&v[sz],1);      // füllt v mit 1,2,3,4... (siehe §17.3)
   // ...
}
```

Wenn alle guten Vorsätze und Pläne scheitern, sodass **user()** trotzdem eine Exception wirft, wird **std::terminate()** aufgerufen, um das Programm sofort zu beenden.

Es ist gefährlich, **noexcept** leichtfertig einzusetzen. Wenn eine **noexcept**-Funktion eine Funktion aufruft, die eine Exception wirft und erwartet, dass diese aufgefangen und behandelt wird, dann verwandelt **noexcept** dies in einen fatalen Fehler. Außerdem zwingt ein **noexcept** den Programmierer, Fehler durch irgendeine Form von Fehlercodes zu bearbeiten, die komplex, fehleranfällig und aufwendig sein können (§4.4). Wie andere mächtige Aspekte der Sprache sollte **noexcept** mit Bedacht und Vorsicht eingesetzt werden.

4.6 Ratschläge

[1] Werfen Sie eine Exception, um anzuzeigen, dass Sie eine zugewiesene Aufgabe nicht ausführen können; §4.4; [CG:E.2].

[2] Verwenden Sie Exceptions nur zur Fehlerbehandlung; §4.4; [CG: E.3].

[3] Das fehlgeschlagene Öffnen einer Datei oder Erreichen des Endes einer Iteration sind zu erwartende Ereignisse und keine Exceptions; §4.4.

[4] Benutzen Sie Fehlercodes, wenn der direkte Aufrufer den Fehler behandeln soll; §4.4.

[5] Werfen Sie eine Exception für Fehler, die durch viele Funktionsaufrufe hindurch nach oben gereicht werden sollen; §4.4.

[6] Wenn Sie sich unsicher sind, ob Sie eine Exception oder einen Fehlercode benutzen sollen, nehmen Sie eine Exception; §4.4.

[7] Entwickeln Sie schon früh in der Entwurfsphase Ihres Programms eine Strategie für die Fehlerbehandlung; §4.4; [CG: E.12].

[8] Verwenden Sie extra entworfene benutzerdefinierte Typen als Exceptions (keine integrierten Typen); §4.2.

[9] Versuchen Sie nicht, jede Exception in jeder Funktion zu fangen; §4.4; [CG: E.7].

[10] Sie müssen nicht die Exception-Klassenhierarchie der Standardbibliothek benutzen; §4.3.

[11] Bevorzugen Sie RAII gegenüber expliziten **try**-Blöcken; §4.2, §4.3; [CG: E.6].

[12] Lassen Sie einen Konstruktor eine Invariante einrichten und werfen Sie eine Exception, wenn das nicht geht; §4.3; [CG: E.5].

[13] Entwerfen Sie Ihre Fehlerbehandlungsstrategie rund um Invarianten; §4.3; [CG: E.4].

[14] Was zum Zeitpunkt des Kompilierens geprüft werden kann, sollte auch genau zu diesem Zeitpunkt geprüft werden; §4.5.2; [CG: P.4] [CG: P.5].

[15] Benutzen Sie einen Assertion-Mechanismus, um eine einzige Stelle einzurichten, die kontrolliert, was ein Scheitern bedeutet; §4.5.

[16] Konzepte oder Concepts (§8.2) sind Compile-Zeit-Prädikate und deshalb oft nützlich in Assertionen; §4.5.2.

[17] Falls Ihre Funktion keine Exceptions werfen soll, deklarieren Sie sie als **noexcept**; §4.4; [CG: E.12].

[18] Wenden Sie **noexcept** nicht unbedacht an; §4.5.3.

Kapitel 5

Klassen

Diese Typen sind nicht »abstrakt«; sie sind so real wie int und float.
— Doug McIlroy

5.1 Einführung

Dieses sowie die nächsten drei Kapitel möchten Ihnen eine Vorstellung von der Unterstützung vermitteln, die C++ für Abstraktion und Ressourcenverwaltung bietet, ohne allerdings allzu sehr ins Detail zu gehen:

- In diesem Kapitel lernen Sie Möglichkeiten kennen, neue Typen zu definieren und zu benutzen (*benutzerdefinierte Typen*). Sie erfahren insbesondere etwas über die grundlegenden Eigenschaften, Implementierungstechniken und sprachlichen Mittel, die für *konkrete Klassen*, *abstrakte Klassen* und *Klassenhierarchien* verwendet werden.
- Kapitel 6 stellt die Operationen vor, die eine definierte Bedeutung in C++ haben, wie etwa Konstruktoren, Destruktoren und Zuweisungen. Es umreißt die Regeln für deren gemeinsame Benutzung, um den Lebenszyklus von Objekten zu steuern und eine einfache, effiziente und vollständige Ressourcenverwaltung zu unterstützen.
- Kapitel 7 führt Templates als Mechanismus zum Parametrisieren von Typen und Algorithmen mit anderen Typen und Algorithmen ein. Berechnungen auf benutzerdefinierten und integrierten Typen werden als Funktionen dargestellt und manchmal auch zu *Funktions-Templates* und *Funktionsobjekten* generalisiert.
- Kapitel 8 bietet Ihnen einen Überblick über die Konzepte, Techniken und Sprachmerkmale, die der generischen Programmierung zugrunde liegen. Schwerpunkt sind Definition und Benutzung von *Konzepten* zum exakten Spezifizieren von Schnittstellen zu Templates. Es werden *Variadische Templates* vorgestellt, mit denen sich die allgemeinsten und flexibelsten Schnittstellen festlegen lassen.

Dies sind die sprachlichen Mittel zur Unterstützung der *objektorientierten* sowie der *generischen Programmierung*. In Kapitel 9 bis Kapitel 18 werden dann Beispiele für Elemente der Standardbibliothek sowie deren Anwendung vorgestellt.

5.1.1 Klassen

Das zentrale Sprachmerkmal von C++ ist die *Klasse*. Eine Klasse ist ein benutzerdefinierter Typ, der bereitgestellt wird, um eine Entität im Code eines Programms zu repräsentieren. Immer wenn das Design für ein Programm eine nützliche Idee, Entität, Sammlung von Daten usw. umfasst, sollten Sie versuchen, diese als Klasse im Programm darzustellen, damit die Idee dort im Code auftaucht, anstatt nur in Ihrem Kopf, in einem Entwurfsplan oder in irgendwelchen Kommentaren. Ein Programm, das aus einer gut gewählten Menge von Klassen aufgebaut ist, lässt sich viel einfacher verstehen und korrekter fertigstellen als eines, das alles direkt aus den integrierten Typen zusammensetzt. Insbesondere sind Klassen oft das, was Bibliotheken bereitstellen.

Im Prinzip existieren alle sprachlichen Mittel jenseits der grundlegenden Typen, Operatoren und Statements, um zu helfen, bessere Klassen zu definieren oder sie komfortabler zu verwenden. Mit »besser« meine ich korrekter, leichter zu warten, effizienter, eleganter, einfacher zu benutzen, einfacher zu lesen und einfacher zu beurteilen. Die meisten Programmiertechniken beruhen auf dem Entwurf und der Implementierung bestimmter Arten von Klassen. Die Bedürfnisse und Geschmäcker von Programmierern sind außerordentlich vielfältig. Entsprechend gibt es eine umfassende Unterstützung für Klassen. Ich stelle hier die grundlegende Unterstützung für drei wichtige Arten von Klassen vor:

- Konkrete Klassen (§5.2)
- Abstrakte Klassen (§5.3)
- Klassen in Klassenhierarchien (§5.5)

Es gibt eine erstaunliche Anzahl von nützlichen Klassen, die sich einer dieser drei Arten zuordnen lassen. Noch mehr Klassen kann man als einfache Varianten dieser Arten betrachten oder aber auch als Implementierungen, bei denen Kombinationen der Techniken zum Einsatz kommen, die für diese Arten benutzt werden.

5.2 Konkrete Typen

Die Idee, die *konkreten Klassen* zugrunde liegt, ist, dass sie sich »genau wie integrierte Typen« verhalten. So sind zum Beispiel ein komplexer Zahlentyp und ein Integer unendlicher Genauigkeit durchaus vergleichbar mit einem integrierten **int**, auch wenn sie natürlich ihre eigenen Semantiken und Operationen mitbringen. Entsprechend sind ein **vector** und ein **string** fast genauso wie die integrierten Arrays, wobei sie flexibler sind und sich besser verhalten (§10.2, §11.3, §12.2).

Das entscheidende Merkmal eines konkreten Typs besteht darin, dass seine Repräsentation, also sein eigentlicher Inhalt, Teil seiner Definition ist. In vielen wichtigen Fällen, etwa bei einem **vector**, ist diese Repräsentation nur ein oder mehrere

Zeiger auf Daten, die anderswo gespeichert sind, allerdings ist diese Repräsentation in jedem Objekt der konkreten Klasse vorhanden. Dies sorgt dafür, dass Implementierungen optimal in Bezug auf Verarbeitungs- und Speichereffizienz sein können. Insbesondere erlaubt es:

- Objekte aus konkreten Typen auf dem Stack in statisch zugewiesenem Speicher und in anderen Objekten zu platzieren (§1.5)
- direkt auf Objekte zu verweisen (und nicht nur durch Zeiger oder Referenzen)
- Objekte sofort und vollständig zu initialisieren (z. B. mittels Konstruktoren; §2.3)
- Objekte zu kopieren und zu verschieben (§6.2)

Die Repräsentation kann privat und nur durch die Member-Funktionen zugänglich sein (wie bei **Vector**; §2.3), aber sie ist vorhanden. Das heißt, falls die Repräsentation sich auf signifikante Weise ändert, muss neu kompiliert werden. Das ist der Preis, den man dafür bezahlen muss, dass sich konkrete Typen genauso verhalten wie integrierte Typen. Für Typen, die sich nicht oft ändern und bei denen lokale Variablen die dringend gebrauchte Übersichtlichkeit und Effizienz bieten, ist das akzeptabel und oft ideal. Um seine Flexibilität zu erhöhen, kann ein konkreter Typ wesentliche Teile seiner Repräsentation auf dem freien Speicher behalten (dynamischer Speicher, Heap) und auf sie über den Teil zugreifen, der im Klassenobjekt selbst gespeichert ist. Auf diese Weise sind **vector** und **string** implementiert; sie können als Ressourcen-Handles mit sorgfältig aufgebauten Schnittstellen betrachtet werden.

5.2.1 Ein arithmetischer Typ

Der »klassische benutzerdefinierte arithmetische Typ« ist **complex**:

```
class complex {
     double re, im;           // Repräsentation: zwei Doubles
public:
     complex(double r, double i) :re{r}, im{i} {}      // konstruiert
                                   // complex aus zwei Skalaren
     complex(double r) :re{r}, im{0} {}              // konstruiert
                                   // complex aus einem Skalar
     complex() :re{0}, im{0}      // Standard complex: {0,0}

     double real() const { return re; }
     void real(double d) { re=d; }
     double imag() const { return im; }
     void imag(double d) { im=d; }

     complex& operator+=(complex z)
```

```
        {
            re+=z.re;          // addiert zu re und im
            im+=z.im;
            return *this;      // gibt das Ergebnis zurück
        }

        complex& operator?=(complex z)
        {
            re?=z.re;
            im?=z.im;
            return *this;
        }

        complex& operator*=(complex);         // irgendwo außerhalb der
                                              // Klasse definiert
        complex& operator/=(complex);         // irgendwo außerhalb der
                                              // Klasse definiert
};
```

Dies ist eine vereinfachte Version des **complex** der Standardbibliothek (§17.4). Die Klassendefinition selbst enthält nur die Operationen, die Zugriff auf die Repräsentation erfordern. Die Repräsentation ist einfach und konventionell. Aus praktischen Gründen muss sie kompatibel zu dem sein, was Fortran vor 60 Jahren bereitgestellt hat, und Sie brauchen einen gebräuchlichen Satz an Operatoren. Zusätzlich zu den logischen Anforderungen muss **complex** effizient sein, weil es sonst keiner benutzen wird. Dies impliziert, dass einfache Operationen »inline« sein müssen, was bedeutet, dass einfache Operationen (wie Konstruktoren, **+=** und **imag()**) ohne Funktionsaufrufe im generierten Maschinencode implementiert werden müssen. Funktionen, die in einer Klasse definiert sind, sind standardmäßig inline. Es ist möglich, das Inlining ausdrücklich anzufordern, indem man einer Funktionsdeklaration das Schlüsselwort **inline** voranstellt. Ein leistungsstarkes **complex** (wie das aus der Standardbibliothek) wird sorgfältig so implementiert, dass es das passende Inlining durchführt. Darüber hinaus sind im Standardbibliothek-**complex** die hier gezeigten Funktionen als **constexpr** deklariert, sodass Sie komplexe Berechnungen zum Zeitpunkt des Kompilierens ausführen können.

Kopierzuweisung und Kopierinitialisierung sind implizit definiert (§6.2).

Ein Konstruktor, der ohne Argument aufgerufen werden kann, wird als *Standardkonstruktor* bezeichnet. Das heißt, **complex()** ist der Standardkonstruktor von **complex**. Durch das Definieren eines Standardkonstruktors eliminieren Sie die Möglichkeit uninitialisierter Variablen dieses Typs.

Die **const**-Spezifikatoren der Funktionen, die die realen und imaginären Teile zurückgeben, weisen darauf hin, dass diese Funktionen das Objekt nicht modifizieren, für das sie aufgerufen werden. Eine **const**-Member-Funktion kann sowohl für **const**- als auch für Nicht-**const**-Objekte aufgerufen werden, eine Nicht-**const**-Member-Funktion kann dagegen nur für Nicht-**const**-Objekte aufgerufen werden. Zum Beispiel:

```
complex z = {1,0};
const complex cz {1,3};
z = cz;          // Okay: Zuweisung zu einer Nicht-const-Variablen
cz = z;          // Fehler: Zuweisung zu einem const
double x = z.real();     // Okay: complex::real() ist const
```

Viele nützliche Operationen erfordern keinen direkten Zugriff auf die Repräsentation von **complex**, sodass sie getrennt von der Klassendefinition definiert werden können:

```
complex operator+(complex a, complex b) { return a+=b; }
complex operator?(complex a, complex b) { return a?=b; }
complex operator?(complex a) { return {?a.real(), ?a.imag()}; }
                                        // unäres Minus; die Negierung
complex operator*(complex a, complex b) { return a*=b; }
complex operator/(complex a, complex b) { return a/=b; }
```

Hier nutze ich die Tatsache, dass ein Argument, das als Wert übergeben wird, kopiert wird, sodass ich ein Argument modifizieren kann, ohne dass dies die Kopie des Aufrufers beeinflusst. Das Ergebnis nutze ich als Rückgabewert.

Die Definitionen von == und != sind recht einfach:

```
bool operator==(complex a, complex b) { return a.real()==b.real() && a.ima
g()==b.imag(); }          // gleich
bool operator!=(complex a, complex b) { return !(a==b); }     // ungleich
```

Die Klasse **complex** kann so benutzt werden:

```
void f(complex z)
{
     complex a {2.3};            // konstruiert {2.3,0.0} aus 2.3
     complex b {1/a};
     complex c {a+z*complex{1,2.3}};
     if (c != b)
```

```
        c = ?(b/a)+2*b;
}
```

Der Compiler konvertiert Operatoren, die mit komplexen Zahlen zu tun haben, in die passenden Funktionsaufrufe. Zum Beispiel bedeutet **c!=b** dies: **operator!=(c,b)**, während **1/a** das bedeutet: **operator/(complex{1},a)**.

Benutzerdefinierte Operatoren (»überladene Operatoren«) sollten mit Bedacht und konventionell eingesetzt werden (§6.4). Die Syntax ist durch die Sprache festgelegt, Sie können also kein unäres **/** definieren. Es ist auch nicht möglich, die Bedeutung eines Operators für integrierte Typen zu verändern, das heißt, Sie können zum Beispiel nicht **+** so umdefinieren, dass es Integer-Werte subtrahiert.

5.2.2 Ein Container

Ein *Container* ist ein Objekt, das eine Sammlung aus Elementen enthält. Man bezeichnet die Klasse **Vector** als Container, weil Objekte des Typs **Vector** Container sind. Wie in §2.3 definiert, ist **Vector** kein unnützer Container aus **double**: Er ist einfach zu verstehen, etabliert eine nützliche Invariante (§4.3), bietet einen bereichsgeprüften Zugriff (§4.2) und stellt **size()** bereit, sodass Sie eine Möglichkeit haben, über seine Elemente zu iterieren. Es hat jedoch eine entscheidende Schwäche: Es alloziert Elemente über **new**, gibt diese jedoch niemals frei. Das ist keine gute Idee, da C++ keinen Garbage-Collector bereitstellt, um Speicherplatz, der nicht benutzt wird, für neue Objekte wieder verfügbar zu machen. In manchen Umgebungen können Sie keinen solchen Collector benutzen, und oft wünschen Sie aus logischen oder Leistungsgründen sowieso eine exaktere Kontrolle über die Zerstörung. Sie benötigen einen Mechanismus, der sicherstellt, dass der Speicher, der durch den Konstruktor alloziert, also belegt wurde, wieder freigegeben wird. Diesen Mechanismus liefert ein *Destruktor*:

```
class Vector {
public:
     Vector(int s) :elem{new double[s]}, sz{s}   // Konstruktor:
                                                 // beschafft Ressourcen
     {
          for (int i=0; i!=s; ++i)             // initialisiert Elemente
               elem[i]=0;
     }

     ~Vector() { delete[] elem; }      // Destruktor: gibt Ressourcen frei

     double& operator[](int i);
     int size() const;
```

```
private:
     double* elem;          // elem zeigt auf ein Array aus sz doubles
     int sz;
};
```

Der Name eines Destruktors ist der Komplement-Operator ~, gefolgt vom Namen der Klasse; der Destruktor ist also das Komplement eines Konstruktors.

Der Konstruktor von **Vector** reserviert mithilfe des **new**-Operators Platz im freien Speicher (der auch als *Heap* oder *dynamischer Speicher* bezeichnet wird). Der Destruktor räumt auf, indem er diesen Speicher mit dem **delete[]**-Operator wieder freigibt. Ein einfaches **delete** löscht ein einzelnes Objekt; **delete[]** löscht ein Array.

Dies alles geschieht ohne weiteres Zutun durch den Benutzer von **Vector**. Die Benutzer erzeugen und benutzen **Vector** einfach genauso wie Variablen aus integrierten Typen. Zum Beispiel:

```
Vector gv(10); // globale Variable; gv wird am Ende des Programms zerstört

Vector* gp = new Vector(100);     // Vector auf freiem Speicher; wird
                                  // niemals implizit zerstört

void fct(int n)
{
     Vector v(n);
    // ... benutzt v ...
     {
          Vector v2(2*n);
         // ... benutzt v und v2 ...
     } // v2 wird hier zerstört
    // ... benutzt v ..
} // v wird hier zerstört
```

Vector folgt denselben Regeln für Benennung, Gültigkeitsbereich, Allokation, Lebensdauer usw. wie ein integrierter Typ, also etwa **int** und **char**. Dieser **Vector** wurde vereinfacht, indem die Fehlerbehandlung weggelassen wurde; siehe §4.4.

Die Kombination aus Konstruktor und Destruktor ist die Basis für viele elegante Techniken. Insbesondere bildet sie die Grundlage für die meisten allgemeinen Ressourcenverwaltungstechniken in C++ (§6.3, §15.2.1). Betrachten Sie einmal eine grafische Darstellung eines **Vector**:

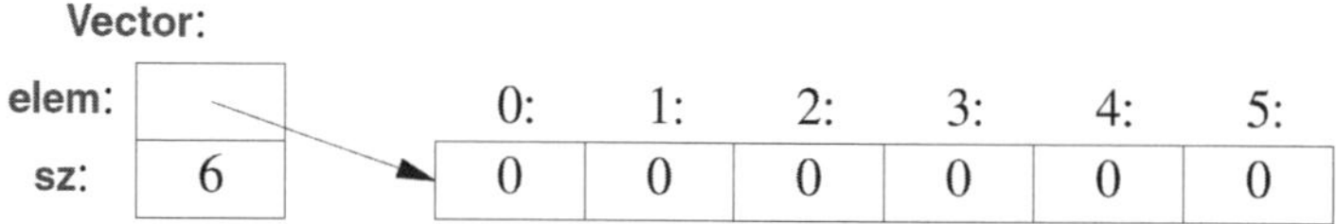

Der Konstruktor alloziert die Elemente und initialisiert die Member von **Vector** entsprechend. Der Destruktor hebt die Allokation auf, das heißt, er gibt den Speicher wieder frei. Dieses *Handle-to-Data-Modell* wird üblicherweise benutzt, um Daten zu verwalten, deren Größe während der Lebensdauer eines Objekts variieren kann. Die Technik zum Beschaffen von Ressourcen in einem Konstruktor und Freigeben der Ressourcen in einem Destruktor wird auch als *Resource Acquisition Is Initialization* oder *RAII* bezeichnet. Sie erlaubt es, »nackte **new**-Operationen« zu eliminieren: Allokationen im allgemeinen Code werden vermieden und stattdessen werden sie in der Implementierung einer Abstraktion versteckt, die das richtige Verhalten garantiert. Auch »nackte **delete**-Operationen« sollten vermieden werden. Ohne nackte **new**- und **delete**-Operationen sinkt die Wahrscheinlichkeit von Fehlern und Ressourcenlecks im Code (§15.2.1).

5.2.3 Container initialisieren

Ein Container existiert, um Elemente aufzunehmen. Sie brauchen also offensichtlich einen bequemen Weg, um Elemente in einen Container hineinzubekommen. Sie könnten einen **Vector** mit einer passenden Anzahl an Elementen erzeugen und diese dann später zuweisen, aber andere Methoden sind meist eleganter. Ich nenne Ihnen hier einmal meine zwei Favoriten:

- *Initialisierungslistenkonstruktor*: Initialisiert mit einer Liste von Elementen.
- **push_back()**: Fügt am Ende (am »back«) der Sequenz ein neues Element hinzu.

Diese können so deklariert werden:

```
class Vector {
public:
     Vector();     // initialisiert standardmäßig leer; das heißt,
                   // es gibt keine Elemente
     Vector(std::initializer_list<double>);     // initialisiert mit
                                                // einer Liste aus double
   // ...
     void push_back(double);     // fügt ein Element am Ende hinzu, sodass
                                 // die Größe um eins zunimmt
   // ...
};
```

Das **push_back()** ist nützlich für die Eingabe einer beliebigen Anzahl von Elementen. Zum Beispiel:

```
Vector read(istream& is)
{
     Vector v;
     for (double d; is>>d; )        // liest Gleitkommawerte in d ein
         v.push_back(d);            // fügt d zu v hinzu
     return v;
}
```

Die Eingabeschleife wird durch ein End-of-File oder einen Formatierungsfehler beendet. Bis das geschieht, wird jede gelesene Zahl zu dem **Vector** hinzugefügt, sodass die Größe von **v** am Ende der Anzahl der eingelesenen Elemente entspricht. Ich verwendete eine **for**-Schleife statt der herkömmlicheren **while**-Schleife, um den Gültigkeitsbereich von **d** auf die Schleife zu begrenzen.

Das Zurückliefern einer potenziell riesigen Menge an Daten von **read()** könnte teuer sein. Um zu garantieren, dass das Zurückgeben eines **Vector** billig ausfällt, gibt man einen Verschiebe-Konstruktor (§6.2.2) an:

```
Vector v = read(cin);     // kein Kopieren von Vector-Elementen
```

Die Art und Weise, wie **std::vector** repräsentiert wird, um **push_back()** und andere Operationen, die die Größe von **vector** ändern, effizient zu machen, wird in §12.2 vorgestellt.

Die **std::initializer_list**, mit der der Initialisierungslistenkonstruktor definiert wurde, ist ein Standardbibliothekstyp, der dem Compiler bekannt ist: Wenn Sie eine **{}**-Liste benutzen, wie etwa **{1,2,3,4}**, erzeugt der Compiler ein Objekt des Typs **initializer_list**, um es an das Programm zu übergeben. Sie können also schreiben:

```
Vector v1 = {1, 2, 3, 4, 5};           // v1 hat 5 Elemente
Vector v2 = {1.23, 3.45, 6.7, 8};      // v2 hat 4 Elemente
```

Der Initialisierungslistenkonstruktor von **Vector** könnte so definiert sein:

```
Vector::Vector(std::initializer_list<double> lst) // initialisiert
                                                  // mit einer Liste
    :elem{new double[lst.size()]}, sz{static_cast<int>(lst.size())}
{
    copy(lst.begin(),lst.end(),elem); // kopiert aus lst in elem (§13.5)
}
```

Leider benutzt die Standardbibliothek **unsigned** Integer für Größen und Indizes, sodass Sie das hässliche **static_cast** verwenden müssen, um die Größe der Initialisierungsliste explizit in ein **int** umzuwandeln. Das ist pedantisch, weil die Wahrscheinlichkeit, dass die Anzahl der Elemente in einer handgeschriebenen Liste größer ist als das größte Integer (32.767 für 16-Bit-Integer und 2.147.483.647 für 32-Bit-Integer) ziemlich gering ist. Das Typsystem besitzt allerdings keinen gesunden Menschenverstand. Es kennt die möglichen Werte von Variablen statt der tatsächlichen Werte, könnte sich also beschweren, auch wenn kein echter Verstoß vorliegt. Solche Warnungen schützen allerdings die Programmierer manchmal auch vor wirklich schlimmen Fehlern.

Ein **static_cast** prüft den Wert, den es konvertiert, nicht; es vertraut darauf, dass der Programmierer ihn richtig benutzt. Diese Annahme ist nicht immer berechtigt, weshalb Sie im Zweifelsfall den Wert überprüfen sollten. Explizite Typkonvertierungen (sogenannte *Casts*) sollte man am besten vermeiden. Nutzen Sie ungeprüfte Casts nur für die allereinfachsten Dinge. Sie sind einfach zu fehleranfällig.

Andere Konvertierungen sind **reinterpret_cast** und **bit_cast** (§16.7) zum Behandeln eines Objekts als eine Abfolge von Bytes und **const_cast** zum Konvertieren eines **const**. Ein sinnvoller Einsatz des Typsystems und gut gestalteter Bibliotheken erlauben es, ungeprüfte Casts in komplexerer Software zu vermeiden.

5.3 Abstrakte Typen

Typen wie **complex** und **Vector** werden als *konkrete Typen* bezeichnet, weil ihre Repräsentation Teil ihrer Definition ist. Darin ähneln sie den integrierten Typen. Im Gegensatz dazu ist ein *abstrakter Typ* ein Typ, der den Benutzer vollständig von den Details der Implementierung abschirmt. Dazu entkoppeln Sie die Schnittstelle von der Repräsentation und verzichten auf echte lokale Variablen. Da Sie nichts über die Repräsentation eines abstrakten Typs wissen (nicht einmal seine Größe), müssen Sie Objekte auf dem freien Speicher allozieren (§5.2.2) und über Referenzen oder Zeiger auf sie zugreifen (§1.7, §15.2.1).

Zuerst definieren Sie die Schnittstelle einer Klasse **Container**, die Sie als eine abstraktere Version des **Vector** entwerfen:

```
class Container {
public:
      virtual double& operator[](int) = 0;      // rein virtuelle Funktion
      virtual int size() const = 0;          // const-Member-Funktion (§5.2.1)
      virtual ~Container() {}                // Destruktor (§5.2.2)
};
```

Diese Klasse ist eine reine Schnittstelle zu speziellen Containern, die später definiert werden. Das Wort **virtual** bedeutet, »könnte später in einer Klasse umdefiniert werden, die von dieser abgeleitet wird«. Es überrascht vermutlich nicht, dass eine Funktion, die als **virtual** deklariert wurde, als *virtuelle Funktion* bezeichnet wird. Eine von **Container** abgeleitete Klasse bietet eine Implementierung für die **Container**-Schnittstelle. Die eigenartige **=0**-Syntax besagt, dass die Funktion *rein virtuell* ist; das heißt, die Funktion *muss* von einer Klasse definiert werden, die vom **Container** abgeleitet wurde. Es ist also nicht möglich, ein Objekt zu definieren, das nur ein **Container** ist. Zum Beispiel:

```
Container c;              // Fehler: es kann keine Objekte einer abstrakten
                          // Klasse geben
Container* p = new Vector_container(10);    // Okay: Container ist eine
                                            // Schnittstelle für Vector_container
```

Ein **Container** kann nur als Schnittstelle für eine Klasse dienen, die seine Funktionen **operator[]()** und **size()** implementiert. Eine Klasse mit einer rein virtuellen Funktion wird *abstrakte Klasse* genannt.

Dieser **Container** kann so benutzt werden:

```
void use(Container& c)
{
    const int sz = c.size();

    for (int i=0; i!=sz; ++i)
        cout << c[i] << '\n';
}
```

Wie Sie sehen, verwendet **use()** die **Container**-Schnittstelle und ignoriert dabei die Implementierungsdetails. Es nutzt **size()** und **[ ]**, ohne eine Vorstellung davon zu haben, welcher Typ ihre Implementierung bereitstellt. Eine Klasse, die die Schnittstelle zu einer Vielzahl anderer Klassen bereitstellt, wird oft als *polymorpher Typ* bezeichnet.

Wie üblich bei abstrakten Klassen besitzt **Container** keinen Konstruktor. Schließlich müssen keine Daten initialisiert werden. Andererseits hat **Container** einen Destruktor und dieser Destruktor ist **virtual**, sodass Klassen, die von **Container** abgeleitet werden, Implementierungen bereitstellen können. Auch das ist üblich bei abstrakten Klassen, weil sie häufig durch Referenzen oder Zeiger manipuliert werden. Und jemand, der einen **Container** durch einen Zeiger zerstört, hat keine Ahnung davon, welche Ressourcen dessen Implementierung besitzt; siehe auch §5.5.

Die abstrakte Klasse **Container** definiert nur eine Schnittstelle und keine Implementierung. Damit **Container** Ihnen etwas nützt, müssen Sie einen Container implementieren, der die Funktionen implementiert, die dessen Schnittstelle erfordert. Dafür könnten Sie die konkrete Klasse **Vector** verwenden:

```
class Vector_container : public Container {      // Vector_container
                                                 // implementiert Container
public:
     Vector_container(int s) : v(s) { }       // Vektor aus s Elementen
     ~Vector_container() {}

     double& operator[](int i) override { return v[i]; }
     int size() const override { return v.size(); }
private:
     Vector v;
};
```

Das **:public** kann gelesen werden als »ist abgeleitet von« oder »ist ein Subtyp von«. Man sagt, die Klasse **Vector_container** ist abgeleitet von der Klasse **Container**, und die Klasse **Container** ist die *Basis* der Klasse **Vector_container**. Eine alternative Terminologie nennt **Vector_container** und **Container** *Subklasse* und *Superklasse*. Die abgeleitete Klasse erbt die Member aus ihrer Basisklasse, weshalb die Verwendung von Basis und abgeleiteten Klassen gemeinhin als *Vererbung* bezeichnet wird.

Die Member **operator[]()** und **size()** überschreiben die entsprechenden Member in der Basisklasse **Container** (das heißt, sind ihnen übergeordnet). Ich habe das explizite **override** verwendet, um klarzumachen, was die Intention ist. Die Benutzung von **override** ist optional. Wenn man es ausdrücklich angibt, ermöglicht man dem Compiler, Fehler abzufangen, wie etwa die Falschschreibung von Funktionsnamen oder leichte Unterschiede zwischen dem Typ einer **virtual**-Funktion und ihrem vorgesehenen Overrider. Es ist vor allem in großen Klassenhierarchien sinnvoll, explizit **override** zu verwenden, bei denen ansonsten schwer zu erkennen ist, wer eigentlich was überschreiben soll.

Der Destruktor (**~Vector_container()**) überschreibt den Basisklassendestruktor (**~Container()**). Beachten Sie, dass der Member-Destruktor (**~Vector()**) implizit durch den Destruktor der Klasse, in der er sich befindet (**~Vector_container()**), aufgerufen wird.

Damit eine Funktion wie **use(Container&)** einen **Container** völlig ungeachtet der Implementierungsdetails verwenden kann, muss eine andere Funktion ein Objekt erstellen, mit dem sie arbeiten kann. Zum Beispiel:

```
void g()
{
    Vector_container vc(10);          // Vektor aus zehn Elementen
    // ... füllt vc ...
    use(vc);
}
```

Da **use()** nichts von **Vector_container** weiß, sondern nur die **Container**-Schnittstelle kennt, funktioniert das für eine andere Implementierung von **Container** genauso gut. Zum Beispiel:

```
class List_container : public Container {    // List_container
                                             // implementiert Container
public:
    List_container() { }    // Leere Liste
    List_container(initializer_list<double> il) : ld{il} { }
    ~List_container() {}

    double& operator[](int i) override;
    int size() const override { return ld.size(); }
private:
    std::list<double> ld; // (Standardbibliothek) Liste aus doubles
                          // (§12.3)
};

double& List_container::operator[](int i)
{
    for (auto& x : ld) {
        if (i==0)
            return x;
        ??i;
    }
    throw out_of_range{"List container"};
}
```

Hier ist die Repräsentation ein **list<double>** der Standardbibliothek. Normalerweise würde ich einen Container nicht mit einer Indexoperation implementieren, die ein **list** verwendet, weil die Leistungsfähigkeit der **list**-Indizierung im Vergleich zur **vector**-Indizierung grauenhaft ist. Hier jedoch wollte ich einfach nur eine Implementierung zeigen, die sich radikal von der üblichen unterscheidet.

Eine Funktion kann einen **List_container** erzeugen und ihn an **use()** übergeben:

```
void h()
{
    List_container lc = {1, 2, 3, 4, 5, 6, 7, 8, 9};
    use(lc);
}
```

Es ist im Prinzip so, dass **use(Container&)** keine Ahnung hat, ob sein Argument ein **Vector_container**, ein **List_container** oder irgendeine andere Art von **Container** ist; und das muss es auch nicht wissen. Es kann eine beliebige Art von **Container** benutzen. Es kennt nur die Schnittstelle, die durch **Container** definiert wird. Entsprechend muss **use(Container&)** nicht neu kompiliert werden, wenn sich die Implementierung von **List_container** ändert oder eine brandneue Klasse benutzt wird, die von **Container** abgeleitet wurde.

Die Kehrseite dieser Flexibilität besteht darin, dass man Referenzen oder Zeiger einsetzen muss, um Objekte zu manipulieren (§6.2, §15.2.1).

5.4 Virtuelle Funktionen

Schauen Sie sich noch einmal die Benutzung von Containern an:

```
void use(Container& c)
{
    const int sz = c.size();

    for (int i=0; i!=sz; ++i)
        cout << c[i] << '\n';
}
```

Wie wird der Aufruf **c[i]** in **use()** in den richtigen **operator[]()** aufgelöst? Wenn **use()** wie oben durch **h()** aufgerufen wird, dann muss der **operator[]()** von **List_container** aufgerufen werden. Ruft **g()** dagegen **use()** auf, muss der **operator[]()** von **Vector_container** aufgerufen werden. Um das zu erreichen, muss ein **Container**-Objekt Informationen enthalten, die es ihm erlauben, die richtige Funktion für den Aufruf zur Laufzeit auszuwählen. Die übliche Implementierungstechnik besteht darin, dass der Compiler den Namen einer virtuellen Funktion als Index in einer Tabelle von Funktionszeigern ablegt. Diese Tabelle wird üblicherweise als *virtuelle Funktionstabelle* oder einfach **vtbl** bezeichnet. Jede

Klasse mit virtuellen Funktionen hat ihre eigene **vtbl**, die ihre virtuellen Funktionen identifiziert. Grafisch lässt sich dies folgendermaßen darstellen:

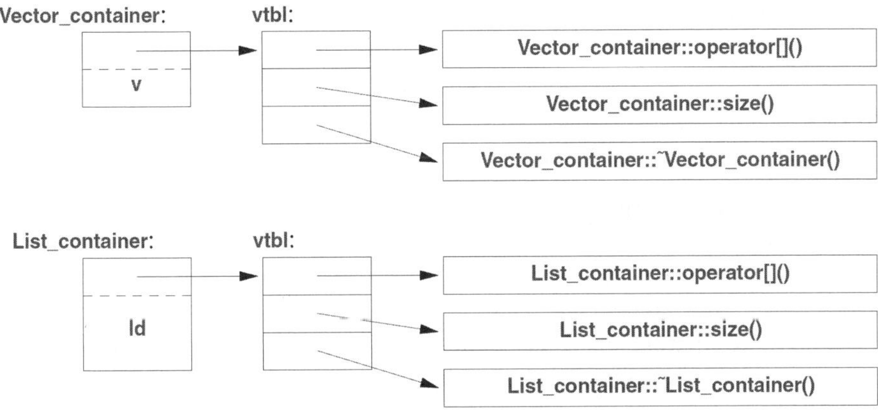

Die Funktionen in der **vtbl** erlauben es, das Objekt korrekt zu benutzen, selbst wenn die Größe des Objekts und das Layout seiner Daten dem Aufrufer unbekannt sind. Die Implementierung des Aufrufers muss nur die Speicheradresse des Zeigers auf die **vtbl** in einem **Container** sowie den Index, der für jede virtuelle Funktion benutzt wird, kennen. Dieser virtuelle Aufrufmechanismus kann fast so effizient gemacht werden wie der »normale« Funktionsaufruf (der zu erwartende Overhead beträgt weniger als 25% und ist nochmals deutlich günstiger für wiederholte Aufrufe desselben Objekts). Sein zusätzlicher Platzbedarf beträgt einen Zeiger in jedem Objekt einer Klasse mit virtuellen Funktionen plus eine **vtbl** für eine jede solche Klasse.

5.5 Klassenhierarchien

Das **Container**-Beispiel ist ein sehr einfaches Beispiel für eine Klassenhierarchie. Eine Klassenhierarchie ist eine Menge aus Klassen, die in einem Verband angeordnet sind, der durch Ableitung erzeugt wird (z. B. **public**). Klassenhierarchien werden genutzt, um Konzepte darzustellen, die hierarchische Beziehungen besitzen, wie etwa »Ein Feuerwehrauto ist eine Art von Lastkraftwagen, der wiederum eine Art von Fahrzeug ist« und »Ein Smiley-Gesicht ist eine Art von Kreis, der eine Art von Form darstellt«. Riesige Hierarchien mit Hunderten von Klassen, die sowohl tief als auch breit sind, sind durchaus üblich. Betrachten Sie Formen auf einem Bildschirm als ein semirealistisches Beispiel für Klassen:

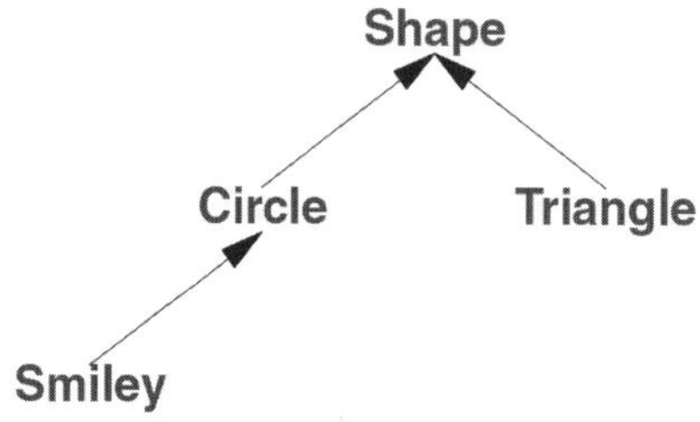

Der Pfeil repräsentiert die Vererbungsbeziehungen. Zum Beispiel wird die Klasse **Circle** von der Klasse **Shape** abgeleitet. Man zeichnet eine Klassenhierarchie üblicherweise so, dass sie aus der grundlegendsten Klasse, der Wurzel, zu den (später definierten) abgeleiteten Klassen hin wächst. Um dieses einfache Diagramm in Code abzubilden, müssen Sie zuerst eine Klasse festlegen, die die allgemeinen Eigenschaften aller Formen definiert:

```
class Shape {
public:
     virtual Point center() const =0; // rein virtuell
     virtual void move(Point to) =0;

     virtual void draw() const = 0;  // zeichnet auf aktueller "Leinwand"
     virtual void rotate(int angle) = 0;

     virtual ~Shape() {}             // Destruktor
    // ...
};
```

Natürlich ist diese Schnittstelle eine abstrakte Klasse: So weit es die Repräsentation betrifft, ist *nichts* (mit Ausnahme der Speicheradresse des Zeigers auf die **vtbl**) für jede **Shape** gemeinsam. Auf der Grundlage dieser Definition können Sie allgemeine Funktionen schreiben, die Vektoren von Zeigern auf Formen manipulieren:

```
void rotate_all(vector<Shape*>& v, int angle)    // dreht die Elemente
                                                 // von v um angle Grad
{
     for (auto p : v)
         p?>rotate(angle);
}
```

Um eine bestimmte Form zu definieren, müssen Sie sagen, dass es eine **Shape** ist, und ihre speziellen Eigenschaften angeben (einschließlich ihrer virtuellen Funktionen):

```
class Circle : public Shape {
public:
    Circle(Point p, int rad) :x{p}, r{rad} {}     // Konstruktor

    Point center() const override { return x; }
    void move(Point to) override { x = to; }
    void draw() const override;
    void rotate(int) override {}     // schön einfacher Algorithmus
private:
    Point x;     // Mitte
    int r;     // Radius
};
```

Bisher bietet das **Shape**- und **Circle**-Beispiel nichts Neues im Vergleich zum **Container**- und **Vector_container**-Beispiel, aber Sie können es noch weiter ausbauen:

```
class Smiley : public Circle { // nutzt den Kreis als Basis für ein Gesicht
public:
    Smiley(Point p, int rad) : Circle{p,rad}, mouth{nullptr} { }
    ~Smiley()
    {
        delete mouth;
        for (auto p : eyes)
            delete p;
    }
    void move(Point to) override;

    void draw() const override;
    void rotate(int) override;

    void add_eye(Shape* s)
    {
        eyes.push_back(s);
    }

    void set_mouth(Shape* s);
```

```
    virtual void wink(int i);     // zwinkert mit Auge Nummer i

    // ...

private:
    vector<Shape*> eyes;          // üblicherweise zwei Augen
    Shape* mouth;
};
```

Das **push_back()**-Member von **vector** kopiert sein Argument als das letzte Argument in den **vector** (hier: **eyes**), wodurch sich die Größe dieses Vektors um eins erhöht.

Sie können nun **Smiley::draw()** definieren, indem Sie Aufrufe zur Basis von **Smiley** und zum Member **draw()** verwenden:

```
void Smiley::draw() const
{
    Circle::draw();
    for (auto p : eyes)
        p?>draw();
    mouth?>draw();
}
```

Beachten Sie, wie **Smiley** seine Augen in einem Standardbibliotheks-**vector** behält und sie in dessen Destruktor verliert. Der Destruktor von **Shape** ist **virtual** und wird von dem Destruktor von **Smiley** überschrieben. Ein **virtual** Destruktor ist für eine abstrakte Klasse essenziell, da ein Objekt einer abgeleiteten Klasse normalerweise durch die Schnittstelle manipuliert wird, die durch seine abstrakte Basisklasse zur Verfügung gestellt wird. Insbesondere kann es durch einen Zeiger auf die Basisklasse gelöscht (**delete**) werden. Der virtuelle Funktionsaufrufmechanismus sorgt dann dafür, dass der passende Destruktor aufgerufen wird. Dieser Destruktor ruft dann implizit die Destruktoren seiner Basen und Member auf.

In diesem vereinfachten Beispiel ist es die Aufgabe des Programmierers, die Augen und den Mund korrekt in dem Kreis zu platzieren, der das Gesicht darstellt.

Sie können Daten-Member, Operationen oder beides hinzufügen, wenn Sie eine neue Klasse durch Ableitung definieren. Dies gibt Ihnen große Flexibilität mit entsprechenden Gelegenheiten, für Verwirrung und schlechtes Design zu sorgen.

5.5.1 Vorteile von Hierarchien

Eine Klassenhierarchie bringt zwei Arten von Vorteilen mit:

- *Schnittstellenvererbung*: Wo auch immer ein Objekt einer Basisklasse erforderlich ist, kann ein Objekt einer abgeleiteten Klasse benutzt werden. Das heißt, die Basisklasse agiert als Schnittstelle für die abgeleitete Klasse. Beispiele hierfür sind die Klassen **Container** und **Shape**. Solche Klassen sind oft abstrakte Klassen.
- *Implementierungsvererbung*: Eine Basisklasse stellt Funktionen oder Daten bereit, die die Implementierung der abgeleiteten Klasse vereinfachen. Sehen sich sich im **Smiley**-Beispiel die Verwendung des Konstruktors von **Circle** sowie von **Circle::draw()** an. Solche Basisklassen haben oft Daten-Member und Konstruktoren.

Konkrete Klassen – speziell Klassen mit kleinen Repräsentationen – sind wie integrierte Typen: Sie definieren sie als lokale Variablen, greifen über ihre Namen auf sie zu, kopieren sie herum usw. Klassen in Klassenhierarchien sind anders: Meist allozieren Sie sie auf dem freien Speicher mit **new** und für den Zugriff auf sie nutzen Sie Zeiger oder Referenzen. Betrachten Sie zum Beispiel eine Funktion, die aus einem Eingabestrom Daten liest, mit denen Formen beschrieben werden, und dann die entsprechenden **Shape**-Objekte konstruiert:

```
enum class Kind { circle, triangle, smiley };

Shape* read_shape(istream& is)     // liest Beschreibung der Formen aus
                                   // dem Eingabestrom is
{
  // ... liest Formen-Header aus is und bestimmt die Art der Form, k ...

     switch (k) {
     case Kind::circle:
        // ... liest Kreisdaten {Point,int} in p und r ein ...
        return new Circle{p,r};
     case Kind::triangle:
  // ... liest Dreiecksdaten {Point,Point,Point} in p1, p2 und p3 ein ...
        return new Triangle{p1,p2,p3};
     case Kind::smiley:
  // ... liest Smiley-Daten {Point,int,Shape,Shape,Shape} in p, r, e1, e2
  // und m ein ...
        Smiley* ps = new Smiley{p,r};
        ps?>add_eye(e1);
        ps?>add_eye(e2);
```

```
        ps?>set_mouth(m);
        return ps;
    }
}
```

Ein Programm könnte diesen Formen-Reader so benutzen:

```
void user()
{
    std::vector<Shape*> v;

    while (cin)
        v.push_back(read_shape(cin));

    draw_all(v);           // ruft für jedes Element draw() auf
    rotate_all(v,45);      // ruft für jedes Element rotate(45) auf

    for (auto p : v)       // nicht vergessen: Elemente wieder löschen!
        delete p;
}
```

Das Beispiel ist ganz offensichtlich vereinfacht – vor allem im Hinblick auf die Fehlerbehandlung –, aber es verdeutlicht ganz lebhaft, dass **user()** absolut keine Ahnung davon hat, welche Arten von Formen es manipuliert. Der **user()**-Code kann einmal kompiliert und später für neue **Shape** verwendet werden, die dem Programm hinzugefügt werden sollen. Beachten Sie, dass es außerhalb von **user()** keine Zeiger auf die Formen gibt. **user()** ist also selbst dafür verantwortlich, sie wieder freizugeben. Dies erledigt es mit dem **delete**-Operator und vor allem dem virtuellen Destruktor von **Shape**. Da dieser Destruktor virtuell ist, ruft **delete** ihn für die passende Klasse am Ende der Vererbungshierarchie (also im Prinzip die am tiefsten abgeleitete Klasse) auf. Das ist entscheidend, da eine abgeleitete Klasse alle möglichen Ressourcen angesammelt haben könnte (wie Datei-Handles, Sperren und Ausgabe-Streams), die freigegeben werden müssen. In diesem Fall löscht ein **Smiley** seine **eyes**- und **mouth**-Objekte. Sobald er das getan hat, ruft er den Destruktor von **Circle** auf. Objekte werden durch die Konstruktoren von unten nach oben (bottom up, also die Basis zuerst) aufgebaut und von den Destruktoren von oben nach unten (top down, also abgeleitete zuerst) zerstört.

5.5.2 Die Navigation in einer Hierarchie

Die Funktion **read_shape()** liefert ein **Shape*** zurück, sodass Sie alle **Shape** gleich behandeln können. Was können Sie jedoch tun, falls Sie eine Member-

Funktion benutzen wollen, die nur durch eine bestimmte abgeleitete Klasse bereitgestellt wird, wie etwa **wink()** von **Smiley**? Sie können mithilfe des **dynamic_cast**-Operators fragen: »Ist diese **Shape** eine Art von **Smiley**?«:

```
Shape* ps {read_shape(cin)};

if (Smiley* p = dynamic_cast<Smiley*>(ps)) { // zeigt ps auf einen Smiley?
    // ... ein Smiley; verwende ihn ...
}
else {
    // ... kein Smiley, versuch etwas anderes ...
}
```

Wenn das Objekt, auf das das Argument von **dynamic_cast** (hier: **ps**) zeigt, nicht vom erwarteten Typ (hier: **Smiley**) oder einer vom erwarteten Typ abgeleiteten Klasse ist, dann liefert **dynamic_cast** den **nullptr** zurück.

Sie verwenden **dynamic_cast** auf einem Zeiger, wenn ein Zeiger auf ein Objekt einer anderen abgeleiteten Klasse ein gültiges Argument darstellt. Sie testen dann, ob das Ergebnis der **nullptr** ist. Dieser Test lässt sich oft ganz bequem in die Initialisierung einer Variablen in einer Bedingung platzieren.

Wenn ein anderer Typ inakzeptabel ist, können Sie ihn einfach mit **dynamic_cast** in einen Referenztyp konvertieren. Ist das Objekt nicht von dem erwarteten Typ, wirft **dynamic_cast** eine **bad_cast**-Ausnahme:

```
Shape* ps {read_shape(cin)};
Smiley& r {dynamic_cast<Smiley&>(*ps)}; // irgendwo std::bad_cast
                                        // abfangen
```

Der Code ist sauberer, wenn man sich mit der Verwendung von **dynamic_cast** ein bisschen zurückhält. Falls Sie es vermeiden können, Typinformationen zur Laufzeit zu testen, können Sie einfacheren und effizienteren Code schreiben. Gelegentlich jedoch gehen Typinformationen verloren und müssen wiederhergestellt werden. Dies geschieht üblicherweise, wenn Sie ein Objekt an irgendein System übergeben, das eine Schnittstelle akzeptiert, die von einer Basisklasse festgelegt wurde. Übergibt das System das Objekt später wieder zurück, müssen Sie möglicherweise den Originaltyp wiederherstellen. Operationen, die ähnlich wie **dynamic_cast** agieren, sind als »is kind of« (ist eine Art von) und »is instance of« (ist eine Instanz von) bekannt.

5.5.3 Ressourcenlecks vermeiden

Leck ist der herkömmliche Begriff dafür, was passiert, wenn Sie eine Ressource beschaffen und sie nicht wieder freigeben. Ressourcenlecks sind zu vermeiden, da sie verhindern, dass die entsprechende Ressource für das System anderweitig zur Verfügung steht. Lecks können also irgendwann zu einer Verlangsamung oder sogar zu einem Absturz des Systems führen, wenn diesem die Ressourcen ausgehen.

Erfahrene Programmierer werden bemerkt haben, dass ich drei Möglichkeiten für Fehler in dem **Smiley**-Beispiel offengelassen habe:

- Der Implementierer von **Smiley** könnte vergessen, den Zeiger auf **mouth** zu löschen.
- Der Benutzer von **read_shape()** könnte vergessen, den zurückgegebenen Zeiger zu löschen.
- Der Besitzer eines Containers von **Shape**-Zeigern könnte vergessen, die Objekte zu löschen, auf die gezeigt wird.

In diesem Sinne sind Zeiger auf Objekte, die auf dem freien Speicher alloziert sind, gefährlich: Ein »guter alter Zeiger« sollte nicht benutzt werden, um die Eigentümerschaft zu repräsentieren. Zum Beispiel:

```
void user(int x)
{
    Shape* p = new Circle{Point{0,0},10};
    // ...
    if (x<0) throw Bad_x{};          // potenzielles Leck
    if (x==0) return;                // potenzielles Leck
   // ...
    delete p;
}
```

Dies leckt, es sei denn, **x** ist positiv. Wenn man das Ergebnis von **new** einem »nackten Zeiger« zuweist, bettelt man förmlich um Ärger.

Eine einfache Lösung für dieses Problem ist die Benutzung von **unique_ptr** aus der Standardbibliothek (§15.2.1) anstelle eines »nackten Zeigers«, wenn eine Löschung erforderlich ist:

```
class Smiley : public Circle {
   // ...
private:
    vector<unique_ptr<Shape>> eyes;     // normalerweise zwei Augen
    unique_ptr<Shape> mouth;
}
```

Dies ist ein Beispiel für eine einfache, allgemeine und effiziente Technik für die Ressourcenverwaltung (§6.3).

Als angenehme Nebenwirkung dieser Veränderung müssen Sie nicht länger einen Destruktor für **Smiley** definieren. Der Compiler generiert implizit einen, der die erforderliche Zerstörung aller **unique_ptr** (§6.3) in **vector** vornimmt. Der Code, der **unique_ptr** benutzt, wird genauso effizient sein wie Code, der die rohen Zeiger korrekt verwendet.

Betrachten Sie nun einmal die Benutzung von **read_shape()**:

```
unique_ptr<Shape> read_shape(istream& is) // liest Formbeschreibungen
                                          // aus dem Eingabestrom is
{
    // ... liest Formen-Header aus is und sucht seine Art k ...

     switch (k) {
     case Kind::circle:
        // ... liest Kreisdaten {Point,int} in p und r ein ...
         return unique_ptr<Shape>{new Circle{p,r}};     // §15.2.1
    // ...
}

void user()
{
     vector<unique_ptr<Shape>> v;

     while (cin)
         v.push_back(read_shape(cin));

     draw_all(v);           // ruft für jedes Element draw() auf
     rotate_all(v,45);      // ruft für jedes Element rotate(45) auf
}    // alle Shapes werden implizit zerstört
```

Jetzt gehört jedes Objekt zu einem **unique_ptr**, der das Objekt selbstständig mit **delete** zerstört, wenn es nicht mehr gebraucht wird, das heißt, wenn sein **unique_ptr** den Gültigkeitsbereich verlässt.

Damit die **unique_ptr**-Version von **user()** funktioniert, brauchen Sie Versionen von **draw_all()** und **rotate_all()**, die **vector<unique_ptr<Shape>>** akzeptieren. Da es lästig werden kann, so viele **_all()**-Funktionen zu schreiben, schauen Sie sich in §7.3.2 eine Alternative an.

5.6 Ratschläge

[1] Drücken Sie Ideen direkt in Code aus; §5.1; [CG: P.1].

[2] Ein konkreter Typ ist die einfachste Art von Klasse. Ziehen Sie einen konkreten Typ nach Möglichkeit immer den komplizierteren Klassen und auch den einfachen Datenstrukturen vor; §5.2; [CG: C.10].

[3] Verwenden Sie konkrete Klassen, um einfache Konzepte zu repräsentieren; §5.2.

[4] Ziehen Sie für leistungskritische Komponenten konkrete Klassen Klassenhierarchien vor; §5.2.

[5] Definieren Sie Konstruktoren, um die Initialisierung von Objekten zu erledigen; §5.2.1; §6.1.1; [CG:C.40] [CG: C.41].

[6] Machen Sie eine Funktion nur dann zu einem Member, wenn sie direkten Zugriff auf die Repräsentation einer Klasse braucht; §5.2.1; [CG: C4].

[7] Definieren Sie Operatoren vor allem, um die herkömmliche Nutzung nachzuahmen; §5.2.1; [CG: C.160].

[8] Verwenden Sie Nicht-Member-Funktionen für symmetrische Operatoren; §5.2.1; [CG: C.161].

[9] Deklarieren Sie eine Member-Funktion, die den Zustand ihres Objekts nicht verändert, **`const`**; §5.2.1.

[10] Wenn ein Konstruktor eine Ressource beschafft, benötigt seine Klasse einen Destruktor, um die Ressource wieder freizugeben; §5.2.2; [CG: C.20].

[11] Vermeiden Sie »nackte« **`new`**- und **`delete`**-Operationen; §5.2.2; [CG: R.11].

[12] Benutzen Sie Ressourcen-Handles und RAII, um Ressourcen zu verwalten; §5.2.2; [CG: R.1].

[13] Wenn eine Klasse ein Container ist, dann geben Sie ihr einen Initialisierungslistenkonstruktor; §5.2.3; [CG: C.103].

[14] Benutzen Sie abstrakte Klassen als Schnittstellen, wenn eine komplette Trennung von Schnittstelle und Implementierung erforderlich ist; §5.3; [CG: C.122].

[15] Greifen Sie auf polymorphe Objekte über Zeiger und Referenzen zu; §5.3.

[16] Eine abstrakte Klasse benötigt normalerweise keinen Konstruktor; §5.3; [CG: C.126].

[17] Nutzen Sie Klassenhierarchien, um Konzepte mit inhärent hierarchischer Struktur abzubilden; §5.5.

[18] Eine Klasse mit einer virtuellen Funktion sollte einen virtuellen Destruktor haben; §5.5; [CG: C.127].

[19] Verwenden Sie **override**, um das Überschreiben in großen Klassenhierarchien explizit auszudrücken; §5.3; [CG: C.128].

[20] Wenn Sie eine Klassenhierarchie entwerfen, unterscheiden Sie zwischen Implementierungsvererbung und Schnittstellenvererbung; §5.5.1; [CG: C.129].

[21] Benutzen Sie **dynamic_cast** dort, wo eine Navigation durch die Klassenhierarchie unvermeidlich ist; §5.5.2; [CG: C.146].

[22] Setzen Sie **dynamic_cast** auf einen Referenztyp ein, wenn die Nichtauffindbarkeit der erforderlichen Klasse als Fehler gilt; §5.5.2; [CG: C.147].

[23] Setzen Sie **dynamic_cast** auf einen Zeigertyp ein, wenn die Nichtauffindbarkeit der erforderlichen Klasse zu erwarten ist; §5.5.2; [CG: C.148].

[24] Benutzen Sie **unique_ptr** oder **shared_ptr**, um zu verhindern, dass Sie vergessen, Objekte mit **delete** zu löschen, die mit **new** erzeugt wurden; §5.5.3; [CG: C.149].

Notwendige Operationen

Wenn jemand sagt: Ich möchte eine Programmiersprache, in der ich nur sagen muss, was ich erledigt haben möchte, dann gib ihm einen Lolli.
— Alan Perlis

6.1 Einführung

Manche Operationen, wie Initialisierungen, Zuweisungen, Kopieren und Verschieben, sind grundlegend in dem Sinne, dass in den Regeln der Sprache Annahmen über sie getroffen werden. Andere Operationen, wie == und <<, haben eine allgemein angenommene Bedeutung, die man auf keinen Fall ignorieren darf.

6.1.1 Notwendige Operationen

Konstruktoren und Destruktoren sowie Kopier- und Verschiebeoperationen für einen Typ sind nicht logisch getrennt. Sie müssen sie als eine zusammenpassende Gruppe definieren, da Ihnen ansonsten Probleme in der Logik oder Leistung drohen. Wenn eine Klasse `X` einen Destruktor besitzt, der eine nichttriviale Aufgabe ausführt, wie etwa die Räumung nicht benutzten Speichers oder die Freigabe einer Sperre, dann benötigt die Klasse vermutlich den kompletten Satz an Funktionen:

```
class X {
public:
    X(Sometype);          // "gewöhnlicher Konstruktor": erzeugt ein Objekt
    X();                  // Standardkonstruktor
    X(const X&);          // Kopier-Konstruktor
    X(X&&);               // Verschiebe-Konstruktor
    X& operator=(const X&);    // Kopier-Zuweisung: räumt das Ziel auf
                               // und kopiert
    X& operator=(X&&);         // Verschiebe-Zuweisung: räumt das Ziel
                               // auf und verschiebt
    ~X();                    // Destruktor: aufräumen
   // ...
};
```

Es gibt fünf Situationen, in denen ein Objekt kopiert oder verschoben werden kann:

- als Quelle einer Zuweisung
- als Objektinitialisierer
- als Funktionsargument
- als Funktionsrückgabewert
- als Ausnahme

Eine Zuweisung verwendet einen Kopier- oder Verschiebe-Zuweisungsoperator. Im Prinzip nutzen die anderen Fälle alle einen Kopier- oder Verschiebe-Konstruktor. Allerdings wird der Aufruf eines Kopier- oder Verschiebe-Konstruktors oft wegoptimiert, indem das Objekt, das zum Initialisieren benutzt wird, direkt im Zielobjekt konstruiert wird. Zum Beispiel:

```
X make(Sometype);
X x = make(value);
```

Hier konstruiert ein Compiler typischerweise das **X** aus **make()** direkt in **x** und eliminiert (»elidiert«) damit das Kopieren.

Zusätzlich zur Initialisierung von benannten Objekten und von Objekten auf dem freien Speicher werden Konstruktoren außerdem verwendet, um temporäre Objekte zu initialisieren und eine explizite Typkonvertierung zu implementieren.

Mit Ausnahme des »normalen Konstruktors« werden diese speziellen Member-Funktionen vom Compiler bei Bedarf generiert. Falls Sie standardmäßige (default) Implementierungen explizit generieren wollen, können Sie Folgendes tun:

```
class Y {
public:
     Y(Sometype);
     Y(const Y&) = default;     // Ich möchte wirklich den
                                // Standard-Kopier-Konstruktor haben
     Y(Y&&) = default;          // und den Standard-Verschiebe-Konstruktor
    // ...
};
```

Wenn Sie nur einige Standardimplementierungen explizit generieren lassen, werden andere Default-Definitionen nicht generiert.

Besitzt eine Klasse ein Zeiger-Member, dann ist es im Allgemeinen eine gute Idee, Kopier- und Verschiebe-Operationen explizit anzugeben. Das liegt daran, dass der Zeiger auf etwas zeigen könnte, das die Klasse mit **delete** löschen muss. In diesem Fall wäre das Standardverhalten des Member-weisen Kopierens falsch. Oder er zeigt auf etwas, das die Klasse explizit *nicht* löschen darf. In jedem Fall möchte der Leser des Codes dies genau wissen. Ein Beispiel dazu finden Sie in §6.2.1.

Eine gute Faustregel (die sogenannte *Rule of Zero* oder auch *Nullerregel*) besagt, dass man entweder alle notwendigen Operationen definiert oder keine (und in diesem Fall für alle die Standardimplementierung benutzt). Zum Beispiel:

```
struct Z {
    Vector v;
    string s;
};

Z z1;          // standardmäßiges Initialisieren von z1.v und z1.s
Z z2 = z1;     // standardmäßiges Kopieren von z1.v und z1.s
```

Hier erzeugt der Compiler bei Bedarf für jedes Member die vorgegebene Konstruktion, das Kopieren, Verschieben und den Destruktor, und zwar immer mit der korrekten Semantik.

Zur Ergänzung von **=default** gibt es **=delete**, das anzeigt, dass keine Operation generiert werden soll. Eine Basisklasse in einer Klassenhierarchie ist das klassische Beispiel, bei dem Sie kein Member-weises Kopieren erlauben wollen. Zum Beispiel:

```
class Shape {
public:
    Shape(const Shape&) =delete;          // kein Kopieren
    Shape& operator=(const Shape&) =delete;
    // ...
};

void copy(Shape& s1, const Shape& s2)
{
    s1 = s2;        // Fehler: Das Kopieren ist für Shape gelöscht worden
}
```

Ein **=delete** löst bei einer versuchten Benutzung der mit **delete** gelöschten Funktion einen Compile-Zeit-Fehler aus; **=delete** kann zum Verstecken jeder Funktion verwendet werden, nicht nur der grundlegenden Member-Funktionen.

6.1.2 Konvertierungen

Ein Konstruktor, der ein einzelnes Argument entgegennimmt, definiert eine Konvertierung aus seinem Argumenttyp. So stellt zum Beispiel **complex** (§5.2.1) einen Konstruktor aus einem **double** zur Verfügung:

```
complex z1 = 3.14;      // z1 wird zu {3.14,0.0}
complex z2 = z1*2;      // z2 wird zu z1*{2.0,0} == {6.28,0.0}
```

Diese implizite Konvertierung ist manchmal ideal, aber nicht immer. Zum Beispiel bietet **Vector** (§5.2.2) einen Konstruktor aus einem **int**:

```
Vector v1 = 7;      // Okay: v1 hat 7 Elemente
```

Das gilt als ungeschickt, und der **vector** aus der Standardbibliothek erlaubt eine solche **int**-nach-**vector**-»Konvertierung« auch gar nicht.

Eine Möglichkeit, dieses Problem zu vermeiden, besteht darin, nur die explizite »Konvertierung« zu erlauben. Das heißt, Sie können den Konstruktor so definieren:

```
class Vector {
public:
     explicit Vector(int s);     // keine implizite Konvertierung von int
                                 // nach Vector
    // ...
};
```

Das ergibt:

```
Vector v1(7);          // Okay: v1 hat 7 Elemente
Vector v2 = 7;         // Fehler: keine implizite Konvertierung von int
                       // nach Vector
```

Wenn es um Konvertierungen geht, dann folgen viele Typen in ihrem Verhalten eher **Vector** als **complex**. Benutzen Sie deshalb **explicit** für Konstruktoren, die nur ein einziges Argument entgegennehmen, solange Sie keine guten Gründe haben, die dagegen sprechen.

6.1.3 Member-Initialisierer

Wenn ein Daten-Member einer Klasse definiert wird, können Sie einen vorgegebenen Initialisierer bereitstellen, den sogenannten *Standard-Member-Initialisierer*. Schauen Sie sich diese überarbeitete Fassung von **complex** (§5.2.1) an:

```
class complex {
     double re = 0;
     double im = 0;      // Repräsentation: zwei doubles mit dem V
                          // orgabewert 0.0
public:
     complex(double r, double i) :re{r}, im{i} {}      // konstruiert
                                    // complex aus zwei Skalaren: {r,i}
     complex(double r) :re{r} {} // konstruiert complex
                                    // aus einem Skalar: {r,0}
     complex() {}                               // Standard complex: {0,0}
    // ...
}
```

Der Vorgabewert kommt zum Einsatz,wenn ein Konstruktor keinen Wert angibt. Dies vereinfacht den Code und verhindert, dass Sie ein Member aus Versehen uninitialisiert hinterlassen.

6.2 Kopieren und Verschieben

Objekte können standardmäßig kopiert werden. Das gilt für Objekte aus benutzerdefinierten Typen genauso wie für Objekte aus integrierten Typen. Die vorgegebene Bedeutung des Kopierens ist das Member-weise Kopieren: Es wird jedes Member kopiert. Schauen Sie sich das am Beispiel von **complex** aus §5.2.1 an:

```
void test(complex z1)
{
     complex z2 {z1};      // Kopier-Initialisierung
     complex z3;
     z3 = z2;              // Kopier-Zuweisung
    // ...
}
```

Nun haben **z1**, **z2** und **z3** dieselben Werte, weil sowohl die Zuweisung als auch die Initialisierung beide Member kopiert haben.

Wenn Sie eine Klasse entwerfen, müssen Sie immer bedenken, ob und wie ein Objekt kopiert werden kann. Für einfache konkrete Typen ist das Member-weise Kopieren oft genau die richtige Semantik für das Kopieren. Für raffiniertere konkrete Typen, wie etwa **Vector**, ist es das jedoch nicht. Und für abstrakte Typen ist das Member-weise Kopieren fast nie die richtige Semantik.

6.2.1 Container kopieren

Wenn eine Klasse ein *Ressourcen-Handle* ist – das heißt, wenn die Klasse verantwortlich für ein Objekt ist, auf das über einen Zeiger zugegriffen wird –, dann ist das vorgegebene Member-weise Kopieren normalerweise katastrophal. Es würde nämlich die Invariante des Ressourcen-Handles (§4.3) verletzen. So würde zum Beispiel das Default-Kopieren eine Kopie eines **Vector** hinterlassen, die auf dieselben Elemente verweist wie das Original:

```
void bad_copy(Vector v1)
{
     Vector v2 = v1;    // kopiert die v1-Repräsentation in v2
     v1[0] = 2;         // v2[0] ist nun auch 2!
     v2[1] = 3;         // v1[1] ist nun auch 3!
}
```

Wenn Sie einmal annehmen, dass **v1** vier Elemente besitzt, ließe sich das Ergebnis grafisch so darstellen:

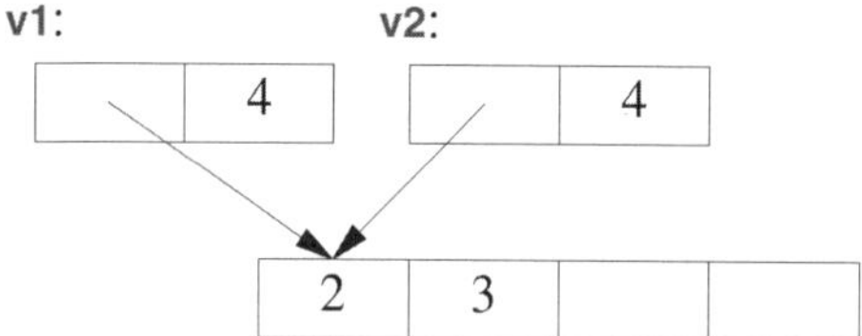

Glücklicherweise ist die Tatsache, dass **Vector** einen Destruktor besitzt, schon ein starker Hinweis darauf, dass die vorgegebene Semantik des (Member-weisen) Kopierens falsch ist. Der Compiler sollte wenigstens eine Warnung ausgeben. Sie müssen eine bessere Kopiersemantik definieren.

Das Kopieren eines Objekts einer Klasse wird durch zwei Member definiert: einen *Kopier-Konstruktor* und eine *Kopier-Zuweisung*:

```
class Vector {
public:
     Vector(int s);  // Konstruktor: etabliert Invariante,
                     // beschafft Ressourcen
     ~Vector() { delete[] elem; }   // Destruktor: gibt Ressourcen frei

     Vector(const Vector& a);                   // Kopier-Konstruktor
     Vector& operator=(const Vector& a);        // Kopier-Zuweisung
```

```
    double& operator[](int i);
    const double& operator[](int i) const;

    int size() const;
private:
    double* elem;          // elem zeigt auf ein Array aus sz Doubles
    int sz;
};
```

Eine geeignete Definition eines Kopier-Konstruktors für **Vector** reserviert den Platz für die erforderliche Anzahl von Elementen und kopiert die Elemente dann hinein, sodass jeder **Vector** nach einem Kopieren seine eigene Kopie der Elemente hat:

```
Vector::Vector(const Vector& a)          // Kopier-Konstruktor
:elem{new double[a.sz]},                 // reserviert Platz für Elemente
  sz{a.sz}
{
    for (int i=0; i!=sz; ++i)           // kopiert Elemente
        elem[i] = a.elem[i];
}
```

Das Ergebnis des **v2=v1**-Beispiels sieht nun so aus:

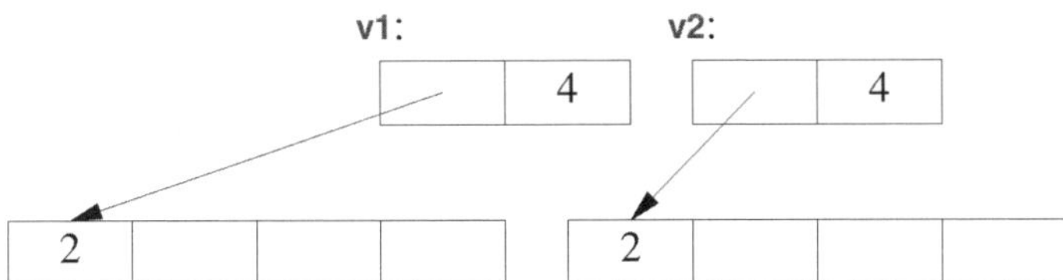

Natürlich brauchen Sie zusätzlich zu dem Kopier-Konstruktor noch eine Kopier-Zuweisung:

```
Vector& Vector::operator=(const Vector& a)     // Kopier-Zuweisung
{
    double* p = new double[a.sz];
    for (int i=0; i!=a.sz; ++i)
        p[i] = a.elem[i];
    delete[] elem;          // löscht alte Elemente
    elem = p;
```

```
        sz = a.sz;
        return *this;
}
```

Der Name **this** ist in einer Member-Funktion vordefiniert und zeigt auf das Objekt, für das die Member-Funktion aufgerufen wurde.

Diese Elemente wurden kopiert, bevor die alten Elemente gelöscht wurden, sodass der alte Wert von **Vector** noch vorhanden ist, falls beim Kopieren der Elemente etwas schiefgeht und eine Ausnahme geworfen werden muss.

6.2.2 Container verschieben

Sie können das Kopieren beeinflussen, indem Sie einen Kopier-Konstruktor und eine Kopier-Zuweisung definieren, allerdings kann das Kopieren für große Container sehr aufwendig sein. Sie vermeiden die Kosten des Kopierens, wenn Sie Objekte mithilfe von Referenzen an eine Funktion übergeben, allerdings können Sie als Ergebnis keine Referenz auf ein lokales Objekt zurückgeben (das lokale Objekt würde zu dem Zeitpunkt, zu dem der Aufrufer eine Chance hätte, es sich anzuschauen, bereits zerstört worden sein). Schauen Sie sich dies an:

```
Vector operator+(const Vector& a, const Vector& b)
{
        if (a.size()!=b.size())
            throw Vector_size_mismatch{};
        Vector res(a.size());

        for (int i=0; i!=a.size(); ++i)
            res[i]=a[i]+b[i];
        return res;
}
```

Die Rückkehr aus einem + führt dazu, dass das Ergebnis aus der lokalen Variablen **res** heraus- und in einen anderen Ort hineinkopiert wird, auf den der Aufrufer zugreifen kann. Sie könnten dieses + folgendermaßen benutzen:

```
void f(const Vector& x, const Vector& y, const Vector& z)
{
        Vector r;
       // ...
        r = x+y+z;
       // ...
}
```

Dies würde mindestens das zweimalige Kopieren eines **Vector** bedeuten (einmal für jede Verwendung des +-Operators). Bei einem großen **Vector**, sagen wir, einem Vector aus 10.000 **double**, könnte das unangenehm werden. Der peinlichste Teil wäre, dass **res** in **operator+()** nach der Kopie nie wieder verwendet werden würde. Sie wollen eigentlich gar keine Kopie; Sie wollen einfach nur das Ergebnis aus einer Funktion herausbekommen: Der **Vector** soll *verschoben* werden, nicht *kopiert*. Zum Glück können Sie Ihren Wunsch zum Ausdruck bringen:

```
class Vector {
    // ...

     Vector(const Vector& a);                  // Kopier-Konstruktor
     Vector& operator=(const Vector& a);       // Kopier-Zuweisung

     Vector(Vector&& a);                       // Verschiebe-Konstruktor
     Vector& operator=(Vector&& a);            // Verschiebe-Zuweisung
};
```

Mit dieser Definition wird der Compiler den *Verschiebe-Konstruktor* wählen, um den Transfer des Rückgabewerts aus der Funktion zu implementieren. Das bedeutet, dass bei **r=x+y+z** kein Kopieren von **Vector** vorkommt. Stattdessen werden die **Vector** einfach verschoben.

Und natürlich ist der Verschiebe-Konstruktor von **Vector** relativ trivial:

```
Vector::Vector(Vector&& a)
     :elem{a.elem},         // "schnappt die Elemente" von a
     sz{a.sz}
{
     a.elem = nullptr;     // jetzt hat a keine Elemente mehr
     a.sz = 0;
}
```

Das **&&** bedeutet »Rvalue-Verweis« und ist eine Referenz, an die Sie einen Rvalue binden können. Das Wort »Rvalue« soll das Gegenstück zu »Lvalue« sein. »Lvalue« wiederum bedeutet grob ausgedrückt: »etwas, das auf der linken Seite einer Zuweisung auftauchen kann« [Stroustrup, 2010]. Ein Rvalue ist also – in erster Näherung – ein Wert, dem Sie nichts zuweisen können, wie etwa ein Integer, der durch einen Funktionsaufruf zurückgegeben wird. Das heißt, ein Rvalue-Verweis ist eine Referenz auf etwas, auf das *niemand anderes* etwas zuweisen kann, sodass Sie unbeschadet seinen Wert »stehlen« können. Ein Beispiel dafür ist die lokale Variable **res** in **operator+()** für **Vector**.

Ein Verschiebe-Konstruktor nimmt *kein* **const**-Argument entgegen: Schließlich soll der Verschiebe-Konstruktor den Wert ja aus seinem Argument entfernen. Eine *Verschiebe-Zuweisung* wird ähnlich definiert.

Eine Verschiebe-Operation kommt zum Einsatz, wenn eine Rvalue-Referenz als Initialisierer benutzt wird oder als rechte Seite einer Zuweisung.

Nach dem Verschieben sollte das Objekt, aus dem verschoben wurde, in einem Zustand sein, der das Ausführen eines Destruktors erlaubt. Üblicherweise können Sie auch eine Zuweisung auf ein solches Objekt zulassen. Die Algorithmen der Standardbibliothek (Kapitel 13) nehmen an, dass dies erlaubt ist. Unser **Vector** tut dies.

Wenn der Programmierer weiß, dass ein Wert nicht noch einmal verwendet wird, der Compiler aber nicht schlau genug ist, das auch zu erkennen, kann der Programmierer ein bisschen nachhelfen:

```
Vector f()
{
     Vector x(1000);
     Vector y(2000);
     Vector z(3000);
     z = x; // wir erhalten eine Kopie (x könnte später in f() benutzt
            // werden)
     y = std::move(x);     // wir erhalten eine Verschiebung
                           // (Verschiebe-Zuweisung)
    // ... hier besser nicht x benutzen ...
     return z;             // wir erhalten eine Verschiebung
}
```

Die Standardbibliotheksfunktion **move()** verschiebt in Wirklichkeit gar nichts. Stattdessen liefert sie eine Referenz auf ihr Argument zurück, aus dem Sie verschieben können – ein *Rvalue-Verweis*; es ist eine Art von »Cast« (§5.2.3).

Direkt vor dem **return** haben Sie:

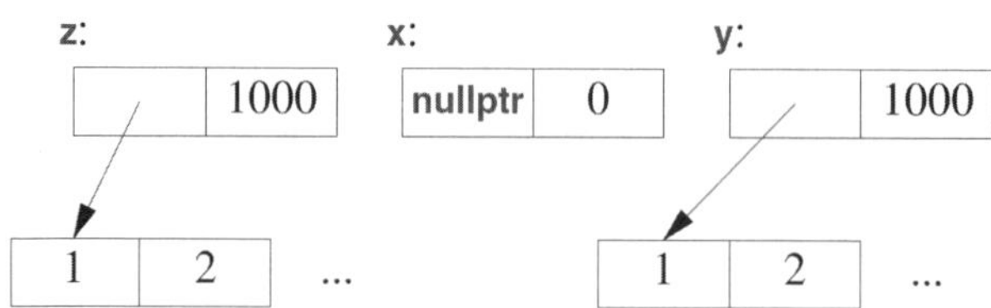

Wenn Sie aus **f()** zurückkehren, ist **z** zerstört, nachdem seine Elemente durch den **return** aus **f()** herausbewegt wurden. Im Gegensatz dazu wird der Destruktor von **y** seine Elemente mit **delete[]** löschen.

Der Compiler ist verpflichtet (durch den C++-Standard), die meisten Kopier-Operationen zu eliminieren, die mit der Initialisierung verbunden sind, weshalb Verschiebe-Konstruktoren gar nicht so oft aufgerufen werden, wie Sie vermuten würden. Diese *Copy Elision* eliminiert sogar den sehr winzigen Overhead einer Verschiebung. Andererseits ist es typischerweise nicht möglich, implizit Kopier- oder Verschiebe-Operationen aus Zuweisungen zu eliminieren, weshalb Verschiebe-Zuweisungen sich durchaus positiv auf die Leistung auswirken können.

6.3 Ressourcenverwaltung

Durch das Definieren von Konstruktoren, Kopier-Operationen, Verschiebe-Operationen und einem Destruktor kann ein Programmierer die vollständige Kontrolle über die Lebensdauer eines inneren Ressourcenobjekts (»contained resource« – wie etwa die Elemente eines Containers) bereitstellen. Darüber hinaus erlaubt es ein Verschiebe-Konstruktor, ein Objekt einfach und billig aus einem Gültigkeitsbereich in einen anderen zu verschieben. Auf diese Weise können Objekte, die Sie nicht aus einem Gültigkeitsbereich herauskopieren können oder wollen, stattdessen leicht und billig herausbewegt werden. Betrachten Sie einmal einen Standardbibliotheks-**thread**, der eine nebenläufige Aktivität (§18.2) verkörpert, sowie einen **Vector** aus einer Million **double**. Ersteren können Sie nicht kopieren, zweiteren wollen Sie nicht kopieren.

```
std::vector<thread> my_threads;

Vector init(int n)
{
     thread t {heartbeat}; // führt den heartbeat
                           // nebenläufig (in einem getrennten Thread) aus
     my_threads.push_back(std::move(t));    // verschiebt t in
                                            // my_threads (§16.6)
    // ... weitere Initialisierungen ...

     Vector vec(n);
     for (auto& x : vec)
         x = 777;
     return vec;                          // verschiebt vec aus init() heraus
}

auto v = init(1'000'000);     // startet heartbeat und initialisiert v
```

Ressourcen-Handles wie **Vector** und **thread** sind der direkten Verwendung von integrierten Zeigern in vielen Fällen haushoch überlegen. Und tatsächlich sind die

»smarten Zeiger« der Standardbibliothek, wie **unique_ptr**, selbst Ressourcen-Handles (§15.2.1).

Ich verwendete den Standardbibliotheks-**vector**, um die **thread** aufzunehmen, weil Sie erst in §7.2 lernen werden, Ihren einfachen Vector so zu parametrisieren, dass seine Elemente von einem beliebigen Typ sein können.

Ungefähr so, wie **new** und **delete** aus dem Anwendungscode verschwinden, können Sie Ihre Zeiger in die Ressourcen-Handles auslagern. In beiden Fällen ist das Ergebnis einfacherer und wartungsfreundlicherer Code ohne zusätzlichen Overhead. Sie können vor allem eine *starke Ressourcensicherheit* erreichen; das heißt, Sie können Ressourcenlecks für jedwede Art von Ressource eliminieren. Beispiele sind **vector**, die Speicher belegen, **thread**, die System-Threads aufnehmen und **fstream**, die Datei-Handles enthalten.

In vielen Sprachen wird die Ressourcenverwaltung in erster Linie einem Garbage Collector überlassen. In C++ können Sie einen Garbage Collector einbauen. Allerdings betrachte ich die Garbage Collection als letztes Mittel, nachdem sauberere, allgemeinere und besser lokalisierte Alternativen der Ressourcenverwaltung ausgeschöpft wurden. Idealerweise erzeuge ich überhaupt keinen Garbage, sodass auch kein Bedarf an einem Garbage Collector besteht: Lassen Sie Ihren Müll nicht herumliegen!

Die Garbage Collection ist im Grunde genommen ein globaler Speicherverwaltungsplan. Kluge Implementierungen können funktionieren, doch je stärker Systeme verteilt werden (denken Sie an Caches, Multicores und Cluster), umso wichtiger wird die Lokalität.

Speicher ist außerdem nicht die einzige Ressource. Eine Ressource ist alles, was beschafft und nach der Verwendung (explizit oder implizit) wieder freigegeben werden muss. Beispiele sind Speicher, Sperren, Sockets, Datei-Handles und Thread-Handles. Wenig überraschend wird eine Ressource, die nicht nur Speicher ist, als *Nicht-Speicher-Ressource* bezeichnet. Ein gutes Ressourcenverwaltungssystem verarbeitet alle Arten von Ressourcen. In einem lang laufenden System müssen Lecks vermieden werden, doch ein übermäßiges Zurückhalten von Ressourcen kann fast genauso schlimm sein. Falls zum Beispiel ein System Speicher, Sperren, Dateien usw. doppelt so lange besetzt hält, muss es potenziell auch mit doppelt so vielen Ressourcen ausgestattet werden.

Bevor Sie auf die Garbage Collection zurückgreifen, sollten Sie systematisch Ressourcen-Handles einsetzen: Lassen Sie jede Ressource in irgendeinem Gültigkeitsbereich einen Besitzer haben und geben Sie sie standardmäßig am Ende des Gültigkeitsbereichs ihres Besitzers wieder frei. In C++ wird dies als *RAII* (*Resource Acquisition Is Initialization*) bezeichnet und hat in Form von Exceptions eine integrierte Fehlerbehandlung. Ressourcen können mit der Verschiebe-Semantik oder »smarten Zeigern« von Gültigkeitsbereich zu Gültigkeitsbereich verschoben werden; eine gemeinsame Eigentümerschaft kann durch »shared Zeiger« (§15.2.1) repräsentiert werden.

In der C++-Standardbibliothek ist RAII allgegenwärtig: zum Beispiel Speicher (**string**, **vector**, **map**, **unordered_map** usw.), Dateien (**ifstream**, **ofstream** usw.), Threads (**thread**), Sperren (**lock_guard**, **unique_lock** usw.) und allgemeine Objekte (durch **unique_ptr** und **shared_ptr**). Das Ergebnis ist eine implizite Ressourcenverwaltung, die bei der standardmäßigen Benutzung unsichtbar ist und zu kurzen Zeiten bei der Ressourcenbelegung führt.

6.4 Operatoren überladen

Sie können den C++-Operatoren für benutzerdefinierte Typen eine Bedeutung geben (§2.4, §5.2.1). Dies wird als *Überladen der Operatoren* bezeichnet, da die korrekte Implementierung eines Operators aus einer Menge von Operatoren desselben Namens gewählt werden muss. So muss zum Beispiel das komplexe + in **z1+z2** (§5.2.1) von dem Integer-+ und dem Gleitkomma-+ unterschieden werden (§1.4.1).

Es ist nicht möglich, neue Operatoren zu definieren; Sie können zum Beispiel nicht die Operatoren ^^, ===, **, $ oder ein unäres % definieren. Würden Sie das erlauben, dann wäre die Verwirrung so groß wie der Nutzen.

Es wird dringend empfohlen, Operatoren mit einer herkömmlichen Semantik zu definieren. Ein +-Operator, der subtrahiert, würde zum Beispiel niemandem etwas nützen.

Sie können Operatoren für benutzerdefinierte Typen (Klassen und Aufzählungen) definieren:

- binäre arithmetische Operatoren: +, -, *, / und %
- binäre logische Operatoren: & (bitweises Und), | (bitweises Oder) und ^ (bitweises Exklusiv-Oder)
- binäre relationale Operatoren: ==, !=, <, <=, >, >= und <=>
- logische Operatoren: && und ||
- unäre arithmetische und logische Operatoren: +, -, ~ (bitweises Komplement) und ! (logische Negation)
- Zuweisungen: =, +=, *= usw.
- Inkremente und Dekremente: ++ und --
- Zeigeroperationen: ->, unäres * und unäres &
- Anwendung (Funktionsaufruf): ()
- Indizierung: []
- Komma: ,
- Verschiebung (Shift): >> und <<

Leider können Sie den Operator Punkt (.) nicht definieren, um damit smarte Referenzen zu erhalten.

Ein Operator kann als eine Member-Funktion definiert werden:

```
class Matrix {
    // ...
    Matrix& operator=(const Matrix& m);    // weist m zu *this zu; gibt
                                           // eine Referenz auf *this zurück
};
```

Dies wird herkömmlicherweise für Operatoren gemacht, die ihren ersten Operanden modifizieren, und ist aus historischen Gründen erforderlich für =, ->, **()** und **[]**.

Alternativ können die meisten Operatoren als frei stehende Funktionen definiert werden:

```
Matrix operator+(const Matrix& m1, const Matrix& m2);    // weist m1 zu
                                                         // m2 zu und gibt die Summe zurück
```

Es ist üblich, Operatoren mit symmetrischen Operanden als frei stehende Funktionen zu definieren, sodass beide Operanden identisch behandelt werden. Um bei der Rückgabe eines potenziell großen Objekts, wie etwa einer **Matrix**, eine gute Leistung zu erzielen, verlassen Sie sich auf die Verschiebe-Semantik (§6.2.2).

6.5 Konventionelle Operationen

Manche Operationen haben konventionelle Bedeutungen, wenn sie für einen Typ definiert werden. Diese konventionellen Bedeutungen werden oft von den Programmierern und Bibliotheken (vor allem der Standardbibliothek) vorausgesetzt, sodass es vernünftig ist, sich daran zu halten, wenn man neue Typen definiert, für die diese Operationen sinnvoll sind.

- Vergleiche: ==, !=, <, <=, >, >= und <=> (§6.5.1)
- Container-Operationen: **size()**, **begin()** und **end()** (§6.5.2)
- Iteratoren und »smarte Zeiger«: ->, *, **[]**, ++, --, += und -= (§13.3, §15.2.1)
- Funktionsobjekte: **()** (§7.3.2)
- Eingabe- und Ausgabeoperationen: >> und << (§6.5.4)
- **swap()** (§6.5.5)
- Hash-Funktionen: **hash<>** (§6.5.6)

6.5.1 Vergleiche (Relationale Operatoren)

Die Bedeutung der Vergleiche auf Gleichheit (== und !=) ist eng mit dem Kopieren verwandt. Nach dem Kopieren sollten die Kopien bei einem Vergleich identisch sein:

```
X a = something;
X b = a;
assert(a==b);     // falls a!=b, ist irgendetwas faul hier (§4.5)
```

Wenn Sie == definieren, dann sollten Sie auch != definieren und sicherstellen, dass **a!=b** dasselbe bedeutet wie **!(a==b)**.

Auf die gleiche Weise sollten Sie beim Definieren von < auch <=, >, >= definieren, damit auf jeden Fall die üblichen Entsprechungen gelten:

- **a<=b** bedeutet **(a<b)||(a==b)** und **!(b<a)**.
- **a>b** bedeutet **b<a**.
- **a>=b** bedeutet **(a>b)||(a==b)** und **!(a<b)**.

Um beiden Operanden eines binären Operators wie etwa == dieselbe Behandlung angedeihen zu lassen, wird dieser am besten als frei stehende Funktion im Namensraum seiner Klasse definiert. Zum Beispiel:

```
namespace NX {
     class X {
        // ...
     };
     bool operator==(const X&, const X&);
    // ...
};
```

Der »Raumschiff-Operator« <=> ist in gewisser Weise ein Außenseiter: Seine Regeln unterscheiden sich von denen der anderen Operatoren. Insbesondere sind bei Definition des standardmäßigen <=> die anderen relationalen Operatoren implizit mitdefiniert:

```
class R {
    // ...
     auto operator<=>(const R& a) const = default;
};

void user(R r1, R r2)
```

```
{
    bool b1 = (r1<=>r2) == 0;        // r1==r2
    bool b2 = (r1<=>r2) < 0;         // r1<r2
    bool b3 = (r1<=>r2) > 0;         // r1>r2

    bool b4 = (r1==r2);
    bool b5 = (r1<r2);
}
```

Genau wie **strcmp()** aus C implementiert **<=>** einen Dreiwegevergleich. Ein negativer Rückgabewert bedeutet kleiner als, 0 bedeutet Gleichheit und ein positiver Wert bedeutet größer als.

Wenn **<=>** als nicht-default definiert wird, dann ist **==** nicht implizit definiert, **<** und die anderen relationalen Operatoren dagegen sind es! Zum Beispiel:

```
struct R2 {
    int m;
    auto operator<=>(const R2& a) const {
        return a.m == m ? 0 : a.m < m ? ?1 : 1;
    }
};
```

Ich benutzte hier die Ausdrucksform der **if**-Anweisung: **p?x:y** ist ein Ausdruck, der die Bedingung **p** auswertet. Wenn diese wahr ist, dann ist der Wert des **?:**-Ausdrucks **x**, ansonsten ist er **y**.

```
void user(R2 r1, R2 r2)
{
    bool b4 = (r1==r2);     // Fehler: kein nicht-default ==
    bool b5 = (r1<r2);      // Okay
}
```

Das bringt uns zu diesem Definitionsmuster für nichttriviale Typen:

```
struct R3 { /* ... */ };

auto operator<=>(const R3& a,const R3& b) { /* ... */ }

bool operator==(const R3& a, const R3& b) { /* ... */ }
```

Die meisten Standardbibliothekstypen, wie **string** und **vector**, folgen diesem Muster. Das hat folgenden Grund: Falls ein Typ mehr als ein Element besitzt, das an dem Vergleich teilnimmt, untersucht das standardmäßige <=> sie nacheinander, was zu einer lexikografischen Reihenfolge führt. In einem solchen Fall lohnt es sich oft, noch ein separates optimiertes == bereitzustellen, weil <=> alle Elemente untersuchen muss, um alle drei Alternativen zu ermitteln. Schauen Sie sich einmal diesen Vergleich von Zeichenketten an:

```
string s1 = "asdfghjkl";
string s2 = "asdfghjk";

bool b1 = s1==s2;              // false
bool b2 = (s1<=>s2)==0;        // false
```

Wenn Sie ein herkömmliches == benutzen, dann stellen Sie schon durch einen Blick auf die Anzahl der Zeichen fest, dass die Strings nicht gleich sind. Mit <=> müssen Sie alle Zeichen von **s2** lesen, um festzustellen, dass es kleiner ist als **s1** und damit nicht gleich ist.

Es gäbe für den Operator <=> noch viel mehr zu sagen. Allerdings sind diese Details, die den Rahmen dieses Buches sprengen würden, vor allem für Leute interessant, die aufwendigere Bibliotheksfunktionen zum Vergleichen und Sortieren implementieren wollen. Älterer Code benutzt <=> nicht.

6.5.2 Container-Operationen

Solange es keinen wirklich guten Grund gibt, es anders zu machen, sollten Sie Container immer im Stil der Standardbibliothekscontainer (Kapitel 12) entwerfen. Sichern Sie die Containerressource insbesondere, indem Sie sie als Handle mit den entsprechenden notwendigen Operationen implementieren (§6.1.1, §6.2).

Die Standardbibliothekscontainer kennen alle die Anzahl ihrer Elemente. Sie können diese ermitteln, indem Sie **size()** aufrufen. Zum Beispiel:

```
for (size_t i = 0; i!=c.size(); ++i)      // size_t ist der Name des Typs,
          // der von einem Standardbibliotheks-size() zurückgeliefert wird
     c[i] = 0;
```

Anstatt jedoch Container mithilfe von Indizes zu durchlaufen, die von **0** bis **size()** gehen, greift der Standardalgorithmus (Kapitel 13) auf den Begriff der *Sequenzen* zurück, die durch Paare von *Iteratoren* begrenzt werden:

```
for (auto p = c.begin(); p!=c.end(); ++p)
     *p = 0;
```

Hier ist **c.begin()** ein Iterator, der auf das erste Element von **c** verweist. **c.end()** wiederum zeigt auf eins hinter dem letzten Element von **c**. Genau wie Zeiger unterstützen Iteratoren ++, um zum nächsten Element weiterzugehen, und *, um auf den Wert des Elements zuzugreifen, auf das gezeigt wird.

Diese **begin()**- und **end()**-Funktionen werden auch von der Implementierung des bereichsbasierten **for** benutzt, sodass Sie die Schleifen über einen Bereich vereinfachen können:

```
for (auto& x : c)
    x = 0;
```

Iteratoren werden verwendet, um Sequenzen an Standardbibliotheksalgorithmen zu übergeben. Zum Beispiel:

```
sort(v.begin(),v.end());
```

Dieses *Iterator-Modell* (§13.3) ermöglicht große Allgemeingültigkeit und Effizienz. Weitere Einzelheiten und noch mehr Containeroperationen finden Sie in Kapitel 12 und Kapitel 13.

begin() und **end()** können auch als freistehende Funktionen definiert werden; siehe §7.2. Die Versionen von **begin()** und **end()** für **const**-Container werden als **cbegin()** und **cend()** bezeichnet.

6.5.3 Iteratoren und »smarte Zeiger«

Benutzerdefinierte Iteratoren (§13.3) und »smarte Zeiger« (§15.2.1) implementieren die Operatoren und Aspekte eines Zeigers, die für ihren Zweck gewünscht werden, und erweitern bei Bedarf die Semantik noch.

- Zugriff: *, -> (für eine Klasse) und [] (für einen Container)
- Iteration/Navigation: ++ (vorwärts), -- (rückwärts), +=, -=, + und -
- Kopieren und/oder verschieben: =

6.5.4 Eingabe- und Ausgabeoperationen

Für Integer-Paare bedeutet << eine Linksverschiebung und >> eine Rechtsverschiebung. Für **iostreams** dagegen sind dies die Ausgabe- bzw. Eingabeoperatoren (§1.8, Kapitel 11). Weitere Details und noch mehr E/A-Operationen finden Sie in Kapitel 11.

6.5.5 swap()

Viele Algorithmen, vor allen Dingen **sort()**, benutzen eine **swap()**-Funktion, die die Werte zweier Objekte vertauscht. Solche Algorithmen gehen im Allgemeinen davon aus, dass **swap()** sehr schnell ist und keine Ausnahme wirft. Die Standardbibliothek stellt ein **std::swap(a,b)** bereit, das als drei Verschiebe-Operationen implementiert ist (§16.6). Falls Sie einen Typ entwerfen, der teuer zu kopieren ist und für den die Möglichkeit zum Vertauschen gebraucht wird (z. B. durch eine Sortierfunktion), dann geben Sie diesem Verschiebe-Operationen oder ein **swap()** oder beides. Beachten Sie, dass die Standardbibliothekscontainer (Kapitel 12) und **string** (§10.2.1) schnelle Verschiebe-Operationen besitzen.

6.5.6 hash<>

Das **unordered_map<K,V>** der Standardbibliothek ist eine Hash-Tabelle mit **K** als Schlüssel- (Key-) Typ und **V** als Wert- (Value-) Typ. Um einen Typ **X** als Schlüssel zu benutzen, müssen Sie **hash<X>** definieren. Für gebräuchliche Typen wie **std::string** definiert die Standardbibliothek **hash<>**.

6.6 Benutzerdefinierte Literale

Ein Zweck von Klassen war es, dem Programmierer zu erlauben, Typen zu entwerfen und zu implementieren, die die integrierten Typen täuschend echt nachahmen. Konstruktoren bieten eine Initialisierung, die die Flexibilität und Effizienz der integrierten Typinitialisierung erreicht oder sogar übertrifft. Für integrierte Typen jedoch haben Sie Literale:

- **123** ist ein **int**.
- **0xFF00u** ist ein **unsigned int**.
- **123.456** ist ein **double**.
- **"Surprise!"** ist ein **const char[10]**.

Es kann sinnvoll sein, auch für benutzerdefinierte Typen solche Literale zur Verfügung zu stellen. Dies erfolgt durch das Definieren der Bedeutung eines passenden Suffixes für ein Literal, sodass Sie Folgendes erhalten:

- **"Surprise!"s** ist ein **std::string**.
- **123s** ist **second**s.
- **12.7i** ist **imaginary**, sodass **12.7i+47** eine **complex** Zahl ergibt (d. h. **{47, 12.7}**).

Insbesondere können Sie diese Beispiele aus der Standardbibliothek erhalten, wenn Sie passende Header und Namensräume angeben:

Standardbibliothekssuffixe für Literale		
`<chrono>`	`std::literals::chrono_literals`	`h`, `min`, `s`, `ms`, `us`, `ns`
`<string>`	`std::literals::string_literals`	`s`
`<string_view>`	`std::literals::string_literals`	`sv`
`<complex>`	`std::literals::complex_literals`	`i`, `il`, `if`

Literale mit benutzerdefinierten Suffixen werden *User-Defined Literals* oder *UDLs* genannt. Solche Literale werden mithilfe von *Literal-Operatoren* definiert. Ein Literal-Operator konvertiert ein Literal seines Argumenttyps, gefolgt von einem Index, in seinen Rückgabetyp um. So könnte zum Beispiel das **i** für das Suffix **imaginary** folgendermaßen implementiert werden:

```
constexpr complex<double> operator""i(long double arg) // imaginary-Literal
{
    return {0,arg};
}
```

Sie sehen hier Folgendes:

- Der **operator""** zeigt an, dass Sie einen Literal-Operator definieren.
- Das **i** nach dem Literal-Indikator "" ist das Suffix, dem der Operator eine Bedeutung verleihen soll.
- Der Argumenttyp, **long double**, zeigt an, dass das Suffix (**i**) für ein Gleitkomma-Literal definiert wird.
- Der Rückgabetyp, **complex<double>**, legt den Typ des resultierenden Literals fest.

Entsprechend können Sie nun schreiben:

```
complex<double> z = 2.7182818+6.283185i;
```

Die Implementierung des Suffixes **i** sowie des **+** sind beide **constexpr**, sodass die Berechnung des Werts von **z** zum Zeitpunkt des Kompilierens erfolgt.

6.7 Ratschläge

[1] Kontrollieren Sie die Konstruktion, das Kopieren, Verschieben und die Zerstörung von Objekten; §6.1.1; [CG: R.1].

[2] Entwerfen Sie Konstruktoren, Zuweisungen und den Destruktor als eine zusammengehörende Gruppe von Operationen; §6.1.1; [CG: C.22].

[3] Definieren Sie alle grundlegenden Operationen oder keine; §6.1.1; [CG: C.21].

[4] Wenn ein Standard-Konstruktor, eine Standard-Zuweisung oder ein Standard-Destruktor passend ist, dann lassen Sie diese durch den Compiler generieren; §6.1.1; [CG: C.20].

[5] Wenn eine Klasse ein Zeiger-Member enthält, dann überlegen Sie, ob diese Klasse einen benutzerdefinierten oder einen **delete**-Destruktor, -Kopier- und -Verschiebe-Konstruktor benötigt; §6.1.1; [CG: C.32] [CG: C.33].

[6] Wenn eine Klasse einen benutzerdefinierten Destruktor besitzt, dann benötigt sie wahrscheinlich benutzerdefinierte oder einen **delete**-Kopier- und -Verschiebe-Konstruktor; §6.2.1.

[7] Deklarieren Sie Konstruktoren mit nur einem Argument standardmäßig als **explicit**; §6.1.2; [CG: C.46].

[8] Wenn ein Klassen-Member einen vernünftigen Vorgabewert besitzt, dann geben Sie diesen als Member-Initialisierer an; §6.1.3; [CG: C.48].

[9] Definieren Sie das Kopieren um oder verbieten Sie es, wenn für einen Typ das Standardverhalten nicht passend ist; §6.1.1; [CG: C.61].

[10] Liefern Sie Container als Wert zurück (setzen Sie aus Effizienzgründen auf Copy Elision und Verschieben); §6.2.2; [CG: F.20].

[11] Vermeiden Sie den expliziten Einsatz von **std::copy()**; §16.6; [CG: ES.56].

[12] Nutzen Sie für umfangreiche Operanden **const&**-Argumenttypen; §6.2.2; [CG: F.16].

[13] Sorgen Sie für eine starke Ressourcensicherheit; das heißt, lassen Sie niemals Lecks bei etwas zu, das für Sie eine Ressource darstellt; §6.3; [CG: R.1].

[14] Wenn eine Klasse ein Ressourcen-Handle ist, braucht sie einen benutzerdefinierten Konstruktor, einen Destruktor und nichtstandardmäßige Kopier-Operationen; §6.3; [CG: R.1].

[15] Verwalten Sie alle Ressourcen – ob Speicher oder nicht – mittels RAII; §6.3; [CG: R.1].

[16] Überladen Sie Operationen, um eine konventionelle Benutzung nachzuahmen; §6.5; [CG: C.160].

[17] Wenn Sie einen Operator überladen, dann definieren Sie alle Operationen, die gewöhnlich zusammenwirken; §6.1.1; §6.5.

[18] Falls Sie <=> für einen Typ als nicht-default definieren, dann definieren Sie auch ==; §6.5.1.

[19] Folgen Sie dem Containerdesign der Standardbibliothek; §6.5.2; [CG: C.100].

Kapitel 7

Templates

Hier könnte Ihr Zitat stehen.
— B. Stroustrup

7.1 Einführung

Jemand, der einen Vektor benutzen möchte, will wahrscheinlich nicht immer einen Vektor aus **double** haben. Ein Vektor ist ein allgemeines Konzept, unabhängig vom Begriff der Gleitkommazahl. Entsprechend sollte auch der Elementtyp eines Vektors unabhängig dargestellt werden. Ein *Template* ist eine Klasse oder eine Funktion, die Sie mit einer Menge aus Typen oder Werten parametrisieren. Templates werden verwendet, um Ideen darzustellen, die am besten als etwas Allgemeines aufgefasst werden sollten, aus dem dann spezifische Typen und Funktionen generiert werden können, indem Argumente angegeben werden, wie etwa **double** als Elementtyp von **vector**.

Dieses Kapitel konzentriert sich auf Sprachmechanismen. In Kapitel 8 wird es dann um Programmiertechniken gehen. Die Bibliothekskapitel (Kapitel 10 bis Kapitel 18) bieten dann viele Beispiele.

7.2 Parametrisierte Typen

Sie können Ihren Vektor-aus-doubles-Typ (§5.2.2) zu einem Vektor-aus-irgendetwas-Typ verallgemeinern, indem Sie ihn zu einem Template machen und den speziellen Typ **double** durch einen Typparameter ersetzen. Zum Beispiel:

```
template<typename T>
class Vector {
private:
     T* elem;     // elem zeigt auf ein Array aus sz Elementen des Typs T
     int sz;
public:
     explicit Vector(int s);          // Konstruktor: etabliert Invariante,
                                      // beschafft Ressourcen
     ~Vector() { delete[] elem; }     // Destruktor: gibt Ressourcen frei

     // ... Kopier- und Verschiebe-Operationen ...
```

```
    T& operator[](int i);                 // für Nicht-const-Vektoren
    const T& operator[](int i) const; // für const-Vektoren (§5.2.1)
    int size() const { return sz; }
};
```

Das Präfix **template<typename T>** macht **T** zu einem Typparameter der Deklaration, der es vorangestellt wird. Das ist quasi die C++-Version der mathematischen Formulierung »für alle T« oder genauer ausgedrückt, »für alle Typen T«. Falls Sie das mathematische »für alle T, sodass P(T)« haben wollen, nutzen Sie Konzepte (§7.2.1, §8.2). Die Verwendung von **class** zum Einführen eines Typparameters ist äquivalent der Benutzung von **typename**. In älterem Code sehen Sie oft **template<class T>** als Präfix.

Die Member-Funktionen können ähnlich definiert werden:

```
template<typename T>
Vector<T>::Vector(int s)
{
    if (s<0)
        throw length_error{"Vector constructor: negative size"};
    elem = new T[s];
    sz = s;
}

template<typename T>
const T& Vector<T>::operator[](int i) const
{
    if (i<0 || size()<=i)
        throw out_of_range{"Vector::operator[]"};
    return elem[i];
}
```

Wenn Sie diese Definitionen haben, können Sie **Vector** folgendermaßen definieren:

```
Vector<char> vc(200);         // Vektor aus 200 Zeichen
Vector<string> vs(17);        // Vektor aus 17 Strings
Vector<list<int>> vli(45);    // Vektor aus 45 Listen mit Integern
```

Das **>>** in **Vector<list<int>>** terminiert die geschachtelten Template-Argumente; es ist also kein falsch platzierter Eingabeoperator.

Sie können **Vector** so benutzen:

```
void write(const Vector<string>& vs)     // Vektor aus einigen Strings
{
     for (int i = 0; i!=vs.size(); ++i)
          cout << vs[i] << '\n';
}
```

Um die bereichsbasierte **for**-Schleife für den **Vector** zu unterstützen, müssen Sie passende **begin()**- und **end()**-Funktionen definieren:

```
template<typename T>
T* begin(Vector<T>& x)
{
     return &x[0];      // Zeiger auf das erste Element oder auf eins
                        // hinter dem letzten Element
}

template<typename T>
T* end(Vector<T>& x)
{
     return &x[0]+x.size(); // Zeiger auf eins hinter dem letzten Element
}
```

Nun können Sie schreiben:

```
void write2(Vector<string>& vs)     // Vektor aus einigen Strings
{
     for (auto& s : vs)
          cout << s << '\n';
}
```

Auf ähnliche Weise können Sie Listen, Vektoren, Maps (das heißt assoziative Arrays), ungeordnete Maps (das heißt Hash-Tabellen) usw. als Templates benutzen (Kapitel 12).

Templates sind ein Compile-Zeit-Mechanismus, ihre Verwendung verursacht also im Vergleich zu handgeschriebenem Code keinen Overhead während der Laufzeit. Tatsächlich ist der für **Vector<double>** generierte Code identisch mit dem Code, der für die **Vector**-Version aus Kapitel 5 erzeugt wurde. Darüber hinaus wird der für das Standardbibliotheks-**vector<double>** generierte Code wahrscheinlich sogar besser sein (weil mehr Aufwand in seine Implementierung geflossen ist).

Ein Template sowie eine Gruppe aus Template-Argumenten wird als *Instanziierung* oder *Spezialisierung* bezeichnet. Spät im Kompilierprozess, zur *Instanziierungszeit*, wird für jede Instanziierung in einem Programm Code generiert (§8.5).

7.2.1 Beschränkte Template-Argumente

Meist ist ein Template nur für solche Template-Argumente sinnvoll, die bestimmte Kriterien erfüllen. Zum Beispiel bietet ein **Vector** üblicherweise eine Kopier-Operation an, und falls er das tut, ist es erforderlich, dass alle seine Elemente kopierfähig sind. Das heißt, Sie müssen verlangen, dass das Template-Argument von **Vector** nicht nur ein **typename** ist, sondern ein **Element**, wobei »**Element**« die Anforderungen eines Typs festlegt, der ein Element sein kann:

```
template<Element T>
class Vector {
private:
    T* elem;     // elem zeigt auf ein Array aus sz Elementen des Typs T
    int sz;
   // ...
};
```

Dieses **template<Element T>**-Präfix ist die C++-Version des mathematischen »für alle T, sodass **Element(T)**«; das heißt, **Element** ist ein Prädikat, das überprüft, ob **T** alle Eigenschaften besitzt, die ein **Vector** verlangt. Ein solches Prädikat wird als *Konzept* bezeichnet (§8.2). Ein Template-Argument, für das ein Konzept angegeben ist, wird *beschränktes Argument* genannt und ein Template, bei dem ein Argument beschränkt ist, heißt entsprechend *beschränktes Template*.

Die Anforderungen für den Typ eines Standardbibliothekselements sind ein bisschen kompliziert (§12.2), doch für unseren einfachen **Vector** könnte **Element** etwas sein wie das Standardbibliothekskonzept **copyable** (§14.5).

Versucht man, ein Template mit einem Typ zu benutzen, der nicht seine Anforderungen erfüllt, tritt zum Kompilierzeitpunkt ein Fehler auf. Zum Beispiel:

```
Vector<int> v1;        // Okay: Wir können ein int kopieren
Vector<thread> v2;     // Fehler: Wir können einen Standard-Thread nicht
                       // kopieren (§18.2)
```

Konzepte erlauben es also dem Compiler, an der Einsatzstelle eine Typprüfung vorzunehmen, wodurch bereits viel früher bessere Fehlermeldungen ausgegeben werden, als dies bei unbeschränkten Template-Argumenten möglich wäre. C++ hat vor C++20 Konzepte nicht offiziell unterstützt. Älterer Code nutzt daher unbeschränkte Template-Argumente und überlässt es der Dokumentation, die Anforderungen zu kommunizieren. Der Code, der aus Templates generiert wird, ist jedoch typgeprüft, sodass auch Code aus unbeschränkten Templates als Typ zumindest so sicher ist wie handgeschriebener Code. Für unbeschränkte Parameter kann diese Typprüfung erst vorgenommen werden, wenn die Typen aller beteiligten Entitäten verfügbar sind. Das kann unangenehm spät im Kompilierprozess sein, nämlich zur Instanziierungszeit (§8.5), und die Fehlermeldungen sind oft ganz schrecklich.

Die Konzeptüberprüfung ist ein reiner Compile-Zeit-Mechanismus und der generierte Code ist so gut wie der aus unbeschränkten Templates.

7.2.2 Wert-Template-Argumente

Neben den Typargumenten kann ein Template auch Wertargumente entgegennehmen. Zum Beispiel:

```
template<typename T, int N>
struct Buffer {
     constexpr int size() { return N; }
     T elem[N];
    // ...
};
```

Wertargumente sind in vielen Kontexten nützlich. Zum Beispiel erlaubt **Buffer** es, beliebig große Puffer zu erzeugen, ohne dass der freie (dynamische) Speicher benutzt wird:

```
Buffer<char,1024> glob; // globaler Puffer aus Zeichen (statisch
                        // alloziert)

void fct()
{
     Buffer<int,10> buf;  // lokaler Puffer aus Integern (auf dem Stack)
    // ...
}
```

Leider kann ein String-Literal aus obskuren technischen Gründen noch kein Template-Wertargument sein. In manchen Kontexten jedoch ist die Fähigkeit, mit String-Werten zu parametrisieren, ungemein wichtig. Glücklicherweise können Sie ein Array benutzen, das die Zeichen eines Strings aufnimmt:

```
template<char* s>
void outs() { cout << s; }
```

```
char arr[] = "Weird workaround!";

void use()
{
    outs<"straightforward use">();      // Fehler (vorerst)
    outs<arr>();                        // schreibt: Weird workaround!
}
```

In C++ gibt es normalerweise immer irgendeine Notlösung; Sie brauchen keine direkte Unterstützung für jeden Anwendungsfall.

7.2.3 Deduktion von Template-Argumenten

Wenn Sie einen Typ als Instanziierung eines Templates definieren, müssen Sie dessen Template-Argumente angeben. Schauen Sie sich einmal das Standardbibliotheks-Template **pair** an:

```
pair<int,double> p = {1, 5.2};
```

Es kann mühselig sein, die Template-Argumenttypen anzugeben. Glücklicherweise können Sie in vielen Fällen die Template-Argumente einfach durch den Konstruktor von **pair** aus einem Initialisierer deduzieren lassen:

```
pair p = {1, 5.2};      // p ist ein pair<int,double>
```

Container sind ein weiteres Beispiel:

```
template<typename T>
class Vector {
public:
    Vector(int);
    Vector(initializer_list<T>);  // Initialisierungslisten-Konstruktor
   // ...
};

Vector v1 {1, 2, 3};        // deduziert den Elementtyp von v1 aus dem
                             // Initialisierungs-Elementtyp: int
Vector v2 = v1;             // deduziert den Elementtyp von v2 aus dem
                            // Elementtyp von v1: int

auto p = new Vector{1, 2, 3};     // p ist ein Vector<int>*
```

```
Vector<int> v3(1);  // hier müssen wir explizit in Bezug auf den
                    // Elementtyp sein (es wird kein Elementtyp erwähnt)
```

Das vereinfacht ganz klar die Notation und kann Beeinträchtigungen eliminieren, die durch eine falsche Typisierung redundanter Template-Argumenttypen verursacht würde. Es ist jedoch kein Allheilmittel. Wie alle machtvollen Mechanismen kann die Deduktion überraschende Ergebnisse erzeugen. Schauen Sie sich das an:

```
Vector<string> vs {"Hello", "World"}; // Okay: Vector<string>
Vector vs1 {"Hello", "World"};        // Okay: deduziert Vector<const
                                      // char[6]> (Überraschung?)
Vector vs2 {"Hello"s, "World"s};      // Okay: deduziert Vector<string>
Vector vs3 {"Hello"s, "World"};       // Fehler: Die Initialisierungsliste
                                      // ist nicht homogen
Vector<string> vs4 {"Hello"s, "World"};    // Okay: Der Elementtyp ist
                                           // explizit
```

Der Typ eines String-Literals im C-Stil ist **`const char[N]`**, wobei **`N`** die Anzahl der Zeichen plus der terminierenden Null ist (§1.7.1). Falls dies nicht das ist, was für **`vs1`** vorgesehen war, müssen Sie den Elementtyp explizit angeben oder das Suffix **`s`** verwenden, um daraus einen richtigen **`string`** zu machen (§10.2).

Haben die Elemente einer Initialisierungsliste unterschiedliche Typen, können Sie keinen einzelnen Elementtyp deduzieren, erhalten also einen Mehrdeutigkeitsfehler.

Manchmal müssen Sie eine Mehrdeutigkeit auflösen. Zum Beispiel besitzt der Standardbibliotheks-**`vector`** einen Konstruktor, der ein Paar aus Iteratoren entgegennimmt, die eine Sequenz begrenzen, sowie einen Initialisierungskonstruktor, der ein Paar aus Werten entgegennehmen kann. Schauen Sie hier:

```
template<typename T>
class Vector {
public:
     Vector(initializer_list<T>);    // Initialisierungslisten-Konstruktor

     template<typename Iter>
         Vector(Iter b, Iter e);       // [b:e) Iterator-Paar-Konstruktor

     struct iterator { using value_type = T; /* ... */ };
     iterator begin();

    // ...
```

```
};

Vector v1 {1, 2, 3, 4, 5};                // Elementtyp ist int
Vector v2(v1.begin(),v1.begin()+2);    // ein Paar aus Iteratoren oder
                                       // ein Paar aus Werten (des Typiterators)?
Vector v3(9,17);               // Fehler: mehrdeutig
```

Sie könnten dies mithilfe von Konzepten (§8.2) auflösen, doch die Standardbibliothek und viele wichtige Codeteile wurden Jahrzehnte, bevor wir in der Sprache Unterstützung für Konzepte hatten, geschrieben. Für diese brauchen wir eine Möglichkeit zu sagen: »Ein Paar aus Werten desselben Typs sollten als Iteratoren betrachtet werden.« Erreicht wird genau dies durch eine hinzugefügte *Deduktionsanleitung* nach der Deklaration von **Vector**:

```
template<typename Iter>
    Vector(Iter,Iter) ?> Vector<typename Iter::value_type>;
```

Jetzt haben Sie:

```
Vector v1 {1, 2, 3, 4, 5};                // Elementtyp ist int
Vector v2(v1.begin(),v1.begin()+2);    // Paar-aus-Iteratoren: Elementtyp
                                       // ist int
Vector v3 {v1.begin(),v1.begin()+2};   // Elementtyp ist Vector2::iterator
```

Die **{}**-Initialisierungssyntax bevorzugt immer den **initializer_list**-Konstruktor (falls vorhanden), weshalb **v3** ein Vektor aus Iteratoren ist:
Vector<Vector<int>::iterator>

Normalerweise wird die **()**-Initialisierungssyntax (§12.2) verwendet, wenn Sie keine **initializer_list** wünschen.

Die Auswirkungen der Deduktionsanleitung sind oft sehr subtil, sodass es am besten ist, Klassen-Templates so zu entwerfen, dass gar keine Deduktionsanleitungen erforderlich sind.

Leute, die gern mit Akronymen herumhantieren, bezeichnen die »Class Template Argument Deduction« gern auch als *CTAD*.

7.3 Parametrisierte Operationen

Es gibt für Templates viel mehr Anwendungen als nur das einfache Parametrisieren eines Containers mit einem Elementtyp. Sie werden insbesondere oft für die

Parametrisierung von Typen und Algorithmen in der Standardbibliothek verwendet (§12.8, §13.5).

Es gibt drei Möglichkeiten, eine Operation auszudrücken, die durch Typen oder Werte parametrisiert wurde:

- ein Funktions-Template
- ein Funktionsobjekt: ein Objekt, das Daten transportieren und wie eine Funktion aufgerufen werden kann
- ein Lambda-Ausdruck: eine Kurznotation für ein Funktionsobjekt

7.3.1 Funktions-Templates

Sie können eine Funktion schreiben, die die Summe der Elementwerte einer Sequenz berechnet, die ein bereichsbasiertes **for** durchlaufen kann (z. B. ein Container):

```
template<typename Sequence, typename Value>
Value sum(const Sequence& s, Value v)
{
      for (const auto& x : s)
          v+=x;
      return v;
}
```

Das **Value**-Template-Argument und das Funktionsargument **v** sollen dem Aufrufer erlauben, den Typ und den Anfangswert des Akkumulators (also der Variablen, in der die Summe akkumuliert wird) anzugeben:

```
void user(Vector<int>& vi, list<double>& ld, vector<complex<double>>& vc)
{
      int x = sum(vi,0); // die Summe eines Vektors aus ints (summiert
                         // ints)
      double d = sum(vi,0.0); // die Summe eines Vektors aus ints
                              // (summiert doubles)
      double dd = sum(ld,0.0); // die Summe einer Liste aus doubles
      auto z = sum(vc,complex{0.0,0.0});    // die Summe eines Vektors
                                            // aus complex<double>s
}
```

Der Sinn des Addierens von **int** in einem **double** ist es, eine Summe verarbeiten zu können, die größer ist als das größte **int**. Wie Sie sehen, werden die Typen der

Template-Argumente für **sum<Sequence,Value>** aus den Funktionsargumenten abgeleitet. Zum Glück müssen Sie diese Typen nicht explizit angeben.

Dieses **sum()** ist eine vereinfachte Version des **accumulate()** der Standardbibliothek (§17.3).

Ein Funktions-Template kann eine Member-Funktion sein, aber kein **virtual** Member. Der Compiler würde nicht alle Instanziierungen eines solchen Templates in einem Programm kennen und könnte deshalb keine **vtbl** generieren (§5.4).

7.3.2 Funktionsobjekte

Eine besonders nützliche Art von Template ist das *Funktionsobjekt* (manchmal *Funktor* genannt), das benutzt wird, um Objekte zu definieren, die wie Funktionen aufgerufen werden können. Zum Beispiel:

```
template<typename T>
class Less_than {
    const T val;      // Wert, gegen den verglichen wird
public:
    Less_than(const T& v) :val{v} { }
    bool operator()(const T& x) const { return x<val; } // Aufrufoperator
};
```

Die Funktion, die **operator()** genannt wird, implementiert den *Anwendungsoperator*, **()**, der auch als »Funktionsaufruf« oder einfach nur »Aufruf« bezeichnet wird.

Sie können benannte Variablen des Typs **Less_than** für einen Argumenttyp definieren:

```
Less_than lti {42};    // mithilfe von < vergleicht lti(i) i mit 42 (i<42)
Less_than lts {"Backus"s};        // mithilfe von < vergleicht lts(s) s
                                  // mit "Backus" (s<"Backus")
Less_than<string> lts2 {"Naur"}; // "Naur" ist ein String im C-Stil,
        // weshalb wir <string> brauchen, um das richtige < zu bekommen
```

Sie können ein solches Objekt genauso aufrufen wie eine Funktion:

```
void fct(int n, const string& s)
{
    bool b1 = lti(n);     // wahr, falls n<42
    bool b2 = lts(s);     // wahr, falls s<"Backus"
   // ...
}
```

Funktionsobjekte sind als Argumente für Algorithmen weit verbreitet. Zum Beispiel können Sie die Vorkommen von Werten zählen, für die ein Prädikat **true** zurückliefert:

```
template<typename C, typename P>
int count(const C& c, P pred)          // angenommen, dass C ein Container
                                  // ist und P ein Prädikat auf seinen Elementen
{
     int cnt = 0;
     for (const auto& x : c)
         if (pred(x))
             ++cnt;
     return cnt;
}
```

Dies ist eine vereinfachte Version des Standardbibliotheksalgorithmus **count_if** (§13.5).

Durch Zuhilfenahme von Konzepten (§8.2) können Sie die Annahmen von **count()** in Bezug auf sein Argument formalisieren und diese zum Zeitpunkt des Kompilierens überprüfen.

Ein *Prädikat* ist etwas, das Sie aufrufen können, um **true** oder **false** zurückzugeben. Zum Beispiel:

```
void f(const Vector<int>& vec, const list<string>& lst, int x, const string& s)
{
     cout << "number of values less than " << x << ""
     << count(vec,Less_than{x}) << '\n';
     cout << "number of values less than " << s << ""
     << count(lst,Less_than{s}) << '\n';
}
```

Hier konstruiert **Less_than{x}** ein Objekt des Typs **Less_than<int>**, für das der Aufrufoperator einen gegebenen Parameter mit dem Wert des **int**-Namens **x** vergleicht; **Less_than{s}** konstruiert ein Objekt, das mit dem Wert des **string**-Namens **s** vergleicht.

Die Schönheit von Funktionsobjekten besteht darin, dass sie den Wert mitbringen, mit dem verglichen werden soll. Sie müssen keine separate Funktion für jeden Wert (und jeden Typ) schreiben und Sie müssen auch keine hässlichen globalen Variablen einführen, um die Werte aufzunehmen. Für ein einfaches Funktionsobjekt wie **Less_than** ist außerdem das Inlining einfach, sodass ein Aufruf von **Less_than** viel effizienter abläuft als ein indirekter Funktionsaufruf. Die Fähigkeit, Daten aufzunehmen, sorgt zusammen mit ihrer Effizienz dafür, dass Funktionsobjekte besonders nützlich als Argumente für Algorithmen sind.

Funktionsobjekte, die benutzt werden, um die Bedeutung von entscheidenden Operationen eines allgemeinen Algorithmus (wie etwa **Less_than** für **count()**) festzulegen, werden manchmal auch als *Policy-Objekte* bezeichnet.

7.3.3 Lambda-Ausdrücke

In §7.3.2 habe ich **Less_than** separat von seiner Benutzung definiert. Das kann umständlich sein. Aus diesem Grund gibt es eine Notation, um implizit Funktionsobjekte zu generieren:

```
void f(const Vector<int>& vec, const list<string>& lst, int x, const string& s)
{
    cout << "number of values less than " << x
        << "" << count(vec,[&](int a){ return a<x; })
        << '\n';

    cout << "number of values less than " << s
        << "" << count(lst,[&](const string& a){ return a<s; })
        << '\n';
}
```

Die Notation **[&](int a){ return a<x; }** wird als *Lambda-Ausdruck* bezeichnet. Sie generiert ein Funktionsobjekt, das vergleichbar mit **Less_than<int>{x}** ist. Das **[&]** ist eine *Capture-Liste* (Erfassungsliste), die festlegt, dass auf alle lokalen Namen, die im Body des Lambda benutzt werden (wie etwa **x**), durch Referenzen zugegriffen wird. Hätten Sie nur **x** erfassen wollen, dann hätten Sie das so sagen können: **[&x]**. Hätten Sie dem generierten Objekt eine Kopie von **x** übergeben wollen, dann hätten Sie das so ausgedrückt: **[x]**. »Nichts erfassen« sieht so aus: **[ ]**, »alle lokalen Namen, die benutzt werden, über eine Referenz erfassen« ist **[&]**, und »alle lokalen Namen, die benutzt werden, über den Wert erfassen« ist **[=]**.

Für ein Lambda, das innerhalb einer Member-Funktion definiert ist, erfasst **[this]** das aktuelle Objekt über eine Referenz, sodass Sie auf Klassen-Member verweisen können. Falls Sie eine Kopie des aktuellen Objekts wünschen, nutzen Sie **[*this]**.

Möchten Sie mehrere spezielle Objekte erfassen, können Sie sie auflisten. Ein Beispiel dafür ist die Benutzung von **[i,this]** in **expect()** (§4.5).

Lambdas als Funktionsargumente

Es kann bequem und rationell sein, Lambdas zu verwenden, aber auch schwer zu durchschauen. Für nichttriviale Aktionen (etwa: mehr als einen einfachen Ausdruck) ziehe ich es vor, die Operation zu benennen, um damit ihren Zweck deutlicher auszudrücken und sie für die Nutzung an mehreren Stellen im Programm verfügbar zu machen.

In §5.5.3 haben Sie bemerkt, wie lästig es ist, viele Funktionen schreiben zu müssen, um Operationen auf Elementen von **vector** aus Zeigern und **unique_ptr** ausführen zu können, wie etwa **draw_all()** und **rotate_all()**. Funktionsobjekte (speziell Lambdas) können helfen, indem sie es erlauben, das Durchlaufen des Containers von der Spezifikation dessen zu trennen, was mit den einzelnen Elementen gemacht werden muss.

Zuerst brauchen Sie eine Funktion, die eine Operation auf jedes Objekt ausführt, auf das von den Elementen eines Containers aus Zeigern gezeigt wird:

```
template<typename C, typename Oper>
void for_each(C& c, Oper op)       // angenommen, dass C ein Container
                                    // aus Zeigern ist (siehe auch §8.2.1)
{
     for (auto& x : c)
          op(x);     // übergibt op() eine Referenz auf jedes Element, auf
                     // das gezeigt wird
}
```

Dies ist eine vereinfachte Version des Standardbibliotheksalgorithmus **for_each** (§13.5).

Jetzt können Sie eine Version von **user()** aus §5.5 schreiben, ohne einen ganzen Satz von **_all**-Funktionen schreiben zu müssen:

```
void user()
{
     vector<unique_ptr<Shape>> v;
     while (cin)
          v.push_back(read_shape(cin));
     for_each(v,[](unique_ptr<Shape>& ps){ ps?>draw(); }); // draw_all()
     for_each(v,[](unique_ptr<Shape>& ps){ ps?>rotate(45); });
                                                      // rotate_all(45)
}
```

Ich übergebe **unique_ptr<Shape>** als Referenz an die Lambdas. Auf diese Weise muss sich **for_each()** nicht mit Fragen über die Lebensdauer herumplagen.

Wie eine Funktion kann auch ein Lambda generisch sein. Zum Beispiel:

```
template<class S>
void rotate_and_draw(vector<S>& v, int r)
{
    for_each(v,[](auto& s){ s?>rotate(r); s?>draw(); });
}
```

Hier bedeutet – genau wie in Variablendeklarationen – **auto**, dass ein Wert irgendeines Typs als Initialisierer akzeptiert wird (also als Argument, das den formellen Parameter in einem Aufruf initialisieren soll). Dies macht aus einem Lambda mit einem **auto**-Parameter ein Template, ein *generisches Lambda*. Bei Bedarf können Sie den Parameter mit einem Konzept beschränken (§8.2). Zum Beispiel können Sie definieren, dass **Pointer_to_class** ein * und ein -> erfordert, und schreiben:

```
for_each(v,[](Pointer_to_class auto& s){ s?>rotate(r); s?>draw(); });
```

Sie können dieses generische **rotate_and_draw()** mit irgendeinem Container aus Objekten aufrufen, die man zeichnen (mit **draw()**) und drehen (mit **rotate()**) kann. Zum Beispiel:

```
void user()
{
    vector<unique_ptr<Shape>> v1;
    vector<Shape*> v2;
   // ...
    rotate_and_draw(v1,45);
    rotate_and_draw(v2,90);
}
```

Für eine noch strengere Überprüfung können Sie ein **Pointer_to_Shape**-Konzept definieren, mit dem Sie die Eigenschaften festlegen, die Sie für einen Typ wünschen, der als Form benutzbar sein soll. Das würde es erlauben, Formen zu verwenden, die nicht von der Klasse **Shape** abgeleitet worden sind.

Lambdas für die Initialisierung

Mithilfe eines Lambda können Sie jede Aussage in einen Ausdruck verwandeln. Das wird vor allem gemacht, um eine Operation anzugeben, die einen Wert als

Argumentwert berechnet, doch die Fähigkeit ist allgemein. Schauen Sie sich eine komplizierte Initialisierung an:

```
enum class Init_mode { zero, seq, cpy, patrn };
                                        // Initialisierungsalternativen

void user(Init_mode m, int n, vector<int>& arg, Iterator p, Iterator q)
{
    vector<int> v;

    // unordentlicher Initialisierungscode:

    switch (m) {
    case zero:
        v = vector<int>(n);     // initialisiert n Elemente zu 0
        break;
    case cpy:
        v = arg;
        break;
    };

    // ...

    if (m == seq)
        v.assign(p,q);          // kopiert aus Sequenz [p:q)
    // ...
}
```

Dies ist ein stilisiertes Beispiel, aber leider nicht untypisch. Sie müssen aus einer Menge von Alternativen zum Initialisieren einer Datenstruktur (hier **v**) wählen und Sie müssen unterschiedliche Berechnungen für unterschiedliche Alternativen ausführen. Solcher Code ist oft chaotisch, wird aber »aus Gründen der Effizienz« als notwendig erachtet und bildet eine Quelle für Bugs:

- Die Variable könnte benutzt werden, bevor sie ihren vorgesehenen Wert erhält.
- Der »Initialisierungscode« könnte mit anderem Code vermischt sein, wodurch er schwer zu durchschauen ist.
- Wenn »Initialisierungscode« mit anderem Code vermischt ist, wird es leichter, einen Fall zu vergessen.
- Dies ist keine Initialisierung, es ist eine Zuweisung (§1.9.2).

Stattdessen könnten Sie ihn in ein Lambda umwandeln, das als Initialisierer benutzt wird:

```
void user(Init_mode m, int n, vector<int>& arg, Iterator p, Iterator q)
{
    vector<int> v = [&] {
        switch (m) {
        case zero:    return vector<int>(n); // initialisiert n
                                             // Elemente auf 0
        case seq:        return vector<int>{p,q};    // kopiert aus
                                                     // Sequenz [p:q)
        case cpy:        return arg;
        }
    }();

    // ...
}
```

Ich habe immer noch einen **case** »vergessen«, aber das lässt sich nun leichter erkennen. In vielen Fällen bemerkt ein Compiler das Problem und warnt davor.

Finally

Destruktoren bieten einen allgemeinen und impliziten Mechanismus zum Aufräumen nach der Verwendung eines Objekts (RAII; §6.3), doch was ist, wenn Sie eine Aufräumaktion durchführen müssen, die nicht mit einem einzelnen Objekt oder mit einem Objekt, das keinen Destruktor hat, verbunden ist (z. B. weil es ein Typ ist, der auch in einem C-Programm vorkommt)? Sie können eine Funktion definieren, **finally()**, die beim Verlassen des Gültigkeitsbereichs eine Aktion ausführt:

```
void old_style(int n)
{
    void* p = malloc(n*sizeof(int));      // C-Stil
    auto act = finally([&]{free(p);});     // Aufruf des Lambda beim
                                      // Verlassen des Gültigkeitsbereichs
    // ...
} // p wird beim Verlassen des Gültigkeitsbereichs implizit freigegeben
```

Dies ist ad hoc, aber immer noch viel besser, als zu versuchen, korrekt und konsistent bei jedem Verlassen der Funktion **free(p)** aufzurufen.

Die **finally()**-Funktion ist trivial:

```
template <class F>
[[nodiscard]] auto finally(F f)
{
     return Final_action{f};
}
```

Ich verwendete das Attribut **[[nodiscard]]**, um sicherzustellen, dass die Benutzer nicht vergessen, eine generierte **Final_action** in den Gültigkeitsbereich zu kopieren, für den diese Aktion vorgesehen ist.

Die Klasse **Final_action**, die den erforderlichen Destruktor liefert, kann so aussehen:

```
template <class F>
struct Final_action {
     explicit Final_action(F f) :act(f) {}
     ~Final_action() { act(); }
     F act;
};
```

Es gibt ein **finally()** in der Core Guidelines Support Library (der GSL) und einen Vorschlag für einen ausführlicheren **scope_exit**-Mechanismus für die Standardbibliothek.

7.4 Template-Mechanismen

Um gute Templates zu definieren, brauchen Sie einige unterstützende sprachliche Mittel:

- Werte, die abhängig sind von einem Typ: *Variablen-Templates* (§7.4.1)
- Aliasse für Typen und Templates: *Alias-Templates* (§7.4.2)
- einen Auswahlmechanismus, der zur Compile-Zeit wirksam ist: **if constexpr** (§7.4.3)
- einen Compile-Zeit-Mechanismus zum Erkunden der Eigenschaften von Typen und Ausdrücken: **requires**-Ausdrücke (§8.2.3)

Darüber hinaus sind **constexpr**-Funktionen (§1.6) und **static_asserts** (§4.5.2) oft an Template-Entwurf und -Benutzung beteiligt.

Diese Grundmechanismen sind vor allem Werkzeuge zum Bauen allgemeiner, grundlegender Abstraktionen.

7.4.1 Variablen-Templates

Wenn Sie einen Typ benutzen, dann wollen Sie oft Konstanten und Werte dieses Typs haben. Das ist natürlich auch bei einem Klassen-Template der Fall: Wenn Sie ein **C<T>** definieren, wollen Sie oft Konstanten und Variablen des Typs **C<T>** und anderer Typen, die von **T** abhängen, haben. Hier ist ein Beispiel aus einer Strömungssimulation [Garcia, 2015]:

```
template <class T>
    constexpr T viscosity = 0.4;

template <class T>
    constexpr space_vector<T> external_acceleration = { T{}, T{?9.8}, T{} };

auto vis2 = 2*viscosity<double>;
auto acc = external_acceleration<float>;
```

Hier ist **space_vector** ein dreidimensionaler Vektor.

Interessanterweise scheinen die meisten Variablen-Templates Konstanten zu sein. Aber das sind auch viele Variablen. Die Terminologie hat mit unseren Vorstellungen von Unveränderlichkeit nicht Schritt gehalten.

Natürlich können Sie beliebige Ausdrücke passender Typen als Initialisierer verwenden. Schauen Sie hier:

```
template<typename T, typename T2>
constexpr bool Assignable = is_assignable<T&,T2>::value;
                              // is_assignable ist ein Typ-Trait (§16.4.1)

template<typename T>
void testing()
{
    static_
assert(Assignable<T&,double>, "can't assign a double to a T");
    static_
assert(Assignable<T&,string>, "can't assign a string to a T");
}
```

Nach einigen bedeutsamen Veränderungen wird diese Idee zum Kern der Konzeptdefinitionen (§8.2).

Die Standardbibliothek benutzt Variablen-Templates, um mathematische Konstanten bereitzustellen, wie etwa **pi** und **log2e** (§17.9).

7.4.2 Aliasse

Überraschend oft ist es sinnvoll, ein Synonym für einen Typ oder ein Template einzuführen. Zum Beispiel enthält der Standard-Header **<cstddef>** eine Definition des Alias **size_t**, also etwa:

```
using size_t = unsigned int;
```

Der tatsächliche Typ **size_t** ist implementierungsabhängig, weshalb **size_t** in anderen Implementierungen auch ein **unsigned long** sein könnte. Mit dem Alias **size_t** hat der Programmierer die Möglichkeit, portablen Code zu schreiben.

Es ist durchaus sehr üblich, dass ein parametrisierter Typ einen Alias für Typen bereitstellt, der mit ihren Template-Argumenten zusammenhängt. Zum Beispiel:

```
template<typename T>
class Vector {
public:
    using value_type = T;
   // ...
};
```

Genau genommen bietet jeder Standardbibliothekscontainer **value_type** als Namen für den Typ seiner Elemente (Kapitel 12). Dies erlaubt es, Code zu schreiben, der für jeden Container funktioniert, der dieser Konvention folgt. Zum Beispiel:

```
template<typename C>
using Value_type = C::value_type;    // der Typ der Elemente von C

template<typename Container>
void algo(Container& c)
{
     Vector<Value_type<Container>> vec;    // hier werden die Ergebnisse
                                           // aufbewahrt
    // ...
}
```

Dieser **Value_type** ist eine vereinfachte Version des **range_value_t** der Standardbibliothek (§16.4.4). Der Aliasing-Mechanismus kann verwendet werden, um ein neues Template zu definieren, indem einige oder alle Template-Argumente gebunden werden. Zum Beispiel:

```
template<typename Key, typename Value>
class Map {
    // ...
};

template<typename Value>
using String_map = Map<string,Value>;

String_map<int> m;          // m ist ein Map<string,int>
```

7.4.3 Compile-Zeit-if

Stellen Sie sich vor, Sie würden eine Operation schreiben, die mit einer dieser beiden Funktionen implementiert werden kann: **slow_and_safe(T)** oder **simple_and_fast(T)**. Solche Probleme treten in Grundlagencode auf, in dem Allgemeingültigkeit und optimale Leistung essenziell sind. Wenn eine Klassenhierarchie beteiligt ist, dann kann eine Basisklasse die allgemeine **slow_and_safe**-Operation bereitstellen, die dann eine abgeleitete Klasse mit einer **simple_and_fast**-Implementierung überschreiben kann.

Alternativ benutzen Sie ein Compile-Zeit-**if**:

```
template<typename T>
void update(T& target)
{
    // ...
     if constexpr(is_trivially_copyable_v<T>)
          simple_and_fast(target);     // für "gewöhnliche" Daten
     else
          slow_and_safe(target);       // für komplexere Typen
    // ...
}
```

Das **is_trivially_copyable_v<T>** ist ein Typprädikat (§16.4.1), das verrät, ob ein Typ ganz normal kopiert werden kann.

Vom Compiler wird nur der ausgewählte Zweig eines **if constexpr** geprüft. Diese Lösung bietet optimale Leistung und ermöglicht Optimierung durch Lokalität.

Wichtig ist noch, dass **if constexpr** kein Mechanismus zum Manipulieren von Text ist und nicht verwendet werden kann, um die üblichen Regeln von Grammatik, Typ und Gültigkeitsbereich zu brechen. Zum Beispiel ist hier ein naiver und zum Scheitern verurteilter Versuch, einen Aufruf mit einer Bedingung in einen **try**-Block einzupacken:

```
template<typename T>
void bad(T arg)
{
    if constexpr(!is_trivially_copyable_v<T>)
        try {    // Hoppla, das if reicht über diese Zeile hinaus

    g(arg);

    if constexpr(!is_trivially_copyable_v<T>)
        } catch(...) { /* ... */ }      // Syntaxfehler
}
```

Würde man eine solche Textmanipulation erlauben, dann könnte das die Lesbarkeit des Codes drastisch beeinträchtigen und Probleme für Werkzeuge hervorrufen, die auf moderne Programmdarstellungstechniken setzen (wie etwa »abstrakte Syntaxbäume«).

Viele solcher Hack-Versuche sind außerdem unnötig, weil es sauberere Lösungen gibt, die die Gültigkeitsbereichsregeln nicht verletzen. Zum Beispiel:

```
template<typename T>
void good(T arg)
{
    if constexpr (is_trivially_copyable_v<T>)
        g(arg);
    else
        try {
            g(arg);
        }
        catch (...) { /* ... */ }
}
```

7.5 Ratschläge

[1] Benutzen Sie Templates, um Algorithmen auszudrücken, die für viele Argumenttypen gelten; §7.1; [CG: T.2].

[2] Benutzen Sie Templates, um Container auszudrücken; §7.2; [CG: T.3].

[3] Benutzen Sie Templates, um das Maß der Abstraktion von Code zu erhöhen; §7.2; [CG: T.1].

[4] Templates sind typsicher, allerdings erfolgt die Prüfung für unbeschränkte Templates zu spät; §7.2.

[5] Lassen Sie die Argumenttypen der Klassen-Templates durch Konstruktoren oder Funktions-Templates deduzieren; §7.2.3.

[6] Benutzen Sie Funktionsobjekte als Argumente für Algorithmen; §7.3.2; [CG: T.40].

[7] Benutzen Sie ein Lambda, falls Sie ein einfaches Funktionsobjekt nur an einer Stelle benötigen; §7.3.2.

[8] Ein virtuelles Funktions-Member kann keine Template-Member-Funktion sein; §7.3.1.

[9] Benutzen Sie **finally()**, um RAII für alle Typen ohne Destruktoren bereitzustellen, die »Aufräumoperationen« benötigen; §7.3.3.3.

[10] Benutzen Sie Template-Aliasse, um die Notation zu vereinfachen und Details der Implementierung zu verbergen; §7.4.2.

[11] Benutzen Sie if **constexpr**, um alternative Implementierungen anzubieten, ohne dass sich der Overhead zur Laufzeit vergrößert; §7.4.3.

Kapitel 8

Konzepte und generische Programmierung

Programmierung: Du musst mit interessanten Algorithmen beginnen.
— Alex Stepanov

8.1 Einführung

Wofür sind Templates gedacht? Mit anderen Worten, welche Programmiertechniken werden durch die Verwendung von Templates wirksam? Templates bieten:

- die Fähigkeit, Typen (sowie Werte und Templates) als Argumente zu übergeben, ohne dass Informationen verloren gehen. Dies impliziert eine große Flexibilität in dem, was ausgedrückt werden kann, und ausgezeichnete Möglichkeiten für das Inlining, von dem aktuelle Implementierungen in hohem Maße profitieren.
- Gelegenheiten, Informationen aus unterschiedlichen Kontexten zum Zeitpunkt der Instanziierung zu verflechten, woraus sich Chancen zur Optimierung ergeben
- die Fähigkeit, Werte als Template-Argumente zu übergeben. Dies bedeutet, dass es Möglichkeiten für Berechnungen zum Compile-Zeitpunkt gibt.

Mit anderen Worten, Templates stellen einen mächtigen Mechanismus für Berechnungen zum Compile-Zeitpunkt und für die Typmanipulation bereit, der zu sehr kompaktem und effizientem Code führen kann. Denken Sie daran, dass Typen (Klassen) sowohl Code (§7.3.2) als auch Werte (§7.2.2) enthalten können.

Die erste und gebräuchlichste Anwendung von Templates besteht darin, die generische Programmierung zu unterstützen, das heißt eine Programmierung, die sich auf den Entwurf, die Implementierung und die Verwendung allgemeiner Algorithmen konzentriert. »Allgemein« bedeutet hier, dass ein Algorithmus so gestaltet werden kann, dass er eine große Vielzahl an Typen akzeptiert, solange diese den Anforderungen des Algorithmus an seine Argumente genügen. Zusammen mit den Konzepten ist das Template die wichtigste C++-Unterstützung für die generische Programmierung. Templates bieten einen parametrischen Polymorphismus (zur Compile-Zeit).

8.2 Konzepte

Betrachten Sie noch einmal **sum()** aus §7.3.1:

```
template<typename Sequence, typename Value>
Value sum(const Sequence& s, Value v)
{
    for (const auto& x : s)
        v+=x;
    return v;
}
```

Diese **sum()** erfordert, dass:

- ihr erstes Template-Argument eine Art von Sequenz aus Elementen ist und
- ihr zweites Template-Argument eine Art von Zahl ist.

Genauer ausgedrückt, kann **sum()** für ein Paar aus Argumenten aufgerufen werden:

- eine *Sequenz*, **Seq**, die **begin()** und **end()** unterstützt, sodass ein bereichsbasiertes **for** funktioniert (§1.7, §14.1)
- ein *arithmetischer Typ*, **Value**, der **+=** unterstützt, damit die Elemente aus der Sequenz addiert werden können

Wir bezeichnen solche Anforderungen als *Konzepte* (Concepts).

Beispiele für Typen, die diese vereinfachte Anforderung (und mehr) erfüllen, eine Sequenz (auch genannt *Bereich*) zu sein, sind unter anderem **vector**, **list** und **map** aus der Standardbibliothek. Beispiele für Typen, die diese vereinfachte Anforderung (und mehr) erfüllen, ein arithmetischer Typ zu sein, sind unter anderem **int**, **double** und **Matrix** (für jede vernünftige Definition von **Matrix**). Wir könnten sagen, dass der **sum()**-Algorithmus in zwei Dimensionen generisch ist: im Typ der Datenstruktur, die benutzt wird, um Elemente zu speichern (»die Sequenz«), und im Typ der Elemente.

8.2.1 Verwendung von Konzepten

Die meisten Template-Argumente müssen bestimmte Anforderungen erfüllen, damit das Template richtig kompiliert wird und der generierte Code korrekt funktioniert. Das heißt, die meisten Templates sollten beschränkte Templates (§7.2.1) sein. Der Marker **typename** ist der am wenigsten einschränkende und verlangt nur, dass das Argument ein Typ ist. Normalerweise bekommen Sie das besser hin. Schauen Sie sich noch einmal **sum()** an:

```
template<Sequence Seq, Number Num>
Num sum(const Seq& s, Num v)
{
     for (const auto& x : s)
          v+=x;
     return v;
}
```

Das ist viel klarer. Sobald Sie definiert haben, was die Konzepte **Sequence** und **Number** bedeuten, kann der Compiler nur durch einen Blick auf die Schnittstelle von **sum()** falsche Aufrufe abweisen. Er muss sich gar nicht die Implementierung anschauen. Das verbessert die Fehlermeldungen.

Allerdings ist die Spezifikation der Schnittstelle von **sum()** noch nicht komplett: Ich »vergaß« anzugeben, dass Sie in der Lage sein sollten, Elemente einer **Sequence** zu einer **Number** zu addieren. Sie können das tun:

```
template<Sequence Seq, Number Num>
     requires Arithmetic<range_value_t<Seq>,Num>
Num sum(const Seq& s, Num n);
```

Der **range_value_t** (§16.4.4) einer Sequenz ist der Typ der Elemente in dieser Sequenz; er stammt aus der Standardbibliothek, wo er den Typ der Elemente eines **range** benennt (§14.1). **Arithmetic<X,Y>** ist ein Konzept, das festlegt, dass Sie arithmetische Berechnungen mit Zahlen der Typen **X** und **Y** durchführen können. Dies verhindert, dass Sie versehentlich versuchen, die **sum()** eines **vector<string>** oder eines **vector<int*>** zu berechnen, während hingegen **vector<int>** und **vector<complex<double>>** akzeptiert würden. Wenn ein Algorithmus Argumente unterschiedlicher Typen verlangt, dann gibt es typischerweise eine Beziehung zwischen diesen Typen, die man sicherheitshalber explizit klarstellen sollte.

In diesem Beispiel brauchten Sie nur **+=**, doch sollten Sie aus Gründen der Einfachheit und Flexibilität Ihr Template-Argument nicht zu sehr einschränken. Möglicherweise wollen Sie irgendwann **sum()** durch **+** und **=** ausdrücken statt **+=**, und dann sind Sie froh, dass Sie ein allgemeines Konzept benutzt haben (hier **Arithmetic**), statt sich auf die enge Anforderung »braucht **+=**« zu beschränken.

Teilweise Spezifikationen wie in der ersten **sum()**, die Konzepte benutzt hat, können sehr nützlich sein. Allerdings werden manche Fehler erst zum Zeitpunkt der Instanziierung gefunden, solange die Spezifikation nicht komplett ist. Doch selbst teilweise Spezifikationen drücken eine Absicht aus und sind wesentlich für eine problemlose schrittweise Entwicklung, bei der Sie nicht von Anfang an alle Anforderungen bemerken, die Sie möglicherweise benötigen. Mit ausgereiften Bibliotheken aus Konzepten werden erste Spezifikationen nahezu perfekt sein.

Es überrascht vermutlich nicht, dass **requires Arithmetic<range_value_t<Seq>,Num>** als **requirements**-Klausel bezeichnet wird, denn die Notation **template <Sequence Seq>** ist einfach eine Kurzform für einen expliziten Einsatz von **require Sequence<Seq>**. Hätte ich es gern etwas ausführlicher, dann könnte eine äquivalente Variante so aussehen:

```
template<typename Seq, typename Num>
  requires Sequence<Seq> && Number<Num> && Arithmetic<range_value_t<Seq>,Num>
Num sum(const Seq& s, Num n);
```

Andererseits könnten Sie auch die Äquivalenz zwischen den zwei Notationen ausnutzen, um zu schreiben:

```
template<Sequence Seq, Arithmetic<range_value_t<Seq>> Num>
Num sum(const Seq& s, Num n);
```

In Codebasen, in denen Sie noch keine **concept** einsetzen können, müssen Sie sich mit Namenskonventionen und Kommentaren begnügen, wie etwa:

```
template<typename Sequence, typename Number>
    // erfordert Arithmetic<range_value_t<Sequence>,Number>
Number sum(const Sequence& s, Number n);
```

Welche Notation Sie auch immer wählen, wichtig ist, ein Template mit semantisch bedeutsamen Beschränkungen auf seinen Argumenten zu entwerfen (§8.2.4).

8.2.2 Konzeptbasiertes Überladen

Nachdem Sie Templates mit ihren Schnittstellen richtig spezifiziert haben, können Sie sie entsprechend ihren Eigenschaften überladen – etwa so, wie Sie es auch für Funktionen machen. Betrachten Sie eine leicht vereinfachte Standardbibliotheksfunktion **advance()**, die einen Iterator vorwärtsbewegt (§13.3):

```
template<forward_iterator Iter>
void advance(Iter p, int n)    // verschiebt p um n Elemente vorwärts
{
     while (n??)
          ++p;      // ein Vorwärtsiterator hat ++, aber nicht + oder +=
}

template<random_access_iterator Iter>
void advance(Iter p, int n)    // verschiebt p um n Elemente vorwärts
{
```

```
    p+=n;     // ein Random-Access-Iterator hat +=
}
```

Der Compiler wählt das Template mit den stärksten Anforderungen, die von den Argumenten erfüllt werden. In diesem Fall liefert ein **list** nur Vorwärtsiteratoren, ein **vector** dagegen Random-Access-Iteratoren (Iteratoren mit wahlfreiem Zugriff), sodass Sie erhalten:

```
void user(vector<int>::iterator vip, list<string>::iterator lsp)
{
    advance(vip,10);     // benutzt das schnelle advance()
    advance(lsp,10);     // benutzt das langsame advance()
}
```

Wie bei anderem Überladen ist dies ein Compile-Zeit-Mechanismus. Das bedeutet, dass zur Laufzeit keine zusätzlichen Kosten auftreten. In Fällen, in denen der Compiler keine eindeutig beste Wahl findet, gibt er einen Mehrdeutigkeitsfehler aus. Die Regeln für konzeptbasiertes Überladen sind viel einfacher als die Regeln für allgemeines Überladen (§1.3). Betrachten Sie zuerst ein einzelnes Argument für mehrere alternative Funktionen:

- Wenn das Argument nicht zu dem Konzept passt, kann diese Alternative nicht gewählt werden.
- Wenn nur bei einer Alternative das Argument zu dem Konzept passt, wird diese Alternative gewählt.
- Wenn Argumente aus zwei Alternativen zu einem Konzept passen und eine strenger ist als die andere (alle Anforderungen der anderen erfüllt und mehr), dann wird diese Alternative gewählt.
- Wenn Argumente aus zwei Alternativen gleich gute Treffer für ein Konzept sind, haben Sie eine Mehrdeutigkeit.

Damit eine Alternative gewählt wird, muss sie:

- eine Übereinstimmung für all ihre Argumente haben und
- für alle Argumente wenigstens eine gleich gute Übereinstimmung haben wie andere Alternativen und
- für wenigstens ein Argument eine bessere Übereinstimmung sein.

8.2.3 Gültiger Code

Die Frage, ob eine Menge von Template-Argumenten bietet, was ein Template von seinen Template-Parametern verlangt, läuft letztendlich auf die Frage der Gültigkeit von Ausdrücken hinaus.

Mithilfe eines **requires**-Ausdrucks können Sie überprüfen, ob eine Menge von Ausdrücken gültig ist. Sie könnten zum Beispiel versuchen, **advance()** zu schreiben, ohne das Standardbibliothekskonzept **random_access_iterator** zu benutzen:

```
template<forward_iterator Iter>
    requires requires(Iter p, int i) { p[i]; p+i; }     // Iter hat
                                      // Indizierung und Integer-Addition
void advance(Iter p, int n)          // verschiebt p um n Elemente vorwärts
{
    p+=n;
}
```

Nein, das **requires requires** ist kein Tippfehler. Das erste **requires** startet die **requirements**-Klausel und das zweite **requires** startet den **requires**-Ausdruck

```
requires(Iter p, int i) { p[i]; p+i; }
```

Ein **requires**-Ausdruck ist ein Prädikat, das **true** wird, wenn die Aussagen darin gültiger Code sind, und **false**, wenn nicht.

Ich betrachte **requires**-Ausdrücke als den Assembler-Code der generischen Programmierung. Genau wie normaler Assembler-Code sind **requires**-Ausdrücke extrem flexibel und verlangen keine Programmierdisziplin. In der einen oder anderen Form liegen sie dem meisten interessanten generischen Code zugrunde, genau wie Assembler-Code die Grundlage des meisten interessanten normalen Codes bildet. Wie Assembler-Code sollten **requires**-Ausdrücke in normalem Code nicht zu sehen sein. Sie gehören in die Implementierung von Abstraktionen. Falls Sie **requires requires** in Ihrem Code finden, ist er vermutlich zu elementar und wird irgendwann schließlich zu Problemen führen.

Die Verwendung von **requires requires** in **advance()** ist bewusst unelegant und eher ein Hack. Beachten Sie, dass ich »vergessen« habe, **+=** und die erforderlichen Rückgabetypen für die Operationen anzugeben. Daher bestehen einige Einsatzfälle der Version von **advance()** zwar die Konzeptüberprüfung, werden aber trotzdem nicht kompiliert. Sie sind gewarnt worden! Die korrekte Random-Access-Version von **advance()** ist einfacher und lesbarer:

```
template<random_access_iterator Iter>
void advance(Iter p, int n)          // verschiebt p um n Elemente vorwärts
{
    p+=n;                            // ein Random-Access-Iterator hat +=
}
```

Benutzen Sie vorzugsweise ordentlich benannte Konzepte mit genau festgelegter Semantik (§8.2.4) und verwenden Sie vor allem **requires**-Ausdrücke bei ihrer Definition.

8.2.4 Definition von Konzepten

Sie finden nützliche Konzepte, wie etwa **forward_iterator**, in Bibliotheken, einschließlich der Standardbibliothek (§14.5). Genau wie für Klassen und Funktionen ist es üblicherweise einfacher, ein Konzept aus einer guten Bibliothek zu nutzen, als ein neues zu schreiben, aber einfache Konzepte sind nicht schwer zu definieren. Namen aus der Standardbibliothek, wie **random_access_iterator** und **vector**, werden kleingeschrieben. Ich verwende hier die Konvention, die Namen von selbst definierten Konzepten, wie etwa **Sequence** und **Vector**, großzuschreiben.

Ein Konzept ist ein Compile-Zeit-Prädikat, das festlegt, wie ein oder mehrere Typen benutzt werden können. Schauen Sie sich als Erstes eines der einfachsten Beispiele an:

```
template<typename T>
concept Equality_comparable =
    requires (T a, T b) {
        { a == b } ?> Boolean;     // vergleicht Ts mit ==
        { a != b } ?> Boolean;     // vergleicht Ts mit !=
    };
```

Equality_comparable ist das Konzept, mit dem Sie sicherstellen, dass Sie Werte eines Typs auf Gleichheit und Ungleichheit vergleichen können. Zwei Werte eines Typs müssen also mittels **==** und **!=** vergleichbar sein und das Ergebnis dieser Operationen muss ein boolescher Wert sein. Zum Beispiel:

```
static_assert(Equality_comparable<int>);      // erfolgreich

struct S { int a; };
static_assert(Equality_comparable<S>);          // schlägt fehl, weil
                    // structs nicht automatisch == und != bekommen
```

Die Definition des Konzepts **Equality_comparable** entspricht der verbalen Beschreibung und ist nicht länger. Der Wert eines **concept** ist immer **bool**.

Das Ergebnis eines **{ ... }**, das nach einem **->** angegeben ist, muss ein Konzept sein. Leider gibt es kein Konzept für **boolean** in der Standardbibliothek, weshalb ich eines definiert habe (§14.5). **Boolean** bedeutet einfach einen Typ, der als Bedingung verwendet werden kann.

Das Definieren von **Equality_comparable** zum Verarbeiten nichthomogener Vergleiche ist fast genauso einfach:

```
template<typename T, typename T2 = T>
concept Equality_comparable =
     requires (T a, T2 b) {
          { a == b } ?> Boolean;     // vergleicht ein T mit einem T2
                                     // mittels ==
          { a != b } ?> Boolean;     // vergleicht ein T mit einem T2
                                     // mittels !=
          { b == a } ?> Boolean;     // vergleicht ein T2 mit einem T
                                     // mittels ==
          { b != a } ?> Boolean;     // vergleicht ein T2 mit einem T
                                     // mittels !=
     };
```

Das **typename T2 = T** besagt, dass **T2** dasselbe sein soll wie **T**, wenn Sie kein zweites Template-Argument angeben; **T** ist ein *vorgegebenes Template-Argument*.

Sie können **Equality_comparable** folgendermaßen testen:

```
static_assert(Equality_comparable<int,double>);      // erfolgreich
static_assert(Equality_comparable<int>);             // erfolgreich
                                      // (T2 ist standardmäßig ein int)
static_assert(Equality_comparable<int,string>);      // schlägt fehl
```

Dieses **Equality_comparable** ist nahezu identisch mit **equality_comparable** der Standardbibliothek (§14.5).

Sie können nun ein Konzept definieren, das fordert, dass Arithmetik zwischen Zahlen gültig ist. Zuerst müssen Sie **Number** definieren:

```
template<typename T, typename U = T>
concept Number =
     requires(T x, U y) {     // Etwas mit arithmetischen Operationen
                              // und einer Null
          x+y; x?y; x*y; x/y;
          x+=y; x?=y; x*=y; x/=y;
          x=x;          // kopieren
          x=0;
}
```

Hier werden keine Annahmen über die Ergebnistypen getroffen, aber für einfache Einsatzfälle reicht das. Wird nur ein Argumenttyp angegeben, dann prüft **Number<X>**, ob **X** die gewünschten Eigenschaften einer Nummer besitzt. Bei zwei gegebenen Argumenten prüft **Number<X,Y>**, ob die zwei Typen zusammen mit den erforderlichen Operationen verwendet werden können. Daraus können Sie nun Ihr **Arithmetic**-Konzept (§8.2.1) definieren:

```
template<typename T, typename U = T>
concept Arithmetic = Number<T,U> && Number<U,T>;
```

Für ein komplexeres Beispiel betrachten Sie eine Sequenz:

```
template<typename S>
concept Sequence = requires (S a) {
    typename range_value_t<S>;          // S muss einen Werttyp haben
    typename iterator_t<S>;             // S muss einen Iteratortyp haben

    { a.begin() } ?> same_as<iterator_t<S>>;      // S muss ein begin()
                                 // haben, das einen Iterator zurückgibt
    { a.end() } ?> same_as<iterator_t<S>>;

    requires input_iterator<iterator_t<S>>;    // der Iterator von S<
                                 // muss ein input_iterator sein
    requires same_as<range_value_t<S>, iter_value_t<S>>;
};
```

Damit ein Typ **S** eine **Sequence** sein kann, muss er einen Werttyp (den Typ seiner Elemente; siehe §13.1) und einen Iteratortyp (den Typ seiner Iteratoren) bereitstellen. Ich habe hier die Standardbibliothekstypen **range_value_t<S>** und **iterator_t<S>** (§16.4.4) verwendet, um das auszudrücken. Er muss außerdem sicherstellen, dass es **begin()**- und **end()**-Funktionen gibt, die die Iteratoren von **S** zurückgeben, wie es idiomatisch für Standardbibliothekscontainer ist (§12.3). Und schließlich muss der Iteratortyp von **S** wenigstens ein **input_iterator** sein, und die Typen der Elementwerte und des Iterators müssen gleich sein.

Die am schwersten zu definierenden Konzepte sind solche, die grundlegende Sprachkonzepte repräsentieren. Entsprechend ist es am besten, dafür eine etablierte Bibliothek zu verwenden. Eine nützliche Sammlung finden Sie zum Beispiel in §14.5. Insbesondere gibt es ein Standardbibliothekskonzept, das es erlaubt, die Komplexität der Definition von **Sequence** zu verringern:

```
template<typename S>
concept Sequence = input_range<S>;  // einfach zu schreiben und allgemein
```

Hätte ich meine Vorstellung des Werttyps von **S** auf **S::value_type** beschränkt, dann hätte ich einen einfachen **Value_type** benutzen können:

```
template<class S>
using Value_type = typename S::value_type;
```

Diese Technik ist ganz nützlich, um einfache Ideen kurz und prägnant auszudrücken und die Komplexität zu verbergen. Die Definition des Standard-**value_type_t** ist grundsätzlich ähnlich, wenn auch etwas komplizierter, weil sie auch Sequenzen berücksichtigt, die kein Member namens **value_type** besitzen (z. B. die handelsüblichen Arrays).

Definitionsüberprüfung

Die Konzepte, die für ein Template festgelegt werden, dienen dazu, Argumente dort zu überprüfen, wo das Template benutzt wird. Sie werden *nicht* verwendet, um den Einsatz der Parameter in der Templatedefinition zu überprüfen. Zum Beispiel:

```
template<equality_comparable T>
bool cmp(T a, T b)
{
    return a<b;
}
```

Hier garantiert das Konzept das Vorhandensein von ==, nicht jedoch von <, obwohl es in obiger Definition zum Einsatz kam:

```
bool b0 = cmp(cout,cerr);    // Fehler: ostream unterstützt kein ==
bool b1 = cmp(2,3);          // Okay: liefert true zurück
bool b2 = cmp(2+3i,3+4i);    // Fehler: complex<double> unterstützt kein
<
```

Die Überprüfung der Konzepte fängt den Versuch ab, die **ostream** zu übergeben, akzeptiert aber die **int** und die **complex<double>**, weil diese beiden Typen == unterstützen. Allerdings unterstützt **int** das <, sodass **cmp(2,3)** kompiliert, während **cmp(2+3i,3+4i)** abgelehnt wird, sobald der Body von **cmp()** überprüft und für **complex<double>** instanziiert wird, das kein < unterstützt.

Das Hinauszögern der endgültigen Überprüfung der Template-Definition bis zum Zeitpunkt der Instanziierung bietet uns Vorteile:

- Sie können während der Entwicklung unvollständige Konzepte verwenden. Das erlaubt es Ihnen, Erfahrungen zu sammeln, während Sie die Konzepte,

Typen und Algorithmen entwickeln, und schrittweise die Überprüfung zu verbessern.

- Sie können Debug-, Tracing-, Telemetrie- usw. Code in ein Template einfügen, ohne dass dies seine Schnittstelle beeinflusst. Das Ändern einer Schnittstelle könnte eine aufwendige Neukompilierung bedeuten.

Beides ist wichtig, wenn Sie große Codebasen entwickeln und pflegen. Der Preis, den Sie für diese wichtigen Vorteile bezahlen, besteht darin, dass manche Fehler, wie die Verwendung von <, wo nur == garantiert ist, erst spät im Kompilierungsprozess gefunden zu werden (§8.5).

8.2.5 Konzepte und auto

Das Schlüsselwort **auto** kann verwendet werden, um anzuzeigen, dass ein Objekt den Typ seines Initialisierers haben sollte (§1.4.2):

```
auto x = 1;                          // x ist ein int
auto z = complex<double>{1,2};       // z ist ein complex<double>
```

Allerdings findet die Initialisierung nicht nur im Falle einfacher Variablendefinitionen statt:

```
auto g() { return 99; }              // g() liefert ein int zurück

int f(auto x) { /* ... */ }          // nimmt ein Argument beliebigen Typs
                                     // entgegen

int x = f(1);                        // dieses f() nimmt ein int entgegen
int z = f(complex<double>{1,2});         // dieses f() nimmt ein
                                         // complex<double> entgegen
```

Das Schlüsselwort **auto** kennzeichnet das am wenigsten beschränkte Konzept für einen Wert: Es verlangt lediglich, dass es ein Wert irgendeines Typs sein muss. Das Entgegennehmen eines **auto**-Parameters macht aus einer Funktion ein Funktions-Template.

Durch Konzepte können Sie die Anforderungen all solcher Initialisierungen stärken, indem Sie **auto** ein Konzept voranstellen. Zum Beispiel:

```
auto twice(Arithmetic auto x) { return x+x; }    // nur für Zahlen
auto thrice(auto x) { return x+x+x; }            // für alles mit einem +
auto x1 = twice(7);                              // Okay: x1==14
string s "Hello ";
```

```
auto x2 = twice(s);            // Fehler: Ein String ist nicht Arithmetic
auto x3 = thrice(s);           // Okay: x3=="Hello Hello Hello "
```

Zusätzlich zu ihrer Verwendung zum Beschränken von Funktionsargumenten können Konzepte die Initialisierung von Variablen beschränken:

```
auto ch1 = open_channel("foo");                   // funktioniert mit allem,
                                      // was open_channel() zurückgibt
Arithmetic auto ch2 = open_channel("foo");     // Fehler: Ein channel
                                      // ist nicht Arithmetic
Channel auto ch3 = open_channel("foo");          // Okay: Angenommen,
                                      // Channel ist ein passendes Konzept
                                      // und dass open_channel() eines zurückgibt
```

Dies kommt ganz gelegen, um der übermäßigen Verwendung von **auto** entgegenzuwirken und Anforderungen an Code zu dokumentieren, der generische Funktionen benutzt.

Aus Gründen der Lesbarkeit und des Debuggings ist es oft wichtig, dass ein Typfehler so nahe wie möglich an seinem Ursprung abgefangen wird. Das Beschränken eines Rückgabetyps kann helfen:

```
Number auto some_function(int x)
{
    // ...
     return fct(x);         // ein Fehler, es sei denn, fct(x) liefert
                            // eine Zahl (Number) zurück
    // ...
}
```

Natürlich hätten Sie das auch durch das Einführen einer lokalen Variablen erreichen können:

```
auto some_function(int x)
{
    // ...
     Number auto y = fct(x);    // ein Fehler, es sei denn, fct(x)
                                // liefert eine Zahl (Number) zurück
     return y;
    // ...
}
```

Das ist jedoch ein bisschen umständlich, und nicht alle Typen können billig kopiert werden.

8.2.6 Konzepte und Typen

Ein Typ

- legt die Menge der Operationen fest, die auf ein Objekt implizit und explizit angewandt werden können
- stützt sich auf Funktionsdeklarationen und Sprachregeln
- legt fest, wie ein Objekt im Speicher angeordnet wird

Ein Single-Argument-Konzept

- legt die Menge der Operationen fest, die auf ein Objekt implizit und explizit angewandt werden können
- stützt sich auf Muster, die Funktionsdeklarationen und Sprachregeln widerspiegeln
- sagt nichts aus über das Layout des Objekts
- ermöglicht die Benutzung einer Menge von Typen

Das bedeutet, dass das Beschränken von Code mit Konzepten mehr Flexibilität bietet als das Beschränken mit Typen. Darüber hinaus können Konzepte die Beziehung zwischen mehreren Argumenten definieren. Meine Idealvorstellung ist es, dass irgendwann die meisten Funktionen als Template-Funktionen definiert werden, deren Argumente durch Konzepte beschränkt sind. Leider ist die Unterstützung dafür in den Notationen noch nicht perfekt: Sie müssen ein Konzept als Adjektiv benutzen statt als Substantiv. Zum Beispiel:

```
void sort(Sortable auto&);     // 'auto' erforderlich
void sort(Sortable&); // Fehler: 'auto' erforderlich nach dem Konzeptnamen
```

8.3 Generische Programmierung

Die Art der *generischen Programmierung*, die von C++ direkt unterstützt wird, dreht sich um die Idee des Abstrahierens konkreter, effizienter Algorithmen, um generische Algorithmen zu erhalten, die mit unterschiedlichen Datenrepräsentationen kombiniert werden können, sodass eine große Bandbreite an nützlicher Software produziert werden kann [Stepanov, 2009]. Die Abstraktionen, die die grundlegenden Operationen und Datenstrukturen darstellen, werden als *Konzepte* bezeichnet.

8.3.1 Verwendung von Konzepten

Gute, nützliche Konzepte sind fundamental und werden eher entdeckt als entworfen. Beispiele sind Integer- und Gleitkommazahlen (wie bereits in klassischem C [Kernighan, 1978] definiert), Sequenzen und weitere allgemeine mathematische Konzepte wie Ringe und Vektorräume. Sie repräsentieren die grundlegenden Konzepte eines Anwendungsfelds. Das ist der Grund, weshalb sie »Konzepte« heißen. Das Identifizieren und Formalisieren von Konzepten in dem Maße, das für eine effektive generische Programmierung notwendig ist, kann eine Herausforderung sein.

Betrachten Sie als einfaches Beispiel das Konzept **`regular`** (§14.5). Ein Typ ist regulär, wenn er sich fast genauso verhält wie ein **`int`** oder ein **`vector`**. Ein Objekt eines regulären Typs

- hat einen Standard-Konstruktor
- kann mithilfe eines Konstruktors oder einer Zuweisung kopiert werden (mit der üblichen Semantik des Kopierens, bei der zwei Objekte herauskommen, die unabhängig voneinander sind und bei einem Vergleich Gleichheit ergeben)
- kann mit == und != verglichen werden
- leidet nicht unter technischen Problemen, falls übermäßig schlaue Programmiertricks zum Einsatz kommen

Ein **`string`** ist ein weiteres Beispiel eines **`regular`**-Typs. Genau wie **`int`** ist auch **`string`** **`totally_ordered`** (§14.5). Das bedeutet, dass zwei Strings mittels <, <=, >, >= und <=> mit der passenden Semantik verglichen werden können.

Ein Konzept ist nicht nur eine syntaktische Vorstellung, sondern es geht grundsätzlich um Semantik. Zum Beispiel sollten Sie + nicht zum Dividieren definieren; das würde nicht den Anforderungen für vernünftige Zahlen entsprechen. Leider haben wir noch keine sprachliche Unterstützung, um Semantik auszudrücken, müssen uns also auf Expertenwissen und gesunden Menschenverstand verlassen, um semantisch sinnvolle Konzepte zu erhalten. Definieren Sie keine semantisch bedeutungslosen Konzepte wie **`Addable`** und **`Subtractable`**. Halten Sie sich stattdessen an Ihr Fachwissen, damit Sie Konzepte definieren, die zu grundlegenden Konzepten in einem Anwendungsbereich passen.

8.3.2 Abstraktion mittels Templates

Gute Abstraktionen werden sorgfältig aus konkreten Beispielen entwickelt. Es ist keine gute Idee zu versuchen, »zu abstrahieren«, indem man versucht, auf jede nur denkbare Anforderung und Technik vorbereitet zu sein – dies führt nur zu uneleganten und aufgeblähtem Code. Stattdessen beginne ich mit einem oder besser mehreren konkreten Beispielen aus richtigen Anwendungsfällen und versuche, unwesentliche Einzelheiten zu eliminieren. Schauen Sie sich dies an:

```
double sum(const vector<int>& v)
{
    double res = 0;
    for (auto x : v)
        res += x;
    return res;
}
```

Das ist offensichtlich eine von vielen Möglichkeiten, die Summe einer Abfolge von Zahlen zu berechnen.

Überlegen Sie, was diesen Code weniger allgemein macht, als er sein sollte:

- Wieso nur **int**?
- Wieso nur **vector**?
- Warum in einem **double** zusammenfassen?
- Warum mit einer **0** beginnen?
- Wieso addieren?

Wenn Sie die ersten vier Fragen beantworten, indem Sie die konkreten Typen zu Template-Argumenten machen, erhalten Sie die einfachste Form des Standardbibliotheksalgorithmus **accumulate**:

```
template<forward_iterator Iter, Arithmetic<iter_value_t<Iter>> Val>
Val accumulate(Iter first, Iter last, Val res)
{
    for (auto p = first; p!=last; ++p)
        res += *p;
    return res;
}
```

Hier haben Sie:

- Die Datenstruktur, die durchlaufen werden muss, wurde zu einem Paar aus Iteratoren abstrahiert, die eine Sequenz repräsentieren (§8.2.4, §13.1).
- Der Typ des Akkumulators, also des Ergebnisses, wurde zu einem Parameter gemacht.
- Der Typ des Akkumulators muss arithmetisch sein.
- Der Typ des Akkumulators muss mit dem Werttyp des Iterators (dem Elementtyp der Sequenz) zusammenpassen.
- Der Anfangswert ist nun eine Eingabe; der Typ des Akkumulators ist der Typ dieses Anfangswerts.

Eine schnelle Untersuchung oder – sogar noch besser – Messung zeigt, dass der Code, der für Aufrufe mit einer Vielzahl unterschiedlicher Datenstrukturen generiert wurde, identisch ist mit dem, was Sie mit handcodierten Beispielen erhalten. Schauen Sie:

```
void use(const vector<int>& vec, const list<double>& lst)
{
     auto sum = accumulate(begin(vec),end(vec),0.0); // akkumuliert
                                                     // in einem double
     auto sum2 = accumulate(begin(lst),end(lst),sum);
    // ...
}
```

Der Prozess der Verallgemeinerung aus einem konkreten Stück Code (bzw. vorzugsweise aus mehreren Codeschnipseln) bei Beibehaltung der Leistung wird als *Lifting* bezeichnet. Umgekehrt ist die beste Möglichkeit, um ein Template zu entwickeln, oft:

- zuerst eine konkrete Version zu schreiben,
- diese dann zu debuggen, zu testen und zu messen
- und schließlich die konkreten Typen durch Template-Argumente zu ersetzen.

Natürlich ist es mühselig, **begin()** und **end()** immer wieder zu wiederholen, weshalb ich die Benutzerschnittstelle ein bisschen vereinfache:

```
template<forward_range R, Arithmetic<value_type_t<R>> Val>
Val accumulate(const R& r, Val res = 0)
{
     for (auto x : r)
          res += x;
     return res;
}
```

Ein *Bereich* (»range«) ist ein Standardbibliothekskonzept zum Darstellen einer Sequenz mit **begin()** und **end()** (§13.1). Um völlige Allgemeingültigkeit zu erhalten, können Sie auch noch die +=-Operation abstrahieren; siehe §17.3.

Sowohl die Iteratorenpaar- als auch die Bereichsversion von **accumulate()** ist nützlich: Die Iteratorenpaar-Version aufgrund ihrer Allgemeingültigkeit und die Bereichsversion angesichts ihrer Einfachheit bei gebräuchlichen Einsatzfällen.

8.4 Variadische Templates

Ein Template kann so definiert werden, dass es eine beliebige Anzahl von Argumenten beliebiger Typen akzeptiert. Solch ein Template wird *variadisches Template* genannt. Betrachten Sie einmal eine einfache Funktion zum Ausgeben von Werten irgendeines Typs, der einen <<-Operator hat:

```
void user()
{
    print("first", 1, 2.2, "hello\n"s);     // first: 1 2.2 hello

    print("\nsecond", 0.2, 'c', "yuck!"s, 0, 1, 2, '\n');  // second:
                                                    // 0.2 c yuck! 0 1 2
}
```

Traditionell bedeutet das Implementieren eines variadischen Templates, dass das erste Argument vom Rest getrennt wird und dann rekursiv das variadische Template für die restlichen Argumente aufgerufen wird:

```
template<typename T>
concept Printable = requires(T t) { std::cout << t; } // nur eine
                                                      // Operation!

void print()
{
    // was wir machen, wenn keine Argumente da sind: nichts
}

template<Printable T, Printable... Tail>
void print(T head, Tail... tail)
{
    cout << head << ' ';     // zuerst das, was wir für den head machen
    print(tail...);          // dann das, was wir für den tail machen
}
```

Das **Printable...** zeigt an, dass **Tail** eine Sequenz aus Typen ist. Das **Tail...** signalisiert, dass **tail** eine Sequenz aus Werten der Typen in **Tail** ist. Ein Parameter, der mit einem **...** deklariert ist, wird als *Parameterpaket* bezeichnet. Hier ist **tail** ein (Funktionsargument-)Parameterpaket, dessen Elemente von den Typen sind, die im (Template-Argument-)Parameterpaket **Tail** gefunden wurden. Deshalb kann also **print()** eine beliebige Anzahl Argumente beliebigen Typs entgegennehmen.

Ein Aufruf von **print()** separiert die Argumente in einen Head (das erste Argument) und einen Tail (die restlichen Argumente). Der Head wird ausgegeben und dann wird **print()** für den Tail aufgerufen. Irgendwann ist **tail** dann natürlich leer, sodass Sie eine **print()**-Version brauchen, die damit zurechtkommt, dass keine Argumente mehr da sind. Falls Sie den Keine-Argumente-Fall nicht zulassen wollen, können Sie dieses **print()** mit einem Compile-Zeit-**if** eliminieren:

```
template<Printable T, Printable... Tail>
void print(T head, Tail... tail)
{
    cout << head << ' ';
    if constexpr(sizeof...(tail)> 0)
        print(tail...);
}
```

Ich verwendete ein Compile-Zeit-**if** (§7.4.3) statt eines einfachen Laufzeit-**if**, um zu vermeiden, dass ein **print()** für den letzten Aufruf generiert wird. Entsprechend muss das »leere« **print()** nicht definiert werden.

Die Stärke der variadischen Templates besteht darin, dass sie alle Argumente akzeptieren können, die Sie ihnen übergeben. Ihre Schwächen sind:

- Die rekursiven Implementierungen sind manchmal nur schwer korrekt umzusetzen.
- Die Typprüfung der Schnittstelle ist ein möglicherweise aufwendiges Template-Programm.
- Der Code zur Typprüfung ist ad hoc statt im Standard definiert.
- Die rekursiven Implementierungen können überraschend teuer sein in Bezug auf Compile-Zeit und Speicherbedarf des Compilers.

Aufgrund ihrer Flexibilität sind variadische Templates in der Standardbibliothek weit verbreitet und werden dort gelegentlich sogar übertrieben oft eingesetzt.

8.4.1 Fold-Ausdrücke

Um die Implementierung einfacher variadischer Templates zu vereinfachen, bietet C++ eine eingeschränkte Form der Iteration über Elemente eines Parameterpakets. Zum Beispiel:

```
template<Number... T>
int sum(T... v)
{
    return (v + ... + 0); // addiert alle Elemente von v, beginnend mit 0
}
```

Dieses **sum()** kann eine beliebige Anzahl von Argumenten beliebigen Typs entgegennehmen:

```
int x = sum(1, 2, 3, 4, 5);  // x wird 15
int y = sum('a', 2.4, x);    // y wird 114 (2.4 wird abgeschnitten und
                             // der Wert von 'a' ist 97)
```

Der Funktionsrumpf von **sum** nutzt einen Fold-Ausdruck:

```
return (v + ... + 0);    // addiert alle Elemente von v zur 0
```

Hier bedeutet **(v + ... + 0)**, dass alle Elemente von **v** addiert werden, beginnend mit dem Anfangswert **0**. Das erste Element, das addiert wird, ist das am weitesten rechts stehende (dasjenige mit dem höchsten Index): **(v[0]+(v[1]+ (v[2]+(v[3]+(v[4]+0)))))**. Das heißt, es wird ganz rechts bei der **0** begonnen. Man nennt dies ein *Right-Fold*. Alternativ hätten Sie auch ein *Left-Fold* nutzen können:

```
template<Number... T>
int sum2(T... v)
{
    return (0 + ... + v);    // addiert alle Elemente von v zu 0
}
```

Nun ist das am weitesten links stehende Element das erste, das addiert wird (dasjenige mit dem niedrigsten Index): **(((((0+v[0])+v[1])+v[2])+v[3])+v[4])**. Das heißt, es wird ganz links begonnen, wo die **0** steht.

Fold ist eine sehr mächtige Abstraktion, ganz klar verwandt mit dem Standardbibliotheks-**accumulate()**, mit einer Vielzahl von Namen in unterschiedlichen Sprachen und Gemeinschaften. In C++ sind die Fold-Ausdrücke momentan darauf beschränkt, die Implementierung von variadischen Templates zu vereinfachen. Ein Fold muss keine numerischen Berechnungen ausführen. Betrachten Sie dieses bekannte Beispiel:

```
template<Printable ...T>
void print(T&&... args)
{
    (std::cout << ... << args) << '\n';    // gibt alle Argumente aus
}
print("Hello!"s,' ',"World ",2017);    // ((((std::cout << "Hello!"s)
                                       // << ' ') << "World ") << 2017) << '\n');
```

Wieso 2017? Weil **fold()** im Jahre 2017 zu C++ hinzugefügt wurde (§19.2.3).

8.4.2 Argumente weitergeben

Das unveränderte Übergeben von Argumenten durch eine Schnittstelle ist eine wichtige Anwendung variadischer Templates. Stellen Sie sich das Modell eines Netzwerkeingabekanals vor, bei dem die eigentliche Methode zum Verschieben von Werten ein Parameter ist. Unterschiedliche Transportmechanismen haben unterschiedliche Mengen von Konstruktorparametern:

```
template<concepts::InputTransport Transport>
class InputChannel {
public:
    // ...
    InputChannel(Transport::Args&&... transportArgs)
        : _transport(std::forward<TransportArgs>(transportArgs)...)
    {}
    // ...
    Transport _transport;
};
```

Die Standardbibliotheksfunktion **forward()** (§16.6) dient dazu, Argumente unverändert vom **InputChannel**-Konstruktor zum **Transport**-Konstruktor zu verschieben.

Die Idee ist, dass der Autor von **InputChannel** ein Objekt des Typs **Transport** konstruieren kann, ohne wissen zu müssen, welche Argumente erforderlich sind, um ein bestimmtes **Transport** zu konstruieren. Die Person, die **InputChannel** implementiert, muss nur die gemeinsame Benutzerschnittstelle für alle **Transport**-Objekte kennen.

Das Weiterleiten (forwarding) ist in grundlegenden Bibliotheken sehr verbreitet, in denen Allgemeingültigkeit und ein niedriger Laufzeit-Overhead notwendig und sehr allgemeine Schnittstellen üblich sind.

8.5 Modell der Template-Kompilierung

Zum Zeitpunkt ihrer Verwendung werden die Argumente für ein Template anhand seiner Konzepte geprüft. Fehler, die hier gefunden werden, werden sofort gemeldet. Was zu diesem Zeitpunkt nicht geprüft werden kann, wie Argumente für unbeschränkte Template-Parameter, wird zurückgestellt, bis mit einem Satz von Template-Argumenten Code für das Template generiert wird: »zum Zeitpunkt der Template-Instanziierung«.

Eine unglückliche Nebenwirkung der Typprüfung zur Instanziierungszeit besteht darin, dass ein Typfehler möglicherweise erst unangenehm spät entdeckt wird

(§8.2.4.1). Außerdem liefern späte Überprüfungen oft spektakulär schlechte Fehlermeldungen, weil der Compiler keine Typinformationen hat, die Hinweise auf die Absicht des Programmierers liefern, und das Problem häufig erst entdeckt, nachdem er Informationen aus mehreren Stellen im Programm kombiniert hat.

Die Typprüfung zur Instanziierungszeit, die für Templates angeboten wird, prüft die Verwendung von Argumenten in der Template-Definition. Dies liefert eine Compile-Zeit-Variante dessen, was oft als *Duck-Typing* bezeichnet wird – »Wenn es läuft wie eine Ente und quakt wie eine Ente, dann ist es eine Ente.« Oder – um eine eher technische Terminologie zu verwenden – Sie operieren auf Werten, und das Vorhandensein und die Bedeutung einer Operation hängen einzig von ihren Operandenwerten ab. Dies unterscheidet sich von der alternativen Sichtweise, dass Objekte Typen haben, die das Vorhandensein und die Bedeutung von Operationen bestimmen. Werte »leben« in Objekten. Dies ist die Art und Weise, wie Objekte (z. B. Variablen) in C++ funktionieren, und nur Werte, die den Anforderungen eines Objekts genügen, können in dieses hineingepackt werden. Was zum Zeitpunkt der Kompilierung bei Verwendung von Templates geschieht, berücksichtigt meist keine Objekte, sondern nur Werte. Die Ausnahme sind lokale Variablen in einer **constexpr**-Funktion (§1.6), die innerhalb des Compilers als Objekte benutzt werden.

Um ein unbeschränktes Template zu verwenden, muss dessen Definition (nicht nur die Deklaration) zum Zeitpunkt seiner Benutzung im Gültigkeitsbereich liegen. Benutzt man Header-Dateien und **#include**, bedeutet dies, dass Template-Definitionen in Header-Dateien zu finden sind statt in **.cpp**-Dateien. Zum Beispiel enthält der Standard-Header **<vector>** die Definition von **vector**.

Dies ändert sich, wenn Sie beginnen, Module einzusetzen (§3.2.2). Mithilfe von Modulen kann der Quellcode für normale Funktionen und Template-Funktionen auf die gleiche Art und Weise organisiert werden. Für ein Modul kann eine halbfertige Repräsentation kompiliert werden, sodass es schnell mit **import** importiert und dann benutzt werden kann. Stellen Sie sich diese Repräsentation als einen leicht zu durchlaufenden Graphen vor, der alle verfügbaren Informationen zum Gültigkeitsbereich und zu den Typen sowie eine Symboltabelle enthält, die einen schnellen Zugriff auf die einzelnen Entitäten erlaubt.

8.6 Ratschläge

[1] Templates bieten einen allgemeinen Mechanismus für die Compile-Zeit-Programmierung; §8.1.

[2] Wenn Sie ein Template entwerfen, denken Sie sorgfältig über die Konzepte (Anforderungen) nach, die für seine Template-Argumente angenommen werden; §8.3.2.

[3] Wenn Sie ein Template entwerfen, dann nutzen Sie eine konkrete Version für die erste Implementierung, das Debugging und die Messungen; §8.3.2.

[4] Nutzen Sie Konzepte als Entwurfswerkzeug; §8.2.1.

[5] Legen Sie Konzepte für alle Template-Argumente fest; §8.2; [CG: T.10].

[6] Verwenden Sie nach Möglichkeit immer benannte Konzepte (z. B. Standardbibliothekskonzepte); §8.2.4; §14.5; [CG: T.11].

[7] Benutzen Sie ein Lambda, wenn Sie ein einfaches Funktionsobjekt nur an einer Stelle brauchen; §7.3.2.

[8] Verwenden Sie Templates, um Container und Bereiche auszudrücken; §8.3.2; [CG: T.3].

[9] Vermeiden Sie »Konzepte« ohne eine sinnvolle Semantik; §8.2; [CG: T.20].

[10] Verlangen Sie einen kompletten Satz an Operationen für ein Konzept; §8.2; [CG: T.21].

[11] Benutzen Sie benannte Konzepte; §8.2.3.

[12] Vermeiden Sie **`requires requires`**; §8.2.3.

[13] **`auto`** ist das am wenigsten beschränkte Konzept; §8.2.5.

[14] Verwenden Sie variadische Templates, wenn Sie eine Funktion brauchen, die eine variable Anzahl an Argumenten einer Vielzahl von Typen entgegennimmt; §8.4.

[15] Sowohl beschränkte als auch unbeschränkte Templates bieten ein »Duck-Typing« zur Compile-Zeit; §8.5.

[16] Wenn Sie Header-Dateien benutzen, binden Sie Template-Definitionen (und nicht nur ihre Deklarationen) in jeder Übersetzungseinheit, die diese verwendet, mit **`#include`** ein; §8.5.

[17] Um ein Template zu benutzen, stellen Sie sicher, dass dessen Definition (und nicht nur dessen Deklaration) im Gültigkeitsbereich liegt; §8.5.

Kapitel 9

Überblick über die Bibliothek

Wieso Zeit mit Lernen verplempern, wenn man Ignoranz sofort haben kann?
— Hobbes

9.1 Einführung

Kein wirklich wichtiges Programm wird allein mit den Basisbausteinen einer Programmiersprache geschrieben. Zuerst wird ein Satz Bibliotheken entwickelt. Diese bilden die Grundlage für die weitere Arbeit. Bei den meisten Programmen wäre es sehr mühselig, sie in der bloßen Sprache zu entwickeln, während praktisch jede Aufgabe mit guten Bibliotheken deutlich vereinfacht werden kann.

Die Kapitel 9 bis Kapitel 18 werden Ihnen einen schnellen Überblick der wichtigsten Möglichkeiten der Standardbibliothek verschaffen. Ich stelle ganz kurz nützliche Standardbibliothekstypen vor, wie **string**, **ostream**, **variant**, **vector**, **map**, **path**, **unique_ptr**, **thread**, **regex**, **system_clock**, **time_zone** und **complex**, dazu die gebräuchlichsten Wege, um diese zu benutzen.

Wie in Kapitel 1 bis Kapitel 8 sollten Sie sich nicht von einem unvollständigen Verständnis der Details ablenken oder entmutigen lassen. Zweck dieses Kapitels ist es, ein Grundverständnis der nützlichsten Bibliothekskomponenten zu vermitteln.

Die Spezifikation der Standardbibliothek nimmt mehr als zwei Drittel des ISO-C++-Standards ein. Erkunden und nutzen Sie sie anstelle von selbst gebastelten Alternativen. In ihren Entwurf und vor allem in ihre Implementierung sind viele Ideen geflossen, und für ihre Pflege und Erweiterung wird viel Aufwand betrieben.

Die in diesem Buch beschriebenen Mittel der Standardbibliothek sind Teil jeder vollständigen C++-Implementierung. Zusätzlich zu den Standardbibliothekskomponenten bieten die meisten Systeme grafische Benutzerschnittstellen (»graphical user interface« oder GUI), Web-Schnittstellen, Datenbankschnittstellen usw. In ähnlicher Weise stellen die meisten Entwicklungsumgebungen »Grundlagenbibliotheken« für Entwicklungs- und/oder Ausführungsumgebungen im Unternehmens- oder Industriekontext zur Verfügung. Jenseits dieser ganzen Dinge gibt es außerdem Zehntausende von Bibliotheken, die spezielle Anwendungsgebiete unterstützen. Ich werde hier jedoch keine Bibliotheken, Systeme oder Anwendungen jenseits der Standardbibliotheken beschreiben. Ziel ist es, Ihnen eine Beschreibung von C++ anzubieten, wie es durch seinen Standard [C++, 2020] definiert ist, und die Beispiele portabel zu halten. Natürlich wird jede Programmiererin und jeder Programmierer ermutigt, alle verfügbaren Mittel und Möglichkeiten zu erkunden, die auf den meisten Systemen zur Verfügung stehen.

9.2 Komponenten der Standardbibliothek

Die Mittel, die von der Standardbibliothek bereitgestellt werden, können so klassifiziert werden:

- Laufzeitsprachunterstützung (z. B. für Speicherzuweisung, Exceptions und Typinformationen zur Laufzeit).
- die C-Standardbibliothek (mit sehr kleinen Modifikationen, um Verletzungen des Typsystems zu minimieren)
- Strings mit Unterstützung für internationale Zeichensätze, Lokalisierung und schreibgeschützte Ansichten von Substrings (§10.2)
- Unterstützung für die Verarbeitung regulärer Ausdrücke (§10.4)
- I/O-Streams sind ein umfassendes Framework für Ein- und Ausgaben, das die Anwender um ihre eigenen Typen, Ströme, Pufferstrategien, länderspezifischen Eigenarten (locales) und Zeichensätze ergänzen können (Kapitel 11). Es bietet außerdem Möglichkeiten für eine flexible Ausgabeformatierung (§11.6.2).
- eine Bibliothek zum Manipulieren von Dateisystemen auf portierbare Art (§11.9)
- ein Framework aus Containern (wie **vector** und **map**; Kapitel 12) und Algorithmen (wie **find()**, **sort()** und **merge()**; Kapitel 13). Dieses Framework, üblicherweise als STL bezeichnet [Stepanov, 1994], ist erweiterbar, sodass Anwender ihre eigenen Container und Algorithmen hinzufügen können.
- Bereiche (§14.1), einschließlich Views (§14.2), Generatoren (§14.3) und Pipes (§14.4).
- Konzepte für grundlegende Typen und Bereiche (§14.5)
- Unterstützung für numerische Berechnungen, wie die üblichen mathematischen Funktionen, komplexe Zahlen, Vektoren mit arithmetischen Operationen, mathematische Konstanten und Zufallszahlengeneratoren (§5.2.1 und Kapitel 15)
- Unterstützung für die nebenläufige Programmierung, einschließlich **thread** und Sperren (Kapitel 18). Die Unterstützung für Nebenläufigkeit ist grundlegend, sodass Anwender Unterstützung für neue Modelle der Nebenläufigkeit als Bibliotheken hinzufügen können.

- synchrone und asynchrone Koroutinen (§18.6)
- parallele Versionen der meisten STL-Algorithmen und einiger numerischer Algorithmen, wie etwa **sort()** (§13.6) und **reduce()** (§17.3.1).
- Hilfsmittel zur Unterstützung der Metaprogrammierung (z. B. Typfunktionen; §16.4), der generischen Programmierung im STL-Stil (z. B. **pair**; §15.3.3) und der allgemeinen Programmierung (z. B. **variant** und **optional**; §15.4.1, §15.4.2)
- »smarte Zeiger« für die Ressourcenverwaltung (z. B. **unique_ptr** und **shared_ptr**; §15.2.1)
- Container für spezielle Zwecke, wie **array** (§15.3.1), **bitset** (§15.3.2) und **tuple** (§15.3.3)
- Unterstützung für absolute Zeiten und Zeitdauern, z. B. **time_point** und **system_clock** (§16.2.1)
- Unterstützung für Kalender, z. B. **month** und **time_zone** (§16.2.2, §16.2.3)
- Suffixe für beliebte Einheiten, wie etwa **ms** für Millisekunden und **i** für imaginär (§6.6).
- Möglichkeiten, um Sequenzen von Elementen zu manipulieren, wie etwa Views (§14.2), **string_view** (§10.3) und **span** (§15.2.2).

Die wichtigsten Kriterien zum Aufnehmen einer Klasse in die Bibliothek waren, dass:

- sie fast jedem C++-Programmierer hilfreich sein kann (seien es Anfänger oder Experten)
- sie in einer allgemeinen Form angegeben werden kann, die den Overhead im Vergleich zu einer einfacheren Version desselben Hilfsmittels nicht signifikant erhöht
- einfache Anwendungen leicht zu erlernen sein sollten (natürlich relativ zur inhärenten Komplexität ihrer Aufgabe)

Im Prinzip stellt die C++-Standardbibliothek die gebräuchlichsten grundlegenden Datenstrukturen gemeinsam mit den grundlegenden Algorithmen bereit, die darauf angewandt werden können.

9.3 Organisation der Standardbibliothek

Die Inhalte der Standardbibliothek nutzen den Namensraum **std** und werden den Anwenderinnen und Anwendern durch Module oder Dateien mit Headern zur Verfügung gestellt.

9.3.1 Namensräume

Jedes Mittel der Standardbibliothek wird durch einen Standard-Header bereitgestellt. Zum Beispiel:

```
#include<string>
#include<list>
```

Dadurch werden das standardmäßige **string** bzw. **list** zur Verfügung gestellt.

Die Standardbibliothek ist in einem Namensraum definiert (§3.3), der **std** genannt wird. Um die Mittel der Standardbibliothek zu nutzen, kann das Präfix **std::** verwendet werden:

```
std::string sheep {"Four legs Good; two legs Baaad!"};
std::list<std::string> slogans {"War is Peace", "Freedom is Slavery", "Ign
orance is Strength"};
```

Der Kürze wegen nutze ich das Präfix **std::** in Beispielen nur ganz selten. Und ich verwende auch nur selten **#include** oder **import**, um die notwendigen Header oder Module explizit einzubinden oder zu importieren. Um die Programmfragmente hier zu kompilieren und auszuführen, müssen Sie die relevanten Teile der Standardbibliothek verfügbar machen. Zum Beispiel:

```
#include<string>     // macht die Standard-String-Infrastruktur zugänglich
using namespace std;  // macht die std-Namen ohne das Präfix std::
                      // zugänglich

string s {"C++ is a general?purpose programming language"};      // Okay:
                                                   // string ist std::string
```

Es ist im Allgemeinen kein guter Stil, jeden Namen aus einem Namensraum in den globalen Namensraum zu kippen. In diesem Buch jedoch nutze ich ausschließlich die Standardbibliothek und deshalb ist es gut zu wissen, was diese zu bieten hat.

Die Standardbibliothek bietet mehrere Sub-Namensräume von **std** an, die nur durch eine explizite Aktion erreichbar sind:

- **std::chrono**: alle Hilfsmittel aus **chrono**, einschließlich **std::literals::chrono_literals** (§16.2)
- **std::literals::chrono_literals**: die Suffixe **y** für Jahre, **d** für Tage, **h** für Stunden, **min** für Minuten, **ms** für Millisekunden, **ns** für Nanosekunden, **s** für Sekunden und **us** für Mikrosekunden (§16.2)

- **std::literals::complex_literals**: Suffixe **i** für imaginäre Doubles, **if** für imaginäre Gleitkommawerte und **il** für imaginäre Long-Doubles (§6.6)
- **std::literals::string_literals**: Suffix **s** für Strings (§6.6, §10.2)
- **std::literals::string_view_literals**: Suffix **sv** für String-Views (§10.3)
- **std::numbers** für mathematische Konstanten (§17.9)
- **std::pmr** für polymorphe Speicherressourcen (§12.7)

Um ein Suffix aus einem Sub-Namensraum benutzen zu können, müssen Sie es in den Namensraum einführen, in dem Sie es verwenden wollen. Zum Beispiel:

```
// keine Erwähnung von complex_literals
auto z1 = 2+3i;                            // Fehler: kein Suffix 'i'
using namespace literals::complex_literals;   // macht die komplexen
                                              // Literale sichtbar
auto z2 = 2+3i;                          // Okay: z2 ist ein complex<double>
```

Es gibt keine einheitliche Philosophie, die verrät, was in einem Sub-Namensraum sein sollte. Allerdings können Suffixe nicht explizit qualifiziert werden, weshalb Sie nur einen einzigen Satz Suffixe in einen Gültigkeitsbereich bringen können, wenn Sie keine Mehrdeutigkeiten riskieren wollen. Deshalb werden Suffixe, die mit anderen Bibliotheken zusammenarbeiten sollen (die ihre eigenen Suffixe definieren könnten), in Sub-Namensräume gesetzt.

9.3.2 Der Namensraum ranges

Die Standardbibliothek bietet Algorithmen wie **sort()** und **copy()** in zwei Versionen an:

- als traditionelle Sequenzversion, die ein Paar aus Iteratoren entgegennimmt, z. B. **sort(begin(v),v.end())**
- als Bereichsversion, die einen einzelnen Bereich entgegennimmt, z. B. **sort(v)**

Idealerweise sollten sich diese beiden Versionen perfekt ohne weitere Mühe überladen. Das machen sie jedoch nicht. Zum Beispiel:

```
using namespace std;
using namespace ranges;

void f(vector<int>& v)
{
    sort(v.begin(),v.end());     // Fehler: mehrdeutig
```

```
    sort(v);                    // Fehler: mehrdeutig
}
```

Um sich vor Mehrdeutigkeiten zu schützen, wenn man traditionelle unbeschränkte Templates verwendet, verlangt der Standard, dass Sie explizit die Bereichsversion eines Standardbibliotheksalgorithmus in einen Gültigkeitsbereich einführen:

```
using namespace std;

void g(vector<int>& v)
{
    sort(v.begin(),v.end()); // Okay
    sort(v);                 // Fehler: keine passende Funktion (in std)
    ranges::sort(v);         // Okay
    using ranges::sort;      // sort(v) Okay von hier an
    sort(v);                 // Okay
}
```

9.3.3 Module

Es gibt bisher noch keine Standardbibliotheksmodule. Vermutlich wird C++23 dieses Versäumnis beheben (das durch fehlende Zeit des Standardisierungskomitees verursacht wurde). Bisher benutze ich **module std**, das wahrscheinlich zum Standard werden wird und all die Möglichkeiten aus **namespace std** bietet. Siehe Anhang A.

9.3.4 Header

Hier ist eine Auswahl der Standardbibliotheks-Header, die alle Deklarationen im Namensraum **std** liefern:

Ausgewählte Standardbibliotheks-Header		
<algorithm>	copy(), find(), sort()	Kapitel 13
<array>	array	§15.3.1
<chrono>	duration, time_point, month, time_zone	§16.2
<cmath>	sqrt(), pow()	§17.2
<complex>	complex, sqrt(), pow()	§17.4
<concepts>	floating_point, copyable, predicate, invocable	§14.5
<filesystem>	path	§11.9
<format>	format()	§11.6.2

Ausgewählte Standardbibliotheks-Header		
<fstream>	fstream, istream, ofstream	§11.7.2
<functional>	function, greater_equal, hash, range_value_t	Kapitel 16
<future>	future, promise	§18.5
<ios>	hex, dec, scientific, fixed, defaultfloat	§11.6.2
<iostream>	istream, ostream, cin, cout	Kapitel 11
<map>	map, multimap	§12.6
<memory>	unique_ptr, shared_ptr, allocator	§15.2.1
<random>	default_random_engine, normal_distribution	§17.5
<ranges>	sized_range, subrange, take(), split(), iterator_t	§14.1
<regex>	regex, smatch	§10.4
<string>	string, basic_string	§10.2
<string_view>	string_view	§10.3
<set>	set, multiset	§12.8
<sstream>	istringstream, ostringstream	§11.7.3
<stdexcept>	length_error, out_of_range, runtime_error	§4.2
<tuple>	tuple, get<>(), tuple_size<>	§15.3.4
<thread>	thread	§18.2
<unordered_map>	unordered_map, unordered_multimap	§12.6
<utility>	move(), swap(), pair	Kapitel 16
<variant>	variant	§15.4.1
<vector>	vector	§12.2

Diese Liste ist alles andere als vollständig.

Es werden Header aus der C-Standardbibliothek, wie etwa **<stdlib.h>**, bereitgestellt. Für jeden solchen Header gibt es außerdem eine Version mit einem **c** vor dem Namen und ohne **.h**. Diese Version, z. B. **<cstdlib>**, setzt ihre Deklarationen sowohl in den **std**- als auch den globalen Namensraum.

Die Header spiegeln die Geschichte der Entwicklung der Standardbibliothek wider. Entsprechend sind sie nicht immer so logisch und leicht zu merken, wie man sich das wünschen würde. Das ist einer der Gründe, um stattdessen ein Modul wie **std** (§9.3.3) zu benutzen.

9.4 Ratschläge

[1] Erfinden Sie das Rad nicht neu, nutzen Sie Bibliotheken; §9.1; [CG: SL.1].

[2] Wenn Sie eine Wahl haben, dann bevorzugen Sie die Standardbibliothek vor anderen Bibliotheken; §9.1; [CG: SL.2].

[3] Glauben Sie nicht, dass die Standardbibliothek ideal für alles sei; §9.1.

[4] Falls Sie keine Module benutzen, dann denken Sie daran, die passenden Header mit **`#include`** einzubinden; §9.3.1.

[5] Denken Sie daran, dass die Elemente der Standardbibliothek im Namensraum **`std`** definiert sind; §9.3.1; [CG: SL.3].

[6] Wenn Sie **`ranges`** benutzen, dann denken Sie daran, explizit die Namen der Algorithmen zu qualifizieren; §9.3.2.

[7] Importieren Sie lieber Module (mit **`import`**), statt Header-Dateien einzubinden (mit **`#include`**); §9.3.3.

Kapitel 10

Strings und reguläre Ausdrücke

Ziehen Sie das Übliche dem Unkonventionellen vor.
— Strunk & White

10.1 Einführung

Die Manipulation von Text ist ein wichtiger Bestandteil der meisten Programme. Die C++-Standardbibliothek bietet einen **string**-Typ, mit dem es sich die meisten Anwenderinnen und Anwender ersparen können, Arrays aus Zeichen im Stil von C durch Zeiger zu manipulieren. Der Typ **string_view** erlaubt die Manipulation von Sequenzen aus Zeichen ungeachtet ihrer Speicherung (z. B. in einem **std::string** oder einem **char[]**). Reguläre Ausdrücke helfen, Muster in Texten zu finden. Die regulären Ausdrücke werden dabei in einer Form angeboten, die in den meisten modernen Sprachen üblich ist. Sowohl **string**- als auch **regex**-Objekte können eine Vielzahl von Zeichentypen verwenden (z. B. Unicode).

10.2 Strings

Die Standardbibliothek stellt einen **string**-Typ zur Verfügung, der die String-Literale (§1.2.1) ergänzt; **string** ist ein **regular**-Typ (§8.2, §14.5) zum Aufnehmen und Manipulieren einer Abfolge aus Zeichen verschiedener Zeichentypen. Der **string**-Typ bietet eine ganze Reihe nützlicher String-Operationen wie etwa die Verkettung. Zum Beispiel:

```
string compose(const string& name, const string& domain)
{
     return name + '@' + domain;
}

auto addr = compose("dmr","bell?labs.com");
```

Hier wird **addr** auf die Zeichenfolge **dmr@bell-labs.com** initialisiert. Die »Addition« von **string** entspricht einer Verkettung. Sie können einen **string**, ein String-Literal, einen String im C-Stil oder ein Zeichen mit einem **string** verketten. Der Standard-**string** hat einen Verschiebe-Konstruktor, sodass das Zurückgeben selbst langer **string** anhand des Werts effizient ist (§6.2.2).

In vielen Anwendungen ist die gebräuchlichste Form der Verkettung diejenige, bei der etwas an das Ende eines **string** angefügt wird. Dies wird direkt durch die **+=**-Operation unterstützt. Zum Beispiel:

```
void m2(string& s1, string& s2)
{
      s1 = s1 + '\n';       // Anhängen von newline
      s2 += '\n';           // Anhängen von newline
}
```

Die zwei Methoden, etwas am Ende eines **string** hinzuzufügen, sind semantisch äquivalent. Ich bevorzuge allerdings den zweiten Weg, weil er expliziter ausdrückt, was er macht, knapper und möglicherweise auch effizienter ist.

Ein **string** ist veränderbar. Zusätzlich zu = und **+=** werden eine Indizierung (mittels **[ ]**) sowie Substring-Operationen unterstützt. Zum Beispiel:

```
string name = "Niels Stroustrup";

void m3()
{
      string s = name.substr(6,10); // s = "Stroustrup"
      name.replace(0,5,"nicholas"); // name wird zu "nicholas Stroustrup"
      name[0] = toupper(name[0]);   // name wird zu "Nicholas Stroustrup"
}
```

Die **substr()**-Operation liefert einen **string** zurück, der eine Kopie des Substrings ist, den seine Argumente kennzeichnen. Das erste Argument ist ein Index in den **string** (eine Position), das zweite ist die Länge des gewünschten Substrings. Da die Indizierung bei **0** beginnt, erhält **s** den Wert **Stroustrup**.

Die **replace()**-Operation ersetzt einen Substring durch einen Wert. In diesem Fall ist der Substring, der bei **0** beginnt und die Länge **5** hat, **Niels**. Er wird durch **nicholas** ersetzt. Anschließend ersetze ich das erste Zeichen durch seine großgeschriebene Version. Das heißt, der endgültige Wert von **name** ist **Nicholas Stroustrup**. Beachten Sie, dass der Ersetzungsstring nicht die gleiche Größe haben muss wie der Substring, den er ersetzt.

Zu den vielen nützlichen **string**-Operationen gehören Zuweisung (mit =), Indizierung (mit **[ ]** oder **at()** wie bei **vector**; §12.2.2), Vergleich (mit == und **!=**) und die lexikografische Ordnung (mit <, <=, > und >=), Iteration (mit Iteratoren, **begin()** und **end()** wie bei **vector**; §13.2), Eingabe (§11.3) und Streaming (§11.7.3).

Natürlich können **string** miteinander, mit Strings im C-Stil (§1.7.1) und mit String-Literalen verglichen werden. Zum Beispiel:

```
string incantation;

void respond(const string& answer)
{
      if (answer == incantation) {
         // ... hier wird gezaubert ...
      }
      else if (answer == "yes") {
         // ...
      }
    // ...
}
```

Falls Sie einen String im C-Stil benötigen (ein Null-terminiertes Array aus **char**), bietet **string** einen schreibgeschützten Zugriff auf seine enthaltenen Zeichen (**c_str()** und **data()**). Zum Beispiel:

```
void print(const string& s)
{
      printf("Fuer Leute, die printf moegen: %s\n",s.c_str());      // s.c_
                          // str() gibt einen Zeiger auf die Zeichen von s zurück
      cout << "Fuer Leute, die streams moegen" << s << '\n';
}
```

Ein String-Literal ist per Definition ein **const char***. Um ein Literal des Typs **std::string** zu erhalten, verwenden Sie das Suffix **s**. Zum Beispiel:

```
auto cat = "Cat"s;     // ein std::string
auto dog = "Dog";      // ein String im C-Stil: ein const char*
```

Um das Suffix **s** zu benutzen, müssen Sie den Namensraum **std::literals::string_literals** verwenden (§6.6).

10.2.1 Die Implementierung von string

Das Implementieren einer String-Klasse ist eine beliebte und nützliche Übung. Für eine allgemeine Verwendung jedoch erreichen unsere sorgfältig zusammengebauten ersten Versuche nur selten den Stand des Standard-**string** – weder in Bezug auf Bequemlichkeit noch in Bezug auf Leistungsfähigkeit. Heutzutage wird

string normalerweise mithilfe der *Short-String-Optimierung* implementiert. Das bedeutet, dass kurze String-Werte im **string**-Objekt selbst vorgehalten werden, während längere String-Werte auf den freien Speicher gelegt werden. Schauen Sie sich dies an:

```
string s1 {"Annemarie"};                // kurzer String
string s2 {"Annemarie Stroustrup"};     // langer String
```

Das Speicher-Layout sieht ungefähr so aus:

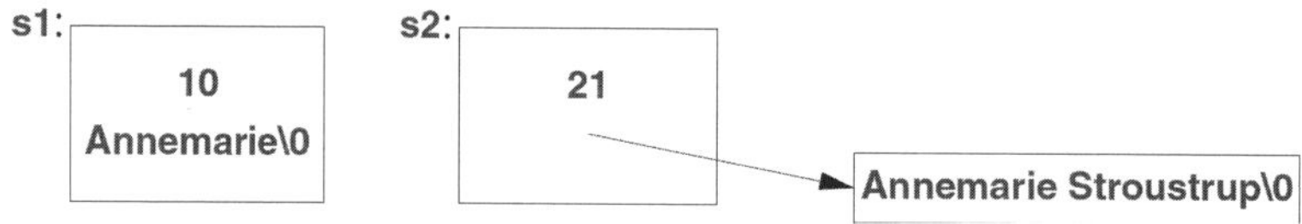

Wenn der Wert eines **string** sich von einem kurzen in einen langen String ändert (und umgekehrt), dann passt sich seine Repräsentation entsprechend an. Wie viele Zeichen kann ein »kurzer« String haben? Das wird durch die Implementierung definiert, aber »ungefähr 14 Zeichen« ist keine schlechte Schätzung.

Die tatsächliche Leistung von **string** kann entscheidend von der Laufzeitumgebung abhängen. Insbesondere in Implementierungen mit mehreren Threads kann die Speicherallozierung relativ teuer sein. Werden viele Strings unterschiedlicher Längen benutzt, ist möglicherweise außerdem eine Fragmentierung des Speichers die Folge. Dies sind die wichtigsten Gründe, weshalb die Short-String-Optimierung inzwischen allgegenwärtig ist.

Um mit mehreren Zeichensätzen zurechtzukommen, ist **string** eigentlich ein Alias für ein allgemeines Template **basic_string** mit dem Zeichentyp **char**:

```
template<typename Char>
class basic_string {
    // ... String aus Char ...
};

using string = basic_string<char>;
```

Ein Anwender kann Strings aus beliebigen Zeichentypen definieren. Angenommen zum Beispiel, Sie haben einen japanischen Zeichentyp **Jchar**, können Sie schreiben:

```
using Jstring = basic_string<Jchar>;
```

Nun können Sie alle üblichen String-Operationen auf **Jstring**, einem String aus japanischen Zeichen, ausführen.

10.3 String-Views

Die gebräuchlichste Anwendung für eine Abfolge von Zeichen besteht darin, sie zum Lesen an eine Funktion zu übergeben. Dies kann man erreichen, indem man einen **string** anhand des Werts, als eine Referenz auf einen String oder als String im C-Stil übergibt. In vielen Systemen gibt es noch weitere Alternativen, wie etwa String-Typen, die nicht vom Standard angeboten werden. In all diesen Fällen wird es noch komplexer, wenn Sie einen Substring übergeben wollen. Deshalb bietet die Standardbibliothek **string_view** an. Eine **string_view** ist im Prinzip ein (Zeiger, Länge)-Paar, das eine Sequenz aus Zeichen kennzeichnet:

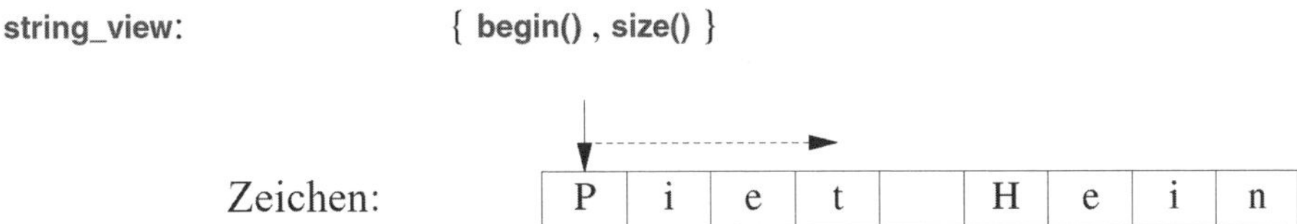

Eine **string_view** liefert den Zugriff auf eine zusammenhängende Abfolge von Zeichen. Die Zeichen können auf viele verschiedene Arten gespeichert werden, darunter auch in einem **string** und einem String im C-Stil. Eine **string_view** ist insofern wie ein Zeiger oder eine Referenz, als dass sie die Zeichen nicht besitzt, auf die sie zeigt. Darin ähnelt sie einem STL-Paar aus Iteratoren (§13.3).

Betrachten Sie diese einfache Funktion, die zwei Strings verkettet:

```
string cat(string_view sv1, string_view sv2)
{
     string res {sv1};      // initialisiert aus sv1
     return res += sv2;     // anhängen aus sv2 und zurückgeben
}
```

Sie können dieses **cat()** aufrufen:

```
string king = "Harold";
auto s1 = cat(king,"William");    // HaroldWilliam: string und const char*
auto s2 = cat(king,king);          // HaroldHarold: string und string
auto s3 = cat("Edward","Stephen"sv);   // EdwardStephen: const char * und
                                        // string_view
```

```
auto s4 = cat("Canute"sv,king);              // CanuteHarold
auto s5 = cat({&king[0],2},"Henry"sv); // HaHenry
auto s6 = cat({&king[0],2},{&king[2],4});      // Harold
```

Dieses **cat()** hat drei Vorteile gegenüber dem **compose()**, das **const string&**-Argumente entgegennimmt (§10.2):

- Es kann für Zeichenfolgen benutzt werden, die auf viele verschiedene Arten verwaltet werden.
- Sie können ganz leicht einen Substring übergeben.
- Sie müssen keinen **string** erzeugen, um ein String-Argument im C-Stil zu übergeben.

Beachten Sie die Verwendung des Suffixes **sv** (»String-View«). Um es benutzen zu können, müssen Sie es sichtbar machen:

```
using namespace std::literals::string_view_literals;     // §6.6
```

Warum sollen Sie sich mit einem Suffix abgeben? Das liegt daran, dass Sie beim Übergeben von **"Edward"** eine **string_view** aus einem **const char*** konstruieren müssen, was das Zählen der Zeichen erfordert. Für **"Stephen"sv** wird die Länge zum Zeitpunkt des Kompilierens berechnet.

Eine **string_view** definiert einen Bereich, sodass Sie seine Zeichen durchlaufen können. Zum Beispiel:

```
void print_lower(string_view sv1)
{
    for (char ch : sv1)
        cout << tolower(ch);
}
```

Eine signifikante Einschränkung von **string_view** besteht darin, dass sie eine schreibgeschützte Ansicht ihrer Zeichen ist. Sie können zum Beispiel **string_view** nicht benutzen, um Zeichen an eine Funktion zu übergeben, die ihr Argument in Kleinbuchstaben verändert. Für diesen Zweck sollten Sie vielleicht besser auf **span** zurückgreifen (§15.2.2).

Stellen Sie sich **string_view** wie eine Art Zeiger vor; damit sie benutzt werden kann, muss sie auf etwas zeigen:

```
string_view bad()
{
    string s = "Once upon a time";
```

```
    return {&s[5],4};  // schlecht: gibt einen Zeiger auf einen lokalen
                       // Wert zurück
}
```

Hier wird der zurückgegebene **string** zerstört, bevor Sie seine Zeichen verwenden können.

Das Verhalten im Falle eines außerhalb des Bereichs liegenden Zugriffs auf eine **string_view** ist undefiniert. Falls Sie eine garantierte Bereichsüberprüfung haben wollen, benutzen Sie **at()**, das eine **out_of_range**-Ausnahme wirft, falls der versuchte Zugriff außerhalb des Bereichs liegt, oder **gsl::string_span** (§15.2.2).

10.4 Reguläre Ausdrücke

Reguläre Ausdrücke sind ein sehr machtvolles Werkzeug für die Textverarbeitung. Sie bieten eine Möglichkeit, einfach und knapp Muster in Text zu beschreiben (wie z. B. eine US-amerikanische Postleitzahl wie **TX 77845** oder ein Datum im ISO-Stil wie **2009-06-07**) und diese Muster dann effizient aufzufinden. In **<regex>** bietet die Standardbibliothek Unterstützung für reguläre Ausdrücke in Form der Klasse **std::regex** und ihrer unterstützenden Funktionen. Damit Sie einen Vorgeschmack auf den Stil der **regex**-Bibliothek erhalten, möchte ich einmal ein Muster definieren und ausgeben:

```
regex pat {R"(\w{2}\s*\d{5}(?\d{4})?)"}; // Muster der US-Postleitzahlen:
                                         // XXddddd-dddd und Varianten
```

Für Leute, die bereits reguläre Ausdrücke in irgendeiner Sprache benutzt haben, wird **\w{2}\s*\d{5}(•\d{4})?** vertraut aussehen. Es legt ein Muster fest, das mit zwei Buchstaben beginnt **\w{2}**, optional gefolgt von irgendwelchen Leerzeichen **\s***, gefolgt von fünf Ziffern **\d{5}** und optional gefolgt von einem Bindestrich und vier Ziffern **-\d{4}**. Falls Sie mit regulären Ausdrücken nicht vertraut sind, sollten Sie jetzt vielleicht die Gelegenheit nutzen, um sie kennenzulernen ([Stroustrup, 2009], [Maddock, 2009], [Friedl, 1997]).

Um das Muster auszudrücken, nutze ich ein *reines String-Literal*, das mit **R"(** beginnt und mit **)"** beendet wird. Dies erlaubt es, Backslashes (Rückstriche) und Anführungszeichen direkt im String zu benutzen. Rohe Strings eignen sich besonders für reguläre Ausdrücke, weil diese oft eine Menge Backslashes enthalten. Mit einem herkömmlichen String hätte die Musterdefinition so ausgesehen:

```
regex pat {"\\w{2}\\s*\\d{5}(?\\d{4})?"}; // Muster der US-Postleitzahlen
```

In **<regex>** bietet die Standardbibliothek Unterstützung für reguläre Ausdrücke:

- **regex_match()**: Vergleicht einen regulären Ausdruck mit einem String (bekannter Größe) (§10.4.2).
- **regex_search()**: Sucht in einem (beliebig langen) Datenstrom nach einem String, der zu einem regulären Ausdruck passt (§10.4.1).
- **regex_replace()**: Sucht in einem (beliebig langen) Datenstrom nach Strings, die zu einem regulären Ausdruck passen, und ersetzt sie.
- **regex_iterator**: Iteriert über Treffer und Untertreffer (§10.4.3).
- **regex_token_iterator**: Iteriert über Nicht-Treffer.

10.4.1 Suche

Die einfachste Möglichkeit, ein Muster zu benutzen, besteht darin, in einem Stream danach zu suchen:

```
int lineno = 0;
for (string line; getline(cin,line); ) {  // einlesen in den Zeilenpuffer
    ++lineno;
    smatch matches;                       // passende Strings kommen hierher
    if (regex_search(line,matches,pat))    // Suche nach pat in line
        cout << lineno << "" << matches[0] << '\n';
}
```

Das **regex_search(line,matches,pat)** durchsucht **line** nach allem, was zu dem regulären Ausdruck passt, der in **pat** gespeichert ist. Findet es irgendwelche Treffer, dann speichert es diese in **matches**. Wird kein Treffer gefunden, dann gibt **regex_search(line,matches,pat)** den Wert **false** zurück. Die **matches**-Variable ist vom Typ **smatch**. Das »s« steht für »sub« oder »string« und ein **smatch** ist ein **vector** aus Untertreffern des Typs **string**. Das erste Element, hier **matches[0]**, ist der komplette Treffer. Das Ergebnis eines **regex_search()** ist eine Sammlung aus Treffern, die typischerweise als **smatch** dargestellt werden:

```
void use()
{
    ifstream in("file.txt");      // Eingabedatei
    if (!in) {                    // prüft, ob die Datei geöffnet wurde
        cerr << "no file\n";
        return;
    }

    regex pat {R"(\w{2}\s*\d{5}(?\d{4})?)"}; // Muster der
                                              // US-Postleitzahlen
```

```
    int lineno = 0;
    for (string line; getline(in,line); ) {
        ++lineno;
        smatch matches;    // passende Strings kommen hierher
        if (regex_search(line, matches, pat)) {
            cout << lineno << "" << matches[0] << '\n';    // der
                                                    // komplette Treffer
            if (1<matches.size() && matches[1].matched)    // falls es
                                    // ein Untermuster gibt und falls dies passt
                cout << "\t" << matches[1] << '\n';    // Untertreffer
        }
    }
}
```

Diese Funktion liest eine Datei ein, die nach US-Postleitzahlen sucht, wie etwa **TX77845** und **DC 20500-0001**. Ein **smatch**-Typ ist ein Container aus Regex-Ergebnissen. Hier ist **matches[0]** das ganze Muster und **matches[1]** das optionale Untermuster aus vier Ziffern **(-\d{4})?**.

Das Newline-Zeichen **\n** kann Teil eines Musters sein, sodass es möglich ist, nach Mustern zu suchen, die über mehrere Zeilen verlaufen. Falls Sie das machen wollen, sollten Sie Zeilen ganz offensichtlich nicht einzeln einlesen.

Syntax und Semantik regulärer Ausdrücke sind so gestaltet, dass reguläre Ausdrücke für eine effiziente Ausführung in Zustandsautomaten übersetzt werden können [Cox, 2007]. Der **regex**-Typ führt diese Kompilierung zur Laufzeit aus.

10.4.2 Notation regulärer Ausdrücke

Die **regex**-Bibliothek kann mehrere Varianten der Notation für reguläre Ausdrücke erkennen. Ich benutze hier die Standardnotation, eine Variante des ECMA-Standards, der für ECMAScript verwendet wird (besser bekannt als JavaScript). Die Syntax regulärer Ausdrücke basiert auf *Sonderzeichen*:

Sonderzeichen für reguläre Ausdrücke	
. Ein beliebiges einzelnes Zeichen (eine »Wildcard«)	\ Das nächste Zeichen hat eine besondere Bedeutung
[Beginn der Zeichenklasse	* Null oder mehr (Suffix-Operation)
] Ende der Zeichenklasse	+ Eins oder mehr (Suffix-Operation)
{ Beginn des Zählbereichs	? Optional (null oder eins) (Suffix-Operation)
} Ende des Zählbereichs	| Alternative (oder)
(Beginn der Gruppierung	^ Anfang der Zeile; Negation
) Ende der Gruppierung	$ Ende der Zeile

Zum Beispiel können Sie eine Zeile festlegen, die mit null oder mehreren **A** beginnt, gefolgt von einem oder mehreren **B**, gefolgt von einem optionalen **C**:

```
^A*B+C?$
```

Beispiele, die dazu passen:

```
AAAAAAAAAAAABBBBBBBBBC
BC
B
```

Beispiele, die nicht dazu passen:

```
AAAAA          // kein B
  AAAABC       // Leerzeichen am Anfang
AABBCC         // zu viele Cs
```

Ein Teil eines Musters wird als Untermuster betrachtet (das separat aus einem **smatch** extrahiert werden kann), wenn es in runde Klammern eingeschlossen ist. Zum Beispiel:

```
\d+?\d+            // keine Untermuster
\d+(?\d+)          // ein Untermuster
(\d+)(?\d+)        // zwei Untermuster
```

Ein Muster kann optional sein oder wiederholt werden (ohne Angabe wird es genau einmal erwartet), indem man ein Suffix anhängt:

Wiederholung
{ n } exakt n-mal
{ n, } n oder mehr Mal
{n,m} wenigstens n- und höchstens m-mal
* null oder mehr, das heißt {0,}
+ eins oder mehr, das heißt {1,}
? optional (null oder eins), das heißt {0,1}

Zum Beispiel:

```
A{3}B{2,4}C*
```

Beispiele, die dazu passen:

```
AAABBC
AAABBB
```

Beispiele, die nicht dazu passen:

```
AABBC         // zu wenige As
AAABC         // zu wenige Bs
AAABBBBBCCC   // zu viele Bs
```

Ein Suffix **?** nach einer der Wiederholungsnotationen (**?**, *, **+** und **{ }**) macht den Quantifizierer »lazy« oder »non-greedy«. Das heißt, bei der Suche nach einem Muster wird nach dem kürzesten Treffer gesucht statt nach dem längsten. Standardmäßig sucht der Quantifizierer nämlich immer nach dem längsten Treffer; dies wird als *Maximum-Munch-Regel* bezeichnet. Schauen Sie sich dies an:

```
ababab
```

Das Muster **(ab)+** erfasst **ababab** komplett. Das Muster **(ab)+?** dagegen erfasst nur das erste **ab**.

Die gebräuchlichsten Zeichenklassifizierungen haben Namen:

Zeichenklassen	
`alnum`	Jedes alphanumerische Zeichen
`alpha`	Jedes alphabetische Zeichen
`blank`	Jedes Whitespace-Zeichen, das kein Zeilentrenner ist
`cntrl`	Jedes Steuerzeichen
`d`	Jede Dezimalziffer
`digit`	Jede Dezimalziffer
`graph`	Jedes grafische Zeichen
`lower`	Jeder Kleinbuchstabe
`print`	Jedes druckbare Zeichen
`punct`	Jedes Interpunktionszeichen
`s`	Jedes Whitespace-Zeichen
`space`	Jedes Whitespace-Zeichen
`upper`	Jeder Großbuchstabe
`w`	Jedes Wortzeichen (alphanumerische Zeichen sowie der Unterstrich)
`xdigit`	Jedes hexadezimale Ziffernzeichen

In einem regulären Ausdruck muss ein Zeichenklassenname in **[: :]** eingeschlossen sein. Zum Beispiel entspricht **[:digit:]** einer Dezimalziffer. Darüber hinaus muss das Ganze sich in einem **[ ]**-Paar befinden, das eine Zeichenklasse definiert. Mehrere Zeichenklassen werden von einer Kurznotation unterstützt:

Abkürzungen für Zeichenklassen		
\d	Eine Dezimalziffer	[[:digit:]]
\s	Ein Leerzeichen (Leerzeichen, Tab usw.)	[[:space:]]
\w	Ein Buchstabe (a–z) oder eine Ziffer (0–9) oder ein Unterstrich (_)	[_[:alnum:]]
\D	Nicht \d	[^[:digit:]]
\S	Nicht \s	[^[:space:]]
\W	Nicht \w	[^_[:alnum:]]

Darüber hinaus bieten Sprachen, die reguläre Ausdrücke unterstützen, oft:

Nichtstandard- (aber gebräuchliche) Abkürzungen für Zeichenklassen		
\l	Ein Kleinbuchstabe	[[:lower:]]
\u	Ein Großbuchstabe	[[:upper:]]
\L	Nicht \l	[^[:lower:]]
\U	Nicht \u	[^[:upper:]]

Wenn Sie vollständige Portabilität wünschen, dann sollten Sie die Zeichenklassennamen benutzen und nicht die Abkürzungen.

Überlegen Sie als Beispiel einmal, wie Sie ein Muster schreiben würden, das die C++-Identifikatoren beschreibt: ein Unterstrich oder ein Buchstabe, gefolgt von einer möglicherweise leeren Folge aus Buchstaben, Ziffern oder Unterstrichen. Um die damit verbundenen Feinheiten zu verdeutlichen, füge ich einige Fehlversuche hinzu:

```
[:alpha:][:alnum:]*                 // falsch: Zeichen aus der Menge ":alpha"
                                    // gefolgt von ...
[[:alpha:]][[:alnum:]]*             // falsch: akzeptiert keinen Unterstrich
                                    // ('_' ist kein alpha)
([[:alpha:]]|_)[[:alnum:]]*         // falsch: Unterstrich ist auch nicht Teil
                                    // von alnum
([[:alpha:]]|_)([[:alnum:]]|_)*        // Okay, aber ungeschickt
[[:alpha:]_][[:alnum:]_]*              // Okay: schließt den Unterstrich in
                                       // die Zeichenklassen ein
[_[:alpha:]][_[:alnum:]]*              // ebenfalls okay
[_[:alpha:]]\w*                        // \w ist äquivalent zu [_[:alnum:]]
```

Schließlich ist hier eine Funktion, die die einfachste Version von **regex_match()** (§10.4.1) verwendet, um zu testen, ob ein String ein Identifikator ist:

```
bool is_identifier(const string& s)
{
     regex pat {"[_[:alpha:]]\\w*"};      // Unterstrich oder Buchstabe
  // gefolgt von null oder mehreren Unterstrichen, Buchstaben oder Ziffern
     return regex_match(s,pat);
}
```

Beachten Sie, dass der Backslash verdoppelt wurde, um einen Backslash in ein ganz normales String-Literal aufnehmen zu können. Mit reinen String-Literalen (§10.4) umgehen Sie das Problem mit den Sonderzeichen. Zum Beispiel:

```
bool is_identifier(const string& s)
{
     regex pat {R"([_[:alpha:]]\w*)"};
     return regex_match(s,pat);
}
```

Hier sind einige Beispielmuster:

```
Ax*                 // A, Ax, Axxxx
Ax+                 // Ax, Axxx     Nicht A
\d??\d              // 1-2, 12      Nicht 1--2
\w{2}?\d{4,5}       // Ab-1234, XX-54321, 22-5432        Ziffern sind in \w
(\d*:)?(\d+)        // 12:3, 1:23, 123, :123      Nicht 123:
(bs|BS)             // bs, BS     Nicht bS
[aeiouy]            // a, o, u     Ein englischer Vokal, nicht x
[^aeiouy]           // x, k         Kein englischer Vokal, nicht e
[a^eiouy]           // a, ^, o, u    Ein englischer Vokal oder ^
```

Eine **group** (ein Untermuster), die potenziell durch ein **sub_match** repräsentiert wird, wird durch runde Klammern getrennt. Falls Sie runde Klammern benutzen wollen, ohne dass sie ein Untermuster definieren, dann verwenden Sie **(?:** statt des einfachen **(**. Zum Beispiel:

```
(\s|:|,)*(\d*)          // optionale Leerzeichen, Doppelpunkte und/oder
                        // Kommas, gefolgt von einer optionalen Zahl
```

Angenommen, Sie wären an den Zeichen vor den Zahlen (vermutlich Trennzeichen) nicht interessiert. Dann könnten Sie schreiben:

```
(?:\s|:|,)*(\d*)      // optionale Leerzeichen, Doppelpunkte und/oder
                      // Kommas, gefolgt von einer optionalen Zahl
```

Dadurch erspart es sich die Regex-Verarbeitung, die ersten Zeichen zu speichern: Die `(?:`-Variante hat nur ein Untermuster.

Beispiele für die Gruppierung mit regulären Ausdrücken	
`\d*\s\w+`	Keine Gruppen (Untermuster)
`(\d*)\s(\w+)`	Zwei Gruppen
`(\d*)(\s(\w+))+`	Zwei Gruppen (Gruppen werden nicht geschachtelt)
`(\s*\w*)+`	Eine Gruppe; ein oder mehrere Untermuster; nur das letzte Untermuster wird als `sub_match` gespeichert.
`<(.*?)>(.*?)</\1>`	Drei Gruppen; das `\1` bedeutet: »dasselbe wie Gruppe 1«.

Das letzte Muster eignet sich besonders gut zum Parsen von XML. Es findet Tag- und End-Tag-Markierungen. Beachten Sie, dass ich einen Non-greedy-Vergleich (ein *lazy Match*), **`.*?`**, für das Untermuster zwischen dem Tag und dem End-Tag benutzt habe. Hätte ich ein einfaches **`.*`** verwendet, hätte diese Eingabe ein Problem verursacht:

```
Always look on the <b>bright</b> side of <b>life</b>.
```

Ein *greedy Match* für das erste Untermuster würde das erste **<** mit dem letzten **>** zusammenpacken. Das wäre an sich ein ganz korrektes Verhalten, aber sicher nicht das, was sich der Programmierer gewünscht hätte.

Eine ausführlichere Darstellung regulärer Ausdrücke finden Sie in [Friedl, 1997].

10.4.3 Iteratoren

Sie können einen **`regex_iterator`** definieren, um über eine Zeichenfolge zu iterieren und Treffer für ein Muster zu suchen. So können Sie zum Beispiel einen **`sregex_iterator`** (einen **`regex_iterator<string>`**) verwenden, um alle durch Whitespaces getrennten Wörter in einem **`string`** auszugeben:

```
void test()
{
    string input = "aa as; asd ++e^asdf asdfg";
    regex pat {R"(\s+(\w+))"};
    for (sregex_iterator p(input.begin(),input.end(),pat);
    p!=sregex_iterator{}; ++p)
        cout << (*p)[1] << '\n';
}
```

Dies gibt aus:

```
as
asd
asdfg
```

Das erste Wort, **aa**, haben Sie nicht mit erwischt, weil ihm kein Whitespace voranging. Wenn Sie das Muster zu **R"((\w+))"** vereinfachen, erhalten Sie:

```
aa
as
asd
e
asdf
asdfg
```

Ein **regex_iterator** ist ein bidirektionaler Iterator. Sie können also nicht direkt über einen **istream** (der nur einen Eingabe-Iterator anbietet) iterieren. Sie können außerdem nicht durch einen **regex_iterator** schreiben, und der mit dem Standardwert initialisierte **regex_iterator** (**regex_iterator{}**) ist das einzig mögliche Sequenz-Ende.

10.5 Ratschläge

[1] Verwenden Sie **std::string**, um Zeichenfolgen zu beschreiben; §10.2; [CG: SL.str.1].

[2] Ziehen Sie **string**-Operationen den String-Funktionen im C-Stil vor; §10.1.

[3] Verwenden Sie **string**, um Variablen und Member zu deklarieren statt als Basisklasse; §10.2.

[4] Geben Sie **string** über den Wert zurück (verlassen Sie sich auf Verschiebe-Semantik und Copy Elision); §10.2, §10.2.1; [CG: F.15].

[5] Benutzen Sie direkt oder indirekt **substr()**, um Substrings zu lesen, und **replace()**, um Substrings zu schreiben; §10.2.

[6] Ein **string** kann ganz nach Bedarf wachsen und schrumpfen; §10.2.

[7] Verwenden Sie **at()** statt Iteratoren oder **[ ]**, wenn Sie eine Bereichsüberprüfung durchführen wollen; §10.2, §10.3.

[8] Benutzen Sie Iteratoren und **[ ]** statt **at()**, wenn Sie die Geschwindigkeit optimieren wollen; §10.2, §10.3.

[9] Benutzen Sie ein Bereichs-**for**, um die Notwendigkeit händischer Bereichsüberprüfung zu reduzieren und dennoch auf der sicheren Seite zu sein; §10.2, §10.3.

[10] Eine **string**-Eingabe läuft nicht über; §10.2, §11.3.

[11] Benutzen Sie **c_str()** oder **data()**, um eine String-Repräsentation eines **string** im C-Stil zu erhalten, allerdings nur, wenn Sie es müssen; §10.2.

[12] Benutzen Sie einen **stringstream** oder eine generische Funktion zur Werteextraktion (wie **to<X>**) für die numerische Konvertierung von Strings; §11.7.3.

[13] Ein **basic_string** kann verwendet werden, um Strings aus Zeichen jedes Typs zu erstellen; §10.2.1.

[14] Verwenden Sie das Suffix **s** für String-Literale, die Standardbibliotheks-**string** sein sollen; §10.3; [CG: SL.str.12].

[15] Verwenden Sie **string_view** als Argument von Funktionen, die Zeichenfolgen einlesen müssen, die auf verschiedene Arten gespeichert sind; §10.3; [CG: SL.str.2].

[16] Verwenden Sie **string_span<char>** als Argument von Funktionen, die Zeichenfolgen schreiben müssen, die auf verschiedene Arten gespeichert sind; §10.3; [CG: SL.str.2][CG: SL.str.11].

[17] Stellen Sie sich eine **string_view** als eine Art von Zeiger mit einer festgelegten Größe vor, sie besitzt keine eigenen Zeichen; §10.3.

[18] Verwenden Sie das Suffix **sv** für String-Literale, die Standardbibliotheks-**string_view** sein sollen; §10.3.

[19] Verwenden Sie **regex** für die meisten herkömmlichen Anwendungsfälle von regulären Ausdrücken; §10.4.

[20] Bevorzugen Sie reine String-Literale zum Ausdrücken aller bis auf die einfachsten Muster; §10.4.

[21] Verwenden Sie **regex_match()**, um eine komplette Eingabe zu vergleichen; §10.4, §10.4.2.

[22] Verwenden Sie **regex_search()**, um in einem Eingabestrom nach einem Muster zu suchen; §10.4.1.

[23] Die Notation regulärer Ausdrücke kann an verschiedene Standards angepasst werden; §10.4.2.

[24] Die Standardnotation für reguläre Ausdrücke ist die von ECMAScript; §10.4.2.

[25] Seien Sie zurückhaltend; reguläre Ausdrücke können leicht unlesbar werden; §10.4.2.

[26] Beachten Sie, dass **\i** (z. B. **\1**) für eine Ziffer **i** es Ihnen erlaubt, ein Untermuster in Bezug auf ein früheres Untermuster auszudrücken; §10.4.2.

[27] Benutzen Sie **?**, um Muster »lazy« zu machen; §10.4.2.

[28] Verwenden Sie **regex_iterator**, um über einen Stream zu iterieren und nach Mustern zu suchen; §10.4.3.

Kapitel 11

Eingabe und Ausgabe

Was Sie sehen, ist alles, was Sie bekommen.
— Brian W. Kernighan

11.1 Einführung

Die I/O-Stream-Bibliothek stellt die formatierte und unformatierte Ein-/Ausgabe von Text und numerischen Werten zur Verfügung. Sie ist erweiterbar, sodass sie benutzerdefinierte Typen ebenso unterstützt wie integrierte Typen, und das typsicher.

Die Dateisystembibliothek stellt grundlegende Mittel zum Manipulieren von Dateien und Verzeichnissen bereit.

Ein **ostream** konvertiert typisierte Objekte in einen Strom aus Zeichen (Bytes):

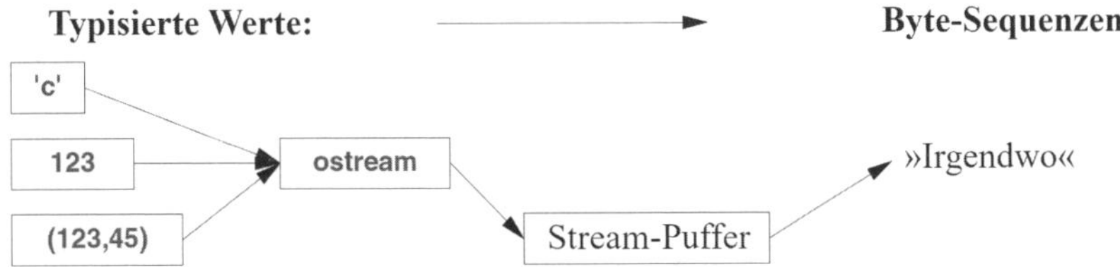

Ein **istream** konvertiert einen Strom aus Zeichen (Bytes) in typisierte Objekte:

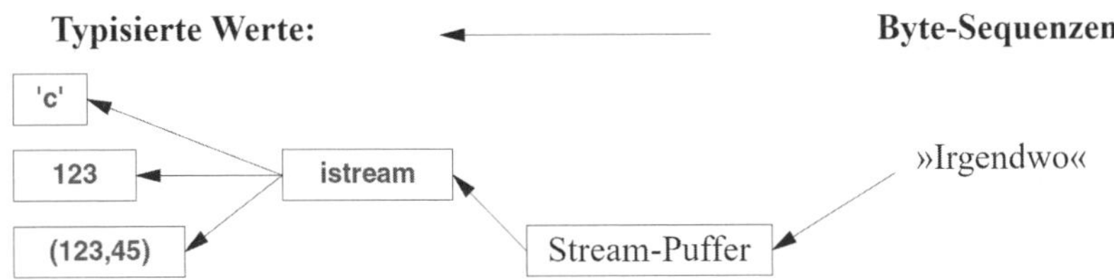

Die Operationen auf **istream** und **ostream** werden in §11.2 und §11.3 beschrieben. Die Operationen sind typsicher, typsensitiv und für die Verarbeitung benutzerdefinierter Typen erweiterbar (§11.5).

Andere Formen der Benutzerinteraktion wie grafische Ein-/Ausgaben werden durch Bibliotheken erledigt, die nicht Teil des ISO-Standards sind und deshalb hier nicht beschrieben werden.

Diese Streams können für binäre Ein-/Ausgaben benutzt werden, eignen sich für eine Vielzahl von Zeichentypen, können lokalisiert sein und erweiterte Pufferstrategien benutzen. Allerdings gehen diese Themen über den Rahmen dieses Buches hinaus und werden deshalb hier nicht behandelt.

Die Streams können für die Eingabe in und die Ausgabe aus **string** (§11.3), zum Formatieren in **string**-Puffer (§11.7.3), in Speicherbereiche (§11.7.4) und für die Datei-Ein-/Ausgabe (§11.9) verwendet werden.

Alle I/O-Stream-Klassen haben Destruktoren, die alle belegten Ressourcen freigeben (wie etwa Puffer und Datei-Handles). Das heißt, sie sind Beispiele für »Resource Acquisition Is Initialization« (RAII, §6.3).

11.2 Ausgabe

In **<ostream>** definiert die E/A-Stream-Bibliothek die Ausgaben für jeden integrierten Typ. Außerdem ist es leicht, die Ausgabe eines benutzerdefinierten Typs zu definieren (§11.5). Der Operator **<<** (»ablegen auf«) dient als Ausgabeoperator auf Objekten des Typs **ostream**; **cout** ist der Standard-Ausgabe-Stream und **cerr** der Standard-Stream zum Melden von Fehlern. Werte, die auf **cout** geschrieben werden, werden standardmäßig in eine Sequenz aus Zeichen umgewandelt. Um zum Beispiel die Dezimalzahl **10** auszugeben, könnten Sie schreiben:

```
cout << 10;
```

Dies gibt das Zeichen **1**, gefolgt vom Zeichen **0** auf den Standard-Ausgabe-Stream aus.

Äquivalent könnten Sie schreiben:

```
int x {10};
cout << x;
```

Ausgaben unterschiedlicher Typen können auf die offensichtliche Art kombiniert werden:

```
void h(int i)
{
    cout << "der Wert von i ist ";
    cout << i;
```

```
    cout << '\n';
}
```

Für **h(10)** ist die Ausgabe dann:

```
der Wert von i ist 10
```

Vermutlich wird es schnell ermüdend, den Namen des Ausgabe-Streams immer und immer wieder zu wiederholen, wenn man mehrere zusammengehörende Dinge ausgibt. Zum Glück kann das Ergebnis eines Ausgabeausdrucks selbst wieder für weitere Ausgaben benutzt werden. Zum Beispiel:

```
void h2(int i)
{
    cout << "der Wert von i ist " << i << '\n';
}
```

Dieses **h2()** erzeugt dieselbe Ausgabe wie **h()**.

Eine Zeichenkonstante ist ein Zeichen, das in einfache Anführungszeichen eingeschlossen ist. Beachten Sie, dass ein Zeichen als Zeichen ausgegeben wird statt als numerischer Wert. Zum Beispiel:

```
int b = 'b';     // Hinweis: char implizit in int konvertiert
char c = 'c';
cout << 'a' << b << c;
```

Der Integer-Wert des Zeichens **'b'** ist **98** (in der ASCII-Codierung der von mir benutzten C++-Implementierung), weshalb hier **a98c** ausgegeben wird.

11.3 Eingabe

In **<istream>** bietet die Standardbibliothek **istream** für die Eingabe. Genau wie **ostream** befassen sich **istream** mit Zeichen-String-Repräsentationen integrierter Typen und können leicht erweitert werden, um auch benutzerdefinierte Typen zu verarbeiten.

Der Operator >> (»holen von«) dient als Eingabeoperator, **cin** ist der Standard-Eingabe-Stream. Der Typ des Operanden auf der rechten Seite von >> bestimmt, welche Eingabe akzeptiert wird und welches das Ziel der Eingabeoperation ist. Zum Beispiel:

```
int i;
cin >> i; // liest einen Integer in i ein

double d;
cin >> d; // liest eine Gleitkommazahl mit doppelter Genauigkeit in d ein
```

Dies liest eine Zahl wie **1234** von der Standardeingabe in die Integer-Variable **i** und eine Gleitkommazahl wie **12.34e5** in den Double **d** ein.

Eingabeoperationen können genauso wie Ausgabeoperationen verkettet werden. Ich hätte also ebenso schreiben können:

```
int i;
double d;
cin >> i >> d;          // liest in i und d ein
```

In beiden Fällen wird das Lesen des Integers durch jedes Zeichen beendet, das keine Ziffer ist. Standardmäßig überspringt >> Whitespaces am Anfang, sodass eine passende vollständige Eingabesequenz so aussehen könnte:

```
1234
12.34e5
```

Oft wollen Sie eine Abfolge aus Zeichen lesen. Eine bequeme Methode hier wäre das Einlesen dieser Sequenz in einen **string**. Zum Beispiel:

```
cout << "Bitte geben Sie Ihren Namen ein\n";
string str;
cin >> str;
cout << "Hallo, " << str << "!\n";
```

Wenn Sie **Eric** eingeben, erhalten Sie die Antwort:

```
Hallo, Eric!
```

Ein Whitespace-Zeichen, wie etwa ein Leerzeichen oder ein Newline, beendet standardmäßig das Lesen. Falls Sie also **Eric Bloodaxe** eintippen, weil Sie vorgeben, der unglückselige König von York zu sein, lautet die Antwort immer noch:

```
Hallo, Eric!
```

Mit der Funktion **getline()** können Sie eine ganze Zeile einlesen:

```
cout << "Bitte geben Sie Ihren Namen ein\n";
string str;
getline(cin,str);
cout << "Hallo, " << str << "!\n";
```

Mit diesem Programm liefert Ihnen die Eingabe von **Eric Bloodaxe** das gewünschte Ergebnis:

```
Hallo, Eric Bloodaxe!
```

Das Newline, das die Zeile beendet hat, wird verworfen; **cin** ist also bereit für die nächste Eingabezeile.

Der Einsatz der formatierten I/O-Operationen ist normalerweise weniger fehleranfällig, verläuft effizienter und erfordert weniger Code als die Verarbeitung einzelner Zeichen. **istream** kümmern sich nämlich um die Speicherverwaltung und die Bereichsüberprüfung. Sie können mithilfe von **stringstream** (§11.7.3) oder Speicher-Streams (§11.7.4) eine Formatierung in und aus dem Speicher vornehmen.

Die Standard-Strings haben die schöne Eigenschaft, sich auszudehnen, um aufzunehmen, was Sie in sie hineinpacken; Sie müssen also nicht im Vorfeld eine Maximalgröße berechnen. Falls Sie also ein paar Megabyte an Semikolons eingeben, dann gibt **hello_line()** Ihnen viele Seiten mit Semikolons wieder zurück.

11.4 I/O-Status

Ein **iostream** hat einen Status, den Sie auswerten können, um festzustellen, ob eine Operation erfolgreich war. Die gebräuchlichste Anwendung besteht darin, eine Sequenz aus Werten einzulesen:

```
vector<int> read_ints(istream& is)
{
    vector<int> res;
    for (int i; is>>i; )
        res.push_back(i);
    return res;
}
```

Dies liest von **is** ein, bis etwas entdeckt wird, das kein Integer ist. Dieses Etwas ist typischerweise das Ende der Eingabe. Hier passiert Folgendes: Die Operation **is>>i** liefert eine Referenz auf **is** zurück und das Testen eines **iostream** ergibt den Wert **true**, wenn der Stream bereit ist für eine weitere Operation.

Im Allgemeinen enthält der I/O-Status alle Informationen, die zum Lesen oder Schreiben nötig sind, wie etwa die Formatierungsinformationen (§11.6.2), den Fehlerstatus (z. B. wurde ein Ende-der-Eingabe erreicht?) und welche Art der Pufferung verwendet wird. Ein Anwender kann den Status setzen, um anzuzeigen, dass ein Fehler aufgetreten ist (§11.5), und den Status löschen, falls ein Fehler nicht so schlimm war. Sie könnten sich zum Beispiel eine Version von **read_ints()** vorstellen, die einen terminierenden String akzeptiert:

```
vector<int> read_ints(istream& is, const string& terminator)
{
    vector<int> res;
    for (int i; is >> i; )
        res.push_back(i);

    if (is.eof())           // alles gut: Ende der Datei
        return res;
    if (is.fail()) {        // wir konnten kein int einlesen, war er der
                            // Terminator?
        is.clear();         // zurücksetzen des Status auf good()
        string s;
        if (is>>s && s==terminator)
            return res;
        is.setstate(ios_base::failbit);     // fail() zum Status von is
                                            // hinzufügen
    }
    return res;
}

auto v = read_ints(cin,"stop");
```

11.5 Ein-/Ausgabe benutzerdefinierter Typen

Zusätzlich zur Ein-/Ausgabe von integrierten Typen und Standard-**string** erlaubt es die **iostream**-Bibliothek, eine Ein-/Ausgabe für die eigenen Typen zu definieren. Betrachten Sie zum Beispiel den einfachen Typ **Entry**, mit dem Sie Einträge in einem Telefonbuch darstellen könnten:

```
struct Entry {
    string name;
    int number;
};
```

Sie können einen einfachen Ausgabeoperator definieren, um einen **Entry** zu schreiben. Dazu verwenden Sie ein *{"name", number}*-Format, das vergleichbar ist mit dem, was Sie in Code für die Initialisierung benutzen:

```
ostream& operator<<(ostream& os, const Entry& e)
{
    return os << "{\"" << e.name << "\", " << e.number << "}";
}
```

Ein benutzerdefinierter Ausgabeoperator nimmt seinen Ausgabe-Stream (über eine Referenz) als erstes Argument entgegen und gibt ihn als Ergebnis zurück.

Der entsprechende Eingabeoperator ist komplizierter, weil er die korrekte Formatierung überprüfen und sich mit eventuellen Fehlern befassen muss:

```
istream& operator>>(istream& is, Entry& e // liest ein {"name", number}-
                           // Paar ein. Hinweis: formatiert mit {" ", und
}
{
    char c, c2;
    if (is>>c && c=='{' && is>>c2 && c2=='"') {     // beginnt mit
                                   // einem { gefolgt von einem "
        string name;     // der vorgegebene Wert eines Strings ist der
                         //leere String""
        while (is.get(c) && c!='"')     // alles vor einem " ist Teil
                                        // des Namens
            name+=c;

        if (is>>c && c==',') {
            int number = 0;
            if (is>>number>>c && c=='}') {     // liest die Zahl und ein
}
                e = {name,number};     // weist zum Eintrag zu
                return is;
            }
        }
    }

    is.setstate(ios_base::failbit);     // meldet den Fehler im Stream
    return is;
}
```

Eine Eingabeoperation gibt eine Referenz auf ihren **istream** zurück, mit deren Hilfe getestet werden kann, ob die Operation erfolgreich war. Wenn es zum Beispiel als Bedingung verwendet wird, bedeutet **is>>c**: »Waren Sie erfolgreich beim Einlesen eines **char** aus **is** nach **c**?«

Das **is>>c** überspringt standardmäßig Whitespaces, **is.get(c)** dagegen nicht. Dieser **Entry**-Eingabeoperator ignoriert (überspringt) daher Whitespaces außerhalb des Namens-Strings, aber nicht darin. Zum Beispiel:

```
{ "John Marwood Cleese", 123456        }
{"Michael Edward Palin", 987654}
```

Sie können ein solches Paar aus Werten folgendermaßen aus der Eingabe in einen **Entry** einlesen:

```
for (Entry ee; cin>>ee; )      // Einlesen von cin in ee
cout << ee << '\n';            // ee auf cout schreiben
```

Die Ausgabe ist:

```
{"John Marwood Cleese", 123456}
{"Michael Edward Palin", 987654}
```

In §10.4 finden Sie eine systematischere Technik zum Erkennen von Mustern in Zeichenströmen (Vergleiche mit regulären Ausdrücken).

11.6 Ausgabeformatierung

Die **iostream**- und **format**-Bibliotheken stellen Operationen zum Beeinflussen des Formats von Eingabe und Ausgabe zur Verfügung. Die Möglichkeiten von **iostream** sind fast so alt wie C++ und konzentrieren sich auf das Formatieren von Zahlenströmen. Die Elemente von **format** (§11.6.2) sind neu (C++20) und konzentrieren sich auf die **printf()**-artige (§11.8) Spezifikation der Formatierung von Kombinationen aus Werten.

Die Ausgabeformatierung bietet außerdem Unterstützung für Unicode, aber die Behandlung dieses Umstands würde in diesem Buch zu weit führen.

11.6.1 Stream-Formatierung

Die einfachsten Formatierungssteuerungen werden als *Manipulatoren* bezeichnet und sind in **<ios>**, **<istream>**, **<ostream>** und **<iomanip>** (für Manipulatoren, die Argumente entgegennehmen) zu finden. So können Sie zum Beispiel Integer als Dezimal- (die Vorgabe), Oktal- oder Hexadezimalzahlen ausgeben:

```
cout << 1234 << ' ' << hex << 1234 << ' ' << oct << 1234 << dec << 1234 << '\n';
        // 1234 4d2 2322 1234
```

Sie können das Ausgabeformat für Gleitkommazahlen explizit festlegen:

```
constexpr double d = 123.456;
cout << d << "; "                    // nutzt das Vorgabeformat für d
     << scientific << d << "; "      // nutzt den 1.123e2-Formatstil für d
     << hexfloat << d << "; "        // nutzt die hexadezimale Notation
               // für d; hier im Beispiel für ein 32-Bit-System angegeben
     << fixed << d << "; "           // nutzt den 123.456-Formatstil für d
     << defaultfloat << d << '\n';     // nutzt das Standardformat für d
```

Dies erzeugt:

```
123.456; 1.234560e+002; 0x1.edd2f2p+6; 123.456000; 123.456
```

Genauigkeit (**precision**) ist ein Integer-Wert, der die Anzahl der Stellen angibt, die bei der Anzeige einer Gleitkommazahl benutzt werden:

- Das *allgemeine* Format (**defaultfloat**) erlaubt es der Implementierung, ein Format zu wählen, das einen Wert in der Form darstellt, die den Wert im verfügbaren Raum am besten bewahrt. Die Genauigkeit gibt die maximale Anzahl der Stellen an.
- Das *wissenschaftliche* Format (**scientific**) stellt einen Wert mit einer Stelle vor dem Dezimalpunkt und einem Exponenten dar. Die Genauigkeit gibt die maximale Anzahl der Stellen hinter dem Dezimalpunkt an.
- Das *feste* Format (**fixed**) stellt einen Wert als einen Integer-Teil dar, gefolgt von einem Dezimalpunkt und einem gebrochenen Teil. Die Genauigkeit gibt die maximale Anzahl der Stellen hinter dem Dezimalpunkt an.

Gleitkommawerte werden nicht einfach abgeschnitten (trunkiert), sondern gerundet. Eine Integer-Ausgabe wird durch **precision()** nicht beeinflusst. Zum Beispiel:

```
cout.precision(8);
cout << "precision(8)" << 1234.56789 << ' ' << 1234.56789 << ' '
<< 123456 << '\n';
```

```
cout.precision(4);
cout << "precision(4)" << 1234.56789 << ' ' << 1234.56789 << ' '
<< 123456 << '\n';
cout << 1234.56789 << '\n';
```

Dies erzeugt:

```
precision(8): 1234.5679 1234.5679 123456
precision(4): 1235 1235 123456
1235
```

Diese Gleitkomma-Manipulatoren sind »sticky« (klebrig), das heißt, ihre Auswirkungen bleiben bei nachfolgenden Gleitkomma-Operationen erhalten. Das heißt, sie sind vor allem zum Formatieren von Werte-Streams gedacht.

Sie können außerdem die Größe des Feldes, in das eine Zahl platziert werden soll, sowie die Ausrichtung in diesem Feld angeben.

Zusätzlich zu den einfachen Zahlen kann << auch mit Zeit- und Datumsangaben umgehen: **duration**, **time_point**, **year_month_date**, **weekday**, **month** und **zoned_time** (§16.2). Zum Beispiel:

```
cout << "birthday" << November/28/2021 << '\n';
cout << "zt" << zoned_time{current_zone(), system_clock::now()} << '\n';
```

Dies erzeugt:

```
birthday: 2021?11?28
zt: 2021?12?05 11:03:13.5945638 EST
```

Der Standard definiert außerdem << für **complex** Zahlen, **bitset** (§15.3.2), Fehlercodes und Zeiger. Stream-Eingabe/Ausgabe ist erweiterbar, sodass Sie << auch für Ihre eigenen (benutzerdefinierten) Typen definieren können (§11.5).

11.6.2 Formatierung im printf()-Stil

Es wurde bereits glaubhaft versichert, dass **printf()** die beliebteste Funktion in C und ein entscheidender Faktor für seinen Erfolg ist. Zum Beispiel:

```
printf("ein int %g und ein string '%s'\n",123,"Hello!");
```

Dieser »Format-String, gefolgt von Argumenten«-Stil wurde aus BCPL nach C übernommen und ist nun in vielen Sprachen zu finden. Natürlich war **printf()**

immer Teil der C++-Standardbibliothek, leidet aber unter einem Mangel an Typsicherheit und Erweiterbarkeit für den Umgang mit benutzerdefinierten Typen.

In **<format>** bietet die Standardbibliothek einen typsicheren Formatierungsmechanismus im Stil von **printf()**. Die Grundfunktion, **format()**, erzeugt einen **string**:

```
string s = format("Hello, {}\n", val);
```

»Normale Zeichen« im *Format-String* werden einfach in den Ausgabe-**string** gepackt. Ein *Format-String*, begrenzt durch **{** und **}**, legt fest, wie Argumente, die dem Format-String folgen, in den **string** eingefügt werden. Der einfachste Format-String ist der leere String, **{}**, der das nächste Argument aus der Argumentliste nimmt und es entsprechend seiner <<-Vorgabe (falls vorhanden) ausgibt. Falls **val** also **"World"** ist, erhalten Sie das kultverdächtige **"Hello, World\n"**. Hat **val** den Wert **127**, erhalten Sie **"Hello, 127\n"**.

Die gebräuchlichste Anwendung für **format()** ist es, sein Ergebnis auszugeben:

```
cout << format("Hello, {}\n", val);
```

Damit Sie einmal sehen, wie das funktioniert, möchte ich zuerst die Beispiele aus §11.6.1 wiederholen:

```
cout << format("{} {:x} {:o} {:d} {:b}\n", 1234,1234,1234,1234,1234);
```

Dies ergibt die gleiche Ausgabe wie das Integer-Beispiel in §11.6.1, mit der Ausnahme, dass ich hier ein **b** für binär hinzugefügt habe, das nicht direkt von **ostream** unterstützt wird:

```
1234 4d2 2322 1234 10011010010
```

Eine Formatierungsanweisung wird von einem Doppelpunkt eingeleitet. Die Alternativen für die Integer-Formatierung sind **x** für hexadezimal, **o** für oktal, **d** für dezimal und **b** für binär.

Standardmäßig nimmt **format()** seine Argumente in der angegebenen Reihenfolge entgegen. Sie können aber auch eine beliebige Reihenfolge festlegen. Zum Beispiel:

```
cout << format("{3:} {1:x} {2:o} {0:b}\n", 000, 111, 222, 333);
```

Dies gibt **333 6f 336 0** aus. Die Zahl vor dem Doppelpunkt ist die Nummer des Arguments, das formatiert werden soll. Im besten C++-Stil beginnt die Nummerierung mit null. Dies erlaubt es, ein Argument mehr als einmal zu formatieren:

```
cout << format("{0:} {0:x} {0:o} {0:d} {0:b}\n", 1234);     // Standard,
                                         // hexadezimal, oktal, dezimal, binär
```

Die Möglichkeit, Argumente »in anderer Reihenfolge« in der Ausgabe zu verwenden, wird von denjenigen außerordentlich geschätzt, die Meldungen in unterschiedlichen Sprachen verfassen.

Die Gleitkommaformate sind dieselben wie für **ostream**: **e** für wissenschaftlich, **a** für hexadezimal (hexfloat), **f** für Festkomma und **g** für das Standardverhalten. Zum Beispiel:

```
cout << format("{0:}; {0:e}; {0:a}; {0:f}; {0:g}\n",123.456);
               // Vorgabe, wissenschaftlich, hexadezimal, fest, Standard
```

Das Ergebnis wäre identisch zu dem aus **ostream**, außer dass der Hexadezimalzahl kein **0x** vorangeht:

```
123.456; 1.234560e+002; 1.edd2f2p+6; 123.456000; 123.456
```

Dem Spezifikator für die Genauigkeit wird ein Punkt vorangestellt:

```
cout << format("precision(8): {:.8} {} {}\n", 1234.56789, 1234.56789, 123456);
cout << format("precision(4): {:.4} {} {}\n", 1234.56789, 1234.56789, 123456);
cout << format("{}\n", 1234.56789);
```

Anders als bei Streams sind die Spezifikatoren nicht »sticky«, Sie erhalten also:

```
precision(8): 1234.5679 1234.56789 123456
precision(4): 1235 1234.56789 123456
1234.56789
```

Wie bei den Stream-Formatierungen können Sie außerdem die Größe des Feldes, in das eine Zahl platziert werden soll, sowie deren Ausrichtung in diesem Feld angeben.

Und genau wie die Stream-Formatierer kommt auch **format()** mit Zeit- und Datumsangaben zurecht (§16.2.2). Zum Beispiel:

```
cout << format("birthday: {}\n", November/28/2021);
cout << format("zt: {}", zoned_time{current_zone(), system_clock::now()});
```

Wie gehabt ist die Standardformatierung identisch zur Standardformatierung des Ausgabe-Streams. Allerdings bietet **format()** eine Minisprache mit etwa 60 Formatspezifikatoren, die eine sehr feine Kontrolle über die Formatierung von Zahlen und Datumsangaben erlauben. Zum Beispiel:

```
auto ymd = 2021y/March/30 ;
cout << format("ymd: {3:%A}, {1:} {2:%B}, {0:}\n", ymd.year(), ymd.month(),
 ymd.day(), weekday(ymd));
```

Dies erzeugt:

```
ymd: Tuesday, March 30, 2021
```

Alle Zeit- und Datumsformat-Strings beginnen mit **%**.

Die Flexibilität, die von den vielen Formatspezifikatoren geboten wird, kann wichtig sein, schafft aber auch viele Möglichkeiten, Fehler zu machen. Manche der Spezifikatoren haben eine optionale oder sprachabhängige Semantik. Wenn ein Formatierungsfehler zur Laufzeit erkannt wird, wird eine **format_error**-Ausnahme geworfen. Zum Beispiel:

```
string ss = format("{:%F}", 2); // Fehler: falsch zugeordnetes Argument;
                                 // wird potenziell beim Kompilieren erkannt
string sss = format("{%F}", 2); // Fehler: falsches Format; wird
                                   // potenziell beim Kompilieren erkannt
```

Die bisher gezeigten Beispiele haben konstante Formate, die zum Zeitpunkt des Kompilierens geprüft werden können. Die ergänzende Funktion **vformat()** nimmt eine Variable als Format entgegen, mit der sich die Flexibilität, aber auch die Gelegenheiten für Laufzeitfehler signifikant erhöhen:

```
string fmt = "{}";
cout << vformat(fmt, make_format_args(2));     // Okay
fmt = "{:%F}";
cout << vformat(fmt, make_format_args(2));     // Fehler: Format und
         // Argument passen nicht zueinander; zur Laufzeit festgestellt
```

Ein Formatierer kann auch direkt in einen Puffer schreiben, der durch einen Iterator definiert ist. Zum Beispiel:

```
string buf;
format_to(back_inserter(buf), "iterator: {} {}\n", "Hi! ", 2022);
cout << buf;     // iterator: Hi! 2022
```

Das wird interessant für die Performance, wenn Sie den Puffer eines Streams direkt oder den Puffer eines anderen Ausgabegeräts benutzen.

11.7 Streams

Die Standardbibliothek unterstützt direkt:

- *Standard-Streams*: Streams, die an die Standard-I/O-Streams des Systems angebunden sind (§11.7.1)
- *Datei-Streams*: Streams, die an Dateien angebunden sind (§11.7.2)
- *String-Streams*: Streams, die an Strings angebunden sind (§11.7.3)
- *Speicher-Streams*: Streams, die an bestimmte Bereiche des Speichers angebunden sind (§11.7.4)
- *Synchronisierte Streams*: Streams, die aus mehreren **thread** heraus benutzt werden können, ohne dass es zu Data Races kommt (§11.7.5)

Darüber hinaus können Sie Ihre eigenen Streams definieren, die z. B. an Kommunikationskanäle angebunden sind.

Streams können nicht kopiert werden; übergeben Sie sie immer durch eine Referenz.

Alle Streams der Standardbibliothek sind Templates, die ihren Zeichentyp als Parameter haben. Die Versionen mit den Namen, die ich hier benutze, nehmen **char** entgegen. Zum Beispiel ist **ostream** ein **basic_ostream<char>**. Für jeden solchen Stream gibt es in der Standardbibliothek außerdem eine Version für **wchar_t** (w steht für »wide«, also breit). So ist zum Beispiel **wostream** ein **basic_ostream<wchar_t>**. Diese »breiten« Zeichen-Streams können für Unicode-Zeichen benutzt werden.

11.7.1 Standard-Streams

Die Standard-Streams sind:

- **cout** für »normale Ausgabe«
- **cerr** für ungepufferte »Fehlerausgabe«
- **clog** für gepufferte »Logging-Ausgabe«
- **cin** für die Standardeingabe.

11.7.2 Datei-Streams

In **<fstream>** stellt die Standardbibliothek Streams in eine und aus einer Datei zur Verfügung:

- **ifstream** zum Lesen aus einer Datei
- **ofstream** zum Schreiben in eine Datei
- **fstream** zum Lesen aus einer und Schreiben in eine Datei

Zum Beispiel:

```
ofstream ofs {"target"};          // "o" für "output"
if (!ofs)
    error("couldn't open 'target' for writing");
```

Der Test, ob ein Datei-Stream korrekt geöffnet wurde, erfolgt normalerweise durch eine Überprüfung seines Status.

```
ifstream ifs {"source"};          // "i" for "input"
if (!ifs)
    error("couldn't open 'source' for reading");
```

Falls die Tests erfolgreich waren, kann **ofs** als normaler **ostream** (genau wie **cout**) und **ifs** als normaler **istream** (genau wie **cin**) benutzt werden.

Eine Dateipositionierung sowie eine genauere Kontrolle über die Art und Weise, wie eine Datei geöffnet wird, ist möglich, geht aber über das hinaus, was in diesem Buch behandelt wird.

Für das Zusammensetzen von Dateinamen und die Manipulation des Dateisystems siehe §11.9.

11.7.3 String-Streams

In **<sstream>** stellt die Standardbibliothek Streams in einen und aus einem **string** zur Verfügung:

- **istringstream** zum Lesen aus einem **string**
- **ostringstream** zum Schreiben in einen **string**
- **stringstream** zum Lesen aus einem und Schreiben in einen **string**

Zum Beispiel:

```
void test()
{
    ostringstream oss;
```

```
    oss << "{temperature," << scientific << 123.4567890 << "}";
    cout << oss.view() << '\n';
}
```

Der Inhalt eines **ostringstream** kann mithilfe von **str()** (einer **string**-Kopie des Inhalts) oder **view()** (einer **string_view** des Inhalts) gelesen werden. Eine gebräuchliche Anwendung von **ostringstream** ist das Formatieren, bevor der resultierende String an eine grafische Oberfläche (GUI) übergeben wird. Entsprechend kann auch ein String, der von einer GUI empfangen wird, mithilfe der formatierten Eingabeoperationen (§11.3) gelesen werden, indem man ihn in einen **istringstream** packt.

Ein **stringstream** kann sowohl für das Lesen als auch für das Schreiben verwendet werden. Sie können zum Beispiel eine Operation definieren, die irgendeinen Typ mit einer **string**-Repräsentation in einen anderen konvertiert, der ebenfalls als **string** dargestellt werden kann:

```
template<typename Target =string, typename Source =string>
Target to(Source arg) // Source in Target konvertieren
{
    stringstream buf;
    Target result;

    if (!(buf << arg)              // schreibt arg in den Stream
        || !(buf >> result)        // liest Ergebnis aus dem Stream
        || !(buf >> std::ws).eof())    // ist noch etwas im Stream?
        throw runtime_error{"to<>() failed"};

    return result;
}
```

Ein Funktions-Template-Argument muss nur dann explizit erwähnt werden, wenn es nicht deduziert werden kann oder wenn es keinen Standardwert gibt (§8.2.4). Sie können also schreiben:

```
auto x1 = to<string,double>(1.2)  // sehr explizit (und ausführlich)
auto x2 = to<string>(1.2);        // für Source wird double deduziert
auto x3 = to<>(1.2);              // Target wird standardmäßig auf string
                        // gesetzt; für Source wird double deduziert
auto x4 = to(1.2);      // das leere <> ist redundant;
                        // Target wird standardmäßig auf string gesetzt;
                        // für Source wird double deduziert
```

Wenn für alle Funktions-Template-Argumente die Vorgabewerte gelten, kann das <> weggelassen werden.

Ich betrachte dies als gutes Beispiel für die Allgemeingültigkeit und einfache Benutzbarkeit, die mit einer Kombination aus Spracheigenschaften und Mitteln der Standardbibliothek erreicht werden kann.

11.7.4 Speicher-Streams

Bereits seit den C++-Anfangszeiten gibt es Streams, die an vom Benutzer extra dafür vorgesehene Speicherabschnitte angebunden sind, sodass Sie direkt aus ihnen lesen und in sie schreiben können. Der älteste dieser Streams, **strstream**, ist schon seit Jahrzehnten veraltet, doch seine Ersatz-Streams, **spanstream**, **ispanstream** und **ospanstream**, werden erst mit C++23 offiziell in den Standard aufgenommen. Sie sind allerdings bereits weithin verfügbar; probieren Sie es mit Ihrer eigenen Implementierung oder suchen Sie auf GitHub danach.

Ein **ospanstream** verhält sich genauso wie ein **ostringstream** (§11.7.3) und wird auch so initialisiert, übernimmt allerdings ein **span** als Argument statt eines **string**. Zum Beispiel:

```
void user(int arg)
{
     array<char,128> buf;
     ospanstream ss(buf);
     ss << "write " << arg << " to memory\n";
    // ...
}
```

Versuche, den Zielpuffer überlaufen zu lassen, setzen den String-Status auf **failure** (§11.4).

Ein **ispanstream** ist entsprechend wie ein **istringstream**.

11.7.5 Synchronisierte Streams

In einem System mit mehreren Threads wird die Ein-/Ausgabe zu einem völligen Durcheinander, es sei denn, dass

- nur ein **thread** den Stream benutzt
- der Zugriff auf den Stream synchronisiert ist, sodass nur ein **thread** zu einem Zeitpunkt Zugriff erhält

Ein **osyncstream** garantiert, dass eine Sequenz aus Ausgabeoperationen fertig ausgeführt wird und ihre Ergebnisse erwartungsgemäß im Ausgabepuffer landen, selbst wenn ein anderer **thread** versucht zu schreiben. Zum Beispiel:

```
void unsafe(int x, string& s)
{
    cout << x;
    cout << s;
}
```

Ein anderer **thread** könnte ein Data Race auslösen (§18.2) und zu einer überraschenden Ausgabe führen. Mit einem **osyncstream** lässt sich das vermeiden:

```
void safer(int x, string& s)
{
    osyncstream oss(cout);
    oss << x;
    oss << s;
}
```

Andere **thread**, die ebenfalls **osyncstream** benutzen, mischen sich hier nicht ein. Ein **thread**, der direkt **cout** verwendet, könnte störend eingreifen. Sie sollten deshalb entweder konsistent **osyncstream** einsetzen oder sicherstellen, dass nur ein einziger **thread** Ausgaben auf einem bestimmten Ausgabe-Stream erzeugt.

Nebenläufigkeit kann eine komplizierte Sache sein, seien Sie daher vorsichtig (Kapitel 18). Verhindern Sie nach Möglichkeit, dass mehrere **thread** sich Daten teilen.

11.8 Ein-/Ausgaben im C-Stil

Die C++-Standardbibliothek unterstützt auch die Ein-/Ausgaben der C-Standardbibliothek, einschließlich **printf()** und **scanf()**. Viele Anwendungen dieser Bibliothek sind in Bezug auf Typen und Sicherheit unsicher, weshalb ich ihre Verwendung nicht empfehle. Insbesondere kann es schwierig sein, sie für sichere und bequeme Eingaben zu benutzen. Sie unterstützt keine benutzerdefinierten Typen. Falls Sie *keine* Ein-/Ausgaben im C-Stil verwenden, aber Ihnen bei der Ein-/Ausgabe die Leistung am Herzen liegt, rufen Sie Folgendes auf:

```
ios_base::sync_with_stdio(false);    // vermeidet signifikanten Overhead
```

Ohne diesen Aufruf können die Standard-**iostream** (z. B. **cin** und **cout**) drastisch heruntergebremst werden, um kompatibel mit der Ein-/Ausgabe im C-Stil zu sein.

Falls Sie Ausgaben mögen, die im Stil von **printf()** formatiert sind, benutzen Sie **format** (§11.6.2); es ist typsicher, einfacher zu benutzen und genauso flexibel und schnell.

11.9 Dateisystem

Die meisten Systeme kennen den Begriff des *Dateisystems*, also einer Möglichkeit, Zugriff auf permanente Informationen zu gewähren, die als *Dateien* gespeichert sind. Leider unterscheiden sich die Eigenschaften von Dateisystemen und die Methoden, um sie zu manipulieren, ganz beträchtlich von System zu System. Aus diesem Grund bietet die Dateisystembibliothek in **<filesystem>** eine einheitliche Schnittstelle für die meisten Dateisysteme. Wenn Sie **<filesystem>** verwenden, können Sie

- Dateisystempfade ausdrücken und durch ein Dateisystem navigieren
- Dateitypen und die mit ihnen verknüpften Berechtigungen untersuchen

Die Dateisystembibliothek kann Unicode verarbeiten, allerdings würde es hier zu weit gehen, dies umfassend zu erklären. Ich empfehle die cppreference [Cppreference] und die Dateisystemdokumentation von Boost [Boost] für ausführliche Informationen.

11.9.1 Pfade

Betrachten Sie ein Beispiel:

```
path f = "dir/hypothetical.cpp";      // Benennen einer Datei

assert(exists(f));                    // f muss existieren

if (is_regular_file(f))               // ist f eine normale Datei?
     cout << f << " is a file; its size is " << file_size(f) << '\n';
```

Beachten Sie, dass ein Programm, das ein Dateisystem manipuliert, normalerweise auf einem Computer zusammen mit anderen Programmen läuft. Das heißt, der Inhalt eines Dateisystems kann sich zwischen zwei Befehlen ändern. Auch wenn Sie sich zum Beispiel zuerst sorgfältig versichert haben, dass **f** existiert, könnte das schon nicht mehr stimmen, wenn Sie auf der nächsten Zeile fragen, ob **f** eine normale Datei ist.

Ein **path** ist eine ziemlich komplizierte Klasse, die in der Lage ist, mit den verschiedenen Zeichensätzen und Konventionen vieler Betriebssysteme umzugehen. Er kann insbesondere Dateinamen von Kommandozeilenparametern verarbeiten, wie sie von **main()** zur Verfügung gestellt werden:

```
int main(int argc, char* argv[])
{
     if (argc < 2) {
```

```
        cerr << "arguments expected\n";
        return 1;
    }

    path p {argv[1]};      // erzeugt aus einem Argument einen Pfad

    cout << p << " " << exists(p) << '\n';     // Hinweis: Ein Pfad kann
                                               // ausgegeben werden wie ein String
   // ...
}
```

Ein **path** wird erst dann auf Gültigkeit geprüft, wenn er benutzt wird. Selbst dann hängt seine Gültigkeit von den Konventionen des Systems ab, auf dem das Programm läuft.

Natürlich kann ein **path** verwendet werden, um eine Datei zu öffnen:

```
void use(path p)
{
    ofstream f {p};
    if (!f) error("bad file name", p);
    f << "Hello, file!";
}
```

Neben **path** bietet **<filesystem>** Typen zum Durchlaufen von Verzeichnissen und zum Abfragen der Eigenschaften der gefundenen Dateien an:

Dateisystemtypen (ein Auszug)	
path	Ein Verzeichnispfad
filesystem_error	Eine Dateisystemausnahme
directory_entry	Ein Verzeichniseintrag
directory_iterator	Zum Iterieren über ein Verzeichnis
recursive_directory_iterator	Zum Iterieren über ein Verzeichnis und seine Unterverzeichnisse

Betrachten Sie ein einfaches, aber nicht völlig unrealistisches Beispiel:

```
void print_directory(path p)    // gibt die Namen aller Dateien in p aus
try
{
    if (is_directory(p)) {
```

```
        cout << p << ":\n";
        for (const directory_entry& x : directory_iterator{p})
            cout << " " << x.path() << '\n';
    }
}
catch (const filesystem_error& ex) {
    cerr << ex.what() << '\n';
}
```

Ein String kann implizit in einen **path** konvertiert werden, weshalb Sie **print_directory** so anwenden können:

```
void use()
{
    print_directory(".");      // aktuelles Verzeichnis
    print_directory("..");     // übergeordnetes Verzeichnis
    print_directory("/");      // Unix-root-Verzeichnis
    print_directory("c:");     // Windows-Laufwerk C

    for (string s; cin>>s; )
        print_directory(s);
}
```

Um auch die Unterverzeichnisse aufzuführen, hätte ich **recursive_directory_iterator{p}** angegeben. Um die Einträge in lexikografischer Sortierung auszugeben, hätte ich die **path**-Angaben in einen **vector** kopiert und das Ganze dann vor der Ausgabe sortiert.

Die Klasse **path** bietet viele gebräuchliche und nützliche Operationen:

Pfadoperationen (ein Auszug) p und p2 sind path-Objekte.	
value_type	Zeichentyp, der von der nativen Codierung des Dateisystems benutzt wird: char auf POSIX, wchar_t auf Windows
string_type	std::basic_string<value_type>
const_iterator	Ein const bidirektionaler Iterator mit dem value_type path
iterator	Alias für const_iterator
p=p2	Weist p2 zu p zu
p/=p2	p und p2 werden unter Benutzung des Dateinamentrennzeichens (standardmäßig /) verkettet.
p+=p2	p und p2 werden verkettet (ohne Trennzeichen).

Pfadoperationen (ein Auszug)	
`s=p.native()`	Eine Referenz auf das native Format von `p`
`s=p.string()`	`p` im nativen Format von `p` als ein `string`
`s=p.generic_string()`	`p` im generischen Format als ein `string`
`p2=p.filename()`	Der Dateinamenteil von `p`
`p2=p.stem()`	Der Stammteil von `p` (Dateiname, ohne den letzten Dateierweiterungsteil)
`p2=p.extension()`	Der Dateinamenerweiterungsteil von `p`
`i=p.begin()`	Der Anfangsiterator der Folge an Pfadelementen von `p`
`i=p.end()`	Der Enditerator der Folge an Pfadelementen von `p`
`p==p2, p!=p2`	Gleichheit und Ungleichheit für `p` und `p2`
`p<p2, p<=p2, p>p2, p>=p2`	Lexikografische Vergleiche
`is>>p, os<<p`	Stream-Ein-/Ausgabe in/aus `p`
`u8path(s)`	Ein Pfad aus einer UTF-8-codierten Quelle `s`

Zum Beispiel:

```
void test(path p)
{
     if (is_directory(p)) {
          cout << p << ":\n";
          for (const directory_entry& x : directory_iterator(p)) {
               const path& f = x;  // bezieht sich auf den Pfad eines
                                   // Verzeichniseintrags
               if (f.extension() == ".exe")
                    cout << f.stem() << " is a Windows executable\n";
               else {
                    string n = f.extension().string();
                    if (n == ".cpp" || n == ".C" || n == ".cxx")
                         cout << f.stem() << " is a C++ source file\n";
               }
          }
     }
}
```

Sie benutzen einen **`path`** als String (z. B. **`f.extension()`**) und Sie können Strings verschiedener Typen aus einem **`path`** extrahieren (z. B. **`f.extension().string()`**).

Namenskonventionen, natürliche Sprachen und String-Codierungen sind ungeheuer komplex. Die Dateisystemabstraktionen der Standardbibliothek sorgen für Portabilität und große Vereinfachungen.

11.9.2 Dateien und Verzeichnisse

Natürlich bietet ein Dateisystem viele Operationen und natürlich bieten verschiedene Betriebssysteme unterschiedliche Arten von Operationen. Die Standardbibliothek stellt einige zur Verfügung, die vernünftig auf einer großen Vielzahl von Systemen implementiert werden können.

Dateisystemoperationen (ein Auszug)	
p, p1 und p2 sind path, e ist ein error_code, b ist ein Boolean, das Erfolg oder Scheitern anzeigt.	
`exists(p)`	Verweist p auf ein existierendes Dateisystemobjekt?
`copy(p1,p2)`	Kopiert Dateien oder Verzeichnisse von p1 nach p2; meldet Fehler als Exceptions
`copy(p1,p2,e)`	Kopiert Dateien oder Verzeichnisse; meldet Fehler als Fehlercodes
`b=copy_file(p1,p2)`	Kopiert Dateiinhalte aus p1 nach p2; meldet Fehler als Exceptions
`b=create_directory(p)`	Erzeugt ein neues Verzeichnis namens p; alle dazwischenliegenden Verzeichnisse auf p müssen existieren.
`b=create_directories(p)`	Erzeugt ein neues Verzeichnis namens p; erzeugt alle dazwischenliegenden Verzeichnisse auf p
`p=current_path()`	p ist das aktuelle Arbeitsverzeichnis.
`current_path(p)`	Macht p zum aktuellen Arbeitsverzeichnis
`s=file_size(p)`	s ist die Anzahl der Bytes in p.
`b=remove(p)`	Entfernt p, wenn es eine Datei oder ein leeres Verzeichnis ist

Viele Operationen haben Überladungen, die zusätzliche Argumente entgegennehmen, wie etwa Betriebssystem-Berechtigungen. Erklärungen zum Umgang damit gehen über das hinaus, was in diesem Buch behandelt wird; recherchieren Sie sie im Bedarfsfall daher selbst.

Genau wie **copy()** kommen alle Operationen in zwei Versionen:

- Die Grundversion, wie sie in der Tabelle steht, z. B. **exists(p)**. Die Funktion wirft einen **filesystem_error**, falls die Operation fehlschlägt.
- Eine Version mit zusätzlichem **error_code**-Argument, z. B. **exists(p,e)**. Prüfen Sie **e**, um festzustellen, ob die Operation erfolgreich war.

Sie verwenden die Fehlercodes, wenn Sie erwarten, dass Operationen häufig bei der normalen Nutzung scheitern. Gilt ein Fehler dagegen als große Ausnahme, nehmen Sie die Operation, die eine Ausnahme wirft.

Oft stellt die Verwendung einer Abfrage-Funktion die einfachste Möglichkeit dar, um die Eigenschaften einer Datei zu untersuchen. Die **`<filesystem>`**-Bibliothek kennt einige gebräuchliche Arten von Dateien und klassifiziert den Rest als »andere«:

Dateitypen `f` ist ein `path` oder ein `file_status`.	
`is_block_file(f)`	Ist `f` ein blockorientiertes Gerät?
`is_character_file(f)`	Ist `f` ein zeichenorientiertes Gerät?
`is_directory(f)`	Ist `f` ein Verzeichnis?
`is_empty(f)`	Ist `f` eine leere Datei oder ein leeres Verzeichnis?
`is_fifo(f)`	Ist `f` eine benannte Pipe?
`is_other(f)`	Ist `f` irgendeine andere Art von Datei?
`is_regular_file(f)`	Ist `f` eine normale Datei?
`is_socket(f)`	Ist `f` ein benanntes IPC-Socket?
`is_symlink(f)`	Ist `f` ein symbolischer Link?
`status_known(f)`	Ist der Dateistatus von `f` bekannt?

11.10 Ratschläge

[1] **`iostream`** sind typsicher, typsensitiv und erweiterbar; §11.1.

[2] Benutzen Sie Eingaben auf Zeichenebene nur dann, wenn Sie es wirklich müssen; §11.3; [CG: SL.io.1].

[3] Rechnen Sie beim Lesen immer mit falsch formatierten Eingaben; §11.3; [CG: SL.io.2].

[4] Vermeiden Sie **`endl`** (falls Sie nicht wissen, was **`endl`** ist, haben Sie nichts verpasst); [CG: SL.io.50].

[5] Definieren Sie `<<` und `>>` für benutzerdefinierte Typen mit Werten, die sinnvolle textuelle Repräsentationen haben; §11.2, §11.2, §11.3.

[6] Benutzen Sie **`cout`** für normale Ausgaben und **`cerr`** für Fehler; §11.1.

[7] Es gibt **`iostream`** für normale Zeichen und breite Zeichen, und Sie können **`iostream`** für alle möglichen Arten von Zeichen definieren; §11.1.

[8] Binäre Ein-/Ausgaben werden unterstützt; §11.1.

[9] Es gibt Standard-**`iostream`** für Standard-Ein-/Ausgabe-Streams, Dateien und **`string`**; §11.2, §11.3, §11.7.2, §11.7.3.

[10] Verketten Sie <<-Operationen für eine knappere Notation; §11.2.

[11] Verketten Sie >>-Operationen für eine knappere Notation; §11.3.

[12] Eingaben in **string** laufen nicht über; §11.3.

[13] Standardmäßig werden führende Leerzeichen durch >> übersprungen; §11.3.

[14] Benutzen Sie den Stream-Status **fail** für den Umgang mit potenziell wiederherstellbaren Ein-/Ausgabe-Fehlern; §11.4.

[15] Sie können <<- und >>-Operatoren für Ihre eigenen Typen definieren; §11.5.

[16] Sie müssen **istream** oder **ostream** nicht modifizieren, um neue <<- und >>-Operatoren hinzuzufügen; §11.5.

[17] Benutzen Sie Manipulatoren oder **format()**, um die Formatierung zu steuern; §11.6.1, §11.6.2.

[18] **precision()**-Spezifikationen gelten für alle nachfolgenden Gleitkomma-Ausgabeoperationen; §11.6.1.

[19] Gleitkomma-Formatspezifikationen (z. B. **scientific**) gelten für alle nachfolgenden Gleitkomma-Ausgabeoperationen; §11.6.1.

[20] Nutzen Sie **#include <ios>** oder **<iostream>**, wenn Sie Standardmanipulatoren verwenden; §11.6.

[21] Formatierungsmanipulatoren für Streams sind für die Verwendung für mehrere Werte in einem Stream »sticky«; §11.6.1.

[22] Nutzen Sie **#include <iomanip>**, wenn Sie Standardmanipulatoren einsetzen, die Argumente entgegennehmen; §11.6.

[23] Sie können Zeit-, Datumsangaben usw. in Standardformaten ausgeben; §11.6.1, §11.6.2.

[24] Versuchen Sie nicht, einen Stream zu kopieren, Streams können nur verschoben werden; §11.7.

[25] Denken Sie daran zu überprüfen, ob ein Datei-Stream an eine Datei gebunden ist, bevor Sie ihn benutzen; §11.7.2.

[26] Benutzen Sie **stringstream** oder Speicher-Streams für eine Formatierung im Speicher; §11.7.3, §11.7.4.

[27] Sie können Konvertierungen zwischen zwei beliebigen Typen definieren, die beide String-Repräsentationen haben; §11.7.3.

[28] Ein-/Ausgaben im C-Stil sind nicht typsicher; §11.8.

[29] Rufen Sie **ios_base::sync_with_stdio(false)** auf, sofern Sie keine Funktionen der **printf**-Familie benutzen; §11.8; [CG: SL.io.10].

[30] Ziehen Sie **<filesystem>** der direkten Benutzung von plattformspezifischen Schnittstellen vor; §11.9.

Kapitel 12

Container

Es war neu. Es war einzigartig. Es war einfach.
Es musste erfolgreich sein!
— H. Nelson

12.1 Einführung

Bei den meisten Aktionen auf einem Computer geht es darum, Sammlungen aus Werten zu erzeugen und diese dann zu manipulieren. Ein einfaches Beispiel ist das Einlesen von Zeichen in einen **string** und dann das Ausgeben dieses **string**. Eine Klasse, deren Hauptaufgabe darin besteht, Objekte aufzunehmen, wird üblicherweise als *Container* bezeichnet. Das Bereitstellen passender Container für bestimmte Aufgaben und das Unterstützen dieser Container mit nützlichen grundlegenden Operationen sind wichtige Schritte beim Erstellen eines Programms.

Um die Standardbibliothekscontainer zu veranschaulichen, stellen Sie sich ein einfaches Programm zum Ablegen von Namen und Telefonnummern vor. Dies ist die Art von Programm, für die unterschiedliche Vorgehensweisen eigentlich immer »einfach und offensichtlich« erscheinen, egal, welches Vorwissen man mitbringt. Die **Entry**-Klasse aus §11.5 kann benutzt werden, um einen einfachen Telefonbucheintrag aufzunehmen. Ich ignoriere hier bewusst die ganze Komplexität, die uns in der wirklichen Welt begegnen würde, wie etwa die Tatsache, dass viele Telefonnummern keine einfache Repräsentation als 32-Bit-**int** haben.

12.2 vector

Der nützlichste Standardbibliothekscontainer ist **vector**. Ein **vector** ist eine Abfolge von Elementen eines bestimmten Typs. Die Elemente werden fortlaufend im Speicher abgelegt. Eine typische Implementierung von **vector** (§5.2.2, §6.2) besteht aus einem Handle, das Zeiger auf das erste Element, auf das Element hinter dem letzten Element und auf die Stelle direkt hinter dem reservierten Platz enthält (§13.1) (oder die entsprechenden Informationen, dargestellt als Zeiger plus Offsets):

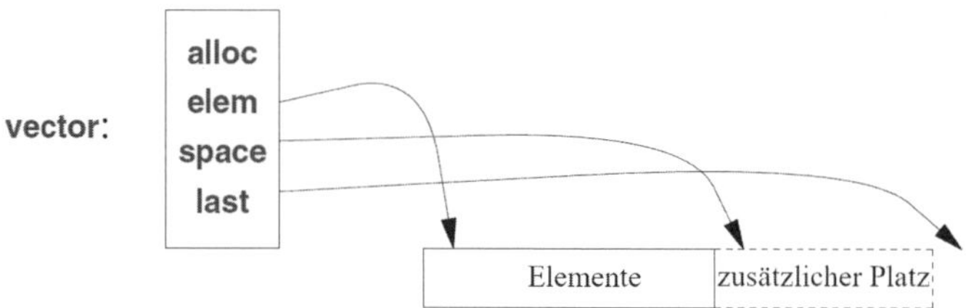

Darüber hinaus enthält er einen Allokator (hier: **alloc**), von dem der **vector** Speicher für seine Elemente erhalten kann. Der Standard-Allokator verwendet **new** und **delete**, um Speicher zu beschaffen und freizugeben (§12.7). Mithilfe einer etwas ausgefeilteren Implementierungstechnik können Sie es vermeiden, die Daten für einfache Allokatoren in einem **vector**-Objekt zu speichern. Sie können einen **vector** mit einer Gruppe von Werten seines Elementtyps initialisieren:

```
vector<Entry> phone_book = {
    {"David Hume",123456},
    {"Karl Popper",234567},
    {"Bertrand Arthur William Russell",345678}
};
```

Der Zugriff auf die Elemente kann mittels Indizierung erfolgen. Angenommen, Sie haben << für **Entry** definiert, können Sie schreiben:

```
void print_book(const vector<Entry>& book)
{
    for (int i = 0; i!=book.size(); ++i)
        cout << book[i] << '\n';
}
```

Wie üblich beginnt die Indizierung bei **0**, sodass **book[0]** den Eintrag für **David Hume** enthält. Die **vector**-Member-Funktion **size()** gibt die Anzahl der Elemente an.

Die Elemente eines **vector** bilden einen Bereich. Sie können deshalb eine bereichsbasierte **for**-Schleife verwenden (§1.7):

```
void print_book(const vector<Entry>& book)
{
    for (const auto& x : book)    // für "auto" siehe §1.4
        cout << x << '\n';
}
```

Wenn Sie einen **vector** definieren, geben Sie ihm eine Anfangsgröße (eine anfängliche Anzahl an Elementen):

```
vector<int> v1 = {1, 2, 3, 4};      // Größe ist 4
vector<string> v2;                  // Größe ist 0
vector<Shape*> v3(23);              // Größe ist 23; Anfangswert: nullptr
vector<double> v4(32,9.9);          // Größe ist 32; Anfangswert: 9.9
```

Eine explizite Größe wird in normale runde Klammern eingeschlossen, zum Beispiel **(23)**. Die Elemente werden standardmäßig auf den Vorgabewert des Elementtyps initialisiert (z. B. **nullptr** für Zeiger und **0** für Zahlen). Falls Sie den Vorgabewert nicht haben wollen, können Sie einen als zweites Argument angeben (z. B. **9.9** für die **32** Elemente von **v4**).

Die anfängliche Größe lässt sich ändern. Eine der nützlichsten Operationen auf **vector** ist **push_back()**, das am Ende eines **vector** ein neues Element hinzufügt und damit die Größe um eins erhöht. Wenn Sie zum Beispiel annehmen, dass Sie >> für **Entry** definiert haben, können Sie schreiben:

```
void input()
{
    for (Entry e; cin>>e; )
        phone_book.push_back(e);
}
```

Dies liest **Entry** von der Standardeingabe in **phone_book** ein, bis entweder das Ende der Eingabe erreicht wird (zum Beispiel ein End-of-File) oder die Eingabeoperation einen Formatfehler entdeckt.

Der Standardbibliotheks-**vector** ist so implementiert, dass es effizient ist, einen **vector** durch wiederholtes **push_back()** anwachsen zu lassen. Damit Sie sehen, wie das funktioniert, betrachten Sie einmal eine genauere Darstellung des einfachen **Vector** aus Kapitel 5 und Kapitel 7, der die Repräsentation benutzt, die in der obigen Abbildung angedeutet wird:

```
template<typename T>
class Vector {
    allocator<T> alloc;    // Allokator aus der Standardbibliothek für
                           // Platz für die Ts
    T* elem;        // Zeiger auf das erste Element
    T* space;       // Zeiger auf den ersten (und uninitialisierten) Slot
    T* last;               // Zeiger auf den letzten Slot
```

```
public:
    // ...
     int size() const { return space?elem; }     // Anzahl der Elemente
     int capacity() const { return last?elem; }     // Anzahl der
                                    // verfügbaren Slots für die Elemente
    // ...
     void reserve(int newsz);      // vergrößert capacity() auf newsz
    // ...
     void push_back(const T& t);      // kopiert t in Vector
     void push_back(T&& t);          // verschiebt t in Vector
};
```

Der Standardbibliotheks-**vector** hat die Member **capacity()**, **reserve()** und **push_back()**. Das Member **reserve()** wird von Benutzern von **vector** und anderen **vector**-Membern verwendet, um Raum für weitere Elemente zu schaffen. Es muss möglicherweise neuen Speicher allozieren, und wenn es das tut, bewegt es die Elemente an den neuen reservierten Platz. Wenn **reserve()** Elemente an einen neuen und größeren Speicherort bewegt hat, weisen die Zeiger auf diese Elemente nun an die falschen Stellen: Sie sind *ungültig* geworden und sollten nicht mehr verwendet werden. Mithilfe von **capacity()** und **reserve()** ist es trivial, **push_back()** zu implementieren:

```
template<typename T>
void Vector<T>::push_back(const T& t)
{
     if (capacity()<=size()) // stellt sicher, dass wir Platz für t haben
         reserve(size()==0?8:2*size()); // verdoppelt die Kapazität
     construct_at(space,t);                // initialisiert *space auf t
                                           // ("platziere t in space")
     ++space;
}
```

Nun kommen allerdings Allokation und Neuallokation von Elementen recht selten vor. Ich habe **reserve()** immer benutzt, um zu versuchen, die Leistung zu verbessern, was sich jedoch als unnötige Mühe erwiesen hat: Die von **vector** verwendete Heuristik ist im Durchschnitt besser als meine Schätzungen, sodass ich **reserve()** nur dann explizit einsetze, wenn ich Zeiger auf Elemente verwenden möchte und daher eine Neuzuordnung der Elemente vermeiden muss.

Ein **vector** kann in Zuweisungen und Initialisierungen kopiert werden. Zum Beispiel:

```
vector<Entry> book2 = phone_book;
```

Das Kopieren und Verschieben von **vector** wird mit Konstruktoren und Zuweisungsoperatoren implementiert, wie bereits in §6.2 beschrieben wurde. Das Zuweisen eines **vector** beinhaltet das Kopieren seiner Elemente. Das heißt, nach der Initialisierung von **book2** enthalten **book2** und **phone_book** separate Kopien jedes **Entry** in dem Telefonbuch. Wenn ein **vector** viele Elemente enthält, können solche unschuldig aussehenden Zuweisungen und Initialisierungen sehr teuer werden. An den Stellen, an denen ein Kopieren unerwünscht ist, sollten Referenzen oder Zeiger (§1.7) oder Verschiebe-Operationen (6.2.2) zum Einsatz kommen.

Der Standardbibliotheks-**vector** ist sehr flexibel und effizient. Setzen Sie ihn als Ihren Standardcontainer ein; das heißt, benutzen Sie ihn, solange Sie keinen sinnvollen Grund haben, einen anderen Container zu verwenden. Falls Sie **vector** aufgrund irgendwelcher schwammiger Bedenken hinsichtlich der »Effizienz« vermeiden, dann messen Sie das. Unsere Intuition ist in Bezug auf die Leistungsfähigkeit des Einsatzes von Containern alles andere als unfehlbar.

12.2.1 Elemente

Wie alle Standardbibliothekscontainer ist **vector** ein Container aus Elementen irgendeines Typs **T**, das heißt ein **vector<T>**. Nahezu jeder Typ qualifiziert sich als Elementtyp: integrierte numerische Typen (wie **char**, **int** und **double**), benutzerdefinierte Typen (wie **string**, **Entry**, **list<int>** und **Matrix<double,2>**) und Zeiger (wie **const char***, **Shape*** und **double***). Wenn Sie ein neues Element einfügen, wird sein Wert in den Container kopiert. Setzen Sie zum Beispiel ein Integer mit dem Wert **7** in den Container, dann hat das resultierende Element tatsächlich den Wert **7**. Das Element ist keine Referenz oder ein Zeiger auf irgendein Objekt, das die **7** enthält. Sie erhalten also schöne, kompakte Container mit schnellem Zugriff. Für diejenigen, die sich Gedanken um Speichergrößen und Laufzeitleistung machen, ist das entscheidend.

Falls Sie eine Klassenhierarchie (§5.5) haben, die auf **virtual** Funktionen beruht, um ein polymorphes Verhalten zu bekommen, dann sollten Sie Objekte nicht direkt in einem Container speichern. Speichern Sie stattdessen einen Zeiger (oder einen smarten Zeiger; §15.2.1). Zum Beispiel:

```
vector<Shape> vs;            // Nein, tun Sie es nicht - da ist kein
                             // Platz für einen Kreis oder einen Smiley (§5.5)
vector<Shape*> vps;                 // besser, aber siehe §5.5.3
                                    // (Speicherlecks vermeiden)
vector<unique_ptr<Shape>> vups;     // Okay
```

12.2.2 Bereichsüberprüfung

Der Standardbibliotheks-**vector** garantiert keine Bereichsüberprüfung. Zum Beispiel:

```
void silly(vector<Entry>& book)
{
    int i = book[book.size()].number;      // book.size() liegt außerhalb
                                            // des Bereichs
    // ...
}
```

Diese Initialisierung packt wahrscheinlich irgendeinen zufälligen Wert in **i**, statt einen Fehler zu melden. Das ist nicht erwünscht, und Bereichsfehler sind ein häufig auftretendes Problem. Aus diesem Grund nutze ich oft eine einfache Adaption von **vector**, die eine Bereichsüberprüfung durchführt:

```
template<typename T>
struct Vec : std::vector<T> {
    using vector<T>::vector;        // nutzt die Konstruktoren von vector
                                    // (unter dem Namen Vec)

    T& operator[](int i) { return vector<T>::at(i); }
                                    // Bereichsüberprüfung
    const T& operator[](int i) const { return vector<T>::at(i); }
                    // Bereichsüberprüfung der const-Objekte; §5.2.1

    auto begin() { return Checked_iter<vector<T>>{*this}; }
                                    // siehe §13.1
    auto end() { return Checked_iter<vector<T>>{*this, vector<T>::end()}; }
};
```

Vec erbt alles von **vector** bis auf die Indexoperationen, die es umdefiniert, um eine Bereichsüberprüfung durchzuführen. Die **at()**-Operation ist eine **vector**-Indexoperation, die eine Exception des Typs **out_of_range** wirft, wenn ihr Argument außerhalb des Bereichs von **vector** liegt (§4.2).

Für **Vec** wirft ein außerhalb des Bereichs liegender Zugriff eine Exception, die der Benutzer abfangen kann. Zum Beispiel:

```
void checked(Vec<Entry>& book)
{
```

```
    try {
        book[book.size()] = {"Joe",999999};      // wirft eine Exception
        // ...
    }
    catch (out_of_range&) {
        cerr << "range error\n";
    }
}
```

Die Exception wird geworfen und dann abgefangen (§4.2). Wenn der Benutzer eine Exception nicht abfängt, dann beendet sich das Programm auf definierte Weise, statt weiterzumachen oder auf undefinierte Art abzustürzen. Eine Möglichkeit, Überraschungen aufgrund von nicht abgefangenen Exceptions zu minimieren, besteht darin, ein **main()** mit einem **try**-Block als Body zu verwenden. Zum Beispiel:

```
int main()
try {
    // Ihr Code
}
catch (out_of_range&) {
    cerr << "range error\n";
}
catch (...) {
    cerr << "unknown exception thrown\n";
}
```

Dies liefert vorgegebene Exception-Handler, sodass auf dem Standardausgabe-Stream für Fehlerdiagnosen, **cerr** (§11.2), eine Fehlermeldung ausgegeben wird, falls Sie eine Exception nicht abfangen sollten.

Wieso garantiert der Standard keine Bereichsüberprüfung? Viele leistungskritische Anwendungen nutzen **vector**, und die Überprüfung aller Indizierungen würde Kosten in der Größenordnung von 10% implizieren. Diese Kosten können ganz offensichtlich je nach Hardware, Optimierern und der Menge an Indizierungen in der Anwendung stark variieren. Erfahrungen zeigen jedoch, dass ein solcher Overhead die Leute dazu bringen kann, lieber auf die viel unsichereren integrierten Arrays zu setzen. Schon allein die Angst vor dem Overhead kann dazu führen, dass **vector** nicht mehr benutzt wird. Dabei kann für **vector** wenigstens beim Debuggen eine Bereichsüberprüfung durchgeführt werden und Sie können geprüfte Versionen auf die ungeprüfte Standardversion aufsetzen.

Ein bereichsbasiertes **for** vermeidet Bereichsfehler ohne irgendwelche Kosten, indem es implizit auf alle Elemente in dem Bereich zugreift. Solange ihre Argumente gültig sind, machen die Standardbibliotheksalgorithmen dasselbe, damit keine Bereichsfehler auftreten.

Falls Sie **vector::at()** direkt in Ihrem Code verwenden, brauchen Sie meine **Vec**-Notlösung nicht. Darüber hinaus haben manche Standardbibliotheken bereichsgeprüfte **vector**-Implementierungen, die eine umfassendere Prüfung bieten als **Vec**.

12.3 list

Die Standardbibliothek bietet eine doppelt verknüpfte Liste namens **list**:

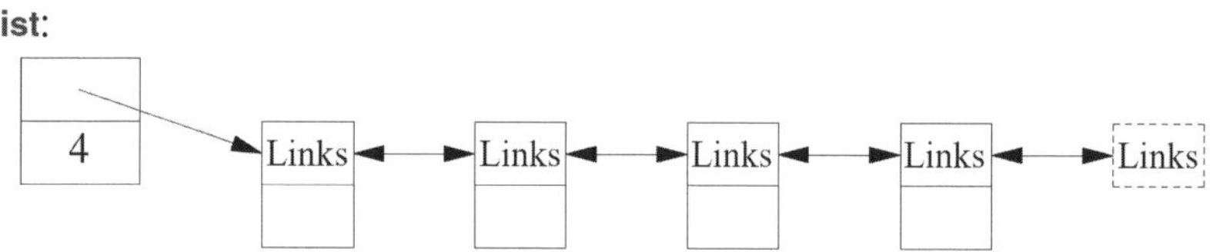

Sie verwenden **list** für Sequenzen, bei denen Sie Elemente einfügen und löschen wollen, ohne andere Elemente zu verschieben. Das Einfügen und Löschen von Telefonbucheinträgen ist üblich, sodass eine **list** sich zum Darstellen eines einfachen Telefonbuchs eignet. Zum Beispiel:

```
list<Entry> phone_book = {
    {"David Hume",123456},
    {"Karl Popper",234567},
    {"Bertrand Arthur William Russell",345678}
};
```

Wenn Sie eine verknüpfte Liste benutzen, dann greifen Sie meist nicht mithilfe einer Indizierung auf die Elemente zu, wie das bei Vektoren der Fall ist. Stattdessen durchsuchen Sie vermutlich die Liste, in dem Sie nach einem Element mit einem bestimmten Wert suchen. Dazu nutzen Sie die Tatsache aus, dass eine **list** eine Sequenz ist, wie in Kapitel 13 beschrieben wird:

```
int get_number(const string& s)
{
    for (const auto& x : phone_book)
        if (x.name==s)
            return x.number;
```

```
    return 0;     // verwendet 0 für "Nummer nicht gefunden"
}
```

Die Suche nach **s** beginnt am Anfang der Liste und setzt sich fort, bis **s** gefunden oder das Ende von **phone_book** erreicht wurde.

Manchmal müssen Sie ein Element in einer **list** identifizieren. Vielleicht wollen Sie zum Beispiel ein Element löschen oder ein neues Element davor einfügen. Dazu nutzen Sie einen Iterator: Ein **list**-Iterator identifiziert ein Element einer **list** und kann verwendet werden, um durch eine **list** zu iterieren (daher auch der Name). Jeder Standardbibliothekscontainer stellt die Funktionen **begin()** und **end()** zur Verfügung, die einen Iterator auf das erste Element bzw. auf das Element hinter dem letzten Element zurückgeben (§13.1). Indem Sie explizit Iteratoren einsetzen, können Sie – wenn auch weniger elegant – die Funktion **get_number()** folgendermaßen schreiben:

```
int get_number(const string& s)
{
    for (auto p = phone_book.begin(); p!=phone_book.end(); ++p)
        if (p?>name==s)
            return p?>number;
    return 0;     // verwendet 0 für "Nummer nicht gefunden"
}
```

Genau genommen ist dies ungefähr die Art und Weise, wie die knappere und weniger fehleranfällige bereichsbasierte **for**-Schleife durch den Compiler implementiert wird. Wenn Sie einen Iterator **p** haben, dann ist ***p** das Element, auf das er verweist, **++p** erhöht **p**, sodass er auf das nächste Element verweist, und wenn **p** auf eine Klasse mit einem Member **m** verweist, dann ist **p->m** äquivalent zu **(*p).m**.

Das Hinzufügen von Elementen zu einer **list** und das Entfernen von Elementen aus einer **list** ist einfach:

```
void f(const Entry& ee, list<Entry>::iterator p, list<Entry>::iterator q)
{
    phone_book.insert(p,ee); // fügt ee vor dem Element hinzu, auf das
                             // von p verwiesen wird
    phone_book.erase(q);     // entfernt das Element, auf das q verweist
}
```

Für eine **list** setzt **insert(p.elem)** ein Element mit einer Kopie des Werts **elem** vor dem Element ein, auf das **p** zeigt. Hier könnte **p** ein Iterator sein, der auf die Stelle direkt hinter dem Ende von **list** zeigt. Umgekehrt entfernt **erase(p)** das Element, auf das **p** zeigt, und zerstört es.

Diese **list**-Beispiele könnten genauso mit **vector** geschrieben werden und (überraschenderweise, es sei denn, Sie verstehen die Maschinenarchitektur) bringen mit **vector** oft eine bessere Leistung als mit **list**. Wenn alles, was Sie wollen, eine Sequenz aus Elementen ist, dann haben Sie die Wahl zwischen **vector** und **list**. Solange Sie keinen Grund haben, es nicht zu tun, sollten Sie **vector** benutzen. Ein **vector** funktioniert besser für die Traversierung (z. B. **find()** und **count()**) sowie für das Sortieren und Suchen (z. B. **sort()** und **equal_range()**; §13.5, §15.3.3).

12.4 forward_list

Die Standardbibliothek bietet auch eine einfach verknüpfte Liste namens **forward_list**:

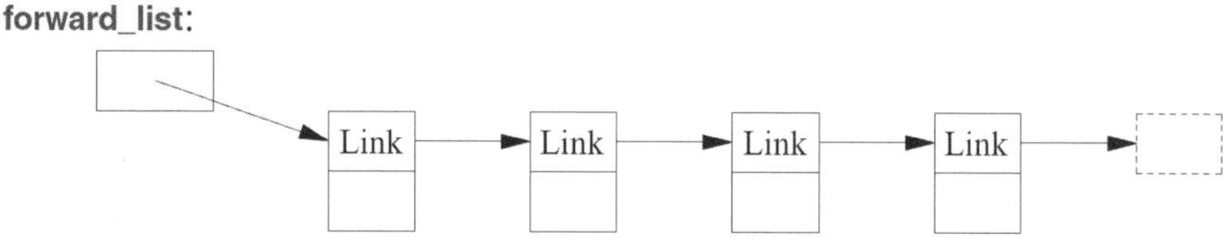

Eine **forward_list** unterscheidet sich von einer (doppelt verknüpften) **list** dadurch, dass sie nur eine Vorwärtsiteration erlaubt. Der Sinn besteht darin, Platz zu sparen. Es ist nicht notwendig, in jedem Link einen Zeiger auf den Vorgänger vorzuhalten, und eine leere **forward_list** ist nur so groß wie ein einziger Zeiger. Eine **forward_list** kennt nicht einmal die Anzahl ihrer Elemente. Wenn Sie diese wissen möchten, dann zählen Sie. Falls Sie es sich nicht leisten können zu zählen, dann sollten Sie eine **forward_list** vermutlich nicht benutzen.

12.5 map

Code zu schreiben, um einen Namen in einer Liste aus *(name,number)*-Paaren nachzuschlagen, ist recht mühselig. Darüber hinaus ist eine lineare Suche außer bei sehr kurzen Listen ineffizient. Die Standardbibliothek bietet einen ausbalancierten Binärsuchbaum (normalerweise einen Rot-Schwarz-Baum) namens **map**:

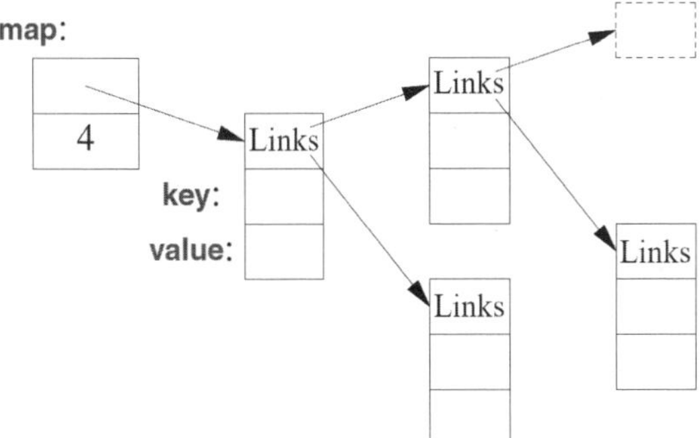

In anderen Kontexten ist eine **map** als assoziatives Array/Datenfeld oder Dictionary bekannt.

Die Standardbibliotheks-**map** ist ein Container aus Wertepaaren, der für die Suche und das Einfügen optimiert ist. Sie können den gleichen Initialisierer benutzen wie für **vector** und **list** (§12.2, §12.3):

```
map<string,int> phone_book {
{"David Hume",123456},
{"Karl Popper",234567},
{"Bertrand Arthur William Russell",345678}
}
```

Wenn eine **map** durch einen Wert ihres ersten Typs indiziert wird (den sogenannten *Key* oder *Schlüssel*), dann liefert sie den entsprechenden Wert des zweiten Typs (den sogenannten *Value, Wert* oder *zugeordneten Typ*) zurück. Zum Beispiel:

```
int get_number(const string& s)
{
    return phone_book[s];
}
```

Mit anderen Worten, die Indizierung einer **map** ist im Prinzip das Nachschlagen, das Sie als **get_number()** bezeichnet hatten. Wenn kein **key** gefunden wird, dann wird er in die **map** mit dem Standardwert für seinen **value** eingetragen. Der Standardwert für einen Integer-Typ ist **0** und das scheint auch ein vernünftiger Wert zu sein, um eine ungültige Telefonnummer darzustellen.

Falls Sie es vermeiden wollen, ungültige Nummern in Ihr Telefonbuch einzufügen, könnten Sie **find()** und **insert()** (§12.8) anstelle von **[ ]** benutzen.

12.6 unordered_map

Die Kosten für das Nachschlagen einer **map** betragen **O(log(n))**, wobei **n** die Anzahl der Elemente in der **map** ist. Das ist ziemlich gut. Zum Beispiel führen Sie für eine **map** mit 1.000.000 Elementen nur ungefähr 20 Vergleiche und Dereferenzierungen durch, um ein Element zu finden. In vielen Fällen können Sie es aber besser machen, indem Sie statt eines Vergleichs mit einer Sortierfunktion wie **<** eine Hash-basierte Abfrage durchführen. Die Hash-basierten Container der Standardbibliothek werden als »ungeordnet« bezeichnet, weil sie keine Sortierfunktion erfordern:

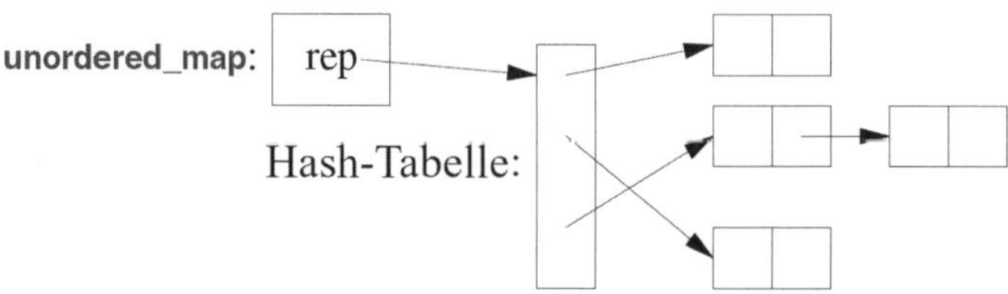

Sie können z. B. für das Telefonbuch eine **unordered_map** aus **<unordered_map>** benutzen:

```
unordered_map<string,int> phone_book {
     {"David Hume",123456},
     {"Karl Popper",234567},
     {"Bertrand Arthur William Russell",345678}
};
```

Wie bei einer **map** können Sie eine **unordered_map** indizieren:

```
int get_number(const string& s)
{
     return phone_book[s];
}
```

Die Standardbibliothek stellt eine vorgegebene Hash-Funktion für **string** sowie für andere integrierte und Standardbibliothekstypen zur Verfügung. Falls nötig, können Sie Ihre eigene bereitstellen. Möglicherweise die häufigste Notwendigkeit für eine eigene Hash-Funktion ergibt sich, wenn Sie einen ungeordneten Container eines Ihrer eigenen Typen haben wollen. Eine Hash-Funktion wird oft als Funktionsobjekt implementiert (§7.3.2). Zum Beispiel:

```
struct Record {
    string name;
    int product_code;
    // ...
};

bool operator==(const Record&, const Record&) {/* ... */}

struct Rhash {          // eine Hash-Funktion für Record
    size_t operator()(const Record& r) const
    {
        return hash<string>()(r.name) ^ hash<int>()(r.product_code);
    }
};

unordered_set<Record,Rhash> my_set;    // Menge aus Records, die Rhash für
                                       // die Suche benutzen
```

Das Entwerfen einer guten Hash-Funktion ist eine Kunst und verlangt oft Kenntnis der Daten, auf die sie angewandt werden soll. Es ist einfach und häufig sehr effektiv, eine neue Hash-Funktion zu erzeugen, indem man vorhandene Hash-Funktionen mittels Exklusiv-Oder (^) kombiniert. Achten Sie jedoch ganz besonders darauf, dass jeder Wert, der an dem Hash beteiligt ist, wirklich dabei hilft, die Werte zu unterscheiden. Wenn Sie zum Beispiel nicht mehrere Namen für denselben Produktcode (oder mehrere Produktcodes für denselben Namen) haben können, bringt das Kombinieren beider Hashes auch keinen Vorteil

Sie können es vermeiden, die **hash**-Operation explizit zu übergeben, indem Sie sie als Spezialisierung des Standardbibliotheks-**hash** definieren:

```
namespace std {    // Anlegen einer Hash-Funktion für Record
    template<> struct hash<Record> {
        using argument_type = Record;
        using result_type = size_t;

        result_type operator()(const Record& r) const
        {
            return hash<string>()(r.name) ^ hash<int>()(r.product_code);
        }
    };
}
```

Beachten Sie die Unterschiede zwischen einer **map** und einer **unordered_map**:

- Eine **map** erfordert eine Sortierfunktion (standardmäßig <) und ergibt eine geordnete Sequenz.
- Eine **unordered_map** erfordert eine Gleichheitsfunktion (standardmäßig ==); sie stellt keine Ordnung unter ihren Elementen her.

Hat man eine gute Hash-Funktion, ist eine **unordered_map** für große Container viel schneller als eine **map**. Dagegen ist das Worst-Case-Verhalten einer **unordered_map** mit einer schlechten Hash-Funktion viel schlimmer als das einer **map**.

12.7 Allokatoren

Standardbibliothekscontainer allozieren Platz standardmäßig mithilfe von **new**. Die Operatoren **new** und **delete** stellen einen allgemeinen freien Speicherplatz zur Verfügung (dieser wird auch als dynamischer Speicher oder Heap bezeichnet), der Objekte beliebiger Größe aufnehmen kann, deren Lebensdauer vom Benutzer bestimmt wird. Dies verursacht zusätzlichen Zeit- und Speicherbedarf, der in vielen Sonderfällen vermieden werden kann. Deshalb bieten die Standardbibliothekscontainer die Möglichkeit, im Bedarfsfall Allokatoren mit besonderen Semantiken zu installieren. Damit lassen sich eine Vielzahl von Problemen in Bezug auf Leistung (z. B. Pool-Allokatoren), Sicherheit (Allokatoren, die den Speicher im Zuge des Löschvorgangs leeren), Thread-weise Allokation und nichteinheitliche Speicherarchitekturen (Allozieren in speziellen Speichern mit den passenden Zeigertypen) ansprechen. Dies ist nicht der Ort, um diese wichtigen, aber sehr speziellen und oft fortgeschrittenen Techniken zu behandeln. Ich werde Ihnen jedoch ein Beispiel liefern, das auf einem tatsächlichen Problem beruht. Seine Lösung bestand in der Bereitstellung eines Pool-Allokators.

Ein wichtiges, lange laufendes System benutzte eine Ereigniswarteschlange (siehe §18.4) mit **vector** als Ereignisse, die als **shared_ptr** übergeben wurden. Auf diese Weise löschte der letzte Benutzer eines Ereignisses dieses implizit:

```
struct Event {
    vector<int> data = vector<int>(512);
};

list<shared_ptr<Event>> q;

void producer()
{
    for (int n = 0; n!=LOTS; ++n) {
        lock_guard lk {m};    // m ist ein Mutex; siehe §18.3
        q.push_back(make_shared<Event>());
```

```
        cv.notify_one();  // cv ist eine condition_variable; siehe §18.4
    }
}
```

Aus logischer Sicht funktionierte das ganz gut. Es ist logisch gesehen einfach, sodass der Code robust und wartbar ist. Leider führte das Ganze zu einer massiven Fragmentierung. Nachdem 100.000 Ereignisse zwischen 16 Produzenten und 4 Konsumenten hin und her übergeben wurden, waren mehr als 6 GB Speicher aufgebraucht worden.

Die traditionelle Lösung für Fragmentierungsprobleme besteht darin, den Code so umzuschreiben, dass ein Pool-Allokator verwendet wird. Ein Pool-Allokator ist ein Allokator, der Objekte von gleicher, fester Größe verwaltet und Platz für viele Objekte gleichzeitig reserviert, statt auf einzelne Allokationen zu setzen. Zum Glück bietet C++ direkte Unterstützung dafür. Der Pool-Allokator wird im Unternamensraum **pmr** (»polymorphic memory resource«) von **std** definiert:

```
pmr::synchronized_pool_resource pool;              // erstellt einen Pool

struct Event {
    vector<int> data = vector<int>{512,&pool};   // lässt Events den
                                                  // Pool benutzen
};

list<shared_ptr<Event>> q {&pool};             // lässt q den Pool benutzen

void producer()
{
    for (int n = 0; n!=LOTS; ++n) {
        scoped_lock lk {m};         // m ist ein Mutex (§18.3)
        q.push_back(allocate_shared<Event,
        pmr::polymorphic_allocator<Event>>{&pool});
        cv.notify_one();
    }
}
```

Nachdem nun 100.000 Ereignisse zwischen den 16 Produzenten und 4 Konsumenten übergeben wurden, sind weniger als 3 MB Speicher belegt. Das ist ungefähr eine 2000-fache Verbesserung! Natürlich ist die Menge an Speicher, die tatsächlich benutzt wird (ganz im Gegensatz zur Menge an Speicher, die durch die Fragmentierung verschwendet wird), unverändert. Nachdem die Fragmentierung unterbunden wurde, war die Speicherbenutzung über die Zeit stabil, wodurch das System monatelang laufen konnte.

Techniken wie diese werden seit den frühesten Tagen von C++ wirksam eingesetzt, erforderten es aber meistens, dass Code so umgeschrieben wurde, dass spezialisierte Container benutzt wurden. Heute nehmen die Standardcontainer als optionale Argumente Allokatoren entgegen. Vorgabe ist, dass die Container **new** und **delete** verwenden. Andere polymorphe Speicherressourcen sind:

- **unsynchronized_polymorphic_resource**; wie **polymorphic_resource**, kann aber nur von einem Thread benutzt werden
- **monotonic_polymorphic_resource**; ein schneller Allokator, der seinen Speicher nur bei seiner Zerstörung freigibt und nur von einem Thread benutzt werden kann

Eine polymorphe Ressource muss von **memory_resource** abgeleitet werden und die Member **allocate()**, **deallocate()** und **is_equal()** definieren. Der Grundgedanke ist, dass die Benutzer ihre eigenen Ressourcen bauen, um den Code anzupassen.

12.8 Ein Überblick über Container

Die Standardbibliothek stellt einige der allgemeinsten und nützlichsten Containertypen zur Verfügung. Programmierer haben auf diese Weise die Möglichkeit, sich für den Container zu entscheiden, der den Anforderungen einer Anwendung am besten gerecht wird:

Standardcontainer – Zusammenfassung	
`vector<T>`	Ein Vektor variabler Größe (§12.2)
`list<T>`	Eine doppelt verknüpfte Liste (§12.3)
`forward_list<T>`	Eine einfach verknüpfte Liste
`deque<T>`	Eine zweiseitige Warteschlange
`map<K,V>`	Ein assoziatives Array (§12.5)
`multimap<K,V>`	Eine Map, in der ein Schlüssel mehrmals auftreten kann
`unordered_map<K,V>`	Eine Map, die eine Hash-basierte Suche nutzt (§12.6)
`unordered_multimap<T>`	Eine Multimap, die eine Hash-basierte Suche nutzt
`set<T>`	Ein Set (eine Map, die nur Schlüssel und keine Werte enthält)
`multiset<T>`	Ein Set, in dem ein Eintrag mehrmals enthalten sein kann
`unordered_set<T>`	Ein Set, das eine Hash-basierte Suche nutzt
`unordered_multiset<T>`	Ein Multiset, das eine Hash-basierte Suche nutzt

Die ungeordneten Container sind für eine Suche mit einem Schlüssel (bei dem es sich oft um einen String handelt) optimiert; mit anderen Worten, es sind Hash-Tabellen.

Die Container werden im Namensraum **std** definiert und in den Headern **<vector>**, **<list>**, **<map>** usw. (§9.3.4) präsentiert. Darüber hinaus stellt die Standardbibliothek die Container-Adaptoren **queue<T>**, **stack<T>** und **priority_queue<T>** bereit. Schlagen Sie diese nach, falls Sie sie benötigen. Außerdem bietet die Standardbibliothek noch speziellere containerartige Typen wie **array<T,N>** (§15.3.1) und **bitset<N>** (§15.3.2).

Die Standardcontainer und ihre Grundoperationen sind so gestaltet, dass sie alle eine ähnliche Notation benutzen. Außerdem sind die Bedeutungen der Operationen für die verschiedenen Container äquivalent. Grundoperationen gelten für jede Art von Container, für die sie Sinn ergeben und effizient implementiert werden können:

Operationen der Standardcontainer (teilweise)	
value_type	Der Typ eines Elements
p=c.begin()	p zeigt auf das erste Element von c; es gibt auch cbegin() für einen const-Iterator.
p=c.end()	p zeigt auf die Stelle hinter dem letzten Element von c; es gibt auch cend() für einen const-Iterator.
k=c.size()	k ist die Anzahl der Elemente in c.
c.empty()	Ist c leer?
k=c.capacity()	k ist die Anzahl der Elemente, die c ohne eine neue Allokation aufnehmen kann.
c.reserve(k)	Erhöht die Kapazität von k; falls k<=c.capacity(), dann macht c.reserve(k) nichts.
c.resize(k)	Legt k als Anzahl der Elemente fest; hinzugefügte Elemente haben den vorgegebenen Wert value_type{}.
c[k]	Das k-te Element von c; nullbasiert; garantiert keine Bereichsüberprüfung
c.at(k)	Das k-te Element von c; falls es außerhalb des Bereichs liegt, wird eine out_of_range-Exception geworfen.
c.push_back(x)	Fügt x an das Ende von c an; erhöht die Größe von c um eins
c.emplace_back(a)	Fügt value_type{a} an das Ende von c an; erhöht die Größe von c um eins
q=c.insert(p,x)	Fügt x vor p in c ein
q=c.erase(p)	Entfernt das Element an Stelle p aus c
c=c2	Zuweisung: kopiert alle Elemente aus c2, sodass c==c2

Operationen der Standardcontainer (teilweise)	
`b=(c==c2)`	Gleichheit aller Elemente von `c` und `c2`; `b==true`, wenn sie gleich sind
`x=(c<=>c2)`	Lexikografische Ordnung von `c` und `c2`; `x<0`, falls `c` kleiner ist als `c2`, `x==0`, falls sie gleich sind, und `0<x`, falls `c` größer ist als `c2`. `!=`, `<`, `<=`, `>` und `>=` werden aus `<=>` generiert.

Die Einheitlichkeit in Notation und Semantik ermöglicht es Programmierern, neue Containertypen bereitzustellen, die sehr ähnlich benutzt werden können wie die Standardcontainer. Ein Beispiel dafür ist der bereichsgeprüfte Vektor, **Vector** (§4.3, Kapitel 5). Die Einheitlichkeit der Containerschnittstellen erlaubt es, Algorithmen unabhängig von einzelnen Containertypen anzugeben. Allerdings hat jeder Typ seine Stärken und Schwächen. So ist zum Beispiel das Indizieren und Durchlaufen eines **vector** einfach und billig. Andererseits werden **vector**-Elemente an andere Stellen verschoben, wenn Sie Elemente einfügen oder entfernen; **list** dagegen hat genau die umgekehrten Eigenschaften. Beachten Sie bitte, dass ein **vector** normalerweise für kurze Sequenzen kleiner Elemente effizienter ist als eine **list** (selbst für **insert()** und **erase()**). Ich empfehle, den Standardbibliotheks-**vector** standardmäßig für Sequenzen aus Elementen zu nutzen: Überlegen Sie sich einen guten Grund, um etwas anderes zu wählen.

Betrachten Sie die einfach verknüpfte Liste, **forward_list**, als Container, der für die leere Sequenz optimiert ist (§12.3). Eine leere **forward_list** belegt nur ein Wort, während ein leerer **vector** drei belegt. Leere Sequenzen und Sequenzen mit nur einem oder zwei Elementen sind überraschend gebräuchlich und nützlich.

Eine Emplace-Operation (to emplace: platzieren) wie etwa **emplace_back()** nimmt Argumente für den Konstruktor eines Elements entgegen und erzeugt das Objekt in einem neu zugewiesenen Platz im Container, anstatt ein Objekt in den Container zu kopieren. Zum Beispiel könnten Sie für ein **vector<pair<int,string>>** auch schreiben:

```
v.push_back(pair{1,"copy or move"});       // erzeugt ein Paar und
                                           // verschiebt es nach v
v.emplace_back(1,"build in place");        // baut ein Paar in v
```

Bei einfachen Beispielen wie diesen kann die Optimierung allerdings eine vergleichbare Leistung für beide Aufrufe erzielen.

12.9 Ratschläge

[1] Ein STL-Container definiert eine Sequenz; §12.2.

[2] STL-Container sind Ressourcen-Handles; §12.2, §12.3, §12.5, §12.6.

[3] Benutzen Sie standardmäßig **vector** als Ihren Container; §12.2, §12.8; [CG: SL.con.2].

[4] Benutzen Sie für einfache Traversierungen eines Containers eine bereichsbasierte **for**-Schleife oder ein **begin/end**-Paar aus Iteratoren; §12.2, §12.3.

[5] Verwenden Sie **reserve()**, um zu vermeiden, dass Zeiger und Iteratoren für Elemente ungültig werden; §12.2.

[6] Nehmen Sie nicht einfach an, dass **reserve()** tatsächlich Leistungsvorteile bringt, ohne es gemessen zu haben; §12.2.

[7] Benutzen Sie **push_back()** oder **resize()** auf einem Container statt **realloc()** auf einem Array; §12.2.

[8] Verwenden Sie keine Iteratoren über einen **vector**, dessen Größe geändert wurde; §12.2; [CG: ES.65].

[9] Gehen Sie nicht davon aus, dass **[ ]** den Bereich überprüft; §12.2.

[10] Benutzen Sie **at()**, wenn Sie garantierte Bereichsüberprüfungen brauchen; §12.2; [CG: SL.con.3].

[11] Benutzen Sie ein bereichsbasiertes **for** und Standardbibliotheksalgorithmen für eine Vermeidung von Bereichsfehlern ohne Zusatzkosten; §12.2.2.

[12] Elemente werden in einen Container kopiert; §12.2.1.

[13] Um das polymorphe Verhalten von Elementen zu bewahren, speichern Sie Zeiger (integrierte oder benutzerdefinierte); §12.2.1.

[14] Einfügeoperationen wie **insert()** und **push_back()** sind auf einem **vector** oft überraschend effizient; §12.3.

[15] Benutzen Sie **forward_list** für Sequenzen, die normalerweise leer sind; §12.8.

[16] Vertrauen Sie in Bezug auf die Leistung nicht Ihrer Intuition, sondern messen Sie; §12.2.

[17] Eine Map wird normalerweise als Rot-Schwarz-Baum implementiert; §12.5.

[18] Eine **unordered_map** ist eine Hash-Tabelle; §12.6.

[19] Übergeben Sie einen Container als Referenz und geben Sie einen Container als Wert zurück; §12.2.

[20] Benutzen Sie für einen Container die **()**-Initialisierungssyntax für Größenangaben und die **{}**-Initialisierungssyntax für Sequenzen von Elementen; §5.2.3; §12.2.

[21] Bevorzugen Sie kompakte und zusammenhängende Datenstrukturen; §12.3.

[22] Das Durchlaufen einer **list** ist relativ teuer; §12.3.

[23] Verwenden Sie ungeordnete Container, falls Sie für große Datenmengen ein schnelles Nachschlagen benötigen; §12.6.

[24] Verwenden Sie geordnete Container (z. B. **map** und **set**), wenn Sie der Reihe nach über deren Elemente iterieren wollen; §12.5.

[25] Verwenden Sie ungeordnete Container (z. B. **unordered_map**) für Elemente ohne natürliche Ordnung (d. h. ohne vernünftiges <); §12.5.

[26] Verwenden Sie assoziative Container (z. B. **map** und **list**), wenn die Zeiger auf die Elemente unverändert bleiben müssen, während die Größe des Containers sich ändert; §12.8.

[27] Machen Sie ein paar Experimente, um festzustellen, ob Sie eine akzeptable Hash-Funktion haben; §12.6.

[28] Eine Hash-Funktion, die aus den Standard-Hash-Funktionen für Elemente mithilfe des Exklusiv-Oder-Operators (^) zusammengesetzt wurde, ist oft gut; §12.6.

[29] Lernen Sie Ihre Standardbibliothekscontainer kennen und ziehen Sie sie den selbst gemachten Datenstrukturen vor; §12.8.

[30] Falls Ihre Anwendung unter Leistungsproblemen leidet, die mit dem Speicher zusammenhängen, dann minimieren Sie die Nutzung des freien Speichers und/oder denken Sie über den Einsatz eines spezialisierten Allokators nach; §12.7.

Kapitel 13

Algorithmen

Entitäten dürfen nicht über das Notwendige hinaus vermehrt werden.
— William Occam

13.1 Einführung

Eine Datenstruktur, wie etwa eine Liste oder ein Vektor, ist für sich allein genommen nicht sehr sinnvoll. Um eine davon zu benutzen, brauchen Sie Operationen für den einfachen Zugriff, wie das Hinzufügen und Entfernen von Elementen (wie für **list** und **vector** angeboten). Außerdem speichern Sie Objekte selten nur einfach in einem Container. Sie sortieren sie, geben sie aus, extrahieren Teilmengen, entfernen Elemente, suchen nach Objekten usw. Entsprechend bietet die Standardbibliothek nicht nur die gebräuchlichsten Containertypen, sondern stellt auch die gebräuchlichsten Algorithmen für Container zur Verfügung. So können Sie zum Beispiel einfach und effizient einen **vector** aus **Entry** sortieren und eine Kopie jedes einzelnen **vector**-Elements in einer **list** ablegen:

```
void f(vector<Entry>& vec, list<Entry>& lst)
{
    sort(vec.begin(),vec.end());                 // benutzt < zum Sortieren
    unique_copy(vec.begin(),vec.end(),lst.begin());      // benachbarte
                                    // gleiche Elemente werden nicht kopiert
}
```

Damit dies funktioniert, müssen kleiner als (<) und gleich (==) für **Entry** definiert sein. Zum Beispiel:

```
bool operator<(const Entry& x, const Entry& y)     // kleiner als
{
    return x.name<y.name;     // ordnet Einträge (Entry) entsprechend
                              // ihren Namen
}
```

Ein Standardalgorithmus wird in Bezug auf (halb offene) Sequenzen aus Elementen ausgedrückt. Eine *Sequenz* wird durch ein Paar aus Iteratoren repräsentiert, die das erste Element und das Element hinter dem letzten Element angeben:

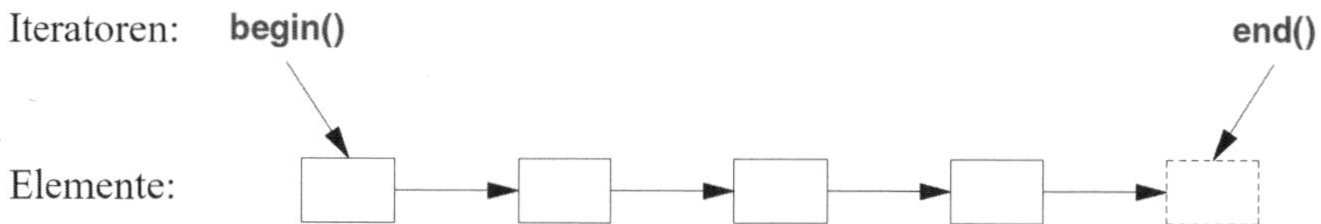

In obigem Beispiel sortiert **sort()** die Sequenz, die durch das Paar aus Iteratoren **vec.begin()** und **vec.end()** definiert ist, was ganz zufällig alle Elemente eines **vector** sind. Zum Schreiben (Kopieren in die Liste) müssen Sie nur das erste Element angeben, das geschrieben werden soll. Wenn mehr als ein Element geschrieben wird, dann werden die Elemente, die diesem ersten Element folgen, überschrieben. Das bedeutet, um Fehler zu vermeiden, muss **lst** wenigstens so viele Elemente haben, wie es eindeutige Werte in **vec** gibt.

Leider stellt die Standardbibliothek keine Abstraktion zur Verfügung, die ein bereichsüberprüftes Schreiben in einen Container unterstützt. Sie können jedoch eine definieren:

```
template<typename C>
class Checked_iter {
public:
    using value_type = typename C::value_type;
    using difference_type = int;

    Checked_iter() { throw Missing_container{}; }
      // Das forward_iterator-Konzept erfordert einen Default-Konstruktor
    Checked_iter(C& cc) : pc{ &cc } {}
    Checked_iter(C& cc, typename C::iterator pp) : pc{ &cc }, p{ pp } {}

    Checked_iter& operator++() { check_end(); ++p; return *this; }
    Checked_iter operator++(int) { check_end(); auto t{ *this };
    ++p; return t; }
    value_type& operator*() const { check_end(); return *p; }

    bool operator==(const Checked_iter& a) const { return p==a.p; }
    bool operator!=(const Checked_iter& a) const { return p!=a.p; }
private:
```

```
    void check_end() const { if (p == pc?>end()) throw Overflow{}; }
    C* pc {};     // initialisiert standardmäßig auf nullptr
    typename C::iterator p = pc?>begin();
};
```

Das reicht offensichtlich nicht an die Qualität der Standardbibliothek heran, demonstriert aber die Idee:

```
vector<int> v1 {1, 2, 3};     // drei Elemente
vector<int> v2(2);            // zwei Elemente

copy(v1,v2.begin());          // läuft über
copy(v1,Checked_iter{v2});    // wirft Ausnahme
```

Würden Sie in dem Lese-und-Sortiere-Beispiel die eindeutigen Elemente in eine neue **list** packen wollen, dann könnten Sie schreiben:

```
list<Entry> f(vector<Entry>& vec)
{
    list<Entry> res;
    sort(vec.begin(),vec.end());
    unique_copy(vec.begin(),vec.end(),back_inserter(res)); // hängt an
                                                            // res an
    return res;
}
```

Der Aufruf **back_inserter(res)** konstruiert einen Iterator für **res**, der Elemente an das Ende eines Containers anhängt, wobei der Container erweitert wird, um Platz für diese Elemente zu schaffen. Dies erspart es, zuerst eine feste Menge an Platz allozieren zu müssen, bevor Sie diesen dann füllen. Das heißt, die Standardcontainer zusammen mit **back_inserter()** entheben Sie der Notwendigkeit, die fehleranfällige, explizite Speicherverwaltung im C-Stil mit **realloc()** zu benutzen. Die Standardbibliotheks-**list** besitzt einen Verschiebekonstruktor (§6.2.2), der das Zurückgeben von **res** über den Wert effizient macht (und das selbst für **list** mit Tausenden von Elementen).

Wenn Ihnen der Code-Stil mit Iteratorpaaren, also etwa **sort(vec.begin(), vec.end())**, zu mühselig ist, können Sie auch die Bereichsversionen der Algorithmen verwenden und **sort(vec)** schreiben (§13.5). Die zwei Versionen sind äquivalent. In ähnlicher Weise ist eine bereichsbasierte **for**-Schleife nahezu äquivalent zu einer Schleife im C-Stil, die direkt Iteratoren benutzt:

```
for (auto& x : v) cout<<x;                    // gibt alle Elemente von v aus
for (auto p = v.begin(); p!=v.end(); ++p) cout<<*p; // gibt alle
                                                    // Elemente von v aus
```

Das bereichsbasierte **for** ist nicht nur einfacher und weniger fehleranfällig, sondern oft auch effizienter.

13.2 Verwendung von Iteratoren

Für einen Container können ein paar Iteratoren abgefragt werden, die auf nützliche Elemente verweisen; die besten Beispiele hierfür sind **begin()** und **end()**. Darüber hinaus geben viele Algorithmen Iteratoren zurück. So sucht zum Beispiel der Standardalgorithmus **find** nach einem Wert in einer Sequenz und gibt einen Iterator auf das gefundene Element zurück:

```
bool has_c(const string& s, char c)     // enthält s das Zeichen c?
{
    auto p = find(s.begin(),s.end(),c);
    if (p!=s.end())
        return true;
    else
        return false;
}
```

Wie viele Suchalgorithmen der Standardbibliothek gibt **find** den Wert **end()** zurück, um ein »nicht gefunden« anzuzeigen. Eine äquivalente, kürzere Definition von **has_c()** ist:

```
bool has_c(const string& s, char c)     // enthält s das Zeichen c?
{
    return find(s,c)!=s.end();
}
```

Eine interessantere Übung wäre es, den Ort aller Vorkommen eines Zeichens in einem String zu finden. Sie können die Menge aller Vorkommen als ein **vector<char*>** zurückgeben. Das Zurückgeben eines **vector** ist effizient, weil er eine Verschiebesemantik bereitstellt (§6.2.1). Angenommen, Sie würden die gefundenen Orte gern modifizieren, dann übergeben Sie einen Nicht-**const**-String:

```
vector<string::iterator> find_all(string& s, char c)     // finde alle
                                                         // Vorkommen von c in s
{
```

```
    vector<char*> res;
    for (auto p = s.begin(); p!=s.end(); ++p)
        if (*p==c)
            res.push_back(&*p);
    return res;
}
```

Sie iterieren mithilfe einer herkömmlichen Schleife durch den String, wobei Sie den Iterator **p** mit ++ jeweils ein Element weiterschieben und sich die Elemente mithilfe des Dereferenzierungsoperators * anschauen. Sie könnten **find_all()** so testen:

```
void test()
{
    string m {"Mary had a little lamb"};
    for (auto p : find_all(m,'a'))
        if (*p!='a')
            cerr << "a bug!\n";
}
```

Dieser Aufruf von **find_all()** ließe sich grafisch so darstellen:

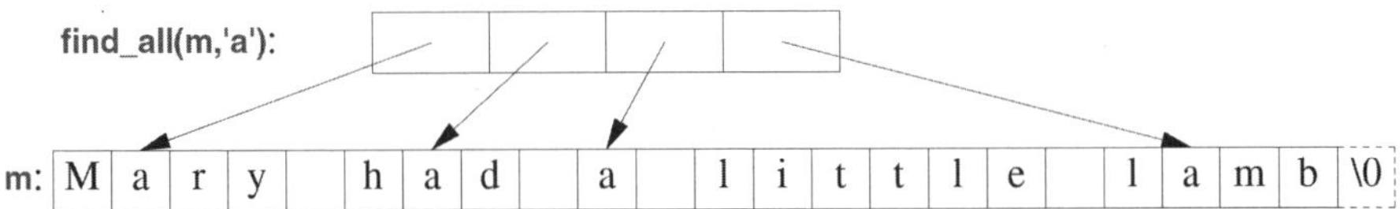

Iteratoren und Standardalgorithmen funktionieren äquivalent auf jedem Standardcontainer, für den ihre Anwendung sinnvoll ist. Entsprechend könnten Sie **find_all()** verallgemeinern:

```
template<typename C, typename V>
vector<typename C::iterator> find_all(C& c, V v) // finde alle
                                                 // Vorkommen von v in c
{
    vector<typename C::iterator> res;
    for (auto p = c.begin(); p!=c.end(); ++p)
        if (*p==v)
            res.push_back(p);
    return res;
}
```

Das **typename** ist erforderlich, um den Compiler darüber zu informieren, dass dieser **iterator** von **C** ein Typ sein soll und nicht ein Wert irgendeines Typs, sagen wir, der Integer **7**.

Alternativ hätten Sie einen Vektor ganz normaler Zeiger auf die Elemente zurückgeben können:

```
template<typename C, typename V>
auto find_all(C& c, V v)          // finde alle Vorkommen von v in c
{
     vector<range_value_t<C>*> res;
     for (auto& x : c)
          if (x==v)
               res.push_back(&x);
     return res;
}
```

Weil ich schon dabei war, habe ich den Code auch noch vereinfacht, indem ich eine bereichsbasierte **for**-Schleife und den **range_value_t** aus der Standardbibliothek (§16.4.4) eingesetzt habe, um den Typ der Elemente zu benennen. Eine vereinfachte Version von **range_value_t** kann so definiert werden:

```
template<typename T>
using range_value_type_t = T::value_type;
```

Mithilfe einer der Versionen von **find_all()** können Sie nun schreiben:

```
void test()
{
     string m {"Mary had a little lamb"};

     for (auto p : find_all(m,'a'))      // p ist ein string::iterator
          if (*p!='a')
               cerr << "string bug!\n";

     list<int> ld {1, 2, 3, 1, ?11, 2};
     for (auto p : find_all(ld,1))       // p ist ein list<int>::iterator
          if (*p!=1)
               cerr << "list bug!\n";

     vector<string> vs {"red", "blue", "green", "green", "orange", "green"};
     for (auto p : find_all(vs,"red")) // p ist ein
```

```
                                    // vector<string>::iterator
        if (*p!="red")
            cerr << "vector bug!\n";

    for (auto p : find_all(vs,"green"))
        *p = "vert";
}
```

Iteratoren werden verwendet, um Algorithmen und Container zu trennen (d. h. unabhängig voneinander zu machen). Ein Algorithmus operiert durch Iteratoren auf seinen Daten und weiß nichts über den Container, in dem die Elemente gespeichert sind. Umgekehrt weiß ein Container nichts über die Algorithmen, die auf seine Elemente angewendet werden; er liefert lediglich auf Anforderung die Iteratoren (z. B. **begin()** und **end()**). Dieses Modell der Trennung zwischen Datenspeicherung und Algorithmen führt zu sehr allgemeiner und flexibler Software.

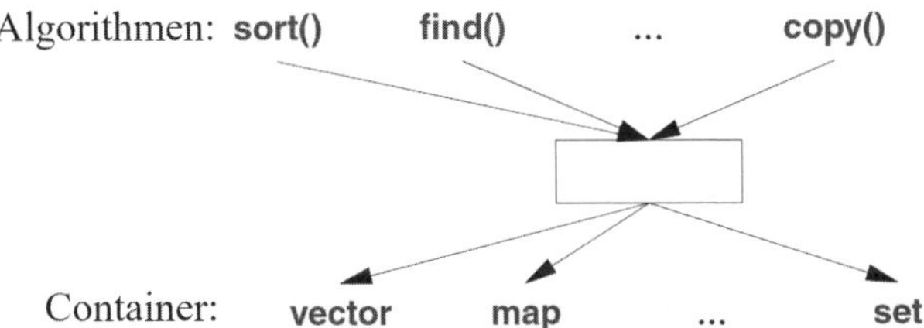

13.3 Iterator-Typen

Was sind Iteratoren wirklich? Ein bestimmter Iterator ist ein Objekt irgendeines Typs. Es gibt jedoch viele unterschiedliche Iterator-Typen – ein Iterator muss die Informationen aufnehmen, die notwendig sind, um für einen bestimmen Containertyp seine Aufgabe erledigen zu können. Diese Iterator-Typen können so unterschiedlich sein wie die Container und die speziellen Anforderungen, denen sie genügen. Zum Beispiel könnte der Iterator eines **vector** ein normaler Zeiger sein, weil ein Zeiger eine ziemlich sinnvolle Methode ist, um auf ein Element eines **vector** zu verweisen:

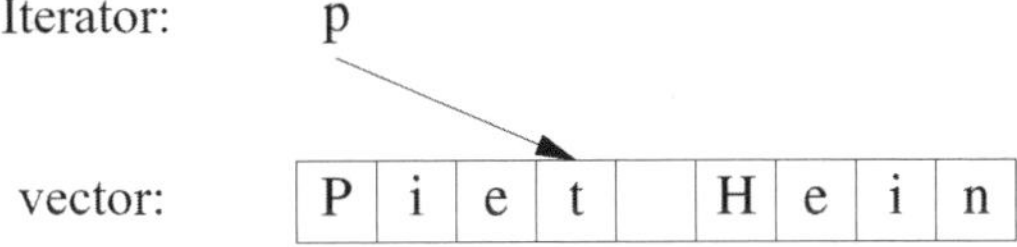

Alternativ könnte ein **vector**-Iterator als Zeiger auf den **vector** sowie einen Index implementiert sein:

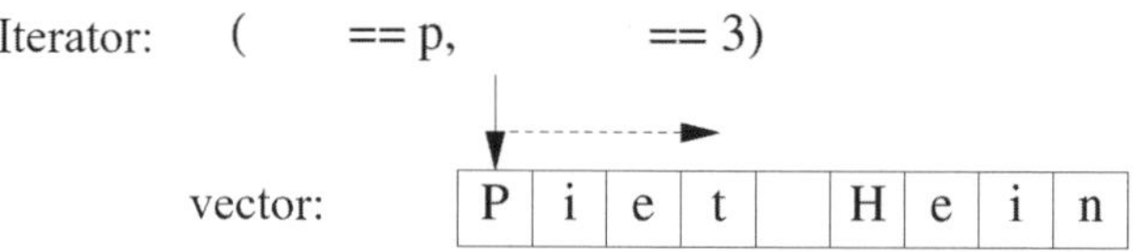

Die Benutzung eines solchen Iterators erlaubt eine Bereichsüberprüfung.

Ein **list**-Iterator muss etwas Komplizierteres sein als ein einfacher Zeiger auf ein Element, weil ein Element einer **list** im Allgemeinen nicht weiß, wo sich das nächste Element dieser **list** befindet. Das heißt, ein **list**-Iterator könnte ein Zeiger auf einen Link sein:

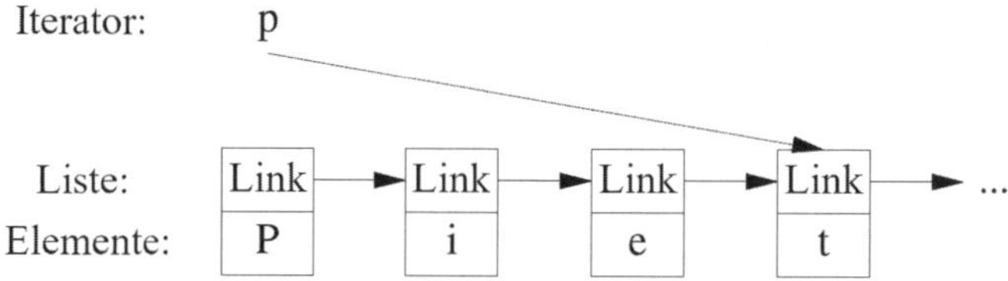

Allen Iteratoren gemeinsam ist ihre Semantik und die Benennung ihrer Operationen. Wenn Sie zum Beispiel ++ auf einen Iterator anwenden, ergibt sich ein Iterator, der auf das nächste Element verweist. Gleichermaßen erhalten Sie mit * das Element, auf das sich der Iterator bezieht. Tatsächlich ist jedes Objekt ein Iterator, das einigen einfachen Regeln wie diesen hier gehorcht. **Iterator** ist eine allgemeine Idee, ein Konzept (§8.2). Unterschiedliche Arten von Iteratoren sind als Standardbibliotheks-**concept** verfügbar, also etwa **forward_iterator** und **random_access_iterator** (§14.5). Außerdem müssen die Benutzer nur selten den Typ eines bestimmten Iterators kennen; jeder Container »kennt« seine Iterator-Typen und stellt sie unter den konventionellen Namen **iterator** und **const_iterator** zur Verfügung. So ist zum Beispiel **list<Entry>::iterator** der allgemeine Iterator-Typ für **list<Entry>**. Sie müssen sich nur selten Gedanken über die Details machen, wie dieser Typ definiert ist.

In manchen Fällen ist ein Iterator kein Member-Typ. Deshalb stellt die Standardbibliothek **iterator_t<X>** zur Verfügung, das funktioniert, egal wo der Iterator von **X** definiert ist.

13.3.1 Stream-Iteratoren

Iteratoren sind allgemeine und nützliche Konzepte für den Umgang mit Sequenzen aus Elementen in Containern. Allerdings sind Container nicht die einzige Stelle, an der Sie Sequenzen aus Elementen finden. So erzeugt zum Beispiel ein Eingabestrom eine Abfolge von Werten, und Sie schreiben eine Abfolge von Werten auf einen Ausgabestrom. Entsprechend kann der Begriff der Iteratoren auch sinnvoll auf Eingaben und Ausgaben angewandt werden.

Um einen **ostream_iterator** herzustellen, müssen Sie angeben, welcher Stream genutzt wird und welcher Typ von Objekten auf ihn geschrieben werden soll. Zum Beispiel:

```
ostream_iterator<string> oo {cout};     // schreibt Strings auf cout
```

Der Effekt des Zuweisens zu ***oo** besteht darin, dass der zugewiesene Wert auf **cout** geschrieben wird. Zum Beispiel:

```
int main()
{
      *oo = "Hello, ";        // bedeutet cout<<"Hello, "
      ++oo;
      *oo = "world!\n";       // bedeutet cout<<"world!\n"
}
```

Dies ist noch eine weitere Möglichkeit, diese kanonische Botschaft auf die Standardausgabe zu schreiben. Das **++oo** dient dazu, das Schreiben durch einen Zeiger in ein Array zu imitieren. Auf diese Weise können Sie Algorithmen auf Streams verwenden. Zum Beispiel:

```
vector<string> v{ "Hello", ", ", "World!\n" };
copy(v, oo);
```

In gleicher Weise ist ein **istream_iterator** etwas, das es erlaubt, einen Eingabestrom wie einen schreibgeschützten Container zu behandeln. Auch hier müssen Sie wieder den Stream, der benutzt werden soll, und den zu erwartenden Typ der Werte angeben.

```
istream_iterator<string> ii {cin};
```

Eingabe-Iteratoren werden in Paaren benutzt, die eine Sequenz repräsentieren. Sie müssen also einen **istream_iterator** angeben, um das Ende der Eingabe zu signalisieren. Dies ist der standardmäßig initialisierte **istream_iterator**:

```
istream_iterator<string> eos {};
```

Typischerweise werden **istream_iterator** und **ostream_iterator** nicht direkt verwendet. Stattdessen gibt man sie als Argumente für Algorithmen an. Zum Beispiel können Sie ein einfaches Programm schreiben, das eine Datei liest, die gelesenen Wörter sortiert, Duplikate entfernt und die Ergebnisse in eine weitere Datei schreibt:

```
int main()
{
     string from, to;
     cin >> from >> to;                      // holt Quell- und
                                             // Zieldateinamen

     ifstream is {from};                 // Eingabestrom für Datei "from"
     istream_iterator<string> ii {is}; // Eingabe-Iterator für den Stream
     istream_iterator<string> eos {};  // Eingabeüberwachung

     ofstream os {to};                    // Ausgabestrom für Datei "to"
     ostream_iterator<string> oo {os,"\n"};    // Ausgabe-Iterator für
                                  // den Stream plus ein Trennzeichen

     vector<string> b {ii,eos};          // b ist ein Vektor, der aus
                                         // der Eingabe initialisiert wird
     sort(b);                            // sortiert den Puffer

     unique_copy(b,oo); // kopiert den Puffer in die Ausgabe, verwirft
                        // doppelte Werte

     return !is.eof() || !os;              // gibt den Fehlerstatus zurück
                                           // (§1.2.1, §11.4)
}
```

Ich habe die Bereichsversionen von **sort()** und **unique_copy()** benutzt, hätte aber auch direkt Iteratoren verwenden können, z. B. **sort(b.begin(), b.end())**, wie es in älterem Code üblich ist.

Denken Sie bitte daran: Um sowohl eine traditionelle Iterator-Version eines Standardbibliotheksalgorithmus als auch sein bereichsbasiertes Gegenstück zu verwenden, müssen Sie entweder den Aufruf der Bereichsversion ausdrücklich qualifizieren oder eine **using**-Deklaration (§9.3.2) benutzen:

```
copy(v, oo);                   // potenziell mehrdeutig
ranges::copy(v, oo);           // Okay
using ranges::copy(v, oo);     // copy(v, oo) okay von hier an
copy(v, oo);                   // Okay
```

Ein **ifstream** ist ein **istream**, der an eine Datei angebunden werden kann (§11.7.2), und ein **ofstream** ist ein **ostream**, der an eine Datei angebunden werden kann. Das zweite Argument des **ostream_iterator** wird verwendet, um die Ausgabewerte abzugrenzen.

Tatsächlich ist dieses Programm länger, als es sein müsste. Sie lesen die Strings in einen **vector** ein, dann sortieren Sie sie mit **sort()** und geben sie anschließend wieder aus, wobei Sie Duplikate eliminieren. Bei einer eleganteren Lösung würden die Duplikate gar nicht erst gespeichert werden. Das kann man erreichen, indem man die **string** in einem **set** ablegt, das keine Duplikate aufhebt und seine Elemente der Reihenfolge nach sortiert (§12.5). Auf diese Weise könnten Sie die zwei Zeilen, die einen **vector** verwenden, durch eine Zeile ersetzen, die ein **set** benutzt. **unique_copy()** würden Sie durch das einfachere **copy()** ersetzen:

```
set<string> b {ii,eos};        // sammelt die Strings aus der Eingabe
copy(b,oo);                    // kopiert den Puffer in die Ausgabe
```

Da Sie die Namen **ii**, **eos** und **oo** nur einmal verwendet haben, könnten Sie die Größe des Programms noch weiter verringern:

```
int main()
{
     string from, to;
     cin >> from >> to;         // holt Quell- und Zieldateinamen

     ifstream is {from};        // Eingabestrom für Datei "from"
     ofstream os {to};          // Ausgabestrom für Datei "to"

     set<string> b {istream_iterator<string>{is},istream_iterator<string>{}};
                                                       // liest Eingabe
     copy(b,ostream_iterator<string>{os,"\n"});        // kopiert auf Ausgabe

     return !is.eof() || !os; // gibt Fehlerstatus zurück (§1.2.1, §11.4)
}
```

Es ist eine Frage des Geschmacks und der Erfahrung, ob diese letzte Vereinfachung die Lesbarkeit verbessert oder nicht.

13.4 Verwendung von Prädikaten

In den bisher gezeigten Beispielen haben die Algorithmen die Aktion, die für jedes Element einer Sequenz ausgeführt werden sollte, einfach »eingebaut«. Oft jedoch wollen Sie, dass die Aktion ein Parameter für den Algorithmus ist. Zum Beispiel stellt der **find**-Algorithmus (§13.2, §13.5) eine bequeme Möglichkeit bereit, nach einem bestimmten Wert zu suchen. Eine allgemeinere Variante sucht nach einem Element, das bestimmte Anforderungen erfüllt, einem *Prädikat*. So könnten Sie zum Beispiel eine **map** nach dem ersten Wert durchsuchen, der größer ist als **42**. Eine **map** erlaubt es, auf ihre Elemente als eine Sequenz aus *(Schlüssel,Wert)*-Paaren zuzugreifen, sodass Sie die Sequenz einer **map<string,int>** nach einem **pair<const string,int>** durchsuchen können, bei dem **int** größer ist als **42**:

```
void f(map<string,int>& m)
{
    auto p = find_if(m,Greater_than{42});
    // ...
}
```

Hier ist **Greater_than** ein Funktionsobjekt (§7.3.2), das den Wert (**42**) enthält, der mit einem **map**-Eintrag des Typs **pair<string,int>** verglichen werden soll:

```
struct Greater_than {
    int val;
    Greater_than(int v) : val{v} { }
    bool operator()(const pair<string,int>& r) const { return r.second>val; }
};
```

Alternativ und äquivalent könnten Sie einen Lambda-Ausdruck (§7.3.2) verwenden:

```
auto p = find_if(m, [](const auto& r) { return r.second>42; });
```

Ein Prädikat sollte die Elemente, auf die es angewandt wird, nicht verändern.

13.5 Überblick über Algorithmen

Eine allgemeine Definition für einen Algorithmus lautet: Ein Algorithmus ist »eine endliche Menge an Regeln, die eine Abfolge von Operationen zum Lösen einer bestimmten Menge an Problemen angibt, [und] fünf wichtige Eigenschaften aufweist: Endlichkeit ... Bestimmtheit ... Eingabe ... Ausgabe ... Effektivität« [Knuth, 1968, §1.1]. Im Kontext der C++-Standardbibliothek ist ein Algorithmus ein Funktions-Template, das auf einer Abfolge von Elementen operiert.

Die Standardbibliothek stellt viele Dutzende von Algorithmen zur Verfügung. Die Algorithmen sind im Namensraum **std** definiert und werden in den Headern **<algorithm>** und **<numeric>** präsentiert. All diese Standardbibliotheksalgorithmen nehmen Sequenzen als Eingabe entgegen. Eine halb offene Sequenz von **b** nach **e** wird als **[b:e)** angegeben. Hier sind einige Beispiele:

Ausgewählte Standardalgorithmen <algorithm>	
f=for_each(b,e,f)	Führt f(x) für jedes Element x in [b:e) aus
p=find(b,e,x)	p ist das erste p in [b:e), für das gilt *p==x.
p=find_if(b,e,f)	p ist das erste p in [b:e), für das gilt f(*p).
n=count(b,e,x)	n ist die Anzahl der Elemente *q in [b:e), für die gilt *q==x.
n=count_if(b,e,f)	n ist die Anzahl der Elemente *q in [b:e), für die gilt f(*q).
replace(b,e,v,v2)	Ersetzt Elemente *q in [b:e) durch v2, für die gilt *q==v
replace_if(b,e,f,v2)	Ersetzt Elemente *q in [b:e) durch v2, für die gilt f(*q)
p=copy(b,e,out)	Kopiert [b:e) nach [out:p)
p=copy_if(b,e,out,f)	Kopiert Elemente *q aus [b:e) nach [out:p), für die gilt f(*q)
p=move(b,e,out)	Verschiebt [b:e) nach [out:p)
p=unique_copy(b,e,out)	Kopiert [b:e) nach [out:p); kopiert keine nebeneinanderliegenden Duplikate
sort(b,e)	Sortiert Elemente aus [b:e) und benutzt dabei < als Sortierkriterium
sort(b,e,f)	Sortiert Elemente aus [b:e) und benutzt dabei f als Sortierkriterium
(p1,p2)=equal_range(b,e,v)	[p1:p2) ist die Untersequenz der sortierten Sequenz [b:e) mit dem Wert v; im Prinzip eine Binärsuche nach v.
p=merge(b,e,b2,e2,out)	Verbindet zwei sortierte Sequenzen [b:e) und [b2:e2) zu [out:p)
p=merge(b,e,b2,e2,out,f)	Verbindet zwei sortierte Sequenzen [b:e) und [b2:e2) zu [out:p) und benutzt dabei f als Vergleich

Für jeden Algorithmus, der einen [**b**:**e**)-Bereich entgegennimmt, bietet **<ranges>** eine Version, die einen Bereich entgegennimmt. Erinnern Sie sich bitte (§9.3.2), dass Sie, um sowohl eine traditionelle Iterator-Version eines Standardbibliotheksalgorithmus als auch sein Bereichsgegenstück benutzen zu können, entweder den Aufruf explizit qualifizieren oder eine **using**-Deklaration verwenden müssen.

Diese und viele weitere Algorithmen (z .B. §17.3) können auf Elemente aus Containern, **string** und integrierte Arrays angewandt werden.

Manche Algorithmen, wie **replace()** und **sort()**, modifizieren die Elementwerte, doch kein Algorithmus fügt Elemente zu einem Container hinzu oder entfernt welche. Das liegt daran, dass eine Sequenz den Container nicht kennt, der die Elemente der Sequenz enthält. Um Elemente hinzuzufügen oder zu löschen, brauchen Sie etwas, das über den Container Bescheid weiß (z. B. einen **back_inserter**; §13.1) oder sich direkt auf den Container selbst bezieht (z. B. **push_back()** oder **erase()**; §12.2).

Lambdas sind sehr verbreitet als Operationen, die als Argumente übergeben werden. Zum Beispiel:

```
vector<int> v = {0,1,2,3,4,5};
for_each(v,[](int& x){ x=x*x; });                    // v=={0,1,4,9,16,25}
for_each(v.begin(),v.begin()+3,[](int& x){ x=sqrt(x); });
                                                      // v=={0,1,2,9,16,25}
```

Die Algorithmen der Standardbibliothek sind oftmals sorgfältiger konzipiert, spezifiziert und implementiert als die durchschnittliche handgemachte Schleife. Lernen Sie sie kennen und ziehen Sie sie Code vor, der direkt mit den Grundelementen der Programmiersprache geschrieben wurde.

13.6 Parallele Algorithmen

Wenn dieselbe Aufgabe mit vielen Datenelementen erledigt werden soll, können Sie sie auf den einzelnen Datenelementen parallel ausführen. Voraussetzung ist, dass die Berechnungen auf den verschiedenen Datenelementen unabhängig voneinander erfolgen:

- *Parallele Ausführung*: Aufgaben werden in mehreren Threads erledigt (die oft auf mehreren Prozessorkernen laufen)
- *Vektorisierte Ausführung*: Aufgaben werden mittels Vektorisierung in einem einzelnen Thread erledigt; dies wird auch als SIMD bezeichnet (»Single Instruction, Multiple Data«).

Die Standardbibliothek bietet Unterstützung für beides und Sie können speziell angeben, ob Sie eine sequenzielle Ausführung wünschen; in **<execution>** im Namensraum **execution** finden Sie:

- **seq**: sequenzielle Ausführung
- **par**: parallele Ausführung (falls machbar)
- **unseq**: nicht-sequenzierte (vektorisierte) Ausführung (falls machbar)
- **par_unseq**: parallele und/oder nicht-sequenzierte (vektorisierte) Ausführung (falls machbar)

Betrachten Sie **std::sort()**:

```
sort(v.begin(),v.end());                    // sequenziell
sort(seq,v.begin(),v.end());                // sequenziell (genau wie das
                                            // Standardverhalten)
sort(par,v.begin(),v.end());                // parallel
sort(par_unseq,v.begin(),v.end());          // parallel und/oder vektorisiert
```

Ob es sich lohnt zu parallelisieren und/oder zu vektorisieren, hängt vom Algorithmus, der Anzahl der Elemente in der Sequenz, der Hardware und der Nutzung dieser Hardware durch die Programme, die auf ihr laufen, ab. Entsprechend sind diese *Indikatoren für die Ausführungsstrategie* nur Hinweise. Ein Compiler und/oder ein Laufzeit-Scheduler entscheidet, wie viel Nebenläufigkeit genutzt werden soll. Das ist alles nicht trivial. Treffen Sie keine Aussagen über die Effizienz, ohne diese durch Messungen zu untermauern. Diese Regel ist hier ganz besonders wichtig!

Leider sind die Bereichsversionen der parallelen Algorithmen noch nicht im Standard. Falls Sie sie jedoch brauchen, lassen sie sich leicht definieren:

```
void sort(auto pol, random_access_range auto& r)
{
    sort(pol,r.begin(),r.end());
}
```

Die meisten Standardbibliotheksalgorithmen, darunter auch alle aus der Tabelle in §13.5 mit Ausnahme von **equal_range**, können parallel oder vektorisiert eingesetzt werden, indem **par** und **par_unseq** eingesetzt werden, wie oben bei **sort()**. Wieso geht das bei **equal_range** nicht? Weil bisher noch niemand mit einem rentablen parallelen Algorithmus dafür aufgetaucht ist.

Viele parallele Algorithmen werden vorrangig für numerische Daten verwendet; siehe §17.3.1.

Wenn Sie eine parallele Ausführung anfordern, müssen Sie darauf achten, dass Sie Data Races (§18.2) und Deadlocks (§18.3) vermeiden.

13.7 Ratschläge

[1] Ein STL-Algorithmus operiert auf einer oder mehreren Sequenzen; §13.1.

[2] Eine Eingabesequenz ist halb offen und wird durch ein Paar aus Iteratoren definiert; §13.1.

[3] Sie können für besondere Anforderungen Ihre eigenen Iteratoren definieren; §13.1.

[4] Viele Algorithmen können auf I/O-Streams angewandt werden; §13.3.1.

[5] Bei einer Suche gibt ein Algorithmus normalerweise das Ende der Eingabesequenz zurück, um ein »nicht gefunden« anzuzeigen; §13.2.

[6] Algorithmen fügen nicht direkt Elemente zu ihren Argumentsequenzen hinzu oder entfernen Elemente daraus; §13.2, §13.5.

[7] Wenn Sie eine Schleife schreiben, dann überlegen Sie, ob diese als allgemeiner Algorithmus ausgedrückt werden könnte; §13.2.

[8] Benutzen Sie Aliasse vom Typ `using`, um unordentliche Notationen zu bereinigen; §13.2.

[9] Verwenden Sie Prädikate und andere Funktionsobjekte, um Standardalgorithmen eine breitere Palette an Bedeutungen zu verleihen; §13.4, §13.5.

[10] Ein Prädikat darf sein Argument nicht modifizieren; §13.4.

[11] Lernen Sie Ihre Standardbibliotheksalgorithmen kennen und bevorzugen Sie sie vor handgemachten Schleifen; §13.5.

Kapitel 14

Bereiche (Ranges)

Die stärksten Argumente beweisen gar nichts, solange die Schlussfolgerungen nicht durch Erfahrung verifiziert wurden.
— Roger Bacon

14.1 Einführung

Die Standardbibliothek bietet Algorithmen sowohl beschränkt durch Konzepte (Kapitel 8) als auch unbeschränkt (aus Gründen der Kompatibilität) an. Die beschränkten (Konzept-)Versionen finden sich in **<ranges>** im Namensraum **ranges**. Natürlich bevorzuge ich die Versionen, die Konzepte benutzen. Ein **range** ist eine Verallgemeinerung der C++98-Sequenzen, die durch **{begin(),end()}**-Paare definiert werden; er legt fest, was nötig ist, um eine Sequenz aus Elementen zu sein. Ein **range** kann definiert sein durch:

- ein **{begin,end}**-Paar aus Iteratoren
- ein **{begin,n}**-Paar, bei dem **begin** ein Iterator und **n** die Anzahl der Elemente ist
- ein **{begin,pred}**-Paar, bei dem **begin** ein Iterator und **pred** ein Prädikat ist; wenn **pred(p)** für den Iterator **p** **true** ist, haben Sie das Ende des Bereichs erreicht. Dies erlaubt es Ihnen, unendliche Bereiche sowie Bereiche zu benutzen, die »on the fly« generiert werden (§14.3).

Dieses **range**-Konzept erlaubt es, **sort(v)** zu sagen statt **sort(v.begin(),v.end())**, wie Sie es mit der STL seit 1994 machen mussten. Sie können Vergleichbares für Ihre eigenen Algorithmen tun:

```
template<forward_range R>
    requires sortable<iterator_t<R>>
void my_sort(R& r)    // moderne, Konzept-beschränkte Version von my_sort
{
    return my_sort(r.begin(),r.end()); // benutzt das sort im Stil von 1994
}
```

Durch das Verwenden von Bereichen ist es möglich, etwa 99% der häufigsten Anwendungen von Algorithmen konkreter auszudrücken. Zusätzlich zu dem Vorteil hinsichtlich der Notation bieten Bereiche einige Optimierungschancen und eliminieren eine ganze Klasse »Leichtsinnsfehler« wie **sort(v1.begin(),v2.end())** und **sort(v.end(),v.begin())**. Ja, solche Fehler sind in »freier Wildbahn« schon gesehen worden.

Natürlich gibt es unterschiedliche Arten von Bereichen, die mit den unterschiedlichen Arten von Iteratoren korrespondieren. Im Speziellen werden **input_range**, **forward_range**, **bidirectional_range**, **random_access_range** und weiterhin **contiguous_range** als **concept** dargestellt (§14.5).

14.2 Views

Eine View ist eine Art, auf einen Bereich zu schauen. Zum Beispiel:

```
void user(forward_range auto& r)
{
    filter_view v {r, [](int x) { return x%2; } };      // betrachtet
                                        // (nur) die ungeraden Zahlen aus r

    cout << "odd numbers";
    for (int x : v)
        cout << x << ' ';
}
```

Beim Lesen aus einer **filter_view** lesen Sie eigentlich aus ihrem Bereich. Entspricht der gelesene Wert dem Prädikat, wird er zurückgegeben, ansonsten versucht es die **filter_view** mit dem nächsten Element aus dem Bereich.

Viele Bereiche sind unendlich. Außerdem wollen Sie oft nur ein paar Werte haben. Entsprechend gibt es Views, die nur einige wenige Werte aus einem Bereich nehmen:

```
void user(forward_range auto& r)
{
    filter_view v{r, [](int x) { return x%2; } };      // betrachtet
                                      // (nur) die ungeraden Zahlen in r
    take_view tv {v, 100 };   // betrachtet höchstens 100 Elemente aus v

    cout << "odd numbers";
    for (int x : tv)
        cout << x << ' ';
}
```

Sie können es vermeiden, die **take_view** zu benennen, indem Sie sie direkt benutzen:

```
for (int x : take_view{v, 3})
    cout << x << ' ';
```

Ähnlich für die **filter_view**:

```
for (int x : take_view{ filter_
view { r, [](int x) { return x % 2; } }, 3 })
    cout << x << ' ';
```

Solch eine Verschachtelung von Views kann schnell sehr kryptisch werden. Es gibt jedoch eine Alternative: Pipelines (§14.4).

Die Standardbibliothek bietet viele Views, auch bekannt als *Bereichsadaptoren*:

Standardbibliotheks-Views (Bereichsadaptoren) `<ranges>`	
`v` ist eine `view`, `r` ist `range`, `p` ist ein Prädikat, `n` ist ein Integer.	
`v=all_view{r}`	`v` enthält alle Elemente aus `r`.
`v=filter_view{r,p}`	`v` enthält Elemente aus `r`, die dem Kriterium `p` entsprechen.
`v=transform_view{r,f}`	`v` enthält die Ergebnisse des Aufrufs von `f` auf jedem Element aus `r`.
`v=take_view{r,n}`	`v` enthält höchstens `n` Elemente aus `r`.
`v=take_while_view{r,p}`	`v` enthält Elemente aus `r`, bis eines nicht mehr dem Kriterium `p` entspricht.
`v=drop_view{r,n}`	`v` enthält Elemente aus `r`, beginnend mit dem `n+1`-ten Element.
`v=drop_while_view{r,p}`	`v` enthält Elemente aus `r`, beginnend mit dem ersten Element, das nicht dem Kriterium `p` entspricht.
`v=join_view{r}`	`v` enthält alle Elemente aus allen Bereichen aus `r`; `r` selbst enthält Bereiche.
`v=split_view(r,d)`	`v` ist ein Bereich aus Unterbereichen von `r`, unterteilt durch das Trennzeichen `d` (die Trennzeichen aus `d` unterteilen den Bereich `r` in Unterbereiche); `d` muss ein Element oder ein Bereich sein.
`v=common_view(r)`	`v` enthält `r`, beschrieben durch ein `begin`:`end`-Paar.
`v=reverse_view{r}`	`v` enthält die Elemente aus `r` in umgekehrter Reihenfolge; `r` muss bidirektionalen Zugriff haben.
`v=views::elements<n>(r)`	`v` ist der Bereich der `n`-ten Elemente der `tuple` Elemente von `r`.
`v=keys_view{r}`	`v` ist der Bereich der ersten Elemente der `pair` Elemente von `r`.

Standardbibliotheks-Views (Bereichsadaptoren) `<ranges>`	
`v=values_view{r}`	v ist der Bereich der zweiten Elemente der `pair` Elemente von `r`.
`v=ref_view{r}`	v ist der Bereich der Elemente, die Referenzen auf die Elemente von `r` sind.

Eine View bietet eine Schnittstelle, die sehr ähnlich derjenigen eines Bereichs ist. In den meisten Fällen können Sie also eine View einsetzen – und zwar auf die gleiche Weise wie einen Bereich –, wo Sie sonst einen Bereich verwenden würden. Der entscheidende Unterschied besteht darin, dass eine View ihre Elemente nicht besitzt; sie ist nicht verantwortlich für das Löschen der Elemente ihres zugrunde liegenden Bereichs – das liegt in der Verantwortung des Bereichs. Andererseits darf eine View ihren Bereich auch nicht überdauern:

```
auto bad()
{
     vector v = {1, 2, 3, 4};
     return filter_view{v,odd};     // v wird vor der View zerstört
}
```

Views sollen billig zu kopieren sein, deshalb übergeben Sie sie über den Wert.

Ich habe einfache Standardtypen verwendet, um die Beispiele trivial zu halten, aber natürlich können Sie auch Views Ihrer eigenen benutzerdefinierten Typen haben. Zum Beispiel:

```
struct Reading {
     int location {};
     int temperature {};
     int humidity {};
     int air_pressure {};
    // ...
};

int average_temp(vector<Reading> readings)
{
     if (readings.size()==0) throw No_readings{};
     double s = 0;
     for (int x: views::elements<1>(readings))     // betrachtet nur die
                                                   // Temperaturen
          s += x;
     return s/readings.size();
}
```

14.3 Generatoren

Oft muss ein Bereich auf die Schnelle generiert werden. Die Standardbibliothek stellt einige einfache *Generatoren* (auch *Fabriken* genannt) dafür zur Verfügung:

Bereichsfabriken <ranges>	
v ist eine View, x ist vom Elementtyp T, is ist ein istream.	
v=empty_view<T>{}	v ist ein leerer Bereich aus Elementen des Typs T (falls er welche enthalten würde).
v=single_view{x}	v ist ein Bereich des einen Elements x.
v=iota_view{x}	v ist ein unendlicher Bereich aus Elementen: x, x+1, x+2, ... das Inkrementieren erfolgt mit ++.
v=iota_view{x,y}	v ist ein Bereich aus n Elementen: x, x+1, ... y-1, das Inkrementieren erfolgt mit ++.
v=istream_view<T>{is}	v ist der Bereich, der durch Aufruf von >> für T auf is beschafft wird.

Die **iota_view** sind nützlich zum Generieren einfacher Sequenzen. Zum Beispiel:

```
for (int x : iota_view(42,52))       // 42 43 44 45 46 47 48 49 50 51
     cout << x << ' ';
```

Die **istream_view** bietet eine einfache Möglichkeit, **istream** in bereichsbasierten **for**-Schleifen zu verwenden:

```
for (auto x : istream_view<complex<double>(cin))
     cout << x << '\n';
```

Genau wie andere Views kann eine **istream_view** mit anderen Views gebildet werden:

```
auto cplx = istream_view<complex<double>>(cin);

for (auto x : transform_view(cplx, [](auto z){ return z*z;}))
     cout << x << '\n';
```

Eine Eingabe von **1 2 3** erzeugt **1 4 9**.

14.4 Pipelines

Für jede Standardbibliotheks-View (§14.2) stellt die Standardbibliothek eine Funktion bereit, die einen Filter erzeugt; das heißt ein Objekt, das als Argument für den Filteroperator **|** benutzt werden kann. So ergibt zum Beispiel **filter()** eine **filter_view**. Dies erlaubt es, Filter in einer Sequenz zu kombinieren, anstatt sie als eine Menge geschachtelter Funktionsaufrufe darzustellen.

```
void user(forward_range auto& r)
{
    auto odd = [](int x) { return x % 2; };

    for (int x : r | views::filter(odd) | views::take(3))
        cout << x << ' ';
}
```

Ein eingegebener Bereich **1 2 3 4 5 6 7 8 0** erzeugt **1 3 5**.

Der Pipeline-Stil (der den Unix-Pipeline-Operator **|** verwendet) gilt allgemein als besser lesbar als geschachtelte Funktionsaufrufe. Die Pipeline arbeitet von links nach rechts; das heißt, **f|g** bedeutet, dass das Ergebnis von **f** an **g** übergeben wird. Entsprechend bedeutet **r|f|g** dasselbe wie **(g_filter(f_filter(r)))**. Das initiale **r** muss ein Bereich oder ein Generator sein.

Diese Filterfunktionen sind im Namensraum **ranges::views**:

```
void user(forward_range auto& r)
{
    for (int x : r | views::filter([](int x) { return x % 2; } ) |
    views::take(3) )
        cout << x << ' ';
}
```

Ich finde, dass das explizite Benutzen von **views::** die Lesbarkeit des Codes wirklich verbessert, aber natürlich können Sie den Code noch weiter verkürzen:

```
void user(forward_range auto& r)
{
    using namespace views;

    auto odd = [](int x) { return x % 2; };
```

```
    for (int x : r | filter(odd) | take(3) )
        cout << x << ' ';
}
```

Die Implementierung von Views und Pipelines geht mit ziemlich haarsträubenden Template-Metaprogrammierungen einher. Falls Sie sich also Sorgen um die Leistung machen, sollten Sie auf jeden Fall Messungen vornehmen, damit Ihre Implementierung auch wirklich das abliefert, was Sie von ihr erwarten. Falls nicht, gibt es immer noch einen herkömmlichen Workaround:

```
void user(forward_range auto& r)
{
    int count = 0;
    for (int x : r)
        if (x % 2) {
            cout << x << ' ';
            if (++count == 3) return;
        }
}
```

Hier ist allerdings die Logik dessen, was passiert, nicht mehr wirklich gut zu erkennen.

14.5 Überblick über Konzepte

Die Standardbibliothek bietet viele nützliche Konzepte:

- Konzepte, die Eigenschaften von Typen definieren (§14.5.1)
- Konzepte, die Iteratoren definieren (§14.5.2)
- Konzepte, die Bereiche definieren (§14.5.3)

14.5.1 Typkonzepte

Die Konzepte, die mit den Eigenschaften von Typen und den Beziehungen zwischen Typen zu tun haben, spiegeln die Vielfalt der Typen wider. Diese Konzepte helfen, die meisten Templates zu vereinfachen.

Kernsprachkonzepte <concepts> T und U sind Typen.	
same_as<T,U>	T ist dasselbe wie U.
derived_from<T,U>	T ist abgeleitet von U.

Kernsprachkonzepte `<concepts>`	
`convertible_to<T,U>`	Ein `T` kann in ein `U` umgewandelt werden.
`common_reference_with<T,U>`	`T` und `U` haben einen gemeinsamen Referenztyp.
`common_with<T,U>`	`T` und `U` haben einen gemeinsamen Typ.
`integral<T>`	`T` ist ein integraler Typ.
`signed_integral<T>`	`T` ist ein vorzeichenbehafteter integraler Typ.
`unsigned_integral<T>`	`T` ist ein vorzeichenloser integraler Typ.
`floating_point<T>`	`T` ist ein Gleitkommatyp.
`.assignable_from<T,U>`	Ein `U` kann einem `T` zugewiesen werden.
`swappable_with<T,U>`	Ein `T` kann mit einem `U` vertauscht werden.
`swappable<T>`	`swappable_with<T,T>`

Viele Algorithmen sollten mit Kombinationen aus verwandten Typen funktionieren, z. B. Ausdrücke mit einem Mix aus **`int`** und **`double`**. Sie verwenden **`common_with`**, um auszusagen, ob ein solcher Mix mathematisch sinnvoll ist. Wenn **`common_with<X,Y> true`** ist, können Sie **`common_type_t<X,Y>`** einsetzen, um ein **`X`** mit einem **`Y`** zu vergleichen, indem Sie zuerst beide in **`common_type_t<X,Y>`** konvertieren. Zum Beispiel:

```
common_type<string, const char*> s1 = some_fct()
common_type<string, const char*> s2 = some_other_fct();

if (s1<s2) {
    // ...
}
```

Um einen gemeinsamen Typ für ein Paar aus Typen festzulegen, spezialisieren Sie das **`common_type_t`**, das in der Definition von **`common`** verwendet wird. Zum Beispiel:

```
using common_type_t<Bigint,long> = Bigint;    // für eine passende
                                              // Definition von Bigint
```

Glücklicherweise müssen Sie eine **`common_type_t`**-Spezialisierung nur dann definieren, wenn Sie Operationen auf Mixturen aus Typen anwenden wollen, für die eine Bibliothek (bisher) noch keine passenden Definitionen besitzt.

Die Konzepte, die mit Vergleichen zu tun haben, sind sehr stark durch [Stepanov, 2009] beeinflusst.

Vergleichskonzepte <concepts>	
`equality_comparable_with<T,U>`	Ein `T` und ein `U` können mittels == verglichen werden, um Äquivalenz festzustellen.
`equality_comparable<T>`	`equality_comparable_with<T,T>`
`totally_ordered_with<T>`	Ein `T` und ein `U` können mittels <, <=, > und >= verglichen werden, was eine Gesamtordnung ergibt.
`totally_ordered<T>`	`strict_totally_ordered_with<T,T>`
`three_way_comparable_with<T,U>`	Ein `T` und ein `U` können mit <=> verglichen werden, wodurch sich ein konsistentes Ergebnis ergibt.
`three_way_comparable<T>`	`three_way_comparable_with<T,T>`

Die Verwendung von sowohl **`equality_comparable_with`** als auch **`equality_comparable`** zeigt eine (bisher) verpasste Gelegenheit, Konzepte zu überladen.

Interessanterweise gibt es kein Standardkonzept für **`boolean`**. Ich brauche das oft, weshalb ich Ihnen hier eine Version zeige:

```
template<typename B>
concept Boolean =
    requires(B x, B y) {
        { x = true };
        { x = false };
        { x = (x == y) };
        { x = (x != y) };
        { x = !x };
        { x = (x = y) };
    };
```

Wenn Sie Templates schreiben, dann müssen Sie oft Typen klassifizieren.

Objektkonzepte <concepts>	
`destructible<T>`	Ein `T` kann zerstört werden und seine Adresse kann mit einem unären & bestimmt werden.
`constructible_from<T,Args>`	Ein `T` kann aus einer Argumentliste des Typs `Args` konstruiert werden.
`default_initializable<T>`	Ein `T` kann mit dem Standardkonstruktor konstruiert werden.
`move_constructible<T>`	Ein `T` kann durch Verschieben konstruiert werden.
`copy_constructible<T>`	Ein `T` kann durch Kopieren und durch Verschieben konstruiert werden.

Objektkonzepte `<concepts>`	
`movable<T>`	`move_constructable<T>`, `assignable<T&,T>` und `swappable<T>`
`copyable<T>`	`copy_constructable<T>`, `moveable<T>` und `assignable<T,const T&>`
`semiregular<T>`	`copyable<T>` und `default_constructable<T>`
`regular<T>`	`semiregular<T>` und `equality_comparable<T>`

Das Ideal für Typen ist **`regular`**. Ein **`regular`** Typ funktioniert grob wie ein **`int`** und vereinfacht einen Großteil des Denkens darüber, wie man einen Typ benutzen sollte (§8.2). Das Fehlen eines Standard-`==` für Klassen bedeutet, dass die meisten Klassen als **`semiregular`** beginnen, auch wenn die meisten **`regular`** sein könnten und sollten.

Immer wenn Sie eine Operation als beschränktes Template-Argument übergeben, müssen Sie angeben, wie sie aufgerufen werden kann – und manchmal auch, welche Annahmen Sie hinsichtlich ihrer Semantik treffen.

Aufrufbare Konzepte `<concepts>`	
`invocable<F,Args>`	Ein `F` kann mit einer Argumentliste des Typs `Args` aufgerufen werden.
`regular_invocable<F,Args>`	`invocable<F,Args>` und die Gleichheit wird bewahrt.
`predicate<F,Args>`	Ein `regular_invocable<F,Args>`, das ein `bool` zurückgibt
`relation<F,T,U>`	`predicate<F,T,U>`
`equivalence_relation<F,T,U>`	Ein `relation<F,T,U>`, das eine Äquivalenzbeziehung bereitstellt
`strict_weak_order<F,T,U>`	Ein `relation<F,T,U>`, das eine strenge schwache Sortierung bereitstellt

Eine Funktion **`f()`** *bewahrt die Gleichheit*, wenn **`x==y`** impliziert, dass **`f(x)==f(y)`** ist. Ein **`invocable`** und ein **`regular_invocable`** unterscheiden sich nur semantisch voneinander. Sie können das (momentan noch) nicht in Code abbilden, sodass die Namen einfach nur Ihre Absicht ausdrücken.

Auch zwischen **`relation`** und **`equivalence_relation`** gibt es nur einen semantischen Unterschied. Eine Äquivalenzbeziehung ist reflexiv, symmetrisch und transitiv.

Ein **relation** und ein **strict_weak_order** unterscheiden sich nur semantisch voneinander. Eine strenge schwache Sortierung ist das, was die Standardbibliothek normalerweise für Vergleiche wie **<** annimmt.

14.5.2 Iterator-Konzepte

Die traditionellen Standardalgorithmen greifen durch Iteratoren auf ihre Daten zu. Sie brauchen deshalb Konzepte zum Klassifizieren der Eigenschaften von Iterator-Typen.

Iterator-Konzepte <iterators>	
input_or_output_iterator<I>	Ein I kann inkrementiert (++) und dereferenziert (*) werden.
sentinel_for<S,I>	Ein S ist ein Sentinel für einen Iterator-Typ; das heißt, S ist ein Prädikat auf dem Werttyp von I.
sized_sentinel_for<S,I>	Ein Sentinel S, bei dem der --Operator auf I angewandt werden kann
input_iterator<I>	Ein I ist ein Eingabe-Iterator; * kann nur zum Lesen verwendet werden.
output_iterator<I>	Ein I ist ein Ausgabe-Iterator; * kann nur zum Schreiben verwendet werden.
forward_iterator<I>	Ein I ist ein Forward-Iterator, der Multipass und == unterstützt.
bidirectional_iterator<I>	Ein forward_iterator<I>, der -- unterstützt
random_access_iterator<I>	Ein bidirectional_iterator<I>, der +, -, +=, -= und [] unterstützt
contiguous_iterator<I>	Ein random_access_iterator<I> für Elemente in zusammenhängendem Speicher
permutable<I>	Ein forward_iterator<I>, der Verschieben und Tauschen unterstützt
mergeable<I1,I2,R,O>	Können sortierte Sequenzen, die durch I1 und I2 definiert sind, mittels relation<R> in O zusammengeführt werden?
sortable<I>	Können Sequenzen, die durch I definiert sind, mittels less sortiert werden?
sortable<I,R>	Können Sequenzen, die durch I definiert sind, mittels relation<R> sortiert werden?

mergeable und **sortable** sind im Vergleich zu ihrer Definition in C++20 vereinfacht.

Die verschiedenen Arten (Kategorien) von Iteratoren werden benutzt, um den besten Algorithmus für eine bestimmte Menge an Argumenten auszuwählen; siehe §8.2.2 und §16.4.1. Ein Beispiel für einen **input_iterator** finden Sie in §13.3.1.

Die Grundidee eines Sentinel (Hinweis, Wächter) besteht darin, dass Sie, beginnend bei einem Iterator, über einen Bereich iterieren können, bis das Prädikat für ein Element wahr wird. Auf diese Weise definieren ein Iterator **p** und ein Sentinel **s** einen Bereich [**p**:**s(*p)**). Sie könnten zum Beispiel ein Prädikat für einen Sentinel zum Durchlaufen eines Strings im C-Stil definieren, indem Sie einen Zeiger als Iterator verwenden. Leider erfordert dies ein bisschen Mehraufwand, da die Idee dahinter ist, das Prädikat als etwas zu präsentieren, das nicht mit einem ordinären Iterator verwechselt werden kann, sondern das Sie mit dem Iterator vergleichen können, der benutzt wird, um den Bereich zu durchlaufen:

```
template<class Iter>
class Sentinel {
public:
    Sentinel(int ee) : end(ee) { }
    Sentinel() :end(0) {}     // das Konzept sentinel_for erfordert einen
                              // Standard-Konstruktor

    friend bool operator==(const Iter& p, Sentinel s) { return (*p == s.end); }
    friend bool operator!=(const Iter& p, Sentinel s) { return !(p == s); }
private:
    iter_value_t<const char*> end;     // der Sentinel-Wert
};
```

Der **friend**-Deklarator erlaubt es, die Binärfunktionen **==** und **!=** zum Vergleichen eines Iterators mit einem Sentinel innerhalb des Gültigkeitsbereichs der Klasse zu definieren.

Sie können überprüfen, ob dieser Sentinel den Anforderungen von **sentinel_for** für ein **const char*** genügt:

```
static_assert(sentinel_for<Sentinel<const char*>, const char*>);
                              // prüft den Sentinel für die Strings im C-Stil
```

Schließlich können Sie eine ziemliche eigentümliche Version des »Hello, World!«-Programms schreiben:

```
const char aa[] = "Hello, World!\nBye for now\n";
```

```
ranges::for_each(aa, Sentinel<const char*>('\n'),
[](const char x) { cout << x; });
```

Ja, dies schreibt wirklich **Hello, World!**, auf das kein Newline-Zeichen folgt.

14.5.3 Bereichskonzepte

Die Bereichskonzepte definieren die Eigenschaften von Bereichen.

Bereichskonzepte <ranges>	
range<R>	Ein R ist ein Bereich mit einem Anfangs-Iterator und einem Sentinel.
sized_range<R>	Ein R ist ein Bereich, der seine Größe in konstanter Zeit bestimmen kann.
view<R>	Ein R ist ein Bereich, der sich in konstanter Zeit kopieren, verschieben und zuweisen lässt.
common_range<R>	Ein R ist ein Bereich mit identischen Iterator- und Sentinel-Typen.
input_range<R>	Ein R ist ein Bereich, dessen Iterator-Typ input_iterator genügt.
output_range<R>	Ein R ist ein Bereich, dessen Iterator-Typ output_iterator genügt.
forward_range<R>	Ein R ist ein Bereich, dessen Iterator-Typ forward_iterator genügt.
bidirectional_range<R>	Ein R ist ein Bereich, dessen Iterator-Typ bidirectional_iterator genügt.
random_access_range<R>	Ein R ist ein Bereich, dessen Iterator-Typ random_access_iterator genügt.
contiguous_range<R>	Ein R ist ein Bereich, dessen Iterator-Typ contiguous_iterator genügt.

Es gibt noch einige weitere Konzepte in **<ranges>**, aber diese Gruppe ist schon einmal ein guter Start. Der vorrangige Einsatzzweck dieser Konzepte besteht darin, das Überladen von Implementierungen basierend auf den Typeigenschaften ihrer Eingaben zu ermöglichen (§8.2.2).

14.6 Ratschläge

[1] Wenn der Iterator-Paar-Stil Ihnen zu mühsam wird, verwenden Sie einen Bereichsalgorithmus; §13.1, §14.1.

[2] Denken Sie bei der Verwendung eines Bereichsalgorithmus daran, explizit seinen Namen einzuführen; §13.3.1.

[3] Pipelines von Operationen auf einem Bereich können mittels `view`, `generator` und `filter` ausgedrückt werden; §14.2, §14.3, §14.4.

[4] Um einen Bereich mit einem Prädikat zu beenden, müssen Sie einen Sentinel definieren; §14.5.

[5] Mithilfe von `static_assert` können Sie überprüfen, ob ein bestimmter Typ den Anforderungen eines Konzepts genügt; §8.2.4.

[6] Wenn Sie einen Bereichsalgorithmus haben wollen, es aber im Standard keinen gibt, dann schreiben Sie einfach Ihren eigenen; §13.6.

[7] Das Ideal für Typen ist `regular`; §14.5.

[8] Bevorzugen Sie Standardbibliothekskonzepte, wo diese angewandt werden können; §14.5.

[9] Wenn Sie eine parallele Ausführung anfordern, dann stellen Sie sicher, dass Data Races (§18.2) und Deadlocks (§18.3) vermieden werden; §13.6.

Kapitel 15

Zeiger und Container

Ausbildung heißt, was, wann und wieso man Dinge macht.
Training heißt, wie man sie macht.
— Richard Hamming

15.1 Einführung

C++ bietet einfache integrierte Low-Level-Typen zum Aufnehmen und Verweisen auf Daten: Objekte und Arrays nehmen Daten auf, Zeiger und Arrays verweisen auf diese Daten. Sie müssen jedoch sowohl spezialisiertere als auch allgemeinere Möglichkeiten unterstützen, um Daten aufzunehmen und zu benutzen. So sind zum Beispiel die Standardbibliothekscontainer (Kapitel 12) und -iteratoren (§13.3) dafür gedacht, allgemeine Algorithmen zu unterstützen.

Die Hauptgemeinsamkeit zwischen den Container- und Zeigerabstraktionen besteht darin, dass es für ihre korrekte und effiziente Verwendung notwendig ist, die Daten zusammen mit einem Satz an Funktionen für den Zugriff auf die Daten und ihre Manipulation einzukapseln. So sind zum Beispiel Zeiger sehr allgemeine und effiziente Abstraktionen von Maschinenadressen, doch ihre korrekte Benutzung zum Repräsentieren von Ressourcenbesitz hat sich als überaus schwierig erwiesen. Deshalb stellt die Standardbibliothek Ressourcenverwaltungszeiger zur Verfügung: Dies sind Klassen, die Zeiger einkapseln und Operationen bieten, die ihre korrekte Verwendung vereinfachen.

Diese Standardbibliotheksabstraktionen kapseln integrierte Sprachtypen ein und müssen in Bezug auf Geschwindigkeit und Speicherbedarf ebenso gut funktionieren wie diese Typen selbst, wenn sie richtig benutzt werden.

An diesen Typen gibt es nichts »Magisches«. Sie können bei Bedarf Ihre eigenen »smarten Zeiger« und Spezialcontainer entwerfen und implementieren. Dazu benutzen Sie die gleichen Techniken wie bei den Varianten aus der Standardbibliothek.

15.2 Zeiger

Der allgemeine Begriff eines Zeigers erlaubt es, auf ein Objekt zu verweisen und entsprechend seines Typs darauf zuzugreifen. Ein integrierter Zeiger wie **int*** ist ein Beispiel dafür, aber es gibt noch viele weitere.

Zeiger	
T*	Ein integrierter Zeigertyp: zeigt auf ein Objekt des Typs T
T&	Ein integrierter Referenztyp: verweist auf ein Objekt des Typs T
unique_ptr<T>	Ein besitzender Zeiger auf ein T
shared_ptr<T>	Ein Zeiger auf ein Objekt des Typs T; alle shared_ptr auf dieses T teilen sich die Eigentümerschaft.
weak_ptr<T>	Ein Zeiger auf ein Objekt, das einem shared_ptr gehört; dieser Zeiger muss in einen shared_ptr konvertiert werden, um auf das Objekt zuzugreifen.
span<T>	Ein Zeiger auf eine zusammenhängende Sequenz aus T (§15.2.2)
string_view<T>	Ein Zeiger auf einen const Sub-String (§10.3)
X_iterator<C>	Eine Sequenz von Elementen aus C; das X in dem Namen signalisiert die Art des Iterators (§13.3).

Es kann mehr als einen Zeiger auf ein Objekt geben. Ein *besitzender* Zeiger ist ein Zeiger, der dafür verantwortlich ist, irgendwann das Objekt zu löschen, auf das er verweist. Ein *nichtbesitzender* Zeiger (z. B. ein **T*** oder ein **span**) kann *hängen*, das heißt, auf eine Stelle zeigen, an der ein Objekt mit **delete** gelöscht wurde oder aus dem Gültigkeitsbereich gelangt ist.

Das Lesen oder Schreiben durch einen hängenden Zeiger gehört zu den hässlichsten Bugs überhaupt. Das Ergebnis einer solchen Aktion ist technisch gesehen undefiniert. In der Praxis bedeutet es oft den Zugriff auf ein Objekt, das diese Stelle belegt. Beim Lesen erhält man entsprechend einen beliebigen Wert, ein Schreibvorgang zerstört eine unbeteiligte Datenstruktur. Das Beste, worauf Sie hoffen können, ist ein Absturz – dieser ist einem falschen Ergebnis normalerweise vorzuziehen.

Die C++ Core Guidelines [CG] bieten Regeln, um dies zu vermeiden, und Hinweise, um statisch zu überprüfen, dass es niemals vorkommt. Es gibt allerdings einige Vorgehensweisen, um Zeigerprobleme zu umgehen:

- Behalten Sie keinen Zeiger auf ein lokales Objekt, nachdem es aus dem Gültigkeitsbereich gelangt ist. Insbesondere sollten Sie niemals aus einer Funktion einen Zeiger auf ein lokales Objekt zurückgeben oder einen Zeiger unsicherer Herkunft in einer langlebigen Datenstruktur speichern. Der systematische Einsatz von Containern und Algorithmen (Kapitel 12, Kapitel 13) erspart es oft,

Programmiertechniken einzusetzen, die es schwer machen, Zeigerprobleme zu vermeiden.

- Verwenden Sie besitzende Zeiger auf Objekte, die auf dem freien Speicher alloziert sind.
- Zeiger auf statische Objekte (z. B. globale Variablen) können nicht hängen.
- Überlassen Sie die Zeigerarithmetik der Implementierung der Ressourcen-Handles (wie **vector** und **unordered_map**).
- Denken Sie daran, dass **string_view** und **span** zu den nichtbesitzenden Zeigern gehören.

15.2.1 unique_ptr und shared_ptr

Eine der wichtigsten Aufgaben jedes nichttrivialen Programms ist es, Ressourcen zu verwalten. Eine Ressource ist etwas, das beschafft und später (explizit oder implizit) wieder freigegeben werden muss. Beispiele sind Speicher, Sperren (Locks), Sockets, Thread-Handles und Datei-Handles. Wenn ein lange laufendes Programm es nicht schafft, eine Ressource innerhalb eines angemessenen Zeitraums wieder freizugeben (»ein Leck«), kann das zu einem drastischen Einbruch der Leistung (§12.7) und möglicherweise sogar zu einem ärgerlichen Absturz führen. Selbst für kurze Programme kann ein Leck peinlich sein, etwa weil die Verknappung einer Ressource dafür sorgt, dass die Laufzeit sich um ein Vielfaches erhöht.

Die Standardbibliothekskomponenten sind so gestaltet, dass sie keine Ressourcenlecks verursachen. Dazu verlassen sie sich auf die grundlegende Unterstützung der Sprache für die Ressourcenverwaltung mittels Konstruktur-/Destruktor-Paaren, die sicherstellen, dass eine Ressource nicht länger lebt als das Objekt, das für sie verantwortlich ist. Die Verwendung eines Konstruktor-/Destruktor-Paars in **Vector** zum Verwalten der Lebensdauer seiner Elemente ist ein Beispiel dafür (§5.2.2). Alle Standardbibliothekscontainer sind auf ähnliche Weise implementiert. Wichtig ist, dass diese Vorgehensweise korrekt mit der Fehlerbehandlung mittels Exceptions interagiert. Zum Beispiel wird diese Technik für die Lock-Klassen der Standardbibliothek benutzt:

```
mutex m;     // soll den Zugriff auf gemeinsame Daten schützen

void f()
{
     scoped_lock lck {m};     // erwirbt den mutex m
    // ... manipuliert gemeinsame Daten ...
}
```

Ein **thread** läuft erst dann weiter, wenn der Konstruktor des **lck** den **mutex** (§18.3) beschafft hat. Der dazugehörende Destruktor gibt den **mutex** wieder frei. Das heißt, in diesem Beispiel gibt der Destruktor von **scoped_lock** den **mutex** frei, wenn der Kontroll-Thread **f()** verlässt (durch ein **return**, durch ein »Herausfallen am Ende der Funktion« oder durch das Werfen einer Ausnahme).

Dies ist eine Anwendung der RAII-Technik (»Resource Acquisition Is Initialization«; §5.2.2). RAII ist für die idiomatische Behandlung von Ressourcen in C++ grundlegend. Container (wie **vector** und **map**, **string** und **iostream**) verwalten ihre Ressourcen (wie Datei-Handles und Puffer) ganz ähnlich.

Die bisher gezeigten Beispiele kümmern sich um Objekte, die in einem Gültigkeitsbereich definiert sind, indem sie die erworbenen Ressourcen freigeben, wenn sie den Gültigkeitsbereich verlassen. Doch was ist mit Objekten, die auf dem freien Speicher alloziert sind? In **<memory>** stellt die Standardbibliothek zwei »smarte Zeiger« zur Verfügung, um beim Verwalten von Objekten auf dem freien Speicher zu helfen:

- **unique_ptr** repräsentiert die alleinige Eigentümerschaft (sein Destruktor zerstört sein Objekt).
- **shared_ptr** repräsentiert die geteilte Eigentümerschaft (der Destruktor des letzten geteilten Zeigers zerstört das Objekt).

Der einfachste Anwendungsfall dieser »smarten Zeiger« besteht darin, Speicherlecks zu verhindern, die durch eine nachlässige Programmierung entstehen. Zum Beispiel:

```
void f(int i, int j)    // X* vs. unique_ptr<X>
{
    X* p = new X;                   // alloziert ein neues X
    unique_ptr<X> sp {new X};       // alloziert ein neues X und
                                    // gibt seinen Zeiger an unique_ptr
   // ...
    if (i<99) throw Z{};           // könnte eine Ausnahme werfen
    if (j<77) return;               // könnte "früh" zurückkehren
   // ... benutzt p und sp ..
    delete p;                       // zerstört *p
}
```

Hier wurde »vergessen«, **p** zu löschen, falls **i<99** oder **j<77** ist. Andererseits stellt **unique_ptr** sicher, dass sein Objekt richtig zerstört wird, ganz egal, wie Sie **f()** verlassen (ob durch das Werfen einer Ausnahme, durch das Ausführen eines **return** oder durch »Herausfallen am Ende«). Ironischerweise hätten Sie das Problem lösen können, indem Sie einfach *keinen* Zeiger und auch *nicht* **new** benutzt hätten:

```
void f(int i, int j)    // benutzt eine lokale Variable
{
     X x;
    // ...
}
```

Leider scheint die übermäßige Verwendung von **new** (sowie von Zeigern und Referenzen) ein immer größer werdendes Problem zu sein.

Wenn Sie jedoch wirklich einmal die Semantik von Zeigern benötigen, dann ist **unique_ptr** ein leichtgewichtiger Mechanismus, der im Vergleich zur korrekten Verwendung eines integrierten Zeigers keinen Overhead in Bezug auf Speicherplatz und Laufzeit mit sich bringt. Zu seinen weiteren Einsatzgebieten gehört das Übergeben von Objekten, die auf dem freien Speicher alloziert sind, in und aus Funktionen:

```
unique_ptr<X> make_X(int i)
    // erzeugt ein X und übergibt es sofort an einen unique_ptr
{
    // ... prüft i usw. ...
     return unique_ptr<X>{new X{i}};
}
```

Ein **unique_ptr** ist genauso ein Handle auf ein einzelnes Objekt (oder ein Array), wie ein **vector** ein Handle auf eine Abfolge aus Objekten ist. Beide kontrollieren die Lebensdauer anderer Objekte (mittels RAII) und beide verlassen sich auf die Eliminierung des Kopierens oder auf die Verschiebe-Semantik, um das **return** einfach und effizient zu machen (§6.2.2).

Der **shared_ptr** ist dem **unique_ptr** ähnlich, mit der Ausnahme, dass **shared_ptr** kopiert statt verschoben werden. Die **shared_ptr** für ein Objekt teilen sich die Eigentümerschaft; dieses Objekt wird zerstört, wenn der letzte seiner **shared_ptr** zerstört wird. Zum Beispiel:

```
void f(shared_ptr<fstream>);
void g(shared_ptr<fstream>);

void user(const string& name, ios_base::openmode mode)
{
     shared_ptr<fstream> fp {new fstream(name,mode)};
     if (!*fp)   // stellt sicher, dass die Datei richtig geöffnet wurde
          throw No_file{};
     f(fp);
```

```
    g(fp);
    // ...
}
```

Nun wird die Datei, die durch den Konstruktor von **fp** geöffnet wurde, durch die letzte Funktion geschlossen, die (explizit oder implizit) eine Kopie von **fp** zerstört. Beachten Sie, dass **f()** oder **g()** einen Prozess starten könnten, der eine Kopie von **fp** enthält oder in anderer Weise eine Kopie speichert, die **user()** überlebt. Das heißt, **shared_ptr** bietet eine Art von Garbage Collection, die die Destruktorbasierte Ressourcenverwaltung der speicherverwalteten Objekte respektiert. Das ist weder kostenlos noch übermäßig teuer, sorgt aber dafür, dass die Lebensdauer des geteilten Objekts schwer vorherzusagen ist. Verwenden Sie **shared_ptr**, wenn Sie tatsächlich eine geteilte Eigentümerschaft benötigen.

Das Erzeugen eines Objekts auf dem freien Speicher und anschließende Übergeben des Zeigers darauf an einen smarten Zeiger ist ein bisschen umständlich. Es ist auch fehleranfällig: Man könnte zum Beispiel vergessen, einen Zeiger an einen **unique_ptr** zu übergeben, oder einen Zeiger auf etwas, das nicht auf dem freien Speicher liegt, an einen **shared_ptr** übergeben. Um solche Probleme zu vermeiden, stellt die Standardbibliothek (in **<memory>**) Funktionen zum Konstruieren eines Objekts und zum Zurückgeben eines passenden smarten Zeigers bereit, nämlich **make_shared()** und **make_unique()**. Zum Beispiel:

```
struct S {
    int i;
    string s;
    double d;
    // ...
};
```

```
auto p1 = make_shared<S>(1,"Ankh Morpork",4.65);    // p1 ist ein
                                                     // shared_ptr<S>
auto p2 = make_unique<S>(2,"Oz",7.62);           // p2 ist ein unique_ptr<S>
```

Jetzt ist **p2** ein **unique_ptr<S>**, der auf ein Objekt des Typs **S** mit dem Wert **{2,"Oz"s,7.62}** zeigt, das auf dem freien Speicher alloziert ist.

Die Verwendung von **make_shared()** ist nicht nur bequemer als das separate Herstellen eines Objekts mit **new** und das anschließende Übergeben dieses Objekts an einen **shared_ptr** – es ist auch merklich effizienter, weil es keine separate Allokation für den Benutzungszähler benötigt, die in der Implementierung eines **shared_ptr** essenziell ist.

Mit **unique_ptr** und **shared_ptr** können Sie nun für viele Programme eine vollständige »kein nacktes **new**«-Politik (§5.2.2) umsetzen. Allerdings sind diese »smarten Zeiger« konzeptuell gesehen immer noch Zeiger und daher nur meine zweite Wahl für die Ressourcenverwaltung – nach Containern und anderen Typen, die ihre Ressourcen auf einem höheren konzeptuellen Niveau verwalten. Insbesondere bringen **shared_ptr** selbst keine Regeln dafür mit, welche ihrer Besitzer das geteilte Objekt lesen und/oder schreiben können. Data Races (§18.5) und andere Formen der Verwirrung verschwinden nicht einfach dadurch, dass man die Probleme der Ressourcenverwaltung löst.

Wann benutzen Sie »smarte Zeiger« (wie **unique_ptr**) anstelle von Ressourcen-Handles mit Operationen, die speziell für die Ressource entworfen wurden (wie **vector** oder **thread**)? Wenig überraschend lautet die Antwort: wenn Sie eine Zeigersemantik brauchen.

- Wenn Sie ein Objekt teilen, brauchen Sie Zeiger (oder Referenzen), um auf das geteilte Objekt zu verweisen. **shared_ptr** wird dann zur offensichtlichen Wahl (es sei denn, es gibt einen einzigen offensichtlichen Eigentümer).
- Wenn Sie auf ein polymorphes Objekt in klassischem objektorientiertem Code verweisen (§5.5), brauchen Sie einen Zeiger (oder eine Referenz), weil Sie den exakten Typ des Objekts, auf das verwiesen wird (oder gar seine Größe), nicht kennen, weshalb hier **unique_ptr** die offensichtliche Wahl wird.
- Ein geteiltes polymorphes Objekt erfordert typischerweise **shared_ptr**.

Sie müssen keinen Zeiger benutzen, um eine Sammlung von Objekten aus einer Funktion zurückzugeben; ein Container, der ein Ressourcen-Handle ist, erledigt das einfach und effizient, indem er auf Copy Elision (§3.4.2) und Verschiebe-Semantik (§6.2.2) zurückgreift.

15.2.2 span

Traditionell sind Bereichsfehler eine große Fehlerquelle in C- und C++-Programmen. Sie führen zu falschen Ergebnissen, Abstürzen und Sicherheitsproblemen. Die Verwendung von Containern (Kapitel 12), Algorithmen (Kapitel 13) und bereichsbasierten **for**-Schleifen hat dieses Problem signifikant verkleinert, aber man kann noch mehr machen. Eine häufige Quelle von Bereichsfehlern ist, Zeiger (rohe oder smarte) zu übergeben und sich dann darauf zu verlassen, dass aus entsprechenden Konventionen irgendwie ersichtlich ist, auf wie viele Elemente gezeigt wird. Für Code außerhalb von Ressourcen-Handles ist es am besten, davon auszugehen, dass höchstens auf ein Objekt gezeigt wird [CG: F.22]. Allerdings ist dieser Ratschlag ohne Hilfestellung nicht zu befolgen. Die Standardbibliotheks-**string_view** (§10.3) kann helfen, allerdings ist sie schreibgeschützt und nur für Zeichen gedacht. Die meisten Programmierer brauchen mehr. So ist es zum Beispiel in maschinennaher Software beim Schreiben in Puffer und beim Lesen aus Puffern bekanntermaßen schwierig, eine hohe Leistung beizubehalten und gleichzeitig

Bereichsfehler (»Pufferüberläufe«) zu vermeiden. Ein **span** aus **<span>** ist im Prinzip ein (Zeiger,Länge)-Paar, das eine Sequenz aus Elementen kennzeichnet:

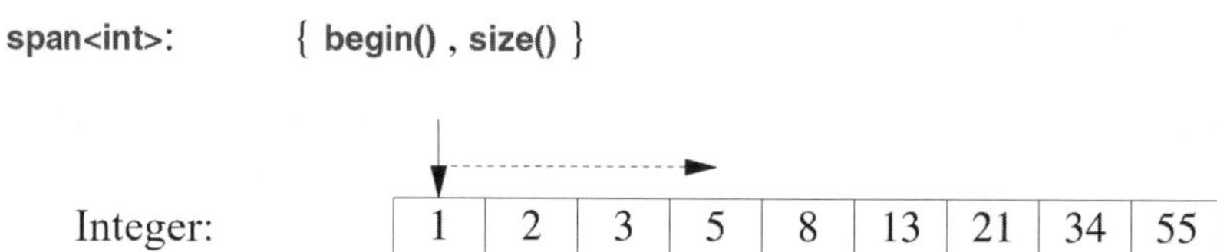

Ein **span** ermöglicht den Zugriff auf eine kontinuierliche Abfolge von Elementen. Die Elemente können auf vielerlei Art gespeichert werden, darunter auch in **vector** und integrierten Arrays. Genau wie ein Zeiger besitzt auch ein **span** nicht die Zeichen, auf die es zeigt. Darin ähnelt es der **string_view** (§10.3) und einem STL-Paar aus Iteratoren (§13.3).

Betrachten Sie einen gebräuchlichen Schnittstellenstil:

```
void fpn(int* p, int n)
{
    for (int i = 0; i<n; ++i)
        p[i] = 0;
}
```

Sie nehmen an, dass **p** auf **n** Integer zeigt. Leider ist diese Annahme lediglich eine Konvention, sodass Sie sie nicht benutzen können, um eine bereichsbasierte **for**-Schleife zu schreiben. Der Compiler kann entsprechend auch keine billige und effektive Bereichsüberprüfung implementieren. Außerdem kann Ihre Annahme falsch sein:

```
void use(int x)
{
    int a[100];
    fpn(a,100);        // Okay
    fpn(a,1000);       // Ups, vertippt! (Bereichsfehler in fpn)
    fpn(a+10,100);     // Bereichsfehler in fpn
    fpn(a,x);          // verdächtig, sieht aber unschuldig aus
}
```

Mit einem **span** können Sie es besser machen:

```
void fs(span<int> p)
{
    for (int& x : p)
```

```
        x = 0;
}
```

Sie können **fs** so benutzen:

```
void use(int x)
{
     int a[100];
     fs(a);              // erzeugt implizit ein span<int>{a,100}
     fs(a,1000);          // Fehler: span erwartet
     fs({a+10,100});      // ein Bereichsfehler in fs
     fs({a,x});           // offensichtlich verdächtig
}
```

Das heißt, der gebräuchliche Fall, ein **span** direkt aus einem Array zu erzeugen, ist jetzt sicher (der Compiler berechnet die Zahl der Elemente) und besitzt eine einfache Notation. In anderen Fällen ist die Wahrscheinlichkeit von Fehlern gesenkt und die Fehlererkennung einfacher, weil der Programmierer explizit ein **span** entwerfen muss.

Der gebräuchliche Fall, bei dem ein **span** von Funktion zu Funktion weitergegeben wird, ist einfacher als (Zeiger,Zähler)-Schnittstellen und erfordert offensichtlich keine zusätzliche Überprüfung:

```
void f1(span<int> p);
void f2(span<int> p)
{
    // ...
     f1(p);
}
```

Wenn **span** für eine Indizierung (z. B. **r[i]**) verwendet wird, dann erfolgt – genau wie bei Containern – keine Bereichsüberprüfung und ein Zugriff außerhalb des Bereichs erzeugt ein undefiniertes Verhalten. Natürlich kann eine Implementierung dieses undefinierte Verhalten als eine Bereichsüberprüfung implementieren, aber leider machen das nur wenige. Das originale **gsl::span** aus der Support-Bibliothek der Core Guidelines [CG] führt eine Bereichsüberprüfung durch.

15.3 Container

Der Standard stellt mehrere Container zur Verfügung, die nicht perfekt in das STL-Framework passen (Kapitel 12, Kapitel 13). Beispiele sind integrierte Arrays,

array und **string**. Ich bezeichne diese manchmal als »Beinahe-Container«, auch wenn das nicht ganz fair ist: Sie enthalten Elemente, sind also Container, aber alle haben Einschränkungen oder zusätzliche Mittel, die sie im Kontext der STL eigenwillig wirken lassen. Sie separat zu beschreiben, vereinfacht außerdem die Beschreibung der STL.

Container	
`T[N]`	Integriertes Array: eine aufeinanderfolgend allozierte Sequenz fester Größe aus `N` Elementen des Typs `T`; wird implizit in ein `T*` konvertiert
`array<T,N>`	Eine aufeinanderfolgend allozierte Sequenz fester Größe aus `N` Elementen des Typs `T`; wie das integrierte Array, allerdings ohne die meisten Probleme, die dieses aufweist
`bitset<N>`	Eine Sequenz fester Größe aus `N` Bits
`vector<bool>`	Eine Sequenz aus Bits, die kompakt in einer Spezialisierung von `vector` gespeichert sind
`pair<T,U>`	Zwei Elemente der Typen `T` und `U`
`tuple<T...>`	Eine Sequenz aus einer beliebigen Anzahl von Elementen beliebigen Typs
`basic_string<C>`	Eine Sequenz aus Zeichen des Typs `C`; bietet String-Operationen
`valarray<T>`	Ein Array aus numerischen Werten des Typs `T`; bietet numerische Operationen

Weshalb stellt der Standard so viele Container bereit? Sie dienen gebräuchlichen, aber unterschiedlichen (und oft überlappenden) Anforderungen. Wenn die Standardbibliothek sie nicht anbieten würde, dann müssten viele ihre eigenen Container entwerfen und implementieren. Zum Beispiel:

- **pair** und **tuple** sind heterogen; alle anderen Container sind homogen (alle Elemente sind vom selben Typ).
- **array**- und **tuple**-Elemente werden aufeinanderfolgend alloziert; **list** und **map** sind verknüpfte Strukturen.
- **bitset** und **vector<bool>** enthalten Bits und greifen über Proxy-Objekte darauf zu; alle anderen Standardbibliothekscontainer können eine Vielzahl an Typen enthalten und direkt auf die Elemente zugreifen.
- **basic_string** verlangt, dass seine Elemente irgendeine Form von Zeichen sind und String-Manipulationen bereitstellen, wie etwa Verkettungen und ortsabhängige Operationen.
- **valarray** verlangt, dass seine Elemente Zahlen sind und numerische Operationen bereitstellen.

All diese Container stellen also quasi spezialisierte Dienste zur Verfügung, die von vielen Programmierern benötigt werden. Kein Container allein könnte all diese

Anforderungen befriedigen, da manche einander widersprechen, wie zum Beispiel »die Fähigkeit zu wachsen« und »wird garantiert an einem festen Ort alloziert« oder auch »Elemente verschieben sich nicht, wenn Elemente hinzugefügt werden« und »aufeinanderfolgend alloziert«.

15.3.1 array

Ein **array**, definiert in **<array>**, ist eine Sequenz fester Größe aus Elementen eines bestimmten Typs, bei dem die Anzahl der Elemente zum Zeitpunkt des Kompilierens festgelegt wird. Entsprechend kann ein **array** mit seinen Elementen auf dem Stack, in einem Objekt oder in statischem Speicher alloziert werden. Die Elemente werden in dem Gültigkeitsbereich alloziert, in dem das **array** definiert ist. Ein **array** lässt sich am besten als integriertes Array verstehen, dessen Größe fest zugewiesen ist, ohne implizite, potenziell überraschende Konvertierungen in Zeigertypen, und mit einigen bequemen Funktionen. Die Verwendung eines **array** ist nicht mit einem höheren (Laufzeit- und Speicherplatz-)Overhead verbunden als die Verwendung eines integrierten Array. Ein **array** folgt *nicht* dem »Handle für Elemente«-Modell der STL-Container. Stattdessen enthält es seine Elemente direkt. Es ist genau genommen eine sicherere Version eines integrierten Arrays.

Dies impliziert, dass ein **array** durch eine Initialisierungsliste initialisiert werden kann und muss:

```
array<int,3> a1 = {1,2,3};
```

Die Anzahl der Elemente in dem Initialisierer muss gleich oder kleiner der Anzahl der Elemente sein, die für das **array** festgelegt sind.

Der Elementzähler ist nicht optional, er muss ein konstanter Ausdruck sein, die Anzahl der Elemente muss positiv sein und der Elementtyp muss explizit angegeben werden:

```
void f(int n)
{
    array<int> a0 = {1,2,3};        // Fehler: Größe nicht angegeben
    array<string,n> a1 = {"John's", "Queens' "};     // Fehler: Größe
                                    // kein konstanter Ausdruck
    array<string,0> a2;             // Fehler: Größe muss positiv sein
    array<2> a3 = {"John's", "Queens' "};  // Fehler: Elementtyp nicht
                                           // angegeben
   // ...
}
```

Falls der Elementzähler variabel sein soll, verwenden Sie **vector**.

Wenn es notwendig ist, kann ein **array** explizit an eine Funktion im C-Stil übergeben werden, die einen Zeiger erwartet. Zum Beispiel:

```
void f(int* p, int sz);          // Schnittstelle im C-Stil

void g()
{
    array<int,10> a;

    f(a,a.size());               // Fehler: keine Konvertierung
    f(a.data(),a.size());        // Benutzung im C-Stil

    auto p = find(a,777);        // Benutzung im C++/STL-Stil (ein Bereich
                                 // wird übergeben)
   // ...
}
```

Warum sollten Sie ein **array** verwenden, wenn **vector** so viel flexibler ist? Ein **array** ist weniger flexibel und deshalb einfacher. Gelegentlich kann ein deutlicher Leistungsvorteil erzielt werden, indem man auf Elemente, die auf dem Stack alloziert sind, direkt zugreift, anstatt Elemente auf dem freien Speicher zu allozieren und indirekt durch den **vector** (ein Handle) darauf zuzugreifen und sie dann zu deallozieren. Andererseits ist der Stack eine begrenzte Ressource (vor allem auf einigen eingebetteten Systemen) und ein Stack-Überlauf ist wirklich eine hässliche Sache. Außerdem gibt es Anwendungsbereiche, wie etwa die sicherheitskritische Echtzeitsteuerung, bei denen die Allokation auf freiem Speicher verboten ist. So kann zum Beispiel die Verwendung von **delete** zu Fragmentierung (§12.7) oder Speichererschöpfung (§4.3) führen.

Warum sollten Sie ein **array** verwenden, wenn Sie ein integriertes Array benutzen könnten? Ein **array** kennt seine Größe, weshalb es leicht mit den Algorithmen der Standardbibliothek verwendet und mithilfe von = kopiert werden kann.

Zum Beispiel:

```
array<int,3> a1 = {1, 2, 3 };
auto a2 = a1;           // kopieren
a2[1] = 5;
a1 = a2;                // zuweisen
```

Mein Hauptgrund, **array** zu bevorzugen, besteht jedoch darin, dass es mir überraschende und hässliche Konvertierungen in Zeiger erspart. Betrachten Sie hier ein Beispiel mit einer Klassenhierarchie:

```
void h()
{
    Circle a1[10];
    array<Circle,10> a2;
   // ...
    Shape* p1 = a1; // Okay: Aber Katastrophe ist nur eine Frage der Zeit
    Shape* p2 = a2;      // Fehler: keine Konvertierung von
                         // array<Circle,10> in Shape* (Gut!)
    p1[3].draw();          // Katastrophe
}
```

Der »Katastrophe«-Kommentar nimmt an, dass **sizeof(Shape) <sizeof(Circle)** ist, sodass das Indizieren eines **Circle[]** durch ein **Shape*** einen falschen Offset ergibt. Alle Standardcontainer bieten diesen Vorteil gegenüber den integrierten Arrays.

15.3.2 bitset

Manche Aspekte eines Systems, wie etwa der Zustand eines Eingabestroms, werden oft mithilfe von Flags dargestellt, die binäre Bedingungen signalisieren wie gut/schlecht, wahr/falsch und ein/aus. C++ unterstützt den Begriff kleiner Gruppen von Flags effizient durch bitweise Operationen auf Integern (§1.4). Die Klasse **bitset<N>** verallgemeinert diese Vorstellung, indem sie Operationen auf einer Sequenz von **N** Bits [**0**:**N**) bereitstellt, wobei **N** zum Zeitpunkt des Kompilierens bekannt ist. Für Gruppen aus Bits, die nicht in ein **long long int** passen (oft 64 Bits), ist die Verwendung eines **bitset** häufig bequemer als die direkte Benutzung von Integern. Bei kleineren Mengen wird **bitset** normalerweise optimiert. Falls Sie die Bits benennen wollen, statt sie zu nummerieren, können Sie ein **set** (§12.5) oder eine Enumeration (§2.4) benutzen.

Ein **bitset** kann mit einem Integer oder einem String initialisiert werden:

```
bitset<9> bs1 {"110001111"};
bitset<9> bs2 {0b1'1000'1111}; // binäres Literal mit Trennzeichen (§1.4)
```

Es können die üblichen bitweisen Operatoren (§1.4) und die Operatoren für die Links- und Rechtsverschiebung (<< und >>) eingesetzt werden:

```
bitset<9> bs3 = ~bs1;          // Komplement: bs3=="001110000"
bitset<9> bs4 = bs1&bs3;       // alles Nullen
bitset<9> bs5 = bs1<<2;        // Linksverschiebung: bs5 = "000111100"
```

Die Verschiebeoperatoren (hier: **<<**) »schieben Nullen ein«.

Die Operationen **to_ullong()** und **to_string()** stellen die inversen Operationen für die Konstruktoren zur Verfügung. Sie könnten zum Beispiel die binäre Repräsentation eines **int** ausgeben:

```
void binary(int i)
{
    bitset<8*sizeof(int)> b = i;  // nimmt ein 8-Bit-Byte an
                                  // (siehe auch §17.7)
    cout << b.to_string() << '\n';     // gibt die Bits von i aus
}
```

Dies gibt die Bits, die als **1** und **0** dargestellt werden, von links nach rechts aus. Das Bit mit dem höchsten Stellenwert (»Most Significant Bit«) steht ganz links, sodass das Argument **123** diese Ausgabe erzeugen würde:

```
00000000000000000000000001111011
```

Für dieses Beispiel ist es einfacher, direkt den **bitset**-Ausgabeoperator zu benutzen:

```
void binary2(int i)
{
    bitset<8*sizeof(int)> b = i;    // nimmt ein 8-Bit-Byte an
                                    // (siehe auch §17.7)
    cout << b << '\n';              // gibt die Bits von i aus
}
```

Ein **bitset** bietet viele Funktionen zum Benutzen und Manipulieren von Bitmengen an, wie etwa **all()**, **any()**, **none()**, **count()**, **flip()**.

15.3.3 pair

Es ist ziemlich üblich, dass eine Funktion zwei Werte zurückgibt. Um das zu erreichen, gibt es viele Möglichkeiten. Die einfachste und oft auch beste besteht darin, ein **struct** für diesen Zweck zu definieren. Zum Beispiel können Sie einen Wert und einen Erfolgsindikator zurückgeben:

```
struct My_res {
     Entry* ptr;
     Error_code err;
};

My_res complex_search(vector<Entry>& v, const string& s)
{
     Entry* found = nullptr;
     Error_code err = Error_code::found;
    // ... sucht in v nach s ...
     return {found,err};
}

void user(const string& s)
{
     My_res r = complex_search(entry_table,s);  // durchsucht entry_table
     if (r.err != Error_code::good) {
        // ... verarbeitet Fehler ...
     }
    // ... benutzt r.ptr ...
}
```

Sie könnten anführen, dass es eleganter wäre, den Fehler als End-Iterator oder einen **nullptr** zu codieren, allerdings kann das nur eine Art von Fehler ausdrücken. Oft würden Sie gern zwei separate Werte zurückliefern. Das Definieren eines speziell benannten **struct** für jedes Wertepaar funktioniert meist ganz gut und ist gut lesbar, wenn die Namen der »Paar aus Werten«-**struct** und ihrer Member sinnvoll gewählt sind. Bei großen Codebasen kann das jedoch zu einer starken Zunahme der Anzahl an Namen und Konventionen führen, und das funktioniert dann nicht gut für generischen Code, bei dem eine konsistente Benennung ausgesprochen wichtig ist. Aus diesem Grund bietet die Standardbibliothek **pair** als allgemeine Unterstützung für den Fall, dass »Paare aus Werten« verwendet werden sollen. Mit **pair** sieht das einfache Beispiel nun so aus:

```
pair<Entry*,Error_code> complex_search(vector<Entry>& v, const string& s)
{
     Entry* found = nullptr;
     Error_code err = Error_code::found;
    // ... sucht in v nach s ...
     return {found,err};
}
```

```
void user(const string& s)
{
    auto r = complex_search(entry_table,s);     // durchsucht entry_table
    if (r.second != Error_code::good) {
        // ... verarbeitet Fehler ...
    }
   // ... benutzt r.first ...
}
```

Die Member von **pair** heißen **first** und **second**. Das ist aus Sicht des Implementierers sinnvoll, allerdings wollen Sie in Anwendungscode vermutlich doch lieber Ihre eigenen Namen verwenden. Sie können auf eine strukturierte Bindung (§3.4.5) zurückgreifen, um das zu erreichen:

```
void user(const string& s)
{
    auto [ptr,success] = complex_search(entry_table,s); // durchsucht
                                                        // entry_table
    if (success != Error_code::good)
        // ... verarbeitet Fehler ...
    }
   // ... benutzt r.ptr ...
}
```

Das Standardbibliotheks-**pair** (aus **<utility>**) wird in der Standardbibliothek und anderswo sehr oft für »Paar aus Werten« benutzt. So gibt zum Beispiel der Standardbibliotheksalgorithmus **equal_range** ein **pair** aus Iteratoren zurück, die eine Untersequenz festlegen, die einem Prädikat entspricht:

```
template<typename Forward_iterator, typename T, typename Compare>
    pair<Forward_iterator,Forward_iterator>
    equal_range(Forward_iterator first, Forward_iterator last,
    const T& val, Compare cmp);
```

Haben Sie eine sortierte Sequenz [**first**:**last**), dann gibt **equal_range()** das **pair** zurück, das die Untersequenz repräsentiert, die zu dem Prädikat **cmp** passt. Sie können dies verwenden, um in einer sortierten Sequenz aus **Record** zu suchen:

```
auto less = [](const Record& r1, const Record& r2) { return r1.name<r2.name; };
                                                    // vergleicht Namen
```

```
void f(const vector<Record>& v)      // nimmt an, dass v anhand seines
                                     // "name"-Felds sortiert ist
{
    auto [first,last] = equal_range(v.begin(),v.end(),Record{"Reg"},less);

    for (auto p = first; p!=last; ++p) // gibt alle gleichen Records aus
        cout << *p;             // nimmt an, dass << für Record definiert ist
}
```

Ein **pair** stellt Operatoren bereit, wie etwa =, == und <, falls seine Elemente dies tun. Die Typdeduktion macht es leicht, ein **pair** zu erzeugen, ohne explizit dessen Typ zu erwähnen. Zum Beispiel:

```
void f(vector<string>& v)
{
     pair p1 {v.begin(),2};                  // eine Möglichkeit
     auto p2 = make_pair(v.begin(),2);       // eine andere Möglichkeit
    // ...
}
```

Sowohl **p1** als auch **p2** sind vom Typ **pair<vector<string>::iterator,int>**.

Wenn Code nicht generisch sein muss, dann führt ein einfaches **struct** mit benannten Membern oft zu Code, der sich besser pflegen lässt.

15.3.4 tuple

Standardbibliothekscontainer sind genau wie Arrays homogen. Das heißt, all ihre Elemente sind von einem Typ. Manchmal jedoch wollen Sie eine Sequenz aus Elementen unterschiedlicher Typen wie ein einziges Objekt behandeln. Sie möchten also einen heterogenen Container haben. Ein Beispiel hierfür ist **pair**. Allerdings haben nicht alle solche heterogenen Sequenzen nur zwei Elemente. In der Standardbibliothek gibt es **tuple** als eine Verallgemeinerung von **pair** mit null oder mehr Elementen:

```
tuple t0 {};                                      // leer
tuple<string,int,double> t1 {"Shark",123,3.14};   // der Typ ist
                                                  // explizit festgelegt
auto t2 = make_tuple(string{"Herring"},10,1.23);  // der Typ wird als
                                 // tuple<string,int,double> deduziert
tuple t3 {"Cod"s,20,9.99};       // der Typ wird als
                                 // tuple<string,int,double> deduziert
```

Die Elemente (Member) eines **tuple** sind unabhängig; es wird keine Invariante (§4.3) unter ihnen gepflegt. Wenn Sie eine Invariante haben wollen, müssen Sie das **tuple** in eine Klasse kapseln, die dies durchsetzt.

Für einen einzelnen, spezifischen Anwendungsfall ist ein einfaches **struct** oft ideal. Es gibt jedoch viele generische Anwendungen, bei denen es die Flexibilität von **tuple** erspart, viele **struct** definieren zu müssen, was jedoch den Nachteil mit sich bringt, dass die einzelnen Member keine aussagekräftigen Namen haben. Auf Member eines **tuple** wird durch ein **get**-Funktions-Template zugegriffen. Zum Beispiel:

```
string fish = get<0>(t1);          // holt das erste Element"Shark"
int count = get<1>(t1);            // holt das zweite Element: 123
double price = get<2>(t1);         // holt das dritte Element: 3.14
```

Sie können **get<>** auch zum Schreiben benutzen:

```
get<string>(t1) = "Tuna";         // schreibt auf den string
get<int>(t1) = 7;                 // schreibt auf das int
get<double>(t1) = 312;            // schreibt auf das double
```

Die meisten Einsatzfälle von **tuple** sind in Implementierungen von komplexeren Konstrukten versteckt. Zum Beispiel könnten Sie auf die Member von **t1** zugreifen, indem Sie eine strukturierte Bindung (§3.4.5) einsetzen:

```
auto [fish, count, price] = t1;
cout << fish << ' ' << count << ' ' << price << '\n';      // lesen
fish = "Sea Bass";                                          // schreiben
```

Typischerweise wird eine solche Bindung und die ihr zugrunde liegende Benutzung eines **tuple** für einen Funktionsaufruf eingesetzt:

```
auto [fish, count, price] = todays_catch();
cout << fish << ' ' << count << ' ' << price << '\n';
```

Die wahre Stärke von **tuple** zeigt sich, wenn man eine unbekannte Anzahl von Elementen unbekannter Typen als ein Objekt speichern oder herumreichen muss.

Das Iterieren über die Elemente eines **tuple** ist ein bisschen chaotisch, da es Rekursion und die Evaluation des Funktionskörpers zum Zeitpunkt des Kompilierens erfordert:

```
template <size_t N = 0, typename... Ts>
constexpr void print(tuple<Ts...> tup)
```

```
{
    if constexpr (N<sizeof...(Ts)) {        // noch nicht am Ende?
        cout << get<N>(tup) << ' ';         // gibt das N. Element aus
        print<N+1>(tup);                    // gibt das nächste Element aus
    }
}
```

Hier verrät **sizeof...(Ts)** die Anzahl der Elemente in **Ts**.

Die Benutzung von **print()** ist einfach:

```
print(t0);      // keine Ausgabe
print(t2);      // Herring 10 1.23
print(tuple{ "Norah", 17, "Gavin", 14, "Anya", 9, "Courtney", 9, "Ada", 0 });
```

Genau wie **pair** stellt **tuple** Operatoren wie =, == und < bereit, falls seine Elemente es tun. Es gibt außerdem Konvertierungen zwischen einem **pair** und einem **tuple** mit zwei Membern.

15.4 Alternativen

Der Standard bietet drei Typen zum Ausdrücken von Alternativen:

Alternativen	
`union`	Ein integrierter Typ, der eine aus einer Menge von Alternativen enthält (§2.5)
`variant<T...>`	Eine aus einer angegebenen Menge von Alternativen (zu finden in `<variant>`)
`optional<T>`	Ein Wert des Typs T oder kein Wert (zu finden in `<optional>`)
`any`	Ein Wert aus einer ungebundenen Menge von alternativen Typen (zu finden in `<any>`)

Diese Typen bieten dem Benutzer eine ähnliche Funktionalität, haben aber leider keine einheitliche Schnittstelle.

15.4.1 variant

Ein **variant<A,B,C>** ist oft eine sicherere und bequemere Alternative zur expliziten Verwendung einer **union** (§2.5). Das vermutlich einfachste Beispiel besteht darin, entweder einen Wert oder einen Fehlercode zurückzugeben:

```
variant<string,Error_code> compose_message(istream& s)
{
```

```
    string mess;
   // ... liest aus s und erzeugt eine Nachricht ...
    if (no_problems)
        return mess;                        // gibt einen String zurück
    else
        return Error_code{some_problem}; // gibt einen Error_code zurück
}
```

Wenn Sie einem **variant** einen Wert zuweisen oder es mit einem Wert initialisieren, dann merkt es sich den Typ dieses Werts. Später können Sie nachfragen, welchen Typ das **variant** enthält, und den Wert ermitteln. Zum Beispiel:

```
auto m = compose_message(cin);

if (holds_alternative<string>(m)) {
    cout << get<string>(m);
}
else {
    auto err = get<Error_code>(m);
   // ... verarbeitet Fehler ...
}
```

Dieser Stil spricht besonders diejenigen an, die keine Exceptions mögen (siehe §4.4), aber es gibt hier noch interessantere Anwendungen. Zum Beispiel könnte ein einfacher Compiler zwischen unterschiedlichen Arten von Knoten mit unterschiedlichen Repräsentationen unterscheiden:

```
using Node = variant<Expression,Statement,Declaration,Type>;

void check(Node* p)
{
    if (holds_alternative<Expression>(*p)) {
        Expression& e = get<Expression>(*p);
       // ...
    }
    else if (holds_alternative<Statement>(*p)) {
        Statement& s = get<Statement>(*p);
       // ...
    }
   // ... Deklaration und Typ ...
}
```

Dieses Muster des Überprüfens von Alternativen, um sich für eine angemessene Aktion zu entscheiden, ist so verbreitet und relativ ineffizient, dass es direkte Unterstützung verdient:

```
void check(Node* p)
{
    visit(overloaded {
        [](Expression& e) { /* ... */ },
        [](Statement& s) { /* ... */ },
       // ... Deklaration und Typ ...
    }, *p);
}
```

Das ist im Prinzip äquivalent zu einem virtuellen Funktionsaufruf, aber potenziell schneller. Wie bei allen Behauptungen hinsichtlich der Leistung sollte dieses »potenziell schneller« durch Messungen bestätigt werden, wenn es auf die Leistung ankommt. In den meisten Fällen sind die Leistungsunterschiede nicht sehr groß.

Die Klasse **overloaded** ist notwendig und seltsamerweise kein Standard. Es ist eine »Zauberei«, die eine Menge von **overload**-Objekten aus einer Menge von Argumenten (normalerweise Lambdas) erzeugt:

```
template<class... Ts>
struct overloaded : Ts... {     // variadisches Template (§8.4)
    using Ts::operator()...;
};

template<class... Ts>
    overloaded(Ts...) ?> overloaded<Ts...>;      // Deduktionsanleitung
```

Der »Besucher« **visit** wendet dann **()** auf das **overload**-Objekt an, das das passendste Lambda auswählt, das entsprechend den Überladeregeln aufgerufen werden soll.

Eine *Deduktionsanleitung* (oder Deduction Guide) ist ein Mechanismus zum Auflösen feiner Mehrdeutigkeiten, vor allem für Konstruktoren von Klassen-Templates in Foundation Libraries (§7.2.3).

Falls Sie versuchen, auf ein **variant** zuzugreifen, das einen anderen als den erwarteten Typ enthält, wird **bad_variant_access** geworfen.

15.4.2 `optional`

Ein **optional<A>** kann als eine besondere Art von **variant** (wie ein **variant <A,nothing>**) oder als eine Verallgemeinerung der Idee eines **A*** betrachtet werden, das entweder auf ein Objekt zeigt oder der **nullptr** ist.

Ein **optional** kann nützlich für Funktionen sein, die ein Objekt zurückgeben könnten oder auch nicht:

```
optional<string> compose_message(istream& s)
{
    string mess;

   // ... liest aus s und erzeugt eine Nachricht ...

    if (no_problems)
        return mess;
    return {};       // das leere optional
}
```

Damit können Sie nun schreiben:

```
if (auto m = compose_message(cin))
    cout << *m;          // beachten Sie die Dereferenzierung (*)
else {
   // ... verarbeitet Fehler ...
}
```

Dies spricht manche an, die keine Exceptions mögen (siehe §4.4). Beachten Sie die eigenwillige Verwendung von *. Ein **optional** wird als Zeiger auf sein Objekt behandelt und nicht als das Objekt selbst.

Das **optional**-Äquivalent zum **nullptr** ist das leere Objekt **{}**. Zum Beispiel:

```
int sum(optional<int> a, optional<int> b)
{
    int res = 0;
    if (a) res+=*a;
    if (b) res+=*b;
    return res;
}

int x = sum(17,19);          // 36
```

```
int y = sum(17,{});          // 17
int z = sum({},{});          // 0
```

Falls Sie versuchen, auf ein **optional** zuzugreifen, das keinen Wert enthält, ist das Ergebnis undefiniert; eine Ausnahme wird *nicht* geworfen. Das bedeutet, dass **optional** nicht garantiert typsicher ist. Versuchen Sie nicht dieses hier:

```
int sum2(optional<int> a, optional<int> b)
{
     return *a+*b;          // das schreit nach Ärger
}
```

15.4.3 any

Ein **any** kann einen beliebigen Typ enthalten und weiß, welchen Typ (falls es einen gibt) es enthält. Im Prinzip handelt es sich um eine unbeschränkte Version von **variant**:

```
any compose_message(istream& s)
{
     string mess;

    // ... liest aus s und erzeugt eine Nachricht ...

     if (no_problems)
         return mess;                // gibt einen String zurück
     else
         return error_number;        // gibt ein int zurück
}
```

Wenn Sie einem **any** einen Wert zuweisen oder es mit einem Wert initialisieren, dann merkt es sich dessen Typ. Später können Sie den Wert extrahieren, der von dem **any** gehalten wird, indem Sie den erwarteten Typ des Werts feststellen. Zum Beispiel:

```
auto m = compose_message(cin);
string& s = any_cast<string&>(m);
cout << s;
```

Falls Sie versuchen, auf ein **any** zuzugreifen, das einen anderen als den erwarteten Typ enthält, wird **bad_any_access** geworfen.

15.5 Ratschläge

[1] Eine Bibliothek muss nicht groß oder kompliziert sein, um nützlich zu sein; §16.1.

[2] Eine Ressource ist alles, was reserviert und (explizit oder implizit) freigegeben werden muss; §15.2.1.

[3] Benutzen Sie Ressourcen-Handles, um Ressourcen zu verwalten (RAII); §15.2.1; [CG: R.1].

[4] Das Problem mit einem **T*** besteht darin, dass es benutzt werden kann, um irgendetwas zu repräsentieren, wodurch Sie den Zweck eines »nackten« Zeigers nicht leicht ermitteln können; §15.2.1.

[5] Benutzen Sie **unique_ptr**, um auf Objekte eines polymorphen Typs zu verweisen; §15.2.1; [CG: R.20].

[6] Benutzen Sie **shared_ptr** (ausschließlich), um auf gemeinsam genutzte Objekte zu verweisen; §15.2.1; [CG: R.20].

[7] Bevorzugen Sie Ressourcen-Handles mit spezifischer Semantik vor smarten Zeigern; §15.2.1.

[8] Verwenden Sie keinen smarten Zeiger, wo es auch eine lokale Variable tut; §15.2.1.

[9] Bevorzugen Sie **unique_ptr** vor **shared_ptr**; §6.3, §15.2.1.

[10] Benutzen Sie **unique_ptr** oder **shared_ptr** als Argumente oder Rückgabewerte nur, um die Verantwortungen der Eigentümerschaft zu übertragen; §15.2.1; [CG: F.26] [CG: F.27].

[11] Benutzen Sie **make_unique()**, um **unique_ptr** zu konstruieren; §15.2.1; [CG: R.22].

[12] Benutzen Sie **make_shared()**, um **shared_ptr** zu konstruieren; §15.2.1; [CG: R.23].

[13] Ziehen Sie smarte Zeiger der Garbage Collection vor; §6.3, §15.2.1.

[14] Bevorzugen Sie **span** vor Zeiger-plus-Zähler-Schnittstellen; §15.2.2; [CG: F.24].

[15] **span** unterstützt bereichsbasiertes **for**; §15.2.2.

[16] Benutzen Sie **array**, wenn Sie eine Sequenz mit einer **constexpr**-Größe brauchen; §15.3.1.

[17] Bevorzugen Sie **array** gegenüber integrierten Arrays; §15.3.1; [CG: SL.con.2].

[18] Benutzen Sie **bitset**, falls Sie **N** Bits brauchen und **N** nicht notwendigerweise die Anzahl der Bits in einem integrierten Integer-Typ ist; §15.3.2.

[19] Übertreiben Sie es nicht mit der Verwendung von **pair** und **tuple**; benannte **struct** führen oft zu besser lesbarem Code; §15.3.3.

[20] Wenn Sie **pair** einsetzen, dann verwenden Sie eine Template-Argument-Deduktion oder **make_pair()**, um eine redundante Typspezifikation zu vermeiden; §15.3.3.

[21] Wenn Sie **tuple** einsetzen, dann verwenden Sie eine Template-Argument-Deduktion oder **make_tuple()**, um eine redundante Typspezifikation zu vermeiden; §15.3.3; [CG: T.44].

[22] Bevorzugen Sie **variant** vor der expliziten Verwendung von **union**; §15.4.1; [CG: C.181].

[23] Wenn Sie aus einer Menge von Alternativen, die ein **variant** benutzen, wählen müssen, dann entscheiden Sie sich am besten für **visit()** und **overloaded()**; §15.4.1.

[24] Wenn für ein **variant**, **optional** oder **any** mehr als eine Alternative möglich ist, dann prüfen Sie vor dem Zugriff das Tag; §15.4.

Kapitel 16

Utilities

Die Zeit, die Sie gern verschwenden, ist keine verschwendete Zeit.
— Bertrand Russell

16.1 Einführung

Es ist nicht besonders informativ, wenn man eine Bibliothekskomponente als »Utility« (»Helferlein«) kennzeichnet. Ganz offensichtlich ist jede Bibliothekskomponente irgendwann und irgendwo für irgendwen einmal nützlich gewesen. Die hier vorgestellten Hilfsmittel wurden ausgewählt, weil sie vielen wichtige Dienste leisten, aber ihre Beschreibung anderswo nicht so recht hinpasst. Oft dienen sie als Bausteine für mächtigere Bibliotheksbestandteile, einschließlich weiterer Komponenten der Standardbibliothek.

16.2 Zeit

In **<chrono>** stellt die Standardbibliothek Hilfsmittel für den Umgang mit der Zeit zur Verfügung:

- Uhren, **time_point** und **duration** zum Messen, wie lange eine Aktion dauert, sowie als Grundlage für alles, was mit der Zeit zu tun hat
- **day**, **month**, **year** und **weekdays** zum Abbilden von **time_points** auf unser tägliches Leben
- **time_zone** und **zoned_time** für den Umgang mit weltweit üblichen Zeitverschiebungen und Zeitzonen

Im Prinzip hat jedes größere System mit einem dieser Dinge zu tun.

16.2.1 Uhren

Hier ist die grundlegende Methode, die Zeit einer Aktion zu messen:

```
using namespace std::chrono; // im Unternamensraum std::chrono; siehe §3.3

auto t0 = system_clock::now();
do_work();
```

```
auto t1 = system_clock::now();

cout << t1?t0 << "\n";        // standardmäßige Einheit: 20223[1/10000000]s
cout << duration_cast<milliseconds>(t1?t0).count() << "ms\n";
    // festgelegte Einheit: 2ms
cout << duration_cast<nanoseconds>(t1?t0).count() << "ns\n";
    // festgelegte Einheit: 2022300ns
```

Die Uhr gibt einen **time_point** (einen Zeitpunkt) zurück. Subtrahiert man zwei **time_point** voneinander, erhält man eine **duration** (eine Zeitdauer). Das standardmäßige **<<** für eine **duration** fügt eine Kennzeichnung für die Einheit hinzu, die als Suffix verwendet wird. Die verschiedenen Uhren geben ihre Ergebnisse in verschiedenen Zeiteinheiten, »Clock Ticks«, aus (die Uhr, die ich verwendet habe, misst in Einheiten von 100 Nanosekunden). Deshalb ist es oft eine gute Idee, eine **duration** in eine passende Einheit umzuwandeln. Erledigt wird dies mit Hilfe von **duration_cast**.

Die Uhren sind für schnelle Messungen ganz nützlich. Treffen Sie keine Aussagen über die »Effizienz« von Code, ohne zuerst Zeitmessungen vorzunehmen. Schätzungen und Vermutungen hinsichtlich der Leistung sind völlig unzuverlässig. Fixe, einfache Messungen sind besser als keine Messungen. Allerdings ist die Leistung moderner Computer ein kompliziertes Thema, weshalb Sie sich davor hüten müssen, ein paar simplen Messungen allzu viel Bedeutung zuzuerkennen. Sie sollten wiederholt messen, um die Wahrscheinlichkeit zu verringern, durch seltene Ereignisse oder Caches getäuscht zu werden.

Der Namensraum **std::chrono_literals** definiert die Zeiteinheiten-Suffixe (§6.6). Zum Beispiel:

```
this_thread::sleep_for(10ms+33us);          // wartet für 10 Millisekunden
                                            // und 33 Mikrosekunden
```

Übliche symbolische Namen erhöhen die Lesbarkeit beträchtlich und verbessern die Wartbarkeit des Codes.

16.2.2 Kalender

Wenn es um alltägliche Ereignisse geht, verwenden wir nur ausgesprochen selten Millisekunden; wir nutzen Jahre, Monate, Tage, Stunden, Sekunden und Wochentage. Die Standardbibliothek unterstützt das. Zum Beispiel:

```
auto spring_day = April/7/2018;
cout << weekday(spring_day) << '\n';                // Sat
cout << format("{:%A}\n",weekday(spring_day));      // Saturday
```

Sat ist auf meinem Computer die Standardzeichendarstellung für Sonnabend (engl. Saturday). Mir gefiel diese Abkürzung nicht, weshalb ich **format** (§11.6.2) benutzt habe, um den längeren Namen zu erhalten. Aus seltsamen Gründen bedeutet **%A** »schreibe den kompletten Namen des Wochentags«. Natürlich ist **April** ein Monat, genauer ausgedrückt, ein **std::chrono::month**. Sie könnten auch sagen:

```
auto spring_day = 2018y/April/7;
```

Das Suffix **y** dient dazu, Jahre von einfachen **int** zu unterscheiden, die benutzt werden, um die Tage des Monats von 1 bis 31 durchzunummerieren.

Es ist möglich, ungültige Datumsangaben auszudrücken. Falls Sie Zweifel haben, prüfen Sie mit **ok()** nach:

```
auto bad_day = January/0/2024;
if (!bad_day.ok())
     cout << bad_day << " is not a valid day\n";
```

Ganz offensichtlich ist **ok()** am nützlichsten für Datumsangaben, die aus einer Berechnung entstanden sind.

Datumsangaben werden gebildet, indem der Operator **/** durch die Typen **year**, **month** und **int** überladen wird. Der resultierende Typ **year_month_day** besitzt Konvertierungen in und aus **time_point**, um akkurate und effiziente Berechnungen mit Datumsangaben zu erlauben. Zum Beispiel:

```
sys_days t = sys_days{February/25/2022}; // man erhält einen Zeitpunkt
                                         // mit der Genauigkeit von Tagen
t += days{7};                            // eine Woche nach dem
                                         // 25. Februar 2022
auto d = year_month_day(t);              // konvertiert den Zeitpunkt
                                         // wieder zurück in den Kalender
cout << d << '\n';                       // 2022-03-04
cout << format("{:%B}/{}/{}\n", d.month(), d.day(), d.year());
                                         // March/04/2022
```

Diese Berechnung erfordert einen Monatswechsel und Kenntnisse über die Schaltjahre. Die Implementierung gab das Datum standardmäßig im ISO-8601-Standardformat aus. Damit der Monat als »March« ausgeschrieben wird, müssen Sie die einzelnen Felder des Datums herauslösen und in die Einzelheiten der Formatierung einsteigen (§11.6.2). Aus eigenartigen Gründen bedeutet **%B** »schreibe den Monatsnamen vollständig aus«.

Solche Operationen können oft zum Zeitpunkt des Kompilierens erledigt werden und sind daher überraschend schnell:

```
static_assert(weekday(April/7/2018) == Saturday);          // wahr
```

Kalender sind komplex und raffiniert. Das ist typisch und passend für »Systeme«, die über Jahrhunderte für »normale Menschen« entwickelt wurden statt von Programmierern, um das Programmieren zu vereinfachen. Das Kalendersystem der Standardbibliothek kann erweitert werden, um mit Julianischen, Islamischen, Thai- und anderen Kalendern zurechtzukommen.

16.2.3 Zeitzonen

Eine der schwierigsten Angelegenheiten im Zusammenhang mit der Zeit sind Zeitzonen. Sie sind so willkürlich, dass es schwer ist, sie sich zu merken. Darüber hinaus ändern sie sich manchmal auf unterschiedliche Weise, was rund um die Welt nicht standardisiert ist. Zum Beispiel:

```
auto tp = system_clock::now();              // tp ist ein time_point
cout << tp << '\n';                         // 2021-11-27 21:36:08.2085095

zoned_time ztp { current_zone(),tp };       // 2021-11-27 16:36:08.2085095 EST
cout << ztp << '\n';

const time_zone est {"Europe/Copenhagen"};
cout << zoned_time{ &est,tp } << '\n'; // 2021-11-27 22:36:08.2085095 GMT+1
```

Eine **time_zone** ist eine Zeit relativ zu einem Standard (GMT oder UTC genannt), der von der **system_clock** benutzt wird. Die Standardbibliothek synchronisiert mit einer globalen Datenbank (IANA), um die richtigen Antworten geben zu können. Diese Synchronisierung kann automatisch im Betriebssystem oder unter der Kontrolle eines Systemadministrators erfolgen. Die Namen der Zeitzonen sind Strings im C-Stil und haben die Form »Kontinent/große Stadt«, wie etwa **"America/New_York"**, **"Asia/Tokyo"**, **"Africa/Nairobi"**. Eine **zoned_time** ist eine **time_zone** zusammen mit einem **time_point**.

Genau wie Kalender sprechen Zeitzonen eine Reihe von Belangen an, die Sie lieber der Standardbibliothek überlassen sollten, statt sie in handgemachtem Code zu behandeln. Überlegen Sie einmal: Zu welcher Uhrzeit am letzten Tag des Februars 2024 in New York wird sich das Datum in Neu-Delhi ändern? Wann endete im Jahr 2020 die Sommerzeit in Denver, Colorado, USA? Wann kommt es zur nächsten Schaltsekunde? Die Standardbibliothek »weiß« das.

16.3 Funktionsanpassung

Wenn eine Funktion als Funktionsargument übergeben wird, dann muss der Typ des Arguments exakt den Erwartungen entsprechen, die in der Deklaration der aufgerufenen Funktion ausgedrückt worden sind. Entspricht ein gewünschtes Argument »nur beinahe den Erwartungen«, haben Sie mehrere Möglichkeiten, das zu korrigieren:

- Benutzen Sie ein Lambda (§16.3.1).
- Benutzen Sie **std::mem_fn()**, um aus einer Member-Funktion ein Funktionsobjekt zu machen (§16.3.2).
- Definieren Sie die Funktion so, dass sie ein **std::function** akzeptiert (§16.3.3).

Es gibt noch viele weitere Möglichkeiten, doch normalerweise funktioniert eine dieser drei am besten.

16.3.1 Lambdas als Adapter

Betrachten Sie einmal das klassische »zeichne alle Formen«-Beispiel:

```
void draw_all(vector<Shape*>& v)
{
    for_each(v.begin(),v.end(),[](Shape* p) { p?>draw(); });
}
```

Wie alle Standardbibliotheksalgorithmen ruft **for_each()** sein Argument mit der traditionellen Funktionsaufrufsyntax **f(x)** auf. Allerdings verwendet **draw()** von **Shape** die herkömmliche objektorientierte Notation **x->f()**. Ein Lambda kann leicht zwischen den beiden Notationen vermitteln.

16.3.2 mem_fn()

Wenn Sie eine Member-Funktion haben, erzeugt der Funktionsadapter **mem_fn(mf)** ein Funktionsobjekt, das als eine Nicht-Member-Funktion aufgerufen werden kann. Zum Beispiel:

```
void draw_all(vector<Shape*>& v)
{
    for_each(v.begin(),v.end(),mem_fn(&Shape::draw));
}
```

Vor der Einführung von Lambdas in C++11 bildeten **mem_fn()** und äquivalente Formen die wichtigste Methode, um einen objektorientierten auf einen funktionalen Aufrufstil abzubilden.

16.3.3 function

Der Typ **function** der Standardbibliothek kann ein Objekt enthalten, das Sie mithilfe des Aufrufoperators **()** aufrufen können. Das heißt, ein Objekt des Typs **function** ist ein Funktionsobjekt (§7.3.2). Zum Beispiel:

```
int f1(double);
function<int(double)> fct1 {f1};   // initialisiert auf f1

int f2(string);
function fct2 {f2};                // Typ von fct2 ist function<int(string)>

function fct3 = [](Shape* p) { p?>draw(); }; // Typ von fct3 ist
                                             // function<void(Shape*)>
```

Für **fct2** lasse ich den Typ der **function** aus dem Initialisierer deduzieren: **int(string)**.

Ganz offensichtlich sind **function** nützlich für Callbacks, zum Übergeben von Operationen als Argumente, zum Übergeben von Funktionsobjekten usw. Allerdings könnte sich der Laufzeit-Overhead im Vergleich zu direkten Aufrufen erhöhen. Insbesondere könnte für ein **function**-Objekt, für das die Größe nicht zum Zeitpunkt des Kompilierens berechnet wurde, eine Allokation auf dem freien Speicher auftreten, was erhebliche negative Auswirkungen für leistungskritische Anwendungen nach sich zieht. Eine Lösung kommt mit C++23: **move_only_function**.

Ein weiteres Problem besteht darin, dass **function**, weil es ein Objekt ist, sich nicht überladen lässt. Falls Sie Funktionsobjekte (einschließlich Lambdas) überladen müssen, sollten Sie **overloaded** (§15.4.1) in Betracht ziehen.

16.4 Typfunktionen

Eine *Typfunktion* ist eine Funktion, die zum Zeitpunkt des Kompilierens für einen als Argument übergebenen Typ ausgewertet wird oder einen Typ zurückgibt. Die Standardbibliothek stellt eine ganze Reihe von Typfunktionen zur Verfügung, um Bibliotheksprogrammierern (und Programmierern ganz allgemein) zu helfen, Code zu schreiben, der sich Aspekte der Sprache und der Standardbibliothek zunutze macht.

Für numerische Typen liefert **numeric_limits** aus **<limits>** eine Vielzahl nützlicher Informationen (§17.7). Zum Beispiel:

```
constexpr float min = numeric_limits<float>::min();    // kleinste
                                          // positive Gleitkommazahl
```

Objektgrößen können auf ähnliche Weise vom integrierten **sizeof**-Operator bestimmt werden (§1.4). Zum Beispiel:

```
constexpr int szi = sizeof(int);     // die Anzahl der Bytes in einem int
```

In **<type_traits>** bietet die Standardbibliothek viele Funktionen zum Abfragen von Eigenschaften der Typen. Zum Beispiel:

```
bool b = is_arithmetic_v<X>; // wahr, falls X zu einem der (integrierten)
                             // arithmetischen Typen gehört
using Res = invoke_result_t<decltype(f)>; // Res ist int, falls  f eine
                             //  Funktion ist, die ein int zurückliefert
```

Das **decltype(f)** ist ein Aufruf der integrierten Typfunktion **decltype()**, die den deklarierten Typ ihres Arguments zurückliefert; hier für **f**.

Manche Typfunktionen erzeugen auf der Grundlage der Eingaben neue Typen. Zum Beispiel:

```
typename<typename T>
using Store = conditional_t(sizeof(T)<max, On_stack<T>, On_heap<T>);
```

Wenn das erste (boolesche) Argument von **conditional_t** gleich **true** ist, dann ist das Ergebnis die erste Alternative, ansonsten die zweite. Angenommen, dass **On_stack** und **On_heap** dieselben Zugriffsfunktionen für **T** bieten, können sie ihr **T** allozieren, wie es ihre Namen andeuten. Auf diese Weise kann die Verwendung von **Store<X>** entsprechend der Größe von **X** Objekten optimiert werden. Die Leistungsanpassung, die durch diese Wahl der Allokation ermöglicht wird, kann ganz beträchtlich sein. Das ist ein einfaches Beispiel dafür, wie Sie Ihre eigenen Typfunktionen konstruieren können, entweder aus den Standardfunktionen oder mithilfe von Konzepten.

Konzepte sind Typfunktionen. Wenn sie in Ausdrücken verwendet werden, handelt es sich bei ihnen namentlich um Typprädikate. Zum Beispiel:

```
template<typename F, typename... Args>
auto call(F f, Args... a, Allocator alloc)
{
```

```
    if constexpr (invocable<F,alloc,Args...>) // braucht einen Allokator?
        return f(f,alloc,a...);
    else
        return f(f,a...);
}
```

In vielen Fällen sind Konzepte die besten Typfunktionen, allerdings wurde der größte Teil der Standardbibliothek geschrieben, bevor Konzepte eingeführt wurden, und muss deshalb Konzept-freie Codebasen unterstützen.

Die Konventionen hinsichtlich der Notation sind verwirrend. Die Standardbibliothek nutzt **_v** für Typfunktionen, die Werte zurückgeben, **_t** für Typfunktionen, die Typen zurückgeben. Das ist ein Relikt aus den schwach typisierten Zeiten von C und C++ vor Einführung der Konzepte. Keine Typfunktion aus der Standardbibliothek liefert sowohl einen Typ als auch einen Wert zurück, weshalb diese Suffixe redundant sind. Mit Konzepten sowohl in der Standardbibliothek als auch anderswo werden keine Suffixe mehr gebraucht oder benutzt.

Typfunktionen sind Teil der Mechanismen von C++ für Compile-Zeit-Berechnungen, die eine genauere Typüberprüfung erlauben und eine bessere Leistung bringen als ohne sie. Der Einsatz von Typfunktionen und Konzepten (Kapitel 8, §14.5) wird oft als *Metaprogrammierung* oder (wenn Templates im Spiel sind) *Template-Metaprogrammierung* bezeichnet.

16.4.1 Typprädikate

In **<type_traits>** bietet die Standardbibliothek Dutzende von einfachen Typfunktionen an, die sogenannten *Typprädikate*. Diese beantworten grundlegende Fragen über Typen. Hier ist eine kleine Auswahl:

Ausgewählte Typprädikate T, A und U sind Typen, alle Prädikate geben ein `bool` zurück.	
`is_void_v<T>`	Ist T void?
`is_integral_v<T>`	Ist T ein integraler Typ?
`is_floating_point_v<T>`	Ist T ein Gleitkommatyp?
`is_class_v<T>`	Ist T eine Klasse (und keine Union)?
`is_function_v<T>`	Ist T eine Funktion (und kein Funktionsobjekt oder ein Zeiger auf eine Funktion)?
`is_arithmetic_v<T>`	Ist T ein integraler oder Gleitkommatyp?
`is_scalar_v<T>`	Ist T ein arithmetischer, Enumeration-, Zeiger- oder Zeiger-auf-Member-Typ?
`is_constructible_v<T, A...>`	Kann ein T aus der Argumentliste `A...` konstruiert werden?

Ausgewählte Typprädikate	
is_default_constructible_v<T>	Kann ein T ohne explizite Argumente konstruiert werden?
is_copy_constructible_v<T>	Kann ein T aus einem anderen T konstruiert werden?
is_move_constructible_v<T>	Kann ein T in ein anderes T verschoben oder kopiert werden?
is_assignable_v<T,U>	Kann ein U einem T zugewiesen werden?
is_trivially_copyable_v<T,U>	Kann ein U einem T ohne benutzerdefinierte Kopieroperationen zugewiesen werden?
is_same_v<T,U>	Ist T vom selben Typ wie U?
is_base_of_v<T,U>	Ist U von T abgeleitet oder ist U vom selben Typ wie T?
is_convertible_v<T,U>	Kann ein T implizit in ein U konvertiert werden?
is_iterator_v<T>	Ist T ein Iterator-Typ?
is_invocable_v<T,A...>	Kann ein T mit der Argumentliste A... aufgerufen werden?
has_virtual_destructor_v<T>	Hat T einen virtuellen Destruktor?

Eine traditionelle Verwendung dieser Prädikate besteht darin, Template-Argumente zu beschränken. Zum Beispiel:

```
template<typename Scalar>
class complex {
    Scalar re, im;
public:
    static_assert(is_arithmetic_v<Scalar>,
    "Sorry, I support only complex of arithmetic types");
   // ...
};
```

Das lässt sich jedoch – genau wie andere traditionelle Einsatzfälle – einfacher und eleganter mithilfe von Konzepten erledigen:

```
template<Arithmetic Scalar>
class complex {
    Scalar re, im;
public:
   // ...
};
```

In vielen Fällen verschwinden Typprädikate wie **is_arithmetic** in der Definition von Konzepten und lassen sich so einfacher benutzen. Zum Beispiel:

```
template<typename T>
concept Arithmetic = is_arithmetic_v<T>;
```

Seltsamerweise gibt es kein **std::arithmetic**-Konzept.

Oft können Sie Konzepte definieren, die allgemeiner sind als die Typprädikate der Standardbibliothek. Viele der Typprädikate aus der Standardbibliothek gelten nur für die integrierten Typen. Sie können ein Konzept in Bezug auf die erforderlichen Operationen definieren, wie durch die Definition von **Number** (§8.2.4) angedeutet:

```
template<typename T, typename U = T>
concept Arithmetic = Number<T,U> && Number<U,T>;
```

Meist sind Typprädikate der Standardbibliothek tief in der Implementierung grundlegender Dienste zu finden und dienen oft zur Fallunterscheidung bei der Optimierung. Zum Beispiel könnte ein Teil der Implementierung von **std::copy(Iter,Iter,Iter2)** den wichtigen Fall der aufeinanderfolgenden Sequenzen einfacher Typen optimieren, wie etwa Integer:

```
template<class T>
void cpy1(T* first, T* last, T* target)
{
    if constexpr (is_trivially_copyable_v<T>)
        memcpy(first, target, (last ? first) * sizeof(T));
    else
        while (first != last) *target++ = *first++;
}
```

Diese einfache Optimierung schlägt ihre nicht optimierte Variante bei manchen Implementierungen um etwa 50%. Setzen Sie solche schlauen Lösungen allerdings nur ein, nachdem Sie sich vergewissert haben, dass der Standard es nicht sowieso schon besser macht. Händisch optimierter Code lässt sich üblicherweise deutlich schlechter pflegen als die einfacheren Alternativen.

16.4.2 Bedingte Eigenschaften

Stellen Sie sich vor, Sie würden einen »smarten Zeiger« definieren:

```
template<typename T>
class Smart_pointer {
```

```
    // ...
    T& operator*() const;
    T* operator?>() const;  // -> sollte funktionieren, falls und
                            // tatsächlich nur falls T eine Klasse ist
};
```

Das `->` sollte nur dann definiert werden, wenn `T` ein Klassentyp ist. Zum Beispiel sollte **`Smart_pointer<vector<T>>`** das `->` haben, **`Smart_pointer<int>`** jedoch nicht. Sie können kein Compile-Zeit-`if` benutzen, weil Sie nicht in einer Funktion sind. Stattdessen schreiben Sie:

```
template<typename T>
class Smart_pointer {
    // ...
    T& operator*() const;
    T* operator?>() const requires is_class v<T>; // -> wird definiert,
                  // falls und tatsächlich nur falls T eine Klasse ist
};
```

Das Typprädikat drückt direkt die Beschränkung auf **`operator->()`** aus. Sie können dafür auch Konzepte benutzen. Es gibt kein Standardbibliothekskonzept, das verlangt, dass ein Typ ein Klassentyp (das heißt, eine **`class`**, ein **`struct`** oder eine **`union`**) sein muss, aber Sie könnten eines definieren:

```
template<typename T>
concept Class = is_class v<T> || is_union_v<T>; // Unions sind Klassen

template<typename T>
class Smart_pointer {
    // ...
    T& operator*() const;
    T* operator?>() const requires Class<T>;    // -> wird definiert,
  //  falls und tatsächlich nur falls T eine Klasse oder eine Union ist
};
```

Oft ist ein Konzept allgemeiner oder einfach nur passender als der direkte Einsatz eines Typprädikats aus der Standardbibliothek.

16.4.3 Typgeneratoren

Viele Typfunktionen geben Typen zurück, und zwar oftmals neue Typen, die sie berechnen. Ich bezeichne solche Funktionen als *Typgeneratoren*, um sie von den Typprädikaten zu unterscheiden. Der Standard bringt einige mit, wie etwa:

Ausgewählte Typgeneratoren	
R=remove_const_t<T>	R ist T, wobei das oberste const (falls es eines gibt) entfernt wurde.
R=add_const_t<T>	R ist const T.
R=remove_reference_t<T>	Falls T eine Referenz U& ist, dann ist R gleich U, ansonsten T.
R=add_lvalue_reference_t<T>	Falls T eine lvalue-Referenz ist, dann ist R gleich T, ansonsten T&.
R=add_rvalue_reference_t<T>	Falls T eine rvalue-Referenz ist, dann ist R gleich T, ansonsten T&&.
R=enable_if_t<b,T =void>	Falls b wahr ist, dann ist R gleich T, ansonsten ist R nicht definiert.
R=conditional_t<b,T,U>	R ist T, falls b wahr ist, ansonsten ist es U.
R=common_type_t<T...>	Falls es einen Typ gibt, in den alle T implizit konvertiert werden können, dann ist R dieser Typ, ansonsten ist R nicht definiert.
R=underlying_type_t<T>	Falls T eine Enumeration ist, dann ist R der zugrunde liegende Typ, ansonsten gibt es einen Fehler.
R=invoke_result_t<T,A...>	Falls ein T mit den Argumenten A... aufgerufen werden kann, ist R sein Rückgabetyp, ansonsten gibt es einen Fehler.

Diese Typfunktionen werden typischerweise in der Implementierung von Utilities verwendet statt direkt im Anwendungscode. Unter ihnen ist in Code aus der Zeit, bevor es Konzepte gab, **enable_if** vermutlich am weitesten verbreitet. So wird zum Beispiel das bedingt aktivierte -> für einen smarten Zeiger traditionell ungefähr so implementiert:

```
template<typename T>
class Smart_pointer {
    // ...
    T& operator*();
    enable_if<is_class_v<T>,T&> operator?>(); // -> wird definiert,
                        // falls und tatsächlich nur falls T eine Klasse ist
};
```

Ich finde dies nicht besonders einfach zu lesen, und kompliziertere Einsatzfälle sind viel schlimmer. Die Definition von **enable_if** beruht auf einer raffinierten Spracheigenschaft namens SFINAE (»Substitution Failure Is Not An Error«). Falls es Sie tatsächlich interessiert, schlagen Sie es selbst nach.

16.4.4 Assoziierte Typen

Alle Standardcontainer (§12.8) und alle Container, die nach ihrem Muster gestaltet sind, haben *assoziierte Typen*, wie ihre Wertetypen und ihre Iterator-Typen. In **<iterator>** und **<ranges>** stellt die Standardbibliothek Namen dafür bereit:

Ausgewählte Typgeneratoren	
`range_value_t<R>`	Der Typ der Elemente des Bereichs R
`iter_value_t<T>`	Der Typ der Elemente, auf die durch den Iterator T gezeigt wird
`iterator_t<R>`	Der Typ des Iterators des Bereichs R

16.5 source_location

Wenn Sie eine Trace- oder Fehlermeldung ausgeben, dann möchten Sie oft, dass die Angabe der Quelle Teil dieser Meldung wird. Für diesen Zweck stellt die Standardbibliothek **source_location** bereit:

```
const source_location loc = source_location::current();
```

Das **current()** gibt eine **source_location** zurück, die die Stelle im Quellcode beschreibt, an der sie auftaucht. Die Klasse **source_location** besitzt die Member **file_name()** und **function_name()**, die Strings im C-Stil zurückgeben, sowie die Member **line()** und **column()**, deren Rückgabewerte vom Typ vorzeichenlose Integer sind.

Packen Sie das alles in eine Funktion und Sie haben schon einen guten Ansatz für eine Logging-Meldung:

```
void log(const string& mess = "", const source_location loc =
source_location::current())
{
     cout << loc.file_name()
          << '(' << loc.line() << ':' << loc.column() << ") "
          << loc.function_name() ""
          << mess;
}
```

Der Aufruf von **current()** ist ein Standardargument, sodass Sie den Ort des Aufrufers von **log()** anstelle des Ortes von **log()** erhalten:

```
void foo()
{
    log("Hello"); // myfile.cpp (17,4) foo: Hello
   // ...
}

int bar(const string& label)
{
    log(label);    // myfile.cpp (23,4) bar: <<der Wert von label>>
   // ...
}
```

Code, der vor C++20 geschrieben wurde oder auf älteren Compilern übersetzt werden muss, verwendet hierfür die Makros **__FILE__** und **__LINE__**.

16.6 move() und forward()

Die Entscheidung zwischen Verschieben und Kopieren ist meist implizit (§3.4). Ein Compiler wird das Verschieben vorziehen, wenn ein Objekt zerstört werden soll (etwa in einem **return**), weil das als die einfachere und effizientere Operation gilt. Manchmal jedoch müssen Sie explizit sein. So ist zum Beispiel ein **unique_ptr** der einzige Eigentümer eines Objekts. Entsprechend kann er nicht kopiert werden. Wenn Sie einen **unique_ptr** woanders verwenden wollen, müssen Sie ihn verschieben. Zum Beispiel:

```
void f1()
{
    auto p = make_unique<int>(2);
    auto q = p;     // Fehler: Wir können einen unique_ptr nicht kopieren
    auto q = move(p); // p enthält nun nullptr
   // ...
}
```

Verwirrenderweise verschiebt **std::move()** nichts. Stattdessen verwandelt (»castet«) es sein Argument in eine **rvalue**-Referenz, womit es sagt, dass sein Argument nicht noch einmal benutzt wird und deshalb verschoben werden kann (§6.2.2). Es sollte so etwas wie **rvalue_cast** genannt werden. Es existiert, weil es in einigen wichtigen Fällen gebraucht wird. Betrachten Sie ein einfaches Vertauschen:

```
template <typename T>
void swap(T& a, T& b)
{
    T tmp {move(a)};     // der Konstruktor von T sieht einen rvalue und
                         // verschiebt ihn
    a = move(b);         // die Zuweisung von T sieht einen rvalue und
                         // verschiebt ihn
    b = move(tmp);       // die Zuweisung von T sieht einen rvalue und
                         // verschiebt ihn
}
```

Sie wollen nicht wiederholt potenziell große Objekte kopieren, sodass Sie Verschiebungen mittels **std::move()** anfordern.

Wie bei anderen Casts gibt es verlockende, aber gefährliche Anwendungen von **std::move()**. Schauen Sie sich dies an:

```
string s1 = "Hello";
string s2 = "World";
vector<string> v;
v.push_back(s1);              // benutzt ein "const string&"-Argument;
                              // push_back() kopiert
v.push_back(move(s2));        // benutzt einen Verschiebe-Konstruktor
v.emplace_back(s1);           // eine Alternative; platziert eine Kopie von
                              // s1 in eine neue Endposition von v (§12.8)
```

Hier wird **s1** kopiert (durch **push_back()**), während **s2** verschoben wird. Dies macht manchmal (aber wirklich nur manchmal) das **push_back()** von **s2** billiger. Problematisch ist, dass das Objekt zurückbleibt, von dem verschoben wurde. Falls Sie **s2** erneut benutzen, haben Sie ein Problem:

```
cout << s1[2];          // schreibt 'l'
cout << s2[2];          // Absturz?
```

Ich betrachte diese Verwendung von **std::move()** als zu fehleranfällig für einen häufigen Einsatz. Benutzen Sie das nur, wenn Sie eine beträchtliche und notwendige Leistungssteigerung nachweisen können. Spätere Wartungsarbeiten im Code können zu einer unvorhergesehenen Verwendung des Objekts führen, von dem verschoben wurde.

Der Compiler weiß, dass ein Rückgabewert nicht noch einmal in einer Funktion verwendet wird. Deshalb ist ein explizites **std::move()**, etwa in **return std::move(x)**, redundant und kann sogar Optimierungen behindern.

Der Zustand eines Objekts, aus dem verschoben wurde, ist im Allgemeinen unspezifiziert, allerdings hinterlassen alle Standardbibliothekstypen solche Objekte in einem Zustand, in dem es zerstört werden und etwas zugewiesen bekommen kann. Es wäre unklug, nicht diesem Hinweis zu folgen. Für einen Container (z. B. **vector** oder **string**) ist der »es wurde verschoben aus«-Zustand »leer«. Für viele Typen ist der Standardzustand ein intakter, leerer Zustand: sinnvoll und billig zu etablieren.

Das Weiterleiten von Argumenten ist ein wichtiger Anwendungsfall, der Verschiebungen verlangt (§8.4.2). Sie möchten manchmal eine Menge an Argumenten an eine andere Funktion übertragen, ohne irgendetwas zu verändern (um ein »perfektes Weiterleiten« zu erreichen):

```
template<typename T, typename... Args>
unique_ptr<T> make_unique(Args&&... args)
{
    return unique_ptr<T>{new T{std::forward<Args>(args)...}}; // leitet
                                                 // jedes Argument weiter
}
```

Das **forward()** der Standardbibliothek unterscheidet sich von dem einfacheren **std::move()**, indem es Feinheiten im Zusammenhang mit *lvalue* und *rvalue* korrekt behandelt (§6.2.2). Benutzen Sie **std::forward()** ausschließlich zum Weiterleiten und leiten Sie etwas nicht zweimal mit **forward()** weiter: Nachdem Sie ein Objekt weitergeleitet haben, ist es nicht mehr Ihres, das heißt, Sie können es nicht mehr benutzen.

16.7 Bitmanipulation

In **<bit>** finden Sie Funktionen für grundlegende Bitmanipulationen. Die Bitmanipulation ist eine spezialisierte, aber oft wesentliche Aktivität. Wenn Sie hardwarenah arbeiten, müssen Sie sich manchmal direkt die Bits anschauen, Bitmuster in einem Byte oder Wort ändern und den Speicher direkt in typisierte Objekte verwandeln. So erlaubt es zum Beispiel **bit_cast**, einen Wert eines Typs in einen anderen Typ derselben Größe umzuwandeln:

```
double val = 7.2;
auto x = bit_cast<uint64_t>(val);     // erhält die Bitdarstellung einer
```

```
                                        // 64-Bit-Gleitkommazahl
auto y = bit_cast<uint64_t>(&val);      // erhält die Bitdarstellung eines
                                        // 64-Bit-Zeigers

struct Word { std::byte b[8]; };
std::byte buffer[1024];
// ...
auto p = bit_cast<Word*>(&buffer[i]);      // p zeigt auf 8 Bytes
auto i = bit_cast<int64_t>(*p);            // konvertiert diese 8 Bytes in
                                           // ein Integer
```

Der Standardbibliothekstyp **std::byte** (das **std::** ist erforderlich) existiert, um Bytes darzustellen, statt Bytes, die dafür gedacht sind, Zeichen oder Integer zu repräsentieren. Insbesondere stellt **std::byte** nur bitweise logische Operationen bereit und keine arithmetischen Operationen. Normalerweise ist ein vorzeichenloses Integer oder ein **std::byte** der beste Typ zum Durchführen von Bitoperationen. Mit »bester Typ« meine ich schnell sowie überraschungsarm. Zum Beispiel:

```
void use(unsigned int ui)
{
     int x0 = bit_width(ui)             // die kleinste Anzahl der Bits,
                                        // die nötig sind, um ui darzustellen
     unsigned int ui2 = rotl(ui,8)      // rotiert 8 Bits nach links
                                        // (Hinweis: ändert ui nicht)
     int x1 = popcount(ui);             // die Anzahl der Einsen in ui
// ...
}
```

Siehe auch **bitset** (§15.3.2).

16.8 Ein Programm beenden

Gelegentlich trifft ein Stück Code auf ein Problem, mit dem es nicht zurechtkommt:

- Wenn die Art des Problems häufig auftritt und man erwarten kann, dass der unmittelbare Aufrufer damit umgehen kann, geben Sie irgendeine Art von Rückgabecode zurück (§4.4).
- Wenn die Art des Problems nicht oft vorkommt oder man nicht erwarten kann, dass der unmittelbare Aufrufer damit umgehen kann, werfen Sie eine Ausnahme (§4.4).

- Wenn die Art des Problems so ernsthaft ist, dass man nicht erwarten kann, dass ein normaler Teil des Programms damit zurechtkommt, beenden Sie das Programm.

Die Standardbibliothek bietet Mittel und Möglichkeiten zum Umgang mit dem letztgenannten Fall (»Beenden des Programms«):

- **`exit(x)`**: ruft Funktionen auf, die mit **`atexit()`** registriert sind, beendet dann das Programm mit dem Rückgabewert **`x`**. Falls Ihnen **`atexit()`** nichts sagt: Es ist im Prinzip ein primitiver Destruktormechanismus, der auch aus der Sprache C bekannt ist.
- **`abort()`**: beendet das Programm sofort und bedingungslos mit einem Rückgabewert, der nur den erfolglosen Abbruch des Programms anzeigt. Manche Betriebssysteme bieten Möglichkeiten, um diese schlichte Erklärung zu konkretisieren.
- **`quick_exit(x)`**: ruft Funktionen auf, die mit **`at_quick_exit()`** registriert sind; beendet dann das Programm mit dem Rückgabewert **`x`**.
- **`terminate()`**: ruft den **`terminate_handler`** auf. Als **`terminate_handler`** vorgegeben ist **`abort()`**.

Diese Funktionen sind für wirklich ernsthafte Fehler gedacht. Sie rufen keine Destruktoren auf, das heißt, sie führen keine normalen und ordentlichen Aufräumarbeiten durch. Die verschiedenen Handler dienen dazu, etwas zu unternehmen, bevor das Programm beendet wird. Solche Aktionen müssen sehr einfach sein, weil ein Grund für den Aufruf dieser Exit-Funktionen darin besteht, dass der Programmzustand beschädigt ist. Eine vernünftige und einigermaßen beliebte Aktion ist der »Neustart des Systems in einem wohldefinierten Zustand, der nicht auf irgendeinem Zustand des aktuellen Programms beruht«. Eine andere, etwas heiklere, aber oft nicht unvernünftige Aktion ist: »Schreibe eine Fehlermeldung in das Protokoll und beende dann das Programm.« Das Schreiben einer Protokollmeldung kann problematisch sein, weil das I/O-System von dem beschädigt sein könnte, was das Aufrufen der Exit-Funktion verursacht hat.

Die Fehlerbehandlung gehört zu den kompliziertesten Teilen der Programmierung; selbst das saubere Verlassen eines Programms kann schwierig sein.

Keine allgemeine Bibliothek sollte sich bedingungslos beenden.

16.9 Ratschläge

[1] Eine Bibliothek muss nicht groß oder kompliziert sein, um nützlich zu sein; §16.1.

[2] Führen Sie mit Ihren Programmen Zeitmessungen durch, bevor Sie Behauptungen hinsichtlich ihrer Effizienz aufstellen; §16.2.1.

[3] Benutzen Sie **duration_cast**, um Zeitmessungen mit den passenden Einheiten zu melden; §16.2.1.

[4] Um ein Datum richtig im Quellcode darzustellen, benutzen Sie eine symbolische Notation (z .B. **November/28/2021**); §16.2.2.

[5] Wenn eine Datumsangabe das Ergebnis einer Berechnung ist, prüfen Sie deren Gültigkeit mithilfe von **ok()**; §16.2.2.

[6] Für den Umgang mit Zeit in unterschiedlichen Zeitzonen verwenden Sie **zoned_time**; §16.2.3.

[7] Benutzen Sie ein Lambda, um kleine Änderungen in den Aufrufkonventionen auszudrücken; §16.3.1.

[8] Benutzen Sie **mem_fn()** oder ein Lambda, um Funktionsobjekte zu erzeugen, die eine Member-Funktion aufrufen können, wenn sie mit der traditionellen Notation für Funktionsaufrufe aufgerufen werden; §16.3.1; §16.3.2.

[9] Verwenden Sie **function**, wenn Sie etwas speichern müssen, das aufgerufen werden kann; §16.3.3.

[10] Bevorzugen Sie Konzepte vor dem expliziten Einsatz von Typprädikaten; §16.4.1.

[11] Sie können Code schreiben, der explizit von den Eigenschaften von Typen abhängt; §16.4.1, §16.4.2.

[12] Bevorzugen Sie Konzepte vor Traits und **enable_if**, wo immer das möglich ist; §16.4.3.

[13] Verwenden Sie **source_location**, um die Quellcodestelle in Debugging- und Logging-Meldungen einzubetten; §16.5.

[14] Vermeiden Sie die explizite Verwendung von **std::move()**; §16.6; [CG: ES.56].

[15] Verwenden Sie **std::forward** ausschließlich für die Weiterleitung; §16.6.

[16] Lesen Sie niemals aus einem Objekt nach dem Verschieben mit **std::move()** oder Weiterleiten mit **std::forward()**; §16.6.

[17] Benutzen Sie **std::byte** zur Repräsentation von Daten, die (noch) keinen sinnvollen Typ haben; §16.7.

[18] Benutzen Sie **unsigned** Integer oder **bitset** für die Bitmanipulation; §16.7.

[19] Geben Sie einen Fehlercode aus einer Funktion zurück, wenn erwartet werden kann, dass der unmittelbare Aufrufer mit dem Problem zurechtkommt; §16.8.

[20] Lassen Sie aus einer Funktion eine Ausnahme werfen, wenn nicht erwartet werden kann, dass der unmittelbare Aufrufer mit dem Problem zurechtkommt; §16.8.

[21] Rufen Sie **exit()**, **quick_exit()** oder **terminate()** auf, um ein Programm zu beenden, wenn ein Versuch, aus einem Problem herauszukommen, nicht sinnvoll ist; §16.8.

[22] Keine allgemeine Bibliothek sollte sich bedingungslos beenden; §16.8.

Kapitel 17

Numerik

Der Zweck des Rechnens sind Erkenntnisse, nicht Zahlen.
— R. W. Hamming

... aber für den Studenten sind Zahlen oft der beste Weg zur Erkenntnis.
— A. Ralston

17.1 Einführung

Bei der Entwicklung von C++ standen nicht unbedingt numerische Berechnungen im Vordergrund. Allerdings treten numerische Berechnungen typischerweise im Kontext anderer Arbeiten auf – gemeint sind etwa wissenschaftliche Berechnungen, Datenbankzugriffe, vernetztes Arbeiten, Gerätesteuerung, Grafiken, Simulationen und Finanzanalysen –, wodurch C++ zu einem attraktiven Hilfsmittel für Berechnungen wird, die Teil eines größeren Systems sind. Darüber hinaus sind numerische Methoden schon lange nicht mehr nur einfache Schleifen über Vektoren aus Gleitkommazahlen. C++ gewinnt dann an Relevanz, wenn komplexere Datenstrukturen als Teil einer Berechnung erforderlich sind. Im Endeffekt ist C++ für wissenschaftliche, technische, finanzielle und andere Berechnungen weit verbreitet, bei denen raffinierte numerische Methoden zum Einsatz kommen. Entsprechend sind Techniken und Hilfsmittel entstanden, die solche Berechnungen unterstützen. Dieses Kapitel beschreibt die Teile der Standardbibliothek, die speziell für die Numerik gedacht sind.

17.2 Mathematische Funktionen

In **`<cmath>`** finden Sie die standardmäßigen mathematischen Funktionen wie **`sqrt()`**, **`log()`** und **`sin()`** für Argumente des Typs **`float`**, **`double`** und **`long double`**:

Ausgewählte mathematische Standardfunktionen	
`abs(x)`	Absoluter Wert
`ceil(x)`	Kleinster Integer >=x
`floor(x)`	Größter Integer <=x

Ausgewählte mathematische Standardfunktionen	
`sqrt(x)`	Quadratwurzel; x darf nicht negativ sein
`cos(x)`	Cosinus
`sin(x)`	Sinus
`tan(x)`	Tangens
`acos(x)`	Arkuskosinus; das Ergebnis ist nicht-negativ.
`asin(x)`	Arkussinus; es wird das Ergebnis zurückgegeben, das 0 am nächsten liegt.
`atan(x)`	Arkustangens
`sinh(x)`	Sinus hyperbolicus
`cosh(x)`	Cosinus hyperbolicus
`tanh(x)`	Tangens hyperbolicus
`exp(x)`	Exponentialfunktion mit der Basis e
`exp2(x)`	Exponentialfunktion mit der Basis 2
`log(x)`	Natürlicher Logarithmus, Basis e; x muss positiv sein.
`log2(x)`	Natürlicher Logarithmus, Basis 2; x muss positiv sein.
`log10(x)`	Logarithmus zur Basis 10; x muss positiv sein.

Die Versionen dieser Funktionen für **complex** (§17.4) sind in **<complex>** zu finden. Der zurückgegebene Typ ist bei jeder Funktion identisch mit dem Argumenttyp.

Fehler werden gemeldet, indem man **errno** aus **<cerrno>** für einen Domänenfehler auf **EDOM** und für einen Bereichsfehler auf **ERANGE** setzt. Zum Beispiel:

```
errno = 0;          // löscht den alten Fehlerstatus
double d = sqrt(?1);
if (errno==EDOM)
    cerr << "sqrt() not defined for negative argument\n";

errno = 0;          // löscht den alten Fehlerstatus
double dd = pow(numeric_limits<double>::max(),2);
if (errno == ERANGE)
    cerr << "result of pow() too large to represent as a double\n";
```

Weitere mathematische Funktionen sind in **<cmath>** und **<cstdlib>** zu finden. Die sogenannten *mathematischen Spezialfunktionen* wie **beta()**, **riemann_zeta()** und **sph_bessel()** befinden sich ebenfalls in **<cmath>**.

17.3 Numerische Algorithmen

In **<numeric>** finden Sie eine kleine Menge an allgemeinen numerischen Algorithmen wie **accumulate()**.

Numerische Algorithmen	
x=accumulate(b,e,i)	x ist die Summe aus i und den Elementen von [b:e).
x=accumulate(b,e,i,f)	accumulate, das f statt + benutzt
x=inner_product(b,e,b2,i)	x ist das innere Produkt aus [b:e) und [b2:b2+(e-b)), das heißt die Summe aus i und (*p1)*(*p2) für jedes p1 in [b:e) und das entsprechende p2 in [b2:b2+(e-b)).
x=inner_product(b,e,b2,i,f,f2)	inner_product, das f und f2 statt + und * benutzt
p=partial_sum(b,e,out)	Element i von [out:p) ist die Summe der Elemente [b:b+i].
p=partial_sum(b,e,out,f)	partial_sum, die f statt + benutzt
p=adjacent_difference(b,e,out)	Element i aus [out:p) ist *(b+i)-*(b+i-1) für i>0; falls e-b>0, dann ist *out gleich *b.
p=adjacent_difference(b,e,out,f)	adjacent_difference, die f statt - benutzt
iota(b,e,v)	Für jedes Element in [b:e) weise v zu und inkrementiere ++v; das heißt, die Sequenz wird zu v, v+1, v+2, ...
x=gcd(n,m)	x ist der größte gemeinsame Teiler der Integer n und m.
x=lcm(n,m)	x ist das kleinste gemeinsame Vielfache der Integer n und m.
x=midpoint(n,m)	x ist der Mittelpunkt zwischen n und m.

Diese Algorithmen verallgemeinern gebräuchliche Operationen wie das Berechnen einer Summe, indem sie deren Anwendung auf alle Arten von Sequenzen zulassen. Sie machen außerdem die Operation, die auf Elemente dieser Sequenzen angewandt wird, zu einem Parameter. Für jeden Algorithmus wird die allgemeine Version durch eine Version ergänzt, die den gebräuchlichsten Operator für diesen Algorithmus anwendet. Zum Beispiel:

```
list<double> lst {1, 2, 3, 4, 5, 9999.99999};
auto s = accumulate(lst.begin(),lst.end(),0.0); // berechnet die Summe:
                                                // 10014.9999
```

Diese Algorithmen funktionieren für jede Standardbibliothekssequenz und können Operationen als Argumente erhalten (§17.3).

17.3.1 Parallele numerische Algorithmen

In **<numeric>** haben die numerischen Algorithmen (§17.3) parallele Versionen, die sich leicht von den sequenziellen unterscheiden. Insbesondere erlauben die parallelen Versionen Operationen auf Elementen in unspezifischer Reihenfolge. Die parallelen numerischen Algorithmen können ein Argument entgegennehmen, das Aussagen über die Ausführungsstrategie trifft (§13.6): **seq**, **unseq**, **par** und **par_unseq**.

Parallele numerische Algorithmen	
`x=reduce(b,e,v)`	`x=accumulate(b,e,v)`, aber durcheinander
`x=reduce(b,e)`	`x=reduce(b,e,V{})`, wobei V der Werttyp von b ist
`x=reduce(pol,b,e,v)`	`x=reduce(b,e,v)` mit der Ausführungsstrategie `pol`
`x=reduce(pol,b,e)`	`x=reduce(pol,b,e,V{})`, wobei V der Werttyp von b ist
`p=exclusive_scan(pol,b,e,out)`	`p=partial_sum(b,e,out)` entsprechend der Strategie `pol`, schließt das i-te Element der i-ten Summe aus
`p=inclusive_scan(pol,b,e,out)`	`p=partial_sum(b,e,out)` entsprechend der Strategie `pol`, schließt das i-te Element der i-ten Summe ein
`p=transform_reduce(pol,b,e,f,v)`	`f(x)` für jedes x in [b:e), dann `reduce`
`p=transform_exclusive_scan(pol,b,e,out,f,v)`	`f(x)` für jedes x in [b:e), dann `exclusive_scan`
`p=transform_inclusive_scan(pol,b,e,out,f,v)`	`f(x)` für jedes x in [b:e), dann `inclusive_scan`

Der Einfachheit halber habe ich die Versionen dieser Algorithmen weggelassen, die Operationen als Argumente entgegennehmen, statt einfach das Standardverhalten mit + und = zu verwenden. Mit Ausnahme von **reduce()** habe ich auch die Versionen mit einer vorgegebenen Ausführungsstrategie (sequenziell) und einem vorgegebenen Wert weggelassen.

Genau wie für die parallelen Algorithmen in **<algorithm>** (§13.6) können Sie eine Ausführungsstrategie angeben:

```
vector<double> v {1, 2, 3, 4, 5, 9999.99999};
auto s = reduce(v.begin(),v.end());      // berechnet die Summe, wobei ein
                            // double als Akkumulator verwendet wird

vector<double> large;
// ... füllt large mit vielen Werten ...
auto s2 = reduce(par_unseq,large.begin(),large.end());      // berechnet
                          // die Summe mithilfe des verfügbaren Parallelismus
```

Die Ausführungsstrategien **par**, **sec**, **unsec** und **par_unsec** sind im Namensraum **std::execution** in **<execution>** versteckt.

Führen Sie Messungen durch, um zu verifizieren, ob es sich lohnt, einen parallelen oder vektorisierten Algorithmus zu verwenden.

17.4 Komplexe Zahlen

Die Standardbibliothek unterstützt eine Familie aus komplexen Zahlentypen analog der Klasse **complex**, die in §5.2.1 beschrieben wurde. Um komplexe Zahlen zu unterstützen, bei denen die Skalare Gleitkommazahlen einfacher Genauigkeit (**float**), doppelter Genauigkeit (**double**) usw. sind, ist die Standardbibliotheksklasse **complex** ein Template:

```
template<typename Scalar>
class complex {
public:
     complex(const Scalar& re ={}, const Scalar& im ={});
        // vorgegebene Funktionsargumente; siehe §3.4.1
        // ...
};
```

Für komplexe Zahlen stehen die üblichen arithmetischen Operationen und die gebräuchlichsten mathematischen Funktionen zur Verfügung. Zum Beispiel:

```
void f(complex<float> fl, complex<double> db)
{
     complex<long double> ld {fl+sqrt(db)};
     db += fl*3;
     fl = pow(1/fl,2);
    // ...
}
```

Zu den üblichen mathematischen Funktionen, die in **<complex>** (§17.2) definiert sind, gehören die Funktionen **sqrt()** und **pow()** (Potenzierung).

17.5 Zufallszahlen

Zufallszahlen sind in vielen Kontexten nützlich, etwa beim Testen, in Spielen, Simulationen und bei sicherheitskritischen Anwendungen. Die Vielfalt der Anwendungsgebiete spiegelt sich auch in der breiten Auswahl an Zufallszahlengeneratoren wider, die durch die Standardbibliothek in **<random>** bereitgestellt werden. Ein Zufallszahlengenerator besteht aus zwei Teilen:

1. einer *Engine*, die eine Abfolge aus Zufalls- oder Pseudozufallswerten erzeugt
2. einer *Verteilung*, die diese Werte in einer mathematischen Verteilung auf einen Bereich abbildet

Beispiele für Verteilungen sind **uniform_int_distribution** (bei der alle erzeugten Integer gleich wahrscheinlich sind), **normal_distribution** (die »Glockenkurve«) und **exponential_distribution** (exponentielles Wachstum). Alle haben einen bestimmten Bereich. Zum Beispiel:

```
using my_engine = default_random_engine;             // Typ der Engine
using my_distribution = uniform_int_distribution<>; // Typ der Verteilung

my_engine eng {};                          // die vorgegebene Version der Engine
my_distribution dist {1,6}; // Verteilung, die auf die Integer 1..6 abbildet
auto die = [&](){ return dist(eng); };        // erzeugt einen Generator

int x = die();                 // wirft den Würfel: x wird ein Wert in [1:6]
```

Dank ihrer kompromisslosen Beachtung von Allgemeingültigkeit und Leistung lautete das Urteil eines Experten über die Zufallszahlenkomponente der Standardbibliothek: »Was jede Zufallszahlenbibliothek einmal sein möchte, wenn sie erwachsen ist.« Allerdings kann man kaum behaupten, dass sie »anfängerfreundlich« sei. Die **using**-Anweisungen und das Lambda machen es ein bisschen offensichtlicher, was dort passiert.

Für Anfänger (egal mit welchem Hintergrund) kann die komplett allgemeine Schnittstelle der Zufallszahlenbibliothek eine ernsthafte Hürde darstellen. Oft reicht als Einstieg ein einfacher gleichverteilter Zufallszahlengenerator. Zum Beispiel:

```
Rand_int rnd {1,10};    // erzeugt einen Zufallszahlengenerator für [1:10]
int x = rnd();          // x ist eine Zahl aus [1:10]
```

Wie bekommen Sie so etwas? Sie brauchen etwas, das wie **die()** eine Engine mit einer Verteilung in einer Klasse **Rand_int** kombiniert:

```
class Rand_int {
public:
    Rand_int(int low, int high) :dist{low,high} { }
    int operator()() { return dist(re); }       // zieht ein int
    void seed(int s) { re.seed(s); }            // wählt einen neuen
                                 // Seed-Wert in der Zufalls-Engine
private:
    default_random_engine re;
    uniform_int_distribution<> dist;
};
```

Diese Definition ist immer noch auf »Expertenniveau«, aber die *Benutzung* von **Rand_int()** lässt sich auch schon in der ersten Woche eines C++-Anfängerkurses bewältigen. Zum Beispiel:

```
int main()
{
    constexpr int max = 9;
    Rand_int rnd {0,max};            // erzeugt einen gleichverteilten
                                     // Zufallszahlengenerator

    vector<int> histogram(max+1);         // erzeugt einen Vektor passender
                                          // Größe
    for (int i=0; i!=200; ++i)
        ++histogram[rnd()];          // füllt histogram mit den
                                     // Häufigkeiten der Zahlen [0:max]

    for (int i = 0; i!=histogram.size(); ++i) { // gibt ein
                                               // Balkendiagramm aus
        cout << i << '\t';
        for (int j=0; j!=histogram[i]; ++j) cout << '*';
        cout << '\n';
    }
}
```

Die Ausgabe ist eine (beruhigend langweilige) Gleichverteilung (mit vernünftiger statistischer Abweichung):

```
0       *********************
1       ****************
2       *******************
3       ********************
4       ****************
5       ***********************
6       **************************
7       ***********
8       **********************
9       *************************
```

Es gibt für C++ keine Standardgrafikbibliothek, weshalb ich »ASCII-Grafiken« benutze. Natürlich gibt es viele kommerzielle und Open-Source-Grafik- und GUI-Bibliotheken, allerdings beschränke ich mich in diesem Buch auf die Mittel und Möglichkeiten des ISO-Standards.

Um eine wiederholte oder andersartige Abfolge aus Werten zu erhalten, übergeben Sie der Engine einen *Seed*-Wert, das heißt, Sie geben ihrem internen Zustand einen neuen Wert. Zum Beispiel:

```
Rand_int rnd {10,20};
for (int i = 0; i<10; ++i) cout << rnd() << ' ';
                                // // 16 13 20 19 14 17 10 16 15 14
cout << '\n';
rnd.seed(999);
for (int i = 0; i<10; ++i) cout << rnd() << ' ';
                                // // 11 17 14 19 20 13 20 14 16 19
cout << '\n';
rnd.seed(999);
for (int i = 0; i<10; ++i) cout << rnd() << ' ';
                                // // 11 17 14 19 20 13 20 14 16 19
cout << '\n';
```

Wiederholte Sequenzen sind für ein deterministisches Debugging von Bedeutung. Das »Seeding« mit unterschiedlichen Werten ist wichtig, wenn Sie keine Wiederholungen wünschen. Falls Sie statt einer generierten pseudo-zufälligen Sequenz echte Zufallszahlen haben wollen, sollten Sie sich anschauen, wie **random_device** auf Ihrem Rechner implementiert ist.

17.6 Vektorarithmetik

Der in §12.2 beschriebene **vector** war als ein allgemeiner Mechanismus zum Aufnehmen von Werten gedacht. Außerdem sollte er flexibel sein und zur Architektur von Containern, Iteratoren und Algorithmen passen. Allerdings unterstützt er keine mathematischen Vektoroperationen. Es wäre leicht, solche Operationen zu **vector** hinzuzufügen, allerdings verhindern seine Allgemeingültigkeit und seine Flexibilität Optimierungen, die oft als unerlässlich für ernsthafte numerische Arbeiten gelten. Aus diesem Grund stellt die Standardbibliothek (in **<valarray>**) ein **vector**-artiges Template namens **valarray** bereit, das weniger allgemein gehalten ist und besser auf Optimierungen für numerische Berechnungen eingestellt ist:

```
template<typename T>
class valarray {
    // ...
};
```

Die üblichen arithmetischen Operationen und die gebräuchlichsten mathematischen Funktionen werden für **valarray** unterstützt. Zum Beispiel:

```
void f(valarray<double>& a1, valarray<double>& a2)
{
    valarray<double> a = a1*3.14+a2/a1;  // numerische Array-Operatoren
                                          // *, +, / und =
    a2 += a1*3.14;
    a = abs(a);
    double d = a2[7];
    // ...
}
```

Bei den Operationen handelt es sich um Vektoroperationen, das heißt, sie werden auf jedes Element der beteiligten Vektoren angewandt.

Neben den arithmetischen Operationen bietet **valarray** Zugriff für bestimmte Schrittweiten, was bei der Implementierung mehrdimensionaler Berechnungen hilft.

17.7 Numerische Grenzen

In **<limits>** stellt die Standardbibliothek Klassen zur Verfügung, die die Eigenschaften integrierter Typen beschreiben – wie den maximalen Exponenten eines

float oder die Anzahl der Bytes in einem **int**. Sie können zum Beispiel feststellen, dass ein **char** vorzeichenbehaftet ist:

```
static_assert(numeric_limits<char>::is_signed,"unsigned characters!");
static_assert(100000<numeric_limits<int>::max(),"small ints!");
```

Die zweite Assertion funktioniert (nur), weil **numeric_limits<int>::max()** eine **constexpr**-Funktion (§1.6) ist.

Sie können **numeric_limits** für Ihre eigenen benutzerdefinierten Typen definieren.

17.8 Typ-Aliasse

Die Größen grundlegender Typen wie **int** und **long long** werden durch die Implementierung definiert. Das bedeutet, dass sie auf unterschiedlichen Implementierungen von C++ verschieden ausfallen können. Falls Sie einmal exakt im Hinblick auf die Größe Ihrer Integer sein müssen, können Sie Aliasse benutzen, die in **<stdint>** definiert sind, wie **int32_t** und **uint_least64_t**. Der zweite Alias steht für ein **unsigned** Integer mit wenigstens 64 Bits.

Das eigenartige Suffix **_t** ist ein Relikt aus den Tagen von C, als es für wichtig erachtet wurde, dass der Name die Tatsache widerspiegelt, dass er einen Alias benennt.

Andere gebräuchliche Aliasse, wie **size_t** (der Typ, der vom **sizeof**-Operator zurückgegeben wird) und **ptrdiff_t** (der Typ des Ergebnisses der Subtraktion zweiter Zeiger), sind in **<stddef>** zu finden.

17.9 Mathematische Konstanten

Wenn Sie mathematische Berechnungen durchführen, brauchen Sie gebräuchliche mathematische Konstanten wie **e**, **pi** und **log2e**. Die Standardbibliothek bietet diese und weitere Konstanten an. Sie werden in zwei Formen bereitgestellt: als Template, das es erlaubt, den exakten Typ anzugeben (z .B. **pi_v<T>**), und als Kurznamen für die gebräuchlichsten Einsatzfälle (z .B. **pi** in der Bedeutung von **pi_v<double>**). Zum Beispiel:

```
void area(float r)
{
    using namespace std::numbers;     // hier werden die mathematischen
                                      // Konstanten aufbewahrt
```

```
    double d = pi*r*r;
    float f = pi_v<float>*r*r;
    // ...
}
```

In diesem Fall ist der Unterschied klein (Sie müssten mit um die 16 Stellen Genauigkeit ausgeben, um ihn zu sehen), aber bei echten physikalischen Berechnungen gewinnen solche kleinen Unterschiede schnell große Bedeutung. Andere Bereiche, in denen die Präzision von Konstanten eine Rolle spielt, sind Grafiken und KI, bei der kleinere Repräsentationen von Werten immer wichtiger werden.

In **<numbers>** finden Sie **e** (die eulersche Zahl), **log2e** (log2 von **e**), **log10e** (log10 von **e**), **pi**, **inv_pi** (**1/pi**), **inv_sqrtpi** (**1/sqrt(pi)**), **ln2**, **ln10**, **sqrt2** (**sqrt(2)**), **sqrt3** (**sqrt(3)**), **inv_sqrt3** (**1/sqrt3**), **egamma** (die Euler-Mascheroni-Konstante) und **phi** (den goldenen Schnitt).

Natürlich möchten Sie weitere mathematische Konstanten und Konstanten für andere Gebiete haben. Das lässt sich leicht bewerkstelligen, da solche Konstanten variable Templates mit Spezialisierungen für **double** (oder welcher Typ auch immer für ein Gebiet am nützlichsten ist) sind:

```
template<typename T>
constexpr T tau_v = 2*pi_v<T>;

constexpr double tau = tau_v<double>;
```

17.10 Ratschläge

[1] Numerische Probleme sind oft subtil. Falls Sie sich nicht zu 100% sicher über die mathematischen Aspekte eines numerischen Problems sind, sollten Sie entweder einen Experten zurate ziehen, experimentieren oder beides; §17.1.

[2] Versuchen Sie nicht, ernsthafte numerische Berechnungen ausschließlich selbst zu programmieren, sondern benutzen Sie Bibliotheken; §17.1.

[3] Ziehen Sie **accumulate()**, **inner_product()**, **partial_sum()** sowie auch **adjacent_difference()** in Betracht, bevor Sie eine Schleife schreiben, um einen Wert aus einer Sequenz zu berechnen; §17.3.

[4] Versuchen Sie, für größere Datenmengen parallele und vektorisierte Algorithmen einzusetzen; §17.3.1.

[5] Verwenden Sie **std::complex** für komplexe arithmetische Berechnungen; §17.4.

[6] Binden Sie eine Engine an eine Verteilung, um einen Zufallszahlengenerator zu erschaffen; §17.5.

[7] Achten Sie darauf, dass Ihre Zufallszahlen ausreichend zufällig für den vorgesehenen Anwendungsfall sind; §17.5.

[8] Benutzen Sie nicht die Funktion **`rand()`** aus der C-Standardbibliothek; sie ist für echte Anwendungen nicht ausreichend zufällig; §17.5.

[9] Verwenden Sie **`valarray`** für numerische Berechnungen, wenn Laufzeiteffizienz wichtiger ist als Flexibilität hinsichtlich der Operationen und Elementtypen; §17.6.

[10] Die Eigenschaften numerischer Typen sind über **`numeric_limits`** zugänglich; §17.7.

[11] Benutzen Sie **`numeric_limits`**, um zu überprüfen, dass die numerischen Typen für ihren Einsatzzweck geeignet sind; §17.7.

[12] Verwenden Sie Aliasse für Integer-Typen, falls Sie genaue Kontrolle über deren Größen wünschen; §17.8.

Kapitel 18

Nebenläufigkeit

Alles sollte so einfach wie möglich sein, aber nicht einfacher.
— Albert Einstein

18.1 Einführung

Nebenläufigkeit – das gleichzeitige Ausführen mehrerer Tasks – wird eingesetzt, um den Durchsatz zu erhöhen (indem mehrere Prozessoren für eine einzelne Berechnung benutzt werden) oder die Reaktionsfähigkeit zu verbessern (indem man einem Teil eines Programms erlaubt, fortzufahren, während ein anderer auf eine Antwort wartet). Alle modernen Programmiersprachen bieten entsprechende Unterstützung an. Die von der C++-Standardbibliothek bereitgestellte Unterstützung ist eine portable und typsichere Variante dessen, was seit mehr als 20 Jahren in C++ benutzt wird, und wird nahezu überall von moderner Hardware unterstützt. Die Mittel der Standardbibliothek zielen vor allem darauf ab, Nebenläufigkeit auf der Systemebene zu unterstützen; sie sollen keine raffinierten höheren Nebenläufigkeitsmodelle anbieten – diese lassen sich über Bibliotheken realisieren, die auf die Mittel der Standardbibliothek zurückgreifen.

Die Standardbibliothek selbst unterstützt direkt die nebenläufige Ausführung mehrerer Threads in einem einzigen Adressraum. Damit das möglich ist, stellt C++ ein passendes Speichermodell und eine Menge atomarer Operationen zur Verfügung. Die atomaren Operationen erlauben eine Lock-freie Programmierung [Dechev, 2010]. Das Speichermodell stellt sicher, dass alles so funktioniert, wie man es sich naiverweise vorstellen würde, solange die Programmierer Data Races (den unkontrollierten nebenläufigen Zugriff auf veränderbare Ressourcen) vermeiden. Allerdings werden die meisten Anwender Nebenläufigkeit nur in Bezug auf die Standardbibliothek sowie die darauf aufbauenden Bibliotheken sehen. In diesem Abschnitt erhalten Sie einen kurzen Einblick in Beispiele für die wichtigsten Mittel der Standardbibliothek, um Nebenläufigkeit zu erreichen: **thread**, **mutex**, **lock()**-Operationen, **packaged_task** und **future**. Diese Funktionalitäten setzen direkt auf dem auf, was die Betriebssysteme anbieten, und verursachen – verglichen mit diesen – keine zusätzlichen Leistungsnachteile. Allerdings garantieren sie im Vergleich zu dem, was das Betriebssystem zu bieten hat, auch keine signifikanten Leistungsverbesserungen.

Glauben Sie nicht, dass Nebenläufigkeit ein Wundermittel ist. Wenn eine Aufgabe sequenziell ausgeführt werden kann, dann ist das oft einfacher und schneller. Das Übergeben von Informationen von Thread zu Thread kann überraschend teuer sein.

Als Alternative zu expliziter Nebenläufigkeit können Sie oft einen parallelen Algorithmus einsetzen, um mehrere Ausführungs-Engines auszunutzen und auf diese Weise eine Leistungssteigerung zu erzielen (§13.6, §17.3.1).

Und schließlich unterstützt C++ Koroutinen, das heißt, Funktionen, die zwischen den Aufrufen ihren Status beibehalten (§18.6).

18.2 Tasks und thread

Wir bezeichnen eine Berechnung, die potenziell gleichzeitig mit anderen Berechnungen ausgeführt werden kann, als *Task*. Ein *Thread* repräsentiert, von der Systemebene aus betrachtet, einen Task in einem Programm. Ein Task, der gleichzeitig mit anderen Tasks ausgeführt werden soll, wird gestartet, indem ein **thread** (zu finden in **<thread>**) konstruiert wird, dessen Argument der Task ist. Ein Task ist eine Funktion oder ein Funktionsobjekt:

```
void f();                   // Funktion

struct F {                  // Funktionsobjekt
    void operator()();  // Aufrufoperator von F (§7.3.2)
};

void user()
{
    thread t1 {f};          // f() wird in einem separaten Thread ausgeführt
    thread t2 {F{}};        // F{}() wird in einem separaten Thread ausgeführt

    t1.join();              // wartet auf t1
    t2.join();              // wartet auf t2
}
```

Die beiden **join()**-Funktionen stellen sicher, dass Sie **user()** erst verlassen, wenn die Threads beendet sind. Einen **thread** »zusammenzuführen« (join) bedeutet, zu »warten, bis der Thread beendet ist«.

Man kann das **join()** leicht vergessen. Die Ergebnisse sind normalerweise übel, weshalb die Standardbibliothek **jthread** zur Verfügung stellt, ein »joining **thread**«, das den RAII-Regeln entspricht, indem es seinen Destruktor das **join()** erledigen lässt:

```
void user()
{
     jthread t1 {f};    // f() wird in einem separaten Thread ausgeführt
     jthread t2 {F{}}; // F{}() wird in einem separaten Thread ausgeführt
}
```

Der Join wird von den Destruktoren ausgeführt, weshalb die Reihenfolge hier genau umgekehrt zur Konstruktion ist. Hier warten Sie auf **t2** vor **t1**.

Threads eines Programms teilen sich einen Adressraum. Darin unterscheiden sich Threads von Prozessen, die sich im Allgemeinen nicht direkt Daten teilen. Da Threads sich einen Adressraum teilen, können sie über geteilte Objekte miteinander kommunizieren (§18.3). Eine solche Kommunikation wird normalerweise durch Locks (Sperren) oder andere Mechanismen gesteuert, die Data Races (den unkontrollierten gleichzeitigen Zugriff auf eine Variable) verhindern sollen.

Das Programmieren nebenläufiger (also gleichzeitiger) Tasks kann *sehr* kompliziert sein. Betrachten Sie einmal folgende mögliche Implementierungen der Tasks **f** (eine Funktion) und **F** (ein Funktionsobjekt):

```
void f()
{
     cout << "Hello ";
}

struct F {
     void operator()() { cout << "Parallel World!\n"; }
};
```

Dies ist ein Beispiel für einen schlimmen Fehler: **f** und **F{}** verwenden hier jeweils das Objekt **cout**, ohne dass es irgendeine Form der Synchronisation gibt. Die daraus resultierende Ausgabe wäre unvorhersehbar und könnte zwischen unterschiedlichen Ausführungen des Programms variieren, da die Ausführungsreihenfolge der einzelnen Operationen in den beiden Tasks nicht definiert ist. Das Programm könnte sogar »seltsame« Ausgaben wie diese hier erzeugen:

```
PaHerallllel o World!
```

Nur eine spezielle Garantie im Standard schützt vor einem Data Race in der Definition von **ostream**, das zu einem Absturz führen könnte.

Um solche Probleme mit Ausgaben zu vermeiden, müssen Sie entweder dafür sorgen, dass nur ein **thread** den Stream benutzt, oder ein **osyncstream** (§11.7.5) einsetzen.

Beim Definieren der Tasks eines nebenläufigen Programms ist es das Ziel, die Tasks komplett getrennt zu halten. Ausgenommen ist, wenn sie auf einfache und offensichtliche Weise miteinander kommunizieren. Die einfachste Möglichkeit, sich einen nebenläufigen Task vorzustellen, besteht darin, sich ihn als Funktion zu denken, die gleichzeitig mit ihrem Aufrufer läuft. Damit das funktioniert, müssen Sie lediglich Argumente übergeben, ein Ergebnis zurückerhalten und sicherstellen, dass zwischen diesen beiden Ereignissen keine gemeinsamen Daten verwendet werden (keine Data Races).

18.2.1 Argumente übergeben

Üblicherweise benötigt ein Task Daten, auf denen er arbeiten kann. Sie können Daten (oder Zeiger oder Referenzen auf die Daten) ganz leicht als Argumente übergeben. Schauen Sie hier:

```
void f(vector<double>& v);      // Funktion: macht etwas mit v

struct F {                      // Funktionsobjekt: macht etwas mit v
    vector<double>& v;
    F(vector<double>& vv) :v{vv} { }
    void operator()();          // Anwendungsoperator; §7.3.2
};

int main()
{
    vector<double> some_vec {1, 2, 3, 4, 5, 6, 7, 8, 9};
    vector<double> vec2 {10, 11, 12, 13, 14};

    jthread t1 {f,ref(some_vec)}; // f(some_vec) wird in einem separaten
                                  // Thread ausgeführt
    jthread t2 {F{vec2}};         // F(vec2)() wird in einem separaten
                                  // Thread ausgeführt
}
```

F{vec2} speichert eine Referenz auf den Argumentvektor in **F**. **F** kann nun diesen Vektor benutzen und muss hoffen, dass kein anderer Task auf **vec2** zugreift, während **F** ausgeführt wird. Würde man **vec2** als Wert übergeben, dann wäre das Risiko eliminiert.

Die Initialisierung mit **{f,ref(some_vec)}** benutzt den Konstruktor eines variadischen **thread**-Templates, das eine beliebige Sequenz aus Argumenten akzeptieren kann (§8.4). Das **ref()** ist eine Typfunktion aus **<functional>**, die leider benötigt wird, um das variadische Template anzuweisen, **some_vec** als Referenz zu behandeln statt als Objekt. Ohne dieses **ref()** würde **some_vec** als Wert übergeben werden. Der Compiler prüft, ob das erste Argument mit den angegebenen nachfolgenden Argumenten aufgerufen werden kann, und erzeugt das notwendige Funktionsobjekt zum Übergeben an den Thread. Das heißt, falls **f()** und **F::operator()()** denselben Algorithmus ausführen, ist die Behandlung der beiden Tasks grob äquivalent: In beiden Fällen wird ein Funktionsobjekt für den **thread** konstruiert, der ausgeführt werden soll.

18.2.2 Ergebnisse zurückgeben

In dem Beispiel aus §18.2.1 übergebe ich die Argumente als nichtkonstante Referenz. Das mache ich nur, wenn ich erwarte, dass der Task den Wert der referenzierten Daten modifiziert (§1.7). Es ist eine etwas hinterlistige Art, ein Ergebnis zurückzugeben, die aber durchaus verbreitet ist. Eine weniger obskure Technik sieht vor, die Eingabedaten als konstante Referenz zu übergeben und den Ort, an dem das Ergebnis abgelegt werden soll, als getrenntes Argument anzugeben:

```
void f(const vector<double>& v, double* res); // nimmt Eingabe aus v;
                                               // legt Ergebnis in *res ab

class F {
public:
     F(const vector<double>& vv, double* p) :v{vv}, res{p} { }
     void operator()();                    // legt Ergebnis in *res ab
private:
     const vector<double>& v;              // Eingabequelle
     double* res;                          // Ziel für Ausgabe
};

double g(const vector<double>&);       // benutzt Rückgabewert
void user(vector<double>& vec1, vector<double> vec2, vector<double> vec3)
{
     double res1;
     double res2;
     double res3;

     thread t1 {f,cref(vec1),&res1};     // f(vec1,&res1) wird in einem
                                          // separaten Thread ausgeführt
     thread t2 {F{vec2,&res2}};           // F{vec2,&res2}() wird in einem
                                          // separaten Thread ausgeführt
     thread t3 { [&](){ res3 = g(vec3); } };       // erfasst lokale
```

```
                                        // Variablen als Referenz

    t1.join();      // Join, bevor Ergebnisse benutzt werden
    t2.join();
    t3.join();

    cout << res1 << ' ' << res2 << ' ' << res3 << '\n';
}
```

Hier übergibt **cref(vec1)** eine konstante Referenz auf **vec1** als Argument an **t1**.

Dies funktioniert und die Technik ist recht verbreitet, aber ich erachte das Zurückgeben von Ergebnissen durch Referenzen als nicht sonderlich elegant. Deshalb komme ich in §18.5.1 noch einmal auf dieses Thema zurück.

18.3 Daten gemeinsam nutzen

Manchmal müssen Tasks sich Daten teilen. In diesem Fall muss der Zugriff synchronisiert werden, damit zu einem Zeitpunkt immer nur ein Task den alleinigen Zugriff hat. Erfahrene Programmierer erkennen dies als eine Vereinfachung (so gibt es zum Beispiel kein Problem mit vielen Tasks, die gleichzeitig unveränderliche Daten lesen). Wie lässt sich aber sicherstellen, dass höchstens ein Task zu einem Zeitpunkt Zugriff auf eine bestimmte Menge an Objekten hat?

18.3.1 mutexe und Locks

Ein **mutex**, ein »Objekt mit wechselseitigem Ausschluss«, ist das entscheidende Element beim Teilen (d. h. gemeinsamen Nutzen) von Daten zwischen **thread**. Ein **thread** belegt ein **mutex** mithilfe einer **lock()**-Operation:

```
mutex m;            // moderierender (steuernder) Mutex
int sh;            // gemeinsam genutzte Daten

void f()
{
    scoped_lock lck {m}; // belegt den Mutex
    sh += 7;             // manipuliert gemeinsame Daten
}                        // gibt Mutex implizit frei
```

Als Typ des **lck** wird **scoped_lock<mutex>** (§7.2.3) abgeleitet. Der Konstruktor von **scoped_lock** belegt den Mutex (durch den Aufruf **m.lock()**). Hat ein anderer Thread den Mutex bereits für sich reserviert, wartet der Thread (»blockiert«), bis der andere Thread seinen Zugriff abgeschlossen hat. Nachdem ein Thread seinen Zugriff auf die gemeinsam genutzten Daten beendet hat, gibt **scoped_lock** den **mutex** frei (mit dem Aufruf **m.unlock()**). Nun nehmen wartende **thread** ihre Ausführung wieder auf (sie werden »aufgeweckt«). Die Mittel zum gegenseitigen Ausschluss und zum Sperren sind in **<mutex>** zu finden.

Beachten Sie die Verwendung von RAII (§6.3). Der Einsatz von Ressourcen-Handles wie **scoped_lock** und **unique_lock** (§18.4) ist einfacher und viel sicherer als das explizite Sperren und Entsperren von **mutex**.

Die Korrespondenz zwischen den gemeinsam genutzten Daten und einem **mutex** beruht auf einer Konvention: Der Programmierer muss wissen, welcher **mutex** mit welchen Daten korrespondieren soll. Das ist offensichtlich recht fehleranfällig und ebenso offensichtlich versuchen Sie, die Korrespondenz mithilfe verschiedener sprachlicher Mittel klarzumachen. Zum Beispiel:

```
class Record {
public:
     mutex rm;
    // ...
};
```

Man muss kein Genie sein, um zu erraten, dass Sie für einen **Record** namens **rec** zuerst **rec.rm** belegen müssen, bevor Sie auf den Rest von **rec** zugreifen, obwohl ein Kommentar oder ein besserer Name dem Leser sicher geholfen hätte.

Es ist nicht ungewöhnlich, gleichzeitig auf mehrere Ressourcen zugreifen zu müssen, um irgendeine Aktion auszuführen. Das kann zu einem Deadlock führen. Falls zum Beispiel **thread1** den **mutex1** belegt und dann versucht, **mutex2** zu belegen, während **thread2** den **mutex2** belegt hat, und dann versucht, **mutex1** zu belegen, wird keiner der beiden Tasks jemals weiterkommen. Das **scoped_lock** hilft, indem es erlaubt, mehrere Locks gleichzeitig zu belegen:

```
void f()
{
     scoped_lock lck {mutex1,mutex2,mutex3};    // belegt alle drei Locks
    // ... manipuliert gemeinsame Daten ...
}     // gibt implizit alle mutex frei
```

Dieses **scoped_lock** macht erst weiter, nachdem es all seine **mutex**-Argumente belegt hat. Solange es einen **mutex** hält, wird es die weitere Ausführung nie blockieren (also nie »schlafen gehen«). Der Destruktor für **scoped_lock** stellt sicher, dass die **mutex** freigegeben werden, wenn ein **thread** den Gültigkeitsbereich verlässt.

Die Kommunikation durch gemeinsam genutzte Daten bewegt sich auf sehr niedriger Ebene. Der Programmierer muss Möglichkeiten finden, um festzustellen, welche Arbeit von den verschiedenen Tasks erledigt wurde und welche nicht. In dieser Hinsicht ist die Verwendung gemeinsamer Daten dem Konzept von Aufruf und Rückgabe unterlegen. Andererseits sind manche überzeugt, dass das Teilen effizienter sein muss als das Kopieren von Argumenten und Rückgabewerten. Das kann tatsächlich so sein, wenn Sie es mit großen Datenmengen zu tun haben, jedoch sind Sperren und Entsperren relativ teure Operationen. Allerdings sind moderne Computer sehr gut beim Kopieren von Daten, vor allem von kompakten Daten wie **vector**-Elementen. Wenn Sie sich also aus Gründen der Effizienz dafür entscheiden, gemeinsam genutzte Daten für die Kommunikation zu verwenden, sollten Sie Ihre Entscheidung auf keinen Fall ohne gründliches Nachdenken und (vorzugsweise) sorgfältige Messungen treffen.

Der einfache **mutex** erlaubt zu einem Zeitpunkt einem Thread den Zugriff auf die Daten. Einer der häufigsten Anwendungsfälle, Daten zu teilen, ist der zwischen vielen Lesern und einem einzigen Schreiber. Dieses »Leser-Schreiber-Sperre«-Idiom wird durch **shared_mutex** unterstützt. Ein Leser belegt den Mutex nichtexklusiv, sodass andere Leser weiterhin darauf zugreifen können, während ein Schreiber den exklusiven Zugriff verlangt. Zum Beispiel:

```
shared_mutex mx;        // ein Mutex, der gemeinsam genutzt werden kann
void reader()
{
     shared_lock lck {mx}; // bereit, den Zugriff mit anderen Lesern
                           // zu teilen
    // ... lesen ...
}

void writer()
{
     unique_lock lck {mx};      // braucht exklusiven (unique) Zugriff
                                // ... schreiben ...
}
```

18.3.2 atomic

Ein **mutex** ist ein ziemlich schwergewichtiger Mechanismus, der das Betriebssystem mit einbezieht. Er erlaubt es, beliebige Mengen an Arbeit zu bewältigen, ohne dass es zu Data Races kommt. Möchte man jedoch nur eine winzige Menge an Arbeit erledigen, gibt es einen viel einfacheren und billigeren Mechanismus: eine **atomic**-Variable. Hier ist zum Beispiel eine einfache Variante des klassischen doppelt geprüften Sperrens:

```
mutex mut;
atomic<bool> init_x;      // anfangs false
X x;        // Variable, die eine nichttriviale Initialisierung verlangt

if (!init_x) {
     lock_guard lck {mut};
     if (!init_x) {
         // ... nichttriviale Initialisierung von x ...
         init_x = true;
     }
}

// ... benutzt x ...
```

Das **atomic** erspart in den meisten Fällen die Benutzung des viel teureren **mutex**. Wäre **init_x** nicht **atomic** gewesen, dann wäre diese Initialisierung in recht seltenen Fällen fehlgeschlagen, was mysteriöse und schwer aufzufindende Fehler verursacht hätte, weil es zu einem Data Race auf **init_x** gekommen wäre.

Hier habe ich **lock_guard** statt **scoped_lock** benutzt, weil ich nur einen **mutex** gebraucht habe – die einfachste Sperre (**lock_guard**) war daher ausreichend.

18.4 Warten auf Ereignisse

Manchmal muss ein **thread** auf irgendeine Art von externem Ereignis warten, wie etwa darauf, dass ein anderer **thread** einen Task abschließt oder eine bestimmte Zeit verstrichen ist. Das einfachste »Ereignis« ist das Verstreichen von Zeit. Mithilfe der Zeitfunktionalitäten aus **<chrono>** kann ich schreiben:

```
using namespace chrono;          // siehe §16.2.1

auto t0 = high_resolution_clock::now();
this_thread::sleep_for(milliseconds{20});
auto t1 = high_resolution_clock::now();

cout << duration_
cast<nanoseconds>(t1?t0).count() << " nanoseconds passed\n";
```

Ich musste nicht einmal einen **thread** starten; standardmäßig kann **this_thread** auf den einzig vorhandenen Thread verweisen.

Mit **duration_cast** habe ich die Einheiten der Uhr auf Nanosekunden eingestellt.

Die grundlegende Unterstützung für das Kommunizieren mittels externer Ereignisse wird durch **condition_variable** bereitgestellt, die in **<condition_variable>** zu finden sind. Eine **condition_variable** ist ein Mechanismus, der es einem **thread** erlaubt, auf einen anderen zu warten. Insbesondere erlaubt er es einem **thread**, darauf zu warten, dass eine Bedingung (oft als Ereignis bezeichnet) erfüllt wird, die das Ergebnis der Arbeit anderer **thread** ist.

Der Einsatz von **condition_variable** ermöglicht viele Formen eleganten und effizienten Teilens, kann aber auch ziemlich kompliziert sein. Betrachten Sie das klassische Beispiel zweier **thread**, die miteinander kommunizieren, indem sie Nachrichten durch eine **queue** übergeben. Aus Gründen der Einfachheit deklariere ich die **queue** und die Mechanismen zum Vermeiden von Race-Bedingungen auf dieser **queue** für den Produzenten und den Konsumenten als global:

```
class Message {                  // zu kommunizierendes Objekt
    // ...
};

queue<Message> mqueue;           // die Warteschlange für Nachrichten
condition_variable mcond;        // die Variable, die Ereignisse kommuniziert
mutex mmutex;                    // zur Synchronisation des Zugriffs auf mcond
```

Die Typen **queue**, **condition_variable** und **mutex** werden von der Standardbibliothek bereitgestellt.

Der **consumer()** liest und verarbeitet **Message**:

```
void consumer()
{
    while(true) {
        unique_lock lck {mmutex};                 // belegt mmutex
        mcond.wait(lck,[] { return !mqueue.empty(); });  // gibt mmutex
            // frei und wartet; belegt mmutex erneut nach dem Aufwachen
              // nur aufwachen, wenn mqueue nicht leer ist
        auto m = mqueue.front();                 // holt die Nachricht
        mqueue.pop();
        lck.unlock();  // gibt mmutex frei
                       // ... verarbeitet m ...
    }
}
```

Hier schütze ich explizit die Operationen auf der **queue** und auf der **condition_variable** mit einem **unique_lock** auf dem **mutex**. Das Warten auf eine **condi-**

tion_variable gibt ihr Lock-Argument frei, bis das Warten vorüber ist (sodass die Warteschlange nicht leer ist), und belegt es dann erneut. Das ausdrückliche Prüfen der Bedingung, hier: **!mqueue.empty()**, schützt davor, aufzuwachen, nur um dann festzustellen, das irgendein anderer Task schon vorher da war, sodass die Bedingung nicht länger zutrifft.

Ich habe aus zwei Gründen einen **unique_lock** anstelle eines **scoped_lock** benutzt:

- Ich muss die Sperre an die Funktion **wait()** der **condition_variable** übergeben. Ein **scoped_lock** kann nicht verschoben werden, ein **unique_lock** dagegen schon.
- Ich möchte den **mutex**, der die Bedingungsvariable schützt, entsperren, bevor ich die Nachricht verarbeite. Ein **unique_lock** bietet Operationen wie **lock()** und **unlock()** für eine systemnahe Steuerung der Synchronisation.

Andererseits kann **unique_lock** nur einen einzigen Mutex handhaben.

Der entsprechende **producer** sieht so aus:

```
void producer()
{
    while(true) {
        Message m;
        // ... füllt die Nachricht ...
        scoped_lock lck {mmutex};     // schützt die Operationen
        mqueue.push(m);
        mcond.notify_one();           // benachrichtigt
    }              // gibt mmutex frei (am Ende des Gültigkeitsbereichs)
}
```

18.5 Kommunizierende Tasks

Die Standardbibliothek stellt einige Mittel und Möglichkeiten zur Verfügung, die es Programmierern erlauben, auf der konzeptuellen Ebene von Tasks zu arbeiten (Arbeiten, die potenziell nebenläufig erledigt werden), anstatt direkt auf dem niedrigeren Niveau von Threads und Sperren zu operieren:

- **future** und **promise** zum Zurückgeben eines Werts aus einem Task, der auf einem separaten Thread erzeugt wurde
- **packaged_task**, um beim Starten von Tasks zu helfen und die Mechanismen zum Zurückgeben eines Ergebnisses zu verbinden
- **async()** zum Starten eines Tasks in einer Art, die dem Aufruf einer Funktion sehr ähnlich ist

Diese Instrumente sind in **<future>** zu finden.

18.5.1 future und promise

Das Wichtige an **future** und **promise** ist, dass sie den Transfer eines Werts zwischen zwei Tasks ermöglichen, ohne dass explizit eine Sperre benutzt werden muss; »das System« implementiert den effizienten Transfer. Die Grundidee ist einfach: Wenn ein Task einen Wert an einen anderen Task übertragen möchte, packt er den Wert in ein **promise**. Irgendwie lässt die Implementierung diesen Wert im entsprechenden **future** auftauchen, aus dem er dann gelesen werden kann (typischerweise von demjenigen, der den Task gestartet hat). Sie können dies grafisch darstellen:

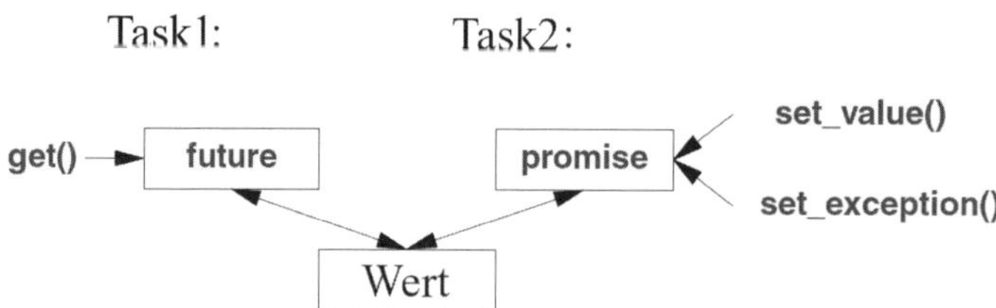

Falls Sie ein **future<X>** namens **fx** haben, können Sie mit **get()** einen Wert des Typs **X** daraus beziehen:

```
X v = fx.get(); // falls nötig wird auf die Berechnung des Werts
gewartet
```

Sollte der Wert noch nicht da sein, wird der Thread blockiert, bis er eintrifft. Falls der Wert nicht berechnet werden konnte, könnte **get()** eine Ausnahme werfen (aus dem System oder vom **promise** übertragen).

Die Hauptaufgabe eines **promise** besteht darin, einfache »put«-Operationen (namens **set_value()** und **set_exception()**) bereitzustellen, die zum **get()** des **future** passen. Die Namen »future« und »promise« sind quasi historisch gewachsen; ich kann nichts dafür, auch wenn sie eine reiche Quelle für Wortspiele sind.

Wenn Sie ein **promise** haben und ein Ergebnis des Typs **X** an ein **future** senden müssen, haben Sie zwei Möglichkeiten: Sie übergeben einen Wert oder Sie übergeben eine Ausnahme. Zum Beispiel:

```
void f(promise<X>& px)          // ein Task: das Ergebnis in px ablegen
{
    // ...
```

```
    try {
        X res;
       // ... berechnet einen Wert für res ...
        px.set_value(res);
    }
    catch (...) {           // hoppla: konnte res nicht berechnen
        px.set_exception(current_exception());      // übergibt die
                                        // Ausnahme an den Thread von future
    }
}
```

Das **current_exception()** bezieht sich auf die abgefangene Ausnahme.

Um mit einer Ausnahme zurechtzukommen, die durch ein **future** übermittelt wurde, muss der Aufrufer von **get()** darauf vorbereitet sein, sie irgendwo einzufangen. Zum Beispiel:

```
void g(future<X>& fx)      // ein Task: das Ergebnis aus fx holen
{
   // ...
    try {
        X v = fx.get();       // falls nötig wird auf das Berechnen des
                              // Werts gewartet
                              // ... benutzt v ...
    }
    catch (...) {           // hoppla: Jemand konnte v nicht berechnen
       // ... Fehlerbehandlung ...
    }
}
```

Falls der Fehler nicht durch **g()** selbst bearbeitet werden muss, reduziert sich der Code auf das Minimum:

```
void g(future<X>& fx)      // ein Task: das Ergebnis aus fx holen
{
   // ...
    X v = fx.get();       // falls nötig wird auf das Berechnen des Werts
                          // gewartet
                          // ... benutzt v ...
}
```

Eine Ausnahme, die aus der Funktion von **fx** (nämlich **f()**) geworfen wird, wird implizit an den Aufrufer von **g()** weitergegeben, also genauso, als hätte **g() f()** direkt aufgerufen.

18.5.2 packaged_task

Wie bekommen Sie ein **future** in den Task, der ein Ergebnis braucht, und den dazu passenden **promise** in den Thread, der dieses Ergebnis erzeugen sollte? Der Typ **packaged_task** soll das Einrichten von Tasks vereinfachen, die durch **future** und **promise** verbunden sind, um auf **thread** zu laufen. Ein **packaged_task** stellt Wrapper-Code zur Verfügung, um den Rückgabewert oder die Ausnahme aus dem Task in einen **promise** zu packen (wie der Code, den Sie in §18.5.1 sehen). Wenn Sie **get_future** aufrufen, liefert Ihnen ein **packaged_task** den **future**, der zu seinem **promise** gehört. Sie können zum Beispiel zwei Tasks einrichten, die mithilfe des **accumulate()** aus der Standardbibliothek (§17.3) jeweils die Hälfte der Elemente eines **vector<double>** addieren:

```
double accum(vector<double>::iterator beg, vector<double>::iterator end,
 double init)
 // berechnet die Summe aus [beg:end), beginnend mit dem Anfangswert init
{
    return accumulate(&*beg,&*end,init);
}

double comp2(vector<double>& v)
{
    packaged_task pt0 {accum};        // den Task verpacken (d.h. accum)
    packaged_task pt1 {accum};

    future<double> f0 {pt0.get_future()};         // future von pt0 holen
    future<double> f1 {pt1.get_future()};         // future von pt1 holen

    double* first = &v[0];
    thread t1 {move(pt0),first,first+v.size()/2,0};   // einen Thread
                    // für pt0 starten
    thread t2 {move(pt1),first+v.size()/2,first+v.size(),0}; // einen
                    // Thread für pt1 starten
  // ...

    return f0.get()+f1.get();                   // die Ergebnisse erhalten
}
```

Das **packaged_task**-Template nimmt den Typ des Tasks als sein Template-Argument (hier: **double(double*,double*,double)**) und den Task als sein Konstruktor-Argument (hier: **accum**) entgegen. Die **move()**-Operationen sind erforderlich, weil ein **packaged_task** nicht kopiert werden kann. Der Grund dafür liegt darin, dass es ein Ressourcen-Handle ist: Es besitzt sein **promise** und ist (indirekt) für alle Ressourcen verantwortlich, die sein Task besitzen könnte.

Beachten Sie bitte, dass in diesem Code keine Sperren explizit erwähnt werden: Sie sind in der Lage, sich auf die Aufgaben zu konzentrieren, die erledigt werden sollen, statt auf die Mechanismen, die deren Kommunikation untereinander dienen. Die beiden Aufgaben werden auf separaten Threads und damit potenziell parallel ausgeführt.

18.5.3 async()

Die Denkweise, die ich in diesem Kapitel verfolgt habe, gehört meiner Meinung nach zu den einfachsten und dennoch mächtigsten: Behandeln Sie einen Task wie eine Funktion, die möglicherweise gleichzeitig mit anderen Tasks ausgeführt werden könnte. Dies ist bei Weitem nicht das einzige Modell, das von der C++-Standardbibliothek unterstützt wird, aber es eignet sich sehr gut für eine große Bandbreite an Anforderungen. Bei Bedarf können raffiniertere und kompliziertere Modelle (z. B. Programmierstile, die auf gemeinsam genutzten Speicher setzen) verwendet werden.

Um Tasks zu starten, die potenziell asynchron laufen, können Sie **async()** einsetzen:

```
double comp4(vector<double>& v)
    // erzeugt viele Tasks, wenn v groß genug ist
{
     if (v.size()<10'000)        // lohnt sich Nebenläufigkeit?
         return accum(v.begin(),v.end(),0.0);

     auto v0 = &v[0];
     auto sz = v.size();

     auto f0 = async(accum,v0,v0+sz/4,0.0);             // erstes Viertel
     auto f1 = async(accum,v0+sz/4,v0+sz/2,0.0);        // zweites Viertel
     auto f2 = async(accum,v0+sz/2,v0+sz*3/4,0.0);      // drittes Viertel
     auto f3 = async(accum,v0+sz*3/4,v0+sz,0.0);        // viertes Viertel

     return f0.get()+f1.get()+f2.get()+f3.get();        // Ergebnisse
                                                   // sammeln und kombinieren
}
```

Im Prinzip trennt **async()** den »Aufrufteil« einer Funktion vom »Ergebnis-holen-Teil« und diese beiden wiederum von der eigentlichen Ausführung der Aufgabe. Wenn Sie **async()** verwenden, müssen Sie sich keine Gedanken mehr um Threads und Sperren machen. Stattdessen denken Sie an Tasks, die ihre Ergebnisse potenziell asynchron berechnen. Es gibt eine offensichtliche Einschränkung: Denken Sie nicht einmal daran, **async()** für Tasks zu benutzen, die sich Ressourcen teilen, bei denen Sperren im Spiel sind. Mit **async()** wissen Sie nicht, wie viele **thread** benutzt werden, weil es **async()** überlassen ist, dies zu entscheiden – nämlich auf Grundlage dessen, was es über die zum Zeitpunkt des Aufrufs verfügbaren Systemressourcen weiß. Zum Beispiel könnte **async()** prüfen, ob untätige Prozessoren (Prozessorkerne) verfügbar sind, bevor es entscheidet, wie viele **thread** benutzt werden sollen.

Es ist nicht angeraten, einfach nur zu schätzen, wie sich die Kosten für die Berechnung relativ zu den Kosten für den Start eines **thread** verhalten, wie es im Fall von **v.size()<10000** geschehen ist – das ist primitiv und führt zu falschen Annahmen über die Leistung. Allerdings ist dies nicht der richtige Ort für eine anständige Diskussion darüber, wie man **thread** verwalten sollte. Nehmen Sie daher diese Schätzung als eine einfache und wahrscheinlich schlechte Mutmaßung hin.

Nur selten wird es notwendig, einen Standardbibliotheksalgorithmus wie zum Beispiel **accumulate()** von Hand zu parallelisieren, da die parallelen Algorithmen (z. B. **reduce(par_unsec,/*...*/)**) normalerweise viel besser dabei sind (§17.3.1). Die Technik ist jedoch allgemeingültig.

Beachten Sie bitte, dass **async()** nicht einfach nur ein Mechanismus ist, der auf parallele Berechnungen spezialisiert ist, um eine bessere Leistung zu erzielen. Es kann zum Beispiel auch benutzt werden, um einen Task zu erzeugen, der Informationen von einem Benutzer einholen soll, während das »Hauptprogramm« mit etwas anderem beschäftigt bleibt (§18.5.3).

18.5.4 Einen Thread stoppen

Manchmal wollen Sie einen **thread** stoppen, weil Sie das Ergebnis nicht mehr interessiert. Ihn abzubrechen (»kill«) ist normalerweise nicht akzeptabel, weil ein **thread** Ressourcen besitzen kann, die freigegeben werden müssen (z .B. Sperren, Unter-Threads und Datenbankverbindungen). Die Standardbibliothek bietet stattdessen einen Mechanismus an, mit dem er höflich darum gebeten wird, hinter sich aufzuräumen und dann zu verschwinden: ein **stop_token**. Ein **thread** kann so programmiert werden, dass er sich beendet, wenn er ein **stop_token** hat und aufgefordert wird, zu stoppen.

Betrachten Sie einmal den Parallelalgorithmus **find_any()**, der viele **thread** erzeugt, die nach einem Ergebnis suchen. Wenn ein **thread** mit einer Antwort zurückkommt, wollen Sie die verbleibenden **thread** stoppen. Jeder **thread**, der von **find_any()** erzeugt wurde, ruft **find()** auf, um die eigentliche Arbeit zu erledigen. Dieses **find()** ist ein sehr einfaches Beispiel für einen verbreiteten Stil von Task, bei dem es eine Hauptschleife gibt, in die Sie einen Test einfügen können, der feststellt, ob weitergemacht oder angehalten werden soll:

```
atomic<int> result = ?1;      // setzt einen resultierenden Index hierhin

template<class T> struct Range { T* first; T* last; };      // eine
                        // Möglichkeit, einen Bereich aus Ts zu übergeben

void find(stop_token tok, const string* base,
const Range<string> r, const string target)
{
     for (string* p = r.first; p!=r.last && !tok.stop_requested(); ++p)
         if (match(*p, target)) {      // match() wendet irgendwelche
                              // Vergleichskriterien auf die zwei Strings an
             result = p ? base;      // der Index des gefundenen Elements
         return;
     }
}
```

Hier testet **!tok.stop_requested()**, ob irgendein anderer **thread** gefordert hat, dass dieser **thread** terminiert wird. Ein **stop_token** ist der Mechanismus, mit dem sich eine solche Forderung sicher (ohne Data Races) kommunizieren lässt.

Hier ist ein triviales **find_any()**, das nur zwei **thread** erzeugt, die **find()** ausführen:

```
void find_all(vector<string>& vs, const string& key)
{
    int mid = vs.size()/2;
    string* pvs = &vs[0];

    stop_source ss1{};
    jthread t1(find, ss1.get_token(), pvs, Range{pvs,pvs+mid}, key);
                                            // erste Hälfte der vs

    stop_source ss2{};
    jthread t2(find, ss2.get_token(), pvs, Range{pvs+mid,pvs+vs.size()} , key);
                                            // zweite Hälfte der vs

    while (result == ?1)
        this_thread::sleep_for(10ms);
```

```
    ss1.request_stop(); // wir haben ein Ergebnis: alle Threads stoppen!
    ss2.request_stop();

    // ... Ergebnis benutzen ...
}
```

Die **stop_source** erzeugen die **stop_token**, über die die Forderung zum Anhalten an die **thread** kommuniziert wird.

Die Synchronisation und das Zurückgeben eines Ergebnisses sind das einfachste, was mir eingefallen ist: Ich setze das Ergebnis in eine **atomic** Variable (§18.3.2) und lasse darüber eine Schleife laufen.

Natürlich könnten Sie dieses simple Beispiel noch erweitern, indem Sie viele Sucher-Threads verwenden, die Rückgabe des Ergebnisses allgemeiner gestalten und unterschiedliche Elementtypen benutzen. Das würde aber die grundlegende Rolle verschleiern, die **stop_source** und **stop_token** spielen.

18.6 Koroutinen

Eine Koroutine ist eine Funktion, die zwischen den Aufrufen ihren Zustand behält. Damit ähnelt sie ein bisschen einem Funktionsobjekt, allerdings erfolgt das Sichern und Wiederherstellen ihres Zustands zwischen den Aufrufen implizit und vollständig. Schauen Sie sich ein klassisches Beispiel an:

```
generator<long long> fib()    // generiert Fibonacci-Zahlen
{
    long long a = 0;
    long long b = 1;
    while (a<b) {
        auto next = a+b;
        co_yield next; // sichert Zustand, gibt Wert zurück und wartet
        a = b;
        b = next;
    }
    co_return 0;      // ein fib zu weit
}

void user(int max)
{
    for (int i=0; i++<max;)
        cout << fib() << ' ';
}
```

Dies generiert:

```
1 2 3 5 8 13 ...
```

Die Koroutine speichert ihren Zustand zwischen den Aufrufen im Rückgabewert von **generator**. Sie hätten natürlich ein Funktionsobjekt **Fib** erzeugen können, das genauso arbeitet, aber dann hätten Sie sich selbst um seinen Zustand kümmern müssen. Für größere Zustände und komplexere Berechnungen kann das Speichern und Wiederherstellen von Zuständen mühselig, schwer zu optimieren und fehleranfällig sein. Im Prinzip ist eine Koroutine eine Funktion, die zwischen den Aufrufen ihren Stackframe sichert. Das **co_yield** gibt einen Wert zurück und wartet auf den nächsten Aufruf. Das **co_return** gibt einen Wert zurück und beendet die Koroutine.

Koroutinen können synchron (der Aufrufer wartet auf das Ergebnis) oder asynchron sein (der Aufrufer erledigt irgendwelche anderen Arbeiten, bis er nach dem Ergebnis aus der Koroutine schaut). Das Fibonacci-Beispiel war ganz offensichtlich synchron. Dies lässt einige schöne Optimierungen zu. Zum Beispiel könnte ein guter Optimierer die Aufrufe von **fib()** aus der Schleife herausnehmen und diese damit auflösen, sodass nur eine Abfolge von << bleibt, die dann selbst wiederum optimiert werden kann:

```
cout << "1 2 3 5 8 13"; // fib(6)
```

Die Koroutinen sind als ein extrem flexibles Framework implementiert, das in der Lage ist, einen extremen Bereich potenzieller Anwendungen abzudecken. Es wurde von und für Experten entworfen und fühlt sich ein wenig so an, als hätte sich ein ganzes Komitee daran zu schaffen gemacht. Das ist prinzipiell in Ordnung, wenn nicht die Bibliotheksinstrumente, die dafür sorgen sollten, dass einfache Benutzungen tatsächlich einfach sind, in C++20 immer noch fehlen würden. So ist zum Beispiel **generator** (immer noch) kein Teil der Standardbibliothek. Es gibt allerdings Vorschläge und eine Web-Suche liefert Ihnen gute Implementierungen; ein Beispiel wäre [Cppcoro].

18.6.1 Kooperatives Multitasking

Im ersten Band von *The Art of Computer Programming* preist Donald Knuth die Nützlichkeit von Koroutinen, bejammert aber auch, dass es schwer sei, kurze Beispiele zu liefern, weil Koroutinen am nützlichsten beim Vereinfachen komplexer Systeme sind. Ich werde Ihnen hier nur ein triviales Beispiel zeigen, das die Primitiven durchexerziert, die für die Art von ereignisgetriebenen Simulationen gebraucht wurden, die ein wichtiger Grund für den frühen Erfolg von C++ waren. Die entscheidende Idee ist es, ein System als Netzwerk aus einfachen Aufgaben

(Koroutinen) darzustellen, die zusammenarbeiten, um komplexe Aufgaben zu erledigen. Im Prinzip ist jeder Task ein Akteur, der einen kleinen Teil zu einer großen Anstrengung beiträgt. Manche sind Generatoren, die Streams aus Anfragen erzeugen (möglicherweise mithilfe von Zufallszahlengeneratoren, möglicherweise durch das Einspeisen von echten Daten), manche sind Teile eines Netzwerks, das Ergebnisse berechnet, und manche generieren Ausgaben. Ich persönlich bevorzuge es, dass die Tasks (Koroutinen) durch Nachrichtenwarteschlangen kommunizieren. Eine Möglichkeit, solch ein System zu organisieren, besteht darin, dass jeder Task sich selbst in einer Ereigniswarteschlange platziert, wo er auf weitere Arbeit wartet, nachdem er ein Ergebnis erzeugt hat. Ein Scheduler wählt dann den nächsten auszuführenden Task aus der Ereigniswarteschlange aus. Dies ist eine Form des *kooperativen Multitaskings*. Ich habe die entscheidenden Ideen dafür – mit Dank – aus Simula [Dahl, 1970] geborgt und sie bilden die Basis der allerersten C++-Bibliothek (§19.1.2).

Die Schlüssel zu solchen Entwürfen sind:

- viele unterschiedliche *Koroutinen*, die ihren Zustand zwischen den Aufrufen behalten.
- eine Form des *Polymorphismus*, die es erlaubt, Listen mit Ereignissen zu führen, die unterschiedliche Arten von Koroutinen enthalten, und diese unabhängig von ihren Typen aufzurufen.
- ein *Scheduler*, der die nächste(n) auszuführende(n) Koroutine(n) aus der (den) Liste(n) auswählt

Ich werde hier nur einige Koroutinen zeigen und sie alternativ ausführen. Es ist wichtig, dass solche Systeme nicht allzu viel Platz einnehmen. Deshalb verwenden Sie keine Prozesse oder Threads für solche Anwendungen. Ein Thread erfordert ein oder zwei Megabytes (hauptsächlich für seinen Stack), eine Koroutine oft dagegen nur ein paar Dutzend Bytes. Wenn Sie viele Tausend Tasks brauchen, kann das schon stark ins Gewicht fallen. Der Kontextwechsel zwischen Koroutinen erfolgt ebenfalls viel schneller als zwischen Threads oder Prozessen.

Zuerst benötigen Sie einen Laufzeit-Polymorphismus, der es erlaubt, Dutzende oder Hunderte unterschiedlicher Koroutinen einheitlich aufzurufen:

```
struct Event_base {
    virtual void operator()() = 0;
    virtual ~Event_base() {}
};

template<class Act>
struct Event : Event_base {
    Event(const string n, Act a) : name{ n }, act{ move(a) } {}
```

```
    string name;
    Act act;
    void operator()() override { act(); }
};
```

Ein Event speichert einfach nur eine Aktion und erlaubt ihren Aufruf. Die Aktion ist typischerweise eine Koroutine. Der **name**, den ich hinzugefügt habe, soll verdeutlichen, dass ein Ereignis üblicherweise mehr Informationen mit sich bringt als nur den Handle der Koroutine.

Hier ist eine triviale Anwendung:

```
void test()
{
    vector<Event_base*> events = {    // erzeugt einige Events,
                                      // die Koroutinen enthalten
        new Event{ "integers ", sequencer(10) },
        new Event{ "chars ", char_seq('a') }
    };

    vector order {0, 1, 1, 0, 1, 0, 1, 0, 0}; // wählt eine Reihenfolge

    for (int x : order)                    // ruft die Koroutinen in
                                         // der Reihenfolge (order) auf
        (*events[x])();

    for (auto p : events)                    // Aufräumen
        delete p;
}
```

Bisher ist hier noch nichts »Koroutinen-Typisches« zu sehen; das ist einfach ein herkömmliches objektorientiertes Framework zum Ausführen von Operationen auf einer Menge von Objekten potenziell unterschiedlicher Typen. Allerdings handelt es sich bei **sequencer** und **char_sec** um Koroutinen. Die Tatsache, dass sie ihren Zustand zwischen den Aufrufen behalten, ist entscheidend für reale Anwendungen solcher Frameworks:

```
task sequencer(int start, int step =1)
{
    auto value = start;
    while (true) {
```

```
        cout << "value" << value << '\n';  // kommuniziert ein Ergebnis
        co_yield 0;                        // schläft, bis jemand diese
                                           // Koroutine wieder aufnimmt
        value += step;                     // aktualisiert den Zustand
    }
}
```

Sie erkennen, dass **sequencer** eine Koroutine ist, weil es **co_yield** verwendet hat, um sich selbst zwischen den Aufrufen zu suspendieren. Dies impliziert, dass **task** ein Koroutinen-Handle sein muss (siehe unten).

Das ist eine bewusst triviale Koroutine. Sie generiert lediglich eine Abfolge aus Werten und gibt diese aus. In einer seriösen Simulation würde diese Ausgabe direkt oder indirekt zur Eingabe in eine andere Koroutine werden.

Das **char_sec** ist sehr ähnlich, allerdings von einem anderen Typ, um den Laufzeit-Polymorphismus anzuwenden:

```
task char_seq(char start)
{
    auto value = start;
    while (true) {
        cout << "value" << value << '\n';  // kommuniziert das Ergebnis
        co_yield 0;
        ++value;
    }
}
```

Die »Magie« liegt hier im Rückgabetyp **task**; er behält den Zustand der Koroutine (im Prinzip den Stackframe der Funktion) zwischen den Aufrufen und legt die Bedeutung des **co_yield** fest. Aus Sicht des Anwenders ist **task** trivial, es stellt einfach nur einen Operator zum Aufruf der Koroutine zur Verfügung:

```
struct task {
    void operator()();
    // ... Implementierungsdetails ...
}
```

Wäre **task** in einer Bibliothek, vorzugsweise der Standardbibliothek, gewesen, dann wäre das alles, was Sie wissen müssten. Es ist aber nicht in einer Bibliothek und deshalb erhalten Sie hier einen Hinweis, wie Sie solche Koroutinen-Handle-Typen implementieren können. Es gibt jedoch Vorschläge und eine Web-Suche liefert Ihnen gute Implementierungen. Ein Beispiel ist die [Cppcoro]-Bibliothek.

Mein **task** ist so minimal, wie es sich einrichten ließ, um meine wichtigsten Beispiele zu implementieren:

```
struct task {
    void operator()() { coro.resume(); }

    struct promise_type { // Abbildung auf die Spracheigenschaften
        suspend_always initial_suspend() { return {}; }
        suspend_always final_suspend() noexcept { return {}; } // co_return
        suspend_always yield_value(int) { return {}; }         // co_yield
        auto get_return_object() { return task{
        handle_type::from_promise(*this) }; }
        void return_void() {}
        void unhandled_exception() { exit(1); }
    };

    using handle_type = coroutine_handle<promise_type>;
    task(handle_type h) : coro(h) { } // aufgerufen von
                                      // get_return_object()
    handle_type coro;                 // hier ist der Koroutinen-Handle
};
```

Ich empfehle Ihnen dringen, *nicht* selbst solchen Code zu schreiben, es sei denn, Sie sind jemand, der eine Bibliothek implementiert und versucht, anderen diesen Stress zu ersparen. Wenn Sie neugierig sind, finden Sie viele Erklärungen im Web.

18.7 Ratschläge

[1] Nutzen Sie Nebenläufigkeit, um die Reaktionsfähigkeit zu verbessern oder den Durchsatz zu erhöhen; §18.1.

[2] Arbeiten Sie auf dem höchsten Abstraktionsniveau, das Sie sich leisten können; §18.1.

[3] Betrachten Sie Prozesse als eine Alternative zu Threads; §18.1.

[4] Die in der Standardbibliothek enthaltenen Instrumente für die Nebenläufigkeit sind typsicher; §18.1.

[5] Das Speichermodell existiert, um es den meisten Programmierern zu ersparen, über die Ebene der Rechnerarchitektur von Computern nachzudenken; §18.1.

[6] Das Speichermodell lässt den Speicher ungefähr so erscheinen, wie man ihn sich naiverweise vorstellen würde; §18.1.

[7] Atomare Operationen erlauben eine Programmierung ohne Sperren; §18.1.

[8] Überlassen Sie die Programmierung ohne Sperren den Experten; §18.1.

[9] Manchmal ist eine sequenzielle Lösung einfacher und schneller als eine nebenläufige Lösung; §18.1.

[10] Vermeiden Sie Data Races; §18.1, §18.2.

[11] Bevorzugen Sie parallele Algorithmen gegenüber der direkten Verwendung von Nebenläufigkeit; §18.1, §18.5.3.

[12] Ein **thread** ist eine typsichere Schnittstelle zu einem System-Thread; §18.2.

[13] Benutzen Sie **join()**, um darauf zu warten, dass ein **thread** abgeschlossen wird; §18.2.

[14] Bevorzugen Sie **jthread** gegenüber **thread**; §18.2.

[15] Vermeiden Sie nach Möglichkeit immer explizit gemeinsam genutzte Daten; §18.2.

[16] Bevorzugen Sie RAII gegenüber explizitem Sperren/Entsperren; §18.3; [CG: CP.20].

[17] Verwenden Sie **scoped_lock**, um **mutex** zu verwalten; §18.3.

[18] Verwenden Sie **scoped_lock**, um mehrere Sperren zu belegen; §18.3; [CG: CP.21].

[19] Verwenden Sie **shared_lock**, um Leser-Schreiber-Sperren zu implementieren; §18.3.

[20] Definieren Sie einen **mutex** gemeinsam mit den Daten, die er schützt; §18.3; [CG: CP.50].

[21] Verwenden Sie **atomic** für sehr einfaches Teilen von Daten; §18.3.2.

[22] Verwenden Sie **condition_variable** zum Verwalten der Kommunikation zwischen **thread**; §18.4.

[23] Verwenden Sie **unique_lock** (statt **scoped_lock**), wenn Sie eine Sperre kopieren müssen oder eine Manipulation der Synchronisation auf einer niedrigeren Stufe benötigen; §18.4.

[24] Verwenden Sie **unique_lock** (statt **scoped_lock**) mit **condition_variable**; §18.4.

[25] Warten Sie nicht ohne eine Bedingung; §18.4; [CG: CP.42].

[26] Minimieren Sie die Zeit, die in einem kritischen Abschnitt verbracht wird; §18.4; [CG: CP.43].

[27] Denken Sie in Bezug auf nebenläufige Tasks statt direkt in Bezug auf **thread**; §18.5.

[28] Wertschätzen Sie die Einfachheit; §18.5.

[29] Bevorzugen Sie **packaged_task** und **future** gegenüber der direkten Verwendung von **thread** und **mutex**; §18.5.

[30] Liefern Sie ein Ergebnis mithilfe eines **promise** zurück und holen Sie ein Ergebnis aus einem **future**; §18.5.1; [CG: CP.60].

[31] Verwenden Sie **packaged_task** für den Umgang mit Exceptions, die von Tasks geworfen wurden; §18.5.2.

[32] Verwenden Sie einen **packaged_task** und einen **future**, um eine Anforderung an einen externen Dienst auszudrücken und auf seine Antwort zu warten; §18.5.2.

[33] Verwenden Sie **async()**, um einfache Tasks zu starten; §18.5.3; [CG: CP.61].

[34] Verwenden Sie **stop_token**, um eine kooperative Terminierung zu implementieren; §18.5.4.

[35] Eine Koroutine kann sehr viel kleiner sein als ein Thread; §18.6.

[36] Bevorzugen Sie die Bibliotheksunterstützung für Koroutinen gegenüber handgemachtem Code; §18.6.

Kapitel 19

Geschichte und Kompatibilität

Eilt langsam
(festina lente).
— Octavius, Caesar Augustus

19.1 Geschichte

Ich habe C++ erfunden, seine frühen Definitionen geschrieben und seine erste Implementierung erschaffen. Ich wählte und formulierte die Entwurfskriterien für C++, entwarf seine wichtigsten Spracheigenschaften, entwickelte viele der frühen Bibliotheken oder half bei deren Entwicklung und war 25 Jahre lang verantwortlich dafür, im C++-Standardisierungskomitee Erweiterungsvorschläge zu bearbeiten.

C++ wurde entworfen, um die Merkmale von Simula auf dem Gebiet der Programmorganisation [Dahl, 1970] sowie die Effizienz und Flexibilität von C auf dem Gebiet der Systemprogrammierung [Kernighan, 1978] zur Verfügung zu stellen. Simula war die Inspiration für die C++-Abstraktionsmechanismen. Das Klassenkonzept (mit abgeleiteten Klassen und virtuellen Funktionen) lässt sich darauf zurückführen. Templates und Exceptions dagegen wurden erst später in C++ eingeführt und haben ihren Ursprung in anderen Quellen.

Die Entwicklung von C++ ist immer im Kontext seiner Benutzung zu sehen. Ich habe viel Zeit aufgewandt, den Anwendern zuzuhören, die Meinungen erfahrener Programmierer einzuholen und natürlich Code zu schreiben. Vor allem meine Kollegen von den AT&T Bell Laboratories waren ungemein wichtig für das Wachstum von C++ in seinem ersten Jahrzehnt.

Dieser Abschnitt ist ein kurzer Überblick; hier soll nicht jede Spracheigenschaft und Bibliothekskomponente erwähnt werden. Außerdem werde ich hier nicht übermäßig in die Details gehen. Wenn Sie mehr Informationen wünschen und insbesondere weitere Namen von Menschen erfahren möchten, die zu C++ beigetragen haben, dann verweise ich Sie auf meine drei Artikel aus den ACM-Konferenzen zur Geschichte der Programmiersprachen [Stroustrup, 1993] [Stroustrup, 2007] [Stroustrup, 2020] sowie mein Buch *Design and Evolution of C++* (auch bekannt als D&E) [Stroustrup,1994]. Darin werden der Entwurf und die Entwicklung von C++ ausführlich beschrieben und die Einflüsse aus anderen Programmiersprachen sowie sein Einfluss auf diese dokumentiert. Ich versuche, die

Verbindung zwischen den Standardmitteln und den Menschen, die diese Mittel vorgeschlagen und verfeinert haben, zu bewahren. C++ ist nicht das Ergebnis eines gesichtslosen, anonymen Komitees oder eines scheinbar allmächtigen »Diktators auf Lebenszeit«, sondern das Werk vieler entschlossener, erfahrener, fleißiger Menschen.

Die meisten der Dokumente, die als Teil des ISO-C++-Standardisierungsverfahrens geschaffen wurden, sind online verfügbar [WG21].

19.1.1 Chronik

Die Arbeit, die letztlich in C++ mündete, begann im Herbst 1979 unter dem Namen »C mit Klassen«. Hier ist eine vereinfachte Chronik:

1979
: Beginn der Arbeit an »C mit Klassen«. Die erste Gruppe an Features enthielt Klassen und abgeleitete Klassen, öffentliche/private Zugriffskontrolle, Konstruktoren und Destruktoren sowie Funktionsdeklarationen mit einer Argumentüberprüfung. Die erste Bibliothek unterstützte nichtpräemptive parallele Aufgaben und Zufallszahlengeneratoren.

1984
: »C mit Klassen« wird in C++ umbenannt. Mittlerweile besaß C++ virtuelle Funktionen, das Überladen von Funktionen und Operatoren, Referenzen und Bibliotheken für I/O-Streams und komplexe Zahlen.

1985
: Erste kommerzielle Version von C++ (14. Oktober). Die Bibliothek enthielt I/O-Streams, komplexe Zahlen und Tasks (nichtpräemptives Scheduling).

1985
: *The C++ Programming Language* (»TC++PL«, 14. Oktober) [Stroustrup, 1986].

1989
: *The Annotated C++ Reference Manual* (»the ARM«) [Ellis, 1989].

1991
: *The C++ Programming Language, Second Edition* [Stroustrup, 1991] stellte die generische Programmierung mittels Templates und die Fehlerbehandlung mit Exceptions (Ausnahmen) vor, einschließlich des Idioms zur allgemeinen Ressourcenverwaltung RAII (»Resource Acquisition Is Initialization«; Ressourcenbelegung ist Initialisierung).

1997
: Die dritte Ausgabe von *The C++ Programming Language* [Stroustrup, 1997] führte ISO C++ ein, einschließlich der Namensräume, **`dynamic_cast`** und vieler Verfeinerungen der Templates. Die Standardbibliothek wurde um das STL-Framework mit generischen Containern und Algorithmen erweitert.

1998

ISO-C++-Standard [C++, 1998].

2002

Beginn der Arbeit an einem überarbeiteten Standard, umgangssprachlich als C++0x bezeichnet.

2003

Veröffentlichung einer »fehlerbereinigten« Revision des ISO-C++-Standards [C++, 2011].

2011

Der ISO-C++11-Standard [C++, 2011] bot eine einheitliche Initialisierung, Verschiebesemantik, aus Initialisierern abgeleitete Typen (**auto**), bereichsbasiertes **for**, variadische Templates, Lambda-Ausdrücke, Typ-Aliasse, ein Speichermodell, das sich für Nebenläufigkeit eignet, und vieles mehr. Die Standardbibliothek fügte **thread**, Sperren, reguläre Ausdrücke, Hash-Tabellen (**unordered_map**), Zeiger zur Ressourcenverwaltung (**unique_ptr** und **shared_ptr**) und vieles mehr hinzu.

2013

Die ersten vollständigen C++11-Implementierungen erschienen.

2013

The C++ Programming Language, Fourth Edition führte C++11 ein.

2014

Der ISO-C++14-Standard [C++, 2014] vervollständigte C++11 mit Variablen-Templates, Zifferntrennzeichen, generischen Lambdas und einigen Verbesserungen der Standardbibliothek. Die ersten C++14-Implementierungen wurden fertiggestellt.

2015

Die C++-Core-Guidelines-Projekte wurden begonnen [Stroustrup, 2015].

2017

Der ISO-C++17-Standard [C++, 2017] erschien und bot verschiedenste neue Funktionalitäten, darunter eine garantierte Auswertungsreihenfolge, strukturierte Bindungen, Fold Expressions, eine Dateisystembibliothek, parallele Algorithmen und die Typen **variant** und **optional**. Die ersten C++17-Implementierungen wurden fertiggestellt.

2020

Der ISO-C++20-Standard [C++, 2020] erschien und bot **module**, **concept**, Koroutinen, Bereiche, Formatierung im **printf()**-Stil, Kalender und viele weitere kleine Funktionserweiterungen. Die ersten C++20-Implementierungen wurden fertiggestellt.

Während der Entwicklung wurde C++11 als C++0x bezeichnet. Wie das bei großen Projekten nicht ungewöhnlich ist, waren wir übermäßig optimistisch im Hinblick auf das Datum der Fertigstellung. Gegen Ende scherzten wir, dass das »x« in C++0x hexadezimal sei, sodass aus C++0x schließlich C++0B werden würde. Andererseits lieferte das Komitee C++14, C++17 und C++20 pünktlich aus – genau wie die großen Compiler-Hersteller.

19.1.2 Die frühen Jahre

Ursprünglich hatte ich die Sprache entworfen und implementiert, weil ich die Dienste eines UNIX-Kernels über Multiprozessoren und LANs (heute als Multicores und Cluster bekannt) verteilen wollte. Dazu musste ich exakt die Teile eines Systems bestimmen und angeben, wie sie miteinander kommunizieren. Simula [Dahl, 1970] wäre dafür ideal gewesen – bis auf die Leistung. Außerdem musste ich direkt auf die Hardware zugreifen und leistungsstarke parallele Programmiermechanismen bereitstellen, wofür sich wiederum C am besten geeignet hätte – wäre da nicht seine mangelhafte Unterstützung für Modularität und Typsicherheit gewesen. Das Ergebnis der Erweiterung von C (Klassisches C; §19.3.1) um Klassen im Simula-Stil, das bereits erwähnte »C mit Klassen«, wurde für große Projekte eingesetzt, in denen seine Fähigkeiten zum Schreiben von Programmen, die minimalen Zeit- und Platzbedarf haben, ausgiebig getestet wurden. Noch fehlten das Überladen von Operatoren, Referenzen, virtuelle Funktionen, Templates, Exceptions und viele weitere Details [Stroustrup, 1982]. Der erste Einsatz von C++ außerhalb einer Forschungseinrichtung startete im Juli 1983.

Der Name C++ (gesprochen: C plus plus) wurde im Sommer 1983 von Rick Mascetti geprägt und von mir als Ersatz für »C mit Klassen« ausgewählt. Der Name verdeutlicht das evolutionäre Wesen der Änderungen gegenüber C; »++« ist der Inkrementierungsoperator von C. Der etwas kürzere Name »C+« ist ein Syntaxfehler; er diente außerdem als Name einer nicht verwandten Sprache. Kenner der C-Semantik finden, dass C++ der Schreibweise ++C unterlegen ist. Die Sprache wurde nicht D genannt, weil sie eine Erweiterung von C ist, weil sie nicht versuchte, Probleme zu beheben, indem sie Funktionalität entfernte, und weil es bereits mehrere Möchtegern-Nachfolger von C namens D gab. Für eine weitere Interpretation des Namens C++ verweise ich auf den Anhang von [Orwell, 1949].

C++ wurde hauptsächlich deshalb entworfen, damit meine Freunde und ich nicht in Assembler, C oder in irgendeiner der damals modernen Hochsprachen programmieren mussten. Sein Hauptzweck bestand darin, das Schreiben guter Programme zu vereinfachen und für den einzelnen Programmierer angenehmer zu machen. In den Anfangsjahren gab es kein C++-Konzeptpapier; Entwurf, Dokumentation und Implementierung erfolgten gleichzeitig. Es gab auch kein »C++-

Projekt« oder ein »C++-Entwurfskomitee«. C++ entwickelte sich weiter, um Probleme zu lösen, die seinen Benutzern begegnet waren, sowie als Ergebnis der Diskussionen zwischen meinen Freunden, meinen Kollegen und mir.

Der allererste Entwurf von C++ enthielt Funktionsdeklarationen mit einer Argumenttypprüfung und impliziten Konvertierungen, Klassen mit der **public/private**-Unterscheidung zwischen Schnittstelle und Implementierung, abgeleitete Klassen sowie Konstruktoren und Destruktoren. Ich verwendete Makros für eine primitive Parametrisierung [Stroustrup, 1982]. Mitte 1980 hatte dies nicht mehr den Status eines Experiments, sondern war gebräuchlich geworden. Am Ende dieses Jahres konnte ich einen Satz von Sprachinstrumenten vorstellen, die einen kohärenten Satz von Programmierstilen unterstützten. Im Rückblick betrachtet, halte ich die Einführung von Konstruktoren und Destruktoren für am wichtigsten. In der Terminologie dieser Zeit [Stroustrup, 1979]:

Eine »new-Funktion« erzeugt die Ausführungsumgebung für die Member-Funktionen; die »delete-Funktion« kehrt das um.

Bald darauf wurden »new-Funktion« und »delete-Funktion« in »Konstruktor« und »Destruktor« umbenannt. Hier liegen die Wurzel der C++-Strategien für die Ressourcenverwaltung (die nach Exceptions verlangt) und der Schlüssel für viele Techniken, die Benutzern helfen, ihren Code kurz und klar zu gestalten. Falls es zu dieser Zeit andere Sprachen gegeben haben sollte, die mehrere Konstruktoren unterstützten, die allgemeinen Code ausführen konnten, dann waren sie mir nicht bekannt (und sind es auch heute nicht). Destruktoren waren neu in C++.

Im Oktober 1985 wurde C++ kommerziell freigegeben. Ich hatte zu diesem Zeitpunkt Inline-Funktionen (§1.3, §5.2.1), **const** (§1.6), das Überladen von Funktionen (§1.3), Referenzen (§1.7), das Überladen von Operatoren (§5.2.1, §6.4) und virtuelle Funktionen (§5.4) hinzugefügt. Von diesen Funktionalitäten war die Unterstützung für Laufzeit-Polymorphismus in Form virtueller Funktionen bei Weitem am umstrittensten. Ich kannte seinen Wert aus Simula, hatte aber große Schwierigkeiten, die meisten Menschen in der Systemprogrammierwelt davon zu überzeugen. Systemprogrammierer neigen dazu, indirekte Funktionsaufrufe misstrauisch zu betrachten, und Leute, die mit anderen objektorientierten Sprachen vertraut waren, konnten kaum glauben, dass Virtual-Funktionen schnell genug sein sollten, um im Systemcode von Nutzen zu sein. Umgekehrt hatten viele Programmierer mit einem objektorientierten Hintergrund Probleme, sich an die Idee zu gewöhnen, dass man virtuelle Funktionsaufrufe nur verwendet, um eine Entscheidung auszudrücken, die man zur Laufzeit treffen muss (und viele haben auch heute noch ein Problem damit). Die Abneigung gegenüber virtuellen Funktionen könnte mit dem Widerstand gegenüber der Idee zu tun haben, dass man durch eine regelmäßigere Struktur des Codes bessere Systeme erhält, wenn die Programmiersprache dies unterstützt. Viele C-Programmierer scheinen davon überzeugt zu sein, dass nur vollkommene Flexibilität und das sorgfältige individuelle Ausarbeiten jedes einzelnen Details eines Programms wirklich wichtig sind. Ich dagegen glaubte (und glaube), dass wir jede Hilfe gebrauchen können, die uns Sprachen und Werkzeuge liefern; die den Systemen, die wir gern bauen wollen, innewohnende Komplexität ist immer schon fast mehr als das, was wir ausdrücken können.

Frühe Dokumente (z. B. [Stroustrup, 1985] und [Stroustrup, 1994]) beschrieben C++ folgendermaßen:

C++ ist eine allgemein einsetzbare Programmiersprache, die

- *ein besseres C darstellt*
- *die Datenabstraktion unterstützt*
- *die objektorientierte Programmierung unterstützt*

Beachten Sie, dass ich *nicht* geschrieben habe: »C++ ist eine objektorientierte Programmiersprache«. »Unterstützt die Datenabstraktion« bedeutet hier das Verbergen von Informationen, Klassen, die nicht Teil der Klassenhierarchie sind, und generische Programmierung. Anfangs wurde die generische Programmierung mehr schlecht als recht durch die Verwendung von Makros unterstützt [Stroustrup, 1982]. Templates und Konzepte kamen erst viel später.

Ein Großteil des Entwurfs von C++ fand auf den Wandtafeln meiner Kollegen statt. In den Anfangsjahren war das Feedback von Stu Feldman, Alexander Fraser, Steve Johnson, Brian Kernighan, Doug Mellroy und Dennis Ritchie von unschätzbarem Wert.

In der zweiten Hälfte der 1980er-Jahre erweiterte ich die Funktionalität der Sprache als Reaktion auf Benutzerkommentare und geleitet von meinen generellen Zielen für C++. Die wichtigsten Neuerungen waren Templates [Stroustrup, 1988] und die Behandlung von Exceptions [Koenig, 1990], die zu der Zeit, als die Standardisierungsbemühungen begannen, als experimentell galten. Beim Design der Templates musste ich mich zwischen Flexibilität, Effizienz und früher Typprüfung entscheiden. Damals wusste niemand, wie man gleichzeitig alle drei Aspekte erreichen könnte. Um mit dem Code im C-Stil für aufwendige Systemanwendungen konkurrieren zu können, glaubte ich, dass ich die ersten zwei Eigenschaften wählen müsste. Rückblickend denke ich, dass die Entscheidung richtig war; die fortdauernde Suche nach einer besseren Typprüfung für Templates [DosReis, 2006] [Gregor, 2006] [Sutton, 2011] [Stroustrup, 2012a] [Stroustrup, 2017] führte zu den Konzepten in C++20 (Kapitel 8). Das Design von Exceptions konzentrierte sich auf ihre Weiterleitung über mehrere Ebenen hinweg, das Übergeben beliebiger Informationen an einen Fehler-Handler und die Integration zwischen Exceptions und Ressourcenverwaltung mithilfe lokaler Objekte mit Destruktoren zum Repräsentieren und Freigeben von Ressourcen. Dieser wichtigen Technik gab ich den etwas sperrigen Namen *Resource Acquisition Is Initialization* (Ressourcenbelegung ist Initialisierung), der von anderen schnell auf das Akronym *RAII* reduziert wurde (§6.3).

Ich verallgemeinerte die Vererbungsmechanismen von C++, sodass sie nun mehrere Basisklassen unterstützten [Stroustrup, 1987]. Dies wurde als *Mehrfachvererbung* bezeichnet und galt als schwierig und kontrovers. Ich selbst hielt das für deutlich weniger wichtig als Templates oder Exceptions. Mehrfachvererbung abstrakter Klassen (oft *Schnittstellen* genannt) ist heute in Sprachen, die eine statische Typprüfung und objektorientierte Programmierung unterstützen, allgemein üblich.

Die Entwicklung der Sprache C++ verlief Hand in Hand mit einigen der wichtigsten Funktionalitäten der Bibliothek. Ich entwickelte zum Beispiel die Klassen für komplexe Zahlen [Stroustrup, 1984], Vektoren, Stacks und (I/O) Streams [Stroustrup, 1985] zusammen mit den Mechanismen zum Überladen von Operatoren. Die ersten String- und Listenklassen sind Ergebnis einer Zusammenarbeit zwischen Jonathan Shopiro und mir. Jonathans String- und Listenklassen waren die ersten, die als Teil einer Bibliothek umfassend eingesetzt wurden. Die String-Klasse aus der Standard-C++-Bibliothek hat ihren Ursprung in diesen frühen Bemühungen. Die Task-Bibliothek, die in [Stroustrup, 1987b] beschrieben wird, war Teil des ersten »C mit Klassen«-Programms, das 1980 geschrieben wurde. Sie stellte Koroutinen und einen Scheduler zur Verfügung. Ich schrieb sie und die dazugehörenden Klassen, um Simulationen im Stil von Simula zu unterstützen. Sie war schließlich entscheidend für den Erfolg und die breite Akzeptanz von C++ in den 1980er-Jahren. Leider mussten wir bis 2011 (30 Jahre!) warten, bis die Unterstützung für Nebenläufigkeit standardisiert und allgemein verfügbar wurde (§18.6). Koroutinen sind Teil von C++20 (§18.6). Die Entwicklung der Template-Funktionalität wurde durch eine Vielfalt an **vector**-, **map**-, **list**- und **sort**-Templates beeinflusst, die von Andrew Koenig, Alex Stepanov, mir selbst und anderen erdacht worden waren.

Die wichtigste Innovation der Standardbibliothek von 1998 war die STL (Standard Template Library), ein Framework aus Algorithmen und Containern (Kapitel 12, Kapitel 13). Sie war das Werk von Alex Stepanov (zusammen mit Dave Musser, Meng Lee und anderen) und basierte auf der Arbeit von mehr als einer Dekade an der generischen Programmierung. Die STL ist ungemein einflussreich innerhalb der C++-Community und darüber hinaus.

C++ ist in einer Umgebung mit einer Vielzahl etablierter und experimenteller Programmiersprachen aufgewachsen (z. B. Ada [Ichbiah, 1979], Algol 68 [Woodward, 1974] und ML [Paulson, 1996]). Zu dieser Zeit kannte ich mich ganz gut in 25 Sprachen aus. Deren Einflüsse auf C++ sind in [Stroustrup, 1994] und [Stroustrup, 2007] dokumentiert. Die bestimmenden Einflüsse stammten jedoch immer aus den Anwendungen, die mir über den Weg liefen. Ich hatte es mir bewusst zur

Regel gesetzt, dass die Entwicklung von C++ »problemgetrieben« sein solle statt nachahmend.

19.1.3 Die ISO-C++-Standards

Das rasante Wachstum von C++ verursachte einige Veränderungen. Irgendwann im Jahre 1987 wurde klar, dass eine offizielle Standardisierung von C++ unausweichlich war und wir dafür die Grundlagen schaffen mussten [Stroustrup, 1994]. Das Ergebnis war der bewusste Versuch, den Kontakt zwischen den Entwicklern von C++-Compilern und den wichtigsten Anwendern herzustellen. Dies erfolgte per Briefpost und per E-Mail sowie in persönlichen Treffen auf C++-Konferenzen und anderswo.

AT&T Bell Labs haben einen großen Beitrag zu C++ und seiner breiteren Community geleistet, da sie mir erlaubten, Entwürfe der revidierten Versionen des C++-Referenzhandbuchs mit Entwicklern und Anwendern zu teilen. Da viele dieser Leute für Konkurrenten von AT&T arbeiteten, darf die Bedeutung dieses Beitrags nicht unterschätzt werden. Ein weniger vorausschauendes Unternehmen hätte einfach durch Nichtstun große Probleme verursachen können, weil es möglicherweise zu einer Aufspaltung der Sprache gekommen wäre. So aber lasen und kommentierten etwa 100 Personen aus Dutzenden von Organisationen das, was schließlich zum allgemein akzeptierten Referenzhandbuch und der Grundlage für die C++-Standardisierungsbemühungen des ANSI (American National Standards Institute) wurde. Ihre Namen können in *The Annotated C++ Reference Manual* (»ARM«) [Ellis, 1989] nachgelesen werden. Auf Initiative von Hewlett-Packard, DEC und IBM und mit Unterstützung von AT&T wurde im Dezember 1989 das X3J16-Komitee des ANSI einberufen. Im Juni 1991 wurde diese ANSI-Standardisierung von C++ Teil einer ISO-Standardisierungsbemühung für diese Sprache. Das ISO-C++-Komitee wird als WG21 bezeichnet. Seit 1990 sind diese gemeinsamen C++-Standardkomitees das wichtigste Forum für die Weiterentwicklung von C++ und die Verfeinerung seiner Definition. Ich selbst bin seither in beiden Komitees aktiv. Insbesondere als Vorsitzender der Arbeitsgruppe für Erweiterungen (später Entwicklungsgruppe genannt) von 1990 bis 2014 war ich direkt verantwortlich für die Bearbeitung von Vorschlägen für größere Änderungen an C++ und die Aufnahme neuer Spracheigenschaften. Im April 1995 wurde der Öffentlichkeit ein erster Entwurf für den Standard zur Begutachtung vorgestellt. Der erste ISO-C++-Standard (ISO/IEC 14882-1998) [C++, 1998] wurde 1998 mit einem Abstimmungsergebnis von 22:0 ratifiziert. 2003 wurde eine »fehlerbereinigte« Fassung dieses Standards veröffentlicht, sodass manchmal von C++03 gesprochen wird. Prinzipiell sind dies aber die gleiche Sprache und Standardbibliothek wie C++98.

C++11, seit Jahren bekannt als C++0x, ist das Werk der Mitglieder von WG21. Das Komitee arbeitete unter immer mühsamer werdenden selbstauferlegten Prozessen und Prozeduren. Diese Prozesse führten vermutlich zu einer besseren (und strengeren) Spezifikation, behinderten aber auch Innovationen [Stroustrup, 2007]. Ein erster Entwurf des Standards wurde der Öffentlichkeit 2009 vorgestellt. Der zweite ISO-C++-Standard (ISO/IEC 14882-2011) [C++, 2011] wurde im August 2011 mit einem Abstimmungsergebnis von 21:0 ratifiziert.

Ein Grund für die lange Lücke zwischen den beiden Standards besteht darin, dass die meisten Mitglieder des Komitees (auch ich) der irrtümlichen Annahme waren, die ISO-Regeln würden nach dem Veröffentlichen eines Standards eine »Wartezeit« erfordern, bevor an neuer Funktionalität gearbeitet würde. Entsprechend begannen erst 2002 seriöse Arbeiten an neuen Spracheigenschaften. Weitere Gründe waren unter anderem die zunehmende Größe moderner Sprachen und ihrer Basis-Bibliotheken. Betrachten wir das Ganze in Bezug auf die Seitenanzahl des Texts des Standards, dann ist die Sprache um etwa 30% und die Standardbibliothek um etwa 100% gewachsen. Ein Großteil der Zunahme war auf die ausführlichere Spezifikation zurückzuführen statt auf neue Funktionalität. Darüber hinaus musste bei der Arbeit am neuen C++-Standard natürlich darauf geachtet werden, den älteren Code nicht durch inkompatible Änderungen zu kompromittieren. Es gibt Milliarden von Codezeilen in C++, die das Komitee nicht einfach kaputt machen darf. Die seit Jahrzehnten gewährleistete Stabilität ist ein wesentliches Merkmal der Sprache.

C++11 hat die Standardbibliothek erheblich erweitert und darauf hingearbeitet, die Menge der Funktionen und Eigenschaften zu vervollständigen, die für einen Programmierstil erforderlich sind, der eine Synthese der »Paradigmen« und Idiome darstellt, die sich schon bei C++98 als erfolgreich erwiesen haben.

Die Gesamtziele für die Arbeit an C++11 waren:

- C++ zu einer besseren Sprache für die Systemprogrammierung und den Aufbau von Bibliotheken zu machen
- das Lehren und Erlernen von C++ zu erleichtern

Diese Ziele werden in [Stroustrup, 2007] dokumentiert und näher erläutert.

Eine große Anstrengung wurde unternommen, um die Programmierung nebenläufiger Systeme typsicher und portabel zu machen. Dies erforderte ein Speichermodell (§18.1) und Unterstützung für eine Lock-freie Programmierung. Geleistet wurde dies von Hans Boehm, Brian McKnight und anderen in der entsprechenden Arbeitsgruppe. Ergänzend dazu haben wir die **thread**-Bibliothek hinzugefügt.

Nach C++11 herrschte allgemeine Zustimmung, dass 13 Jahre zwischen den Standards zu viel waren. Herb Sutter schlug das sogenannte »Train-Modell« vor, bei dem das Komitee in festen Intervallen etwas liefern würde. Ich setzte mich für einen kurzen Zeitraum zwischen den Standards ein, um Verzögerungen zu minimieren, nur weil irgendjemand darauf bestand, »nur noch ein ganz wichtiges Feature« hinzuzufügen. Wir einigten uns auf einen ambitionierten Dreijahreszeitplan und einen Wechsel zwischen kleinen und großen Releases.

C++14 war bewusst als kleines Release gedacht, das »C++11 vervollständigen« sollte. Dies spiegelt die Realität wider, dass es nämlich mit einem festen Veröffentlichungstermin immer Funktionalitäten gibt, die wir gern hätten, aber nicht pünktlich ausliefern können. Und sobald sich eine Version verbreitet, werden Lücken in den Features unweigerlich entdeckt.

C++17 sollte ein großes Release werden. Mit »groß« meine ich, dass es Features enthielt, die die Weise verändern, wie wir über die Struktur unserer Software und Art, sie zu entwerfen, denken. Nach dieser Definition war C++17 bestenfalls ein mittleres Release. Es enthielt eine Menge kleinerer Erweiterungen, doch die Merkmale, die für drastische Veränderungen gesorgt hätten (z .B. Konzepte, Module und Koroutinen), waren entweder noch nicht fertig oder waren in Kontroversen und Unklarheiten über die Richtung, in die ihr Design gehen sollte, gefangen. Als Ergebnis enthält C++17 ein bisschen was für jeden, aber nichts, was das Leben eines C++-Programmierers, der die Lektionen aus C++11 und C++14 bereits verinnerlicht hat, signifikant verändern würde.

C++20 bringt lange versprochene und benötigte große Funktionserweiterungen mit sich, wie Module (§3.2.2), Konzepte (§8.2), Koroutinen (§18.6), Bereiche (§14.5) und viele kleine Features. Von seiner Größe und Bedeutung ist dieses Upgrade mit C++11 vergleichbar. Seit Ende 2021 ist diese Version allgemein verfügbar.

Das ISO-C++-Standardisierungskomitee, SC22/WG21, besteht heute aus etwa 350 Mitgliedern, von denen etwa 250 am letzten Treffen vor der Pandemie teilnahmen, auf dem C++20 mit einem einstimmigen 79:0 befürwortet und später mit einem Abstimmungsergebnis von 22:0 ratifiziert wurde. Dieses Maß an Zustimmung in einer so großen und heterogenen Gruppe zu erhalten, ist schwere Arbeit. Zu den Gefahren gehören »Design by Committee«, eine aufgeblähte Funktionalität, inkonsistenter Stil und kurzsichtige Entscheidungen. Den Weg zu einer einfacher zu benutzenden und kohärenteren Sprache zu bahnen, ist ebenfalls nicht leicht. Das Komitee ist sich dessen bewusst und versucht entsprechend gegenzulenken; siehe [Wong, 2020]. Manchmal waren wir erfolgreich, aber es ist sehr schwer zu verhindern, dass Komplexität sich über »kleine sinnvolle Features«, Modeerscheinungen und das Bedürfnis von Experten, seltene Sonderfälle direkt zu bedienen, einschleicht.

19.1.4 Standards und Stil

Ein Standard sagt, was funktionieren wird und wie es das tut. Er sagt nicht, was eine gute und effektive Benutzung ausmacht. Es gibt signifikante Unterschiede zwischen einem Verständnis der technischen Details von Merkmalen einer Programmiersprache und deren effektivem Einsatz in Kombination mit anderen Features, Bibliotheken und Werkzeugen, um bessere Software herzustellen. Mit »besser« meine ich »besser wartbar, weniger fehleranfällig und schneller«. Wir müssen kohärente Programmierstile entwickeln, bekannt machen und unterstützen. Außerdem müssen wir dafür sorgen, dass älterer Code weiterentwickelt wird, bis er ebenfalls diesen moderneren effektiveren und kohärenteren Stilen entspricht.

Mit dem Wachstum der Sprache und ihrer Standardbibliothek wurde das Problem des Bekanntmachens effektiver Programmierstile immer wichtiger. Es ist ziemlich schwierig, große Gruppen von Programmierern für etwas Besseres zu begeistern und von etwas abzubringen, was für sie funktioniert. Es gibt immer noch Menschen, die C++ als kleine Ergänzung zu C sehen. Andere betrachten die objektorientierten Programmierstile der 1980er-Jahre, die auf riesigen Klassenhierarchien beruhten, als Höhepunkt der Entwicklung. Viele mühen sich immer noch damit ab, modernes C++ gut in Umgebungen einzusetzen, die eine Menge älteren C++-Code enthalten. Andererseits gibt es auch viele, die viel zu enthusiastisch mit neuen Sprachmitteln um sich werfen. So sind zum Beispiel manche Entwickler überzeugt, dass nur Code, der riesige Mengen an Template-Metaprogrammierung einsetzt, wahres C++ sei.

Was ist *modernes C++*? 2015 bemühte ich mich, diese Frage zu beantworten, indem ich eine Reihe von Programmierrichtlinien entwickelte, die ich durch ausformulierte Erklärungen untermauerte. Ich fand schon bald heraus, dass ich nicht allein in meinem Ringen mit diesem Problem war. Zusammen mit Leuten aus der ganzen Welt, vor allem von Microsoft, Red Hat und Facebook, startete ich das »C++ Core Guidelines«-Projekt [Stroustrup, 2015]. Dieses ehrgeizige Projekt zielt auf komplette Typsicherheit und komplette Ressourcensicherheit als Grundlage für einfacheren, schnelleren, sichereren und besser wartbaren Code ab [Stroustrup, 2015b] [Stroustrup, 2021]. Neben den speziellen Programmierregeln mit ihren Erklärungen untermauern wir die Richtlinien mit statischen Analysewerkzeugen und einer winzigen Support-Bibliothek. Ich erachte so etwas als notwendig, um die C++-Community als Ganzes dazu zu bewegen, Nutzen aus den Verbesserungen der Sprachmerkmale, Bibliotheken und unterstützenden Werkzeugen zu ziehen.

19.1.5 Verwendung von C++

C++ ist inzwischen eine sehr weit verbreitete Programmiersprache. Die Zahl ihrer Benutzer wuchs recht schnell von eins im Jahr 1979 auf etwa 400.000 im Jahr 1991; das heißt, es gab mehr als zehn Jahre lang etwa alle 7,5 Monate eine Verdopplung der Nutzerzahlen. Natürlich verlangsamte sich das Wachstum nach diesem anfänglichen Wachstumsschub. Ich schätze, dass es 2018 etwa 4,5 Millionen C++-Programmierer gab [Kazakova, 2015] und dass es heute (2022) vielleicht eine Million mehr sind. Ein

Großteil des Wachstums erfolgte nach 2005, als die exponentielle Zunahme der Prozessorgeschwindigkeit nachließ, sodass die Leistungsfähigkeit der Sprachen an Bedeutung gewann. Dieses Wachstum wurde ohne offizielles Marketing oder eine organisierte Nutzer-Community erreicht [Stroustrup, 2020].

C++ ist vorrangig eine gewerbsmäßig genutzte Sprache, das heißt, man findet sie in der Wirtschaft eher als in der Ausbildung oder in der Programmiersprachenforschung. Sie entsprang den Bell Labs und war inspiriert durch die verschiedenen und strikten Anforderungen der Telekommunikations- und Systemprogrammierung (einschließlich Gerätetreibern, Netzwerken und eingebetteten Systemen). Von dort aus hat sich C++ in praktisch jede Branche ausgebreitet: Mikroelektronik, Webanwendungen und -infrastruktur, Betriebssysteme, Finanzen, Medizintechnik, Autobau, Luft- und Raumfahrt, Hochenergiephysik, Biologie, Energiewirtschaft, Machine Learning, Videospiele, Grafikanwendungen, Animationen, virtuelle Realität und vieles mehr. Die Sprache wird vor allem dann eingesetzt, wenn Probleme die C++-typische Kombination aus der Fähigkeit zu effektiver Hardwarenutzung und dem Umgang mit Komplexität benötigen. Dies scheint zu einer immer größer werdenden Sammlung an Anwendungen zu führen [Stroustrup, 1993] [Stroustrup, 2014] [Stroustrup, 2020].

19.1.6 Das C++-Modell

Die Sprache C++ kann als eine Menge sich gegenseitig unterstützender Instrumente bezeichnet werden:

- ein statisches Typsystem mit der gleichen Unterstützung für integrierte und benutzerdefinierte Typen (Kapitel 1, Kapitel 5, Kapitel 6)
- Wert- und Referenzsemantik (§1.7, §5.2, §6.2, Kapitel 12, §15.2)
- systematische und allgemeine Ressourcenverwaltung (RAII) (§6.3)
- Unterstützung für effiziente objektorientierte Programmierung (§5.3, class.virtual, §5.5)
- Unterstützung für flexible und effiziente generische Programmierung (Kapitel 7, Kapitel 18)
- Unterstützung für Compile-Zeit-Programmierung (§1.6, Kapitel 7, Kapitel 8)
- direkter Einsatz von Hardware- und Betriebssystemressourcen (§1.4, Kapitel 18)
- Unterstützung der Nebenläufigkeit durch Bibliotheken (oft implementiert mittels intrinsischer Funktionen) (Kapitel 18)

Die Komponenten der Standardbibliothek bieten weitergehende Unterstützung für diese hochgesteckten Ziele.

19.2 Die Entwicklung der Merkmale von C++

Ich führe hier die Sprachmerkmale und Komponenten der Standardbibliothek auf, die für die Standards C++11, C++14, C++17 und C++20 zu C++ hinzugefügt wurden.

19.2.1 Sprachmerkmale von C++11

Ein Blick auf die Liste der Sprachmerkmale kann recht verwirrend sein. Denken Sie daran, dass ein Sprachmerkmal nicht dafür gedacht ist, isoliert benutzt zu werden. Die meisten der Merkmale, die neu in C++11 sind, ergeben ohne das Framework älterer Features kaum einen Sinn.

[1] Einheitliche und allgemeine Initialisierung mittels {}-Listen (§1.4.2, §5.2.3)

[2] Typherleitung aus dem Initialisierer: **auto** (§1.4.2)

[3] Verhindern einschränkender Konvertierung (§1.4.2)

[4] Verallgemeinerte und garantiert konstante Ausdrücke: **constexpr** (§1.6)

[5] Bereichsbasierte **for**-Anweisung (§1.7)

[6] Schlüsselwort für Nullzeiger: **nullptr** (§1.7.1)

[7] Streng typisierte Aufzählungen mit begrenztem Gültigkeitsbereich: **enum class** (§2.4)

[8] Zusicherungen zum Zeitpunkt des Kompilierens: **static_assert** (§4.5.2)

[9] Sprachzuordnung von **{}**-Liste auf **std::initializer_list** (§5.2.3)

[10] Rvalue-Referenzen, die eine Verschiebesemantik ermöglichen (§6.2.2)

[11] Lambdas (§7.3.3)

[12] Variadische Templates (§7.4.1)

[13] Typ- und Template-Aliasse (§7.4.2)

[14] Unicode-Zeichen

[15] **long long**-Integertyp

[16] Steuerelemente für die Speicheranordnung: **alignas** und **alignof**

[17] Die Fähigkeit, den Typ eines Ausdrucks als Typ in einer Deklaration zu verwenden: **decltype**

[18] Reine String-Literale (§10.4)

[19] Syntax für Suffix-Rückgabetypen (§3.4.4)

[20] Eine Syntax für Attribute und zwei Standardattribute: **[[carries_dependency]]** und **[[noreturn]]**

[21] Eine Möglichkeit, die Weiterleitung von Exceptions zu verhindern: der **noexcept**-Spezifikator (§4.4)

[22] Das Testen auf die Möglichkeit eines **throw** in einem Ausdruck: der **noexcept**-Operator

[23] C99-Features: erweiterte integrale Typen (d. h. Regeln für optional längere Integertypen); Verkettung von schmalen/breiten Strings; **__STDC_HOSTED__**; **_Pragma(X)**; Makros mit variabler Argumentzahl und leere Makroargumente

[24] **__func__** als Name eines Strings, der den Namen der aktuellen Funktion enthält

[25] **inline**-Namensräume

[26] Delegierende Konstruktoren

[27] Klasseninterne Member-Initialisierer (§6.1.3)

[28] Kontrolle über Standardelemente: **default** und **delete** (§6.1.1)

[29] Explizite Konvertierungsoperatoren

[30] Benutzerdefinierte Literale (§6.6)

[31] Explizitere Steuerung der Template-Instanziierung: **extern template**

[32] Vorgegebene Template-Argumente für Funktions-Templates

[33] Vererben von Konstruktoren (§12.2.2)

[34] Steuerelemente zum Überschreiben: **override** (§5.5) und **final**

[35] Eine einfachere und allgemeinere SFINAE-Regel (Substitution Failure Is Not An Error)

[36] Speichermodell (§18.1)

[37] Thread-lokale Speicherung: **thread_local**

Eine umfassendere Beschreibung der Änderungen an C++98 in C++11 finden Sie in [Stroustrup, 2013].

19.2.2 Sprachmerkmale von C++14

[1] Herleitung des Funktionsrückgabetyps (§3.4.3)

[2] Verbesserte **constexpr**-Funktionen, z. B. **for**-Schleifen erlaubt (§1.6)

[3] Variablen-Templates (§7.4.1)

[4] Binäre Integer-Literale (§1.4)

[5] Zifferntrennzeichen (§1.4)

[6] Generische Lambdas (§7.3.3.1)

[7] Allgemeinere Lambda-Capture-Listen

[8] **[[deprecated]]**-Attribut

[9] Einige weitere kleine Erweiterungen

19.2.3 Sprachmerkmale von C++17

[1] Garantierte Copy Elision (§6.2.2)
[2] Dynamische Allokation von Typen mit erweiterter Ausrichtung (over-aligned)
[3] Strengere Auswertungsreihenfolge (§1.4.1)
[4] UTF-8-Literale (**u8**)
[5] Hexadezimale Gleitkomma-Literale (§11.6.1)
[6] Fold-Expressions (§8.4.1)
[7] Generische Wert-Template-Argumente (**auto**-Template-Parameter; §8.2.5)
[8] Herleitung des Klassen-Template-Argumenttyps (§7.2.3)
[9] Compile-Zeit-**if** (§7.4.3)
[10] Auswahl von Anweisungen mit Initialisierern (§1.8)
[11] **constexpr**-Lambdas
[12] **inline**-Variablen
[13] Strukturierte Bindungen (§3.4.5)
[14] Neue Standardattribute: **[[fallthrough]]**, **[[nodiscard]]** und **[[maybe_unused]]**
[15] **std::byte**-Typ (§16.7)
[16] Initialisierung eines **enum** über einen Wert seines zugrunde liegenden Typs (§2.4)
[17] Einige weitere kleine Erweiterungen

19.2.4 Sprachmerkmale von C++20

[1] Module (§3.2.2)
[2] Konzepte (§8.2)
[3] Koroutinen (§18.6)
[4] Initialisierer mit Bezeichnungen (eine etwas eingeschränkte Version eines C99-Features)
[5] <=> (der »Raumschiff«-Operator) ein Dreiwegevergleich (§6.5.1)
[6] **[*this]** zum Erfassen eines aktuellen Objekts über den Wert (§7.3.3)
[7] Standardattribute **[[no_unique_address]]**, **[[likely]]** und **[[unlikely]]**
[8] Weitere Elemente erlaubt in **constexpr**-Funktionen, einschließlich **new**, **union**, **try-catch**, **dynamic_cast** und **typeid**
[9] **consteval**-Funktionen, die eine Auswertung zum Zeitpunkt des Kompilierens erlauben (§1.6)
[10] **constinit**-Variablen, die eine statische Initialisierung garantieren (also nicht zur Laufzeit) (§1.6)

[11] Die Verwendung (mit **using**) von **enum** mit begrenztem Gültigkeitsbereich (§2.4)

[12] Einige weitere kleine Erweiterungen

19.2.5 Komponenten der C++11-Standardbibliothek

Die C++11-Ergänzungen zur Standardbibliothek haben zwei Formen: neue Komponenten (wie die Bibliothek für reguläre Ausdrücke) und Verbesserungen an C++98-Komponenten (wie Verschiebekonstruktoren für Container).

[1] **initializer_list**-Konstruktoren für Container (§5.2.3)

[2] Verschiebesemantik für Container (§6.2.2, §13.2)

[3] Eine einfach verknüpfte Liste: **forward_list** (§12.3)

[4] Hash-Container: **unordered_map**, **unordered_multimap**, **unordered_set** und **unordered_multiset** (§12.6, §12.8)

[5] Zeiger zur Ressourcenverwaltung: **unique_ptr**, **shared_ptr** und **weak_ptr** (§15.2.1)

[6] Unterstützung von Nebenläufigkeit: **thread** (§18.2), Mutexe und Sperren (§18.3) und bedingte Variablen (§18.4)

[7] Abstraktere Unterstützung von Nebenläufigkeit: **packaged_thread**, **future**, **promise** und **async()** (§18.5)

[8] **tuple** (§15.3.4)

[9] Reguläre Ausdrücke: **regex** (§10.4)

[10] Zufallszahlen: Verteilungen und Engines (§17.5)

[11] Integer-Typnamen wie **int16_t**, **uint32_t** und **int_fast64_t** (§17.8)

[12] Ein Container fester Größe für eine kontinuierliche Sequenz: **array** (§15.3)

[13] Kopieren und erneutes Werfen von Exceptions (§18.5.1)

[14] Fehlermeldungen mittels Fehlercodes: **system_error**

[15] **emplace()**-Operationen für Container (§12.8)

[16] Breiter Einsatz von **constexpr**-Funktionen

[17] Weitreichende Verwendung von **noexcept**-Funktionen

[18] Verbesserte Funktionsadapter: **function** und **bind()** (§16.3)

[19] Konvertierungen von **string** in numerische Werte

[20] Allokatoren mit beschränktem Gültigkeitsbereich

[21] Typprädikate (Traits) wie **is_integral** und **is_base_of** (§16.4.1)

[22] Zeitfunktionalitäten: **duration** und **time_point** (§16.2.1)

[23] Rationale Berechnungen zur Compile-Zeit: **ratio**

[24] Abbrechen eines Prozesses: **quick_exit** (§16.8)

[25] Weitere Algorithmen wie **move()**, **copy_if()** und **is_sorted()** (Kapitel 13)
[26] API zur Garbage Collection; später verworfen (§19.2.9)
[27] Unterstützung von Nebenläufigkeit auf niedriger Ebene: **atomic** (§18.3.2)
[28] Einige weitere kleine Erweiterungen

19.2.6 Komponenten der C++14-Standardbibliothek

[1] **shared_mutex** und **shared_lock** (§18.3)
[2] Benutzerdefinierte Literale (§6.6)
[3] Tuple-Adressierung anhand des Typs (§15.3.4)
[4] Heterogene Suche in assoziativen Containern
[5] Einige weitere kleine Erweiterungen

19.2.7 Komponenten der C++17-Standardbibliothek

[1] Dateisystem (§11.9)
[2] Parallele Algorithmen (§13.6, §17.3.1)
[3] Mathematische Spezialfunktionen (§17.2)
[4] **string_view** (§10.3)
[5] **any** (§15.4.3)
[6] **variant** (§15.4.1)
[7] **optional** (§15.4.2)
[8] Eine Möglichkeit, für eine gegebene Menge an Argumenten, alles aufzurufen, was aufgerufen werden kann: **invoke()**
[9] Elementare String-Konvertierungen: **to_chars()** and **from_chars()**
[10] Polymorpher Allokator (§12.7)
[11] **scoped_lock** (§18.3)
[12] Einige weitere kleine Erweiterungen

19.2.8 Komponenten der C++20-Standardbibliothek

[1] Bereiche, Views und Pipelines (§14.1)
[2] Formatierung im Stil von **printf()**: **format()** und **vformat()** (§11.6.2)
[3] Kalender (§16.2.2) und Zeitzonen (§16.2.3)
[4] **span** für den Lese- und Schreibzugriff auf kontinuierliche Arrays (§15.2.2)
[5] **source_location** (§16.5)
[6] Mathematische Konstanten, z .B. **pi** und **ln10e** (§17.9)
[7] Viele Erweiterungen zu **atomic** (§18.3.2)

[8] Möglichkeiten, auf eine Reihe von **thread** zu warten: **barrier** und **latch**

[9] Test-Makros für Sprachmerkmale

[10] **bit_cast<>** (§16.7)

[11] Bit-Operationen (§16.7)

[12] Weitere Standardbibliotheksfunktionen, die zu **constexpr** gemacht wurden

[13] Viele Anwendungen von **<=>** in der Standardbibliothek

[14] Viele weitere kleine Erweiterungen

19.2.9 Entfernte und veraltete Funktionsmerkmale

»Da draußen« gibt es Milliarden von Zeilen in C++ und niemand weiß genau, welche Funktionsmerkmale ganz besonders wichtig sind. Entsprechend entfernt das ISO-Komitee ältere Features nur zögernd und auch erst nach jahrelangen Warnungen und Vorankündigungen. Manchmal jedoch werden lästige Features tatsächlich entfernt oder als *veraltet* (deprecated) gekennzeichnet.

Wird ein Feature als veraltet gekennzeichnet, drückt das Standardisierungskomitee damit den Wunsch aus, dass es verschwinden möge. Allerdings hat das Komitee nicht die Macht, ein stark benutztes Feature sofort aus dem Verkehr zu ziehen – ganz egal, wie redundant oder gefährlich es sein könnte. Die Kennzeichnung als veraltet ist also ein dringender Hinweis, dieses Feature zu meiden. Es könnte in Zukunft verschwinden. Die Liste der veralteten Features befindet sich in Anhang D des Standards [C++, 2020]. Compiler geben meist eine Warnung aus, wenn veraltete Funktionsmerkmale benutzt werden. Allerdings sind diese Teil des Standards und die Geschichte hat gezeigt, dass sie aus Gründen der Kompatibilität üblicherweise »für immer« unterstützt werden. Selbst Features, die schließlich entfernt werden, leben in den Implementierungen meist fort, weil die Benutzer Druck auf die Hersteller der Implementierungen ausüben.

- Entfernt: Spezifikation von Exceptions: **void f() throw(X,Y);** // C++98; jetzt ein Fehler
- Entfernt: die Mittel zur Unterstützung von Spezifikation von Exceptions, **unexpected_handler**, **set_unexpected()**, **get_unexpected()** und **unexpected()**. Benutzen Sie stattdessen **noexcept** (§4.2).
- Entfernt: Trigraphen
- Entfernt: **auto_ptr**. Benutzen Sie stattdessen **unique_ptr** (§15.2.1).
- Entfernt: die Verwendung für den Speicherspezifikator **register**
- Entfernt: die Verwendung von ++ auf einem **bool**
- Entfernt: das C++98-Feature **export**. Es war komplex und wurde von den großen Herstellern nicht ausgeliefert. Stattdessen wird **export** als Schlüsselwort für Module benutzt (§3.2.2).

- Veraltet: das Generieren von Kopieroperationen für eine Klasse mit einem Destruktor (§6.2.1)
- Entfernt: Zuweisung eines String-Literals zu einem **char***. Benutzen Sie stattdessen **const char*** oder **auto**.
- Entfernt: einige Funktionsobjekte der C++-Standardbibliothek und damit verbundene Funktionen. Die meisten beziehen sich auf das Binden von Argumenten. Benutzen Sie stattdessen Lambdas und **function** (§16.3).
- Veraltet: Vergleiche von **enum**-Werten mit Werten aus einem anderen **enum** oder einem Gleitkommawert
- Veraltet: Vergleiche zwischen zwei Arrays
- Veraltet: Kommaoperationen in einem Index (z .B. **[a,b]**). So wird Platz geschaffen für den benutzerdefinierten **operator[]()** mit mehreren Argumenten.
- Veraltet: implizites Erfassen von ***this** in Lambda-Ausdrücken. Benutzen Sie stattdessen **[=,this]** (§7.3.3).
- Entfernt: die Standardbibliotheksschnittstelle für Garbage-Kollektoren. Die C++-Garbage-Kollektoren benutzen diese Schnittstelle nicht.
- Veraltet: **strstream**; benutzen Sie stattdessen **spanstream** (§11.7.4).

19.3 C/C++-Kompatibilität

Abgesehen von kleinen Ausnahmen ist C++ eine Obermenge von C (gemeint ist damit C11; [C, 2011]). Die meisten Unterschiede beruhen darauf, dass C++ größeren Wert auf die Typprüfung legt. Gut geschriebene C-Programme sind in der Regel auch C++-Programme. So sind etwa alle Beispiele in K&R2 [Kernighan, 1988] auch C++. Ein Compiler kann jeden Unterschied zwischen C++ und C feststellen. Die Inkompatibilitäten zwischen C11 und C++20 sind in Anhang C des Standards aufgeführt [C++, 2020].

19.3.1 C und C++ sind Geschwister

Wie kann ich behaupten, dass C und C++ Geschwister seien? Schauen Sie sich den vereinfachten Familienstammbaum an:

Klassisches C hat zwei hauptsächliche Nachfahren: ISO-C und ISO-C++. Im Laufe der Jahre haben sich diese Sprachen mit unterschiedlicher Geschwindigkeit und in verschiedene Richtungen weiterentwickelt. Eine Folge dessen ist, dass beide Sprachen die traditionelle Programmierung im C-Stil etwas anders unterstützen. Die daraus entstehenden Inkompatibilitäten können Leuten, die sowohl C als auch C++ benutzen, Leuten, die in einer Sprache programmieren und dabei in der anderen Sprache implementierte Bibliotheken benutzen, sowie Anbietern von Bibliotheken und Werkzeugen für C und C++ das Leben schwer machen.

Eine durchgezogene Linie bedeutet eine umfassende Vererbung von Sprachmerkmalen, eine gestrichelte Linie eine Übernahme wesentlicher Merkmale und eine gepunktete Linie eine Übernahme weniger wichtiger Merkmale. Daraus gehen ISO-C und ISO-C++ als die zwei Hauptnachkommen von K&R-C [Kernighan, 1978] und als Geschwister hervor. Beide tragen die wichtigsten Aspekte des klassischen C in sich und keines von beiden ist zu 100% kompatibel mit dem klassischen C. Ich habe den Begriff »klassisches C« von einem Aufkleber, der an Dennis Ritchies Terminal klebte. Es ist K&R-C, erweitert um Aufzählungen und die **`struct`**-Zuweisung. BCPL wird durch [Richards, 1980] und C89 durch [C, 1990] definiert.

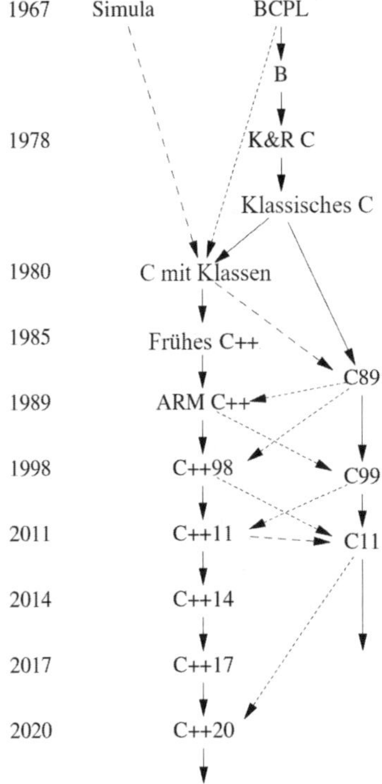

Es gab ein C++03, das ich aber nicht mit aufgeführt habe, weil es sich nur um eine fehlerbereinigte Version handelt. Aus diesem Grund ist auch C17, die fehlerbereinigte Fassung von C11, nicht mit vertreten.

Beachten Sie, dass Unterschiede zwischen C und C++ nicht notwendigerweise das Ergebnis von Änderungen an C sind, die in C++ vorgenommen wurden. In mehreren Fällen sind die Inkompatibilitäten auf Features zurückzuführen, die inkompatibel in C übernommen wurden, lange nachdem sie in C++ bereits gebräuchlich waren. Beispiele sind die Fähigkeit, ein **`T*`** zu einem **`void*`** zuzuweisen, und die

Bindung der globalen **const** [Stroustrup, 2002]. Manchmal wurde ein Feature sogar inkompatibel nach C übernommen, nachdem es Teil des ISO-C++-Standards geworden ist, wie etwa Details der Bedeutung von **inline**.

19.3.2 Kompatibilitätsprobleme

Es gibt viele kleine Inkompatibilitäten zwischen C und C++. Alle können für einen Programmierer Probleme verursachen, doch im Kontext von C++ kann man sie durchaus in den Griff bekommen. Nicht zuletzt können C-Codefragmente als C kompiliert und mithilfe des Mechanismus **extern "C"** verknüpft werden.

Die größten Probleme für die Umwandlung eines C-Programms in C++ sind wahrscheinlich:

- suboptimaler Entwurf und suboptimaler Programmierstil
- ein **void***, das implizit (d. h. ohne Typumwandlung) in ein **T*** konvertiert wird
- C++-Schlüsselwörter, wie **class** und **private**, die in C-Code als Identifikatoren verwendet werden
- inkompatible Bindung von Codefragmenten, die als C kompiliert, und von Fragmenten, die als C++ kompiliert wurden

Stilprobleme

Natürlich wird ein C-Programm im C-Stil, wie etwa dem Stil in K&R [Kernighan, 1988], geschrieben. Dies impliziert den umfassenden Einsatz von Zeigern und Arrays und wahrscheinlich vieler Makros. Diese Elemente lassen sich in einem großen Programm kaum zuverlässig einsetzen. Ressourcenverwaltung und Fehlerbehandlung erfolgen oft ad hoc (statt durch die Sprache und irgendwelche Werkzeuge unterstützt) und werden häufig nur unvollständig dokumentiert und befolgt. Eine einfache zeilenweise Konvertierung eines C-Programms in ein C++-Programm ergibt ein Programm, das oft ein bisschen besser geprüft ist. Tatsächlich habe ich noch nie ein C-Programm in ein C++-Programm umgewandelt, ohne irgendwelche Fehler zu finden. Die grundlegende Struktur jedoch bleibt unverändert, und damit auch die grundsätzlichen Fehlerquellen. Falls im originalen C-Programm Ihre Fehlerbehandlung unvollständig ist, Sie Ressourcenlecks oder überlaufende Puffer haben, dann wird all das auch in der C++-Version noch vorhanden sein. Um wirkliche Vorteile aus der Konvertierung zu ziehen, müssen Sie die grundsätzliche Struktur des Codes ändern:

[1] Stellen Sie sich C++ nicht einfach als C mit ein paar Zusatzfunktionen vor. C++ kann auf diese Art eingesetzt werden, aber das ist alles andere als optimal. Um im Vergleich zu C wirklich große Vorteile aus C++ zu ziehen, müssen Sie auf andere Entwurfs- und Implementierungsstile setzen.

[2] Verwenden Sie die C++-Standardbibliothek als Lehrerin neuer Techniken und Programmierstile. Beachten Sie den Unterschied zur C-Standardbibliothek (z .B. = statt **strcpy()** für das Kopieren).

[3] In C++ ist fast niemals eine Makro-Substitution erforderlich. Benutzen Sie **const** (§1.6), **constexpr** (§1.6), **enum** oder **enum class** (§2.4) zum Definieren offenkundiger Konstanten, **constexpr** (§1.6), **consteval** (§1.6) und **inline** (§5.2.1) zum Vermeiden des Overheads beim Funktionsaufruf, **template** (Kapitel 7) zum Festlegen von Familien von Funktionen und Typen und **namespace** (§3.3) zum Vermeiden von Namenskonflikten.

[4] Deklarieren Sie eine Variable erst, wenn Sie sie brauchen, und initialisieren Sie sie sofort. Eine Deklaration kann überall dort auftauchen, wo auch eine Anweisung sein kann (§1.8), etwa in **for**-Anweisungsinitialisierern und in Bedingungen (§1.8).

[5] Verwenden Sie kein **malloc()**. Der **new**-Operator (§5.2.2) erledigt dieselbe Aufgabe besser. Statt **realloc()** versuchen Sie es mit **vector** (§6.3, §12.2). Ersetzen Sie nicht einfach **malloc()** und **free()** durch »nacktes« **new** und **delete** (§5.2.2).

[6] [6]Vermeiden Sie **void***, **union** und Typumwandlungen (Casts), es sei denn, ganz tief in der Implementierung irgendeiner Funktion oder Klasse. Ihre Verwendung schränkt die Unterstützung ein, die Sie aus dem Typsystem gewinnen können, und kann die Leistung beeinträchtigen. In den meisten Fällen ist eine Typumwandlung ein Anzeichen für einen Entwurfsfehler.

[7] Falls Sie eine explizite Typkonvertierung verwenden müssen, benutzen Sie eine passend benannte Typumwandlung (z. B. **static_cast**; §5.2.3). So erhalten Sie eine präzisere Angabe dessen, was Sie beabsichtigen.

[8] Minimieren Sie die Verwendung von Arrays und Strings im C-Stil. Der Code, den Sie mit den **string** (§10.2), **array** (15.3.1) und **vector** (§12.2) der C++-Standardbibliothek schreiben, ist oft einfacher und pflegeleichter als der Code im traditionellen C-Stil. Versuchen Sie nicht, das nachzubauen, was bereits von der Standardbibliothek zur Verfügung gestellt wird.

[9] Vermeiden Sie Zeigerarithmetik außer in sehr spezialisiertem Code (wie etwa einer Speicherverwaltung).

[10] Übergeben Sie aufeinanderfolgende Sequenzen (wie Arrays) als **span** (§15.2.2). Das ist eine gute Möglichkeit, um Bereichsfehler (»Pufferüberläufe«) ohne zusätzliche Tests zu vermeiden.

[11] Benutzen Sie für einfache Traversierungen von Arrays ein bereichsbasiertes **for** (§1.7). Das ist einfacher zu schreiben, genauso schnell und viel sicherer als eine traditionelle C-Schleife.

[12] Benutzen Sie **nullptr** (§1.7.1) statt **0** oder **NULL**.

[13] Nehmen Sie nicht an, dass etwas, das aufwendig in C-Stil geschrieben wurde (das also C++-Merkmale wie Klassen, Templates und Exceptions vermeidet), effizienter ist als eine kürzere Alternative (und z. B. Elemente der Standardbibliothek benutzt). Oft (aber natürlich nicht immer) trifft das Gegenteil zu.

void*

In C könnte ein **void*** als rechtsseitiger Operand einer Variablenzuweisung oder -initialisierung eines beliebigen Zeigertyps verwendet werden, in C++ dagegen nicht. Zum Beispiel:

```
void f(int n)
{
     int* p = malloc(n*sizeof(int)); // kein C++; in C++ mit "new" allozieren
    // ...
}
```

Das ist wahrscheinlich die schwierigste Inkompatibilität, die Ihnen unterkommen wird. Beachten Sie, dass die implizite Konvertierung eines **void*** in einen anderen Zeigertyp im Allgemeinen *nicht* harmlos ist:

```
char ch;
void* pv = &ch;
int* pi = pv;      // kein C++
*pi = 666;        // überschreibt ch und andere Bytes nahe ch
```

Wenn Sie beide Sprachen verwenden, wandeln Sie das Ergebnis von **malloc()** in den richtigen Typ um. Falls Sie nur C++ benutzen, sollten Sie **malloc()** vermeiden.

Bindung

C und C++ können mit unterschiedlichen Bindungskonventionen implementiert werden (und oft werden sie es auch). Der einfachste Grund dafür ist der größere Stellenwert, den C++ der Typprüfung beimisst. Ein praktischer Grund besteht darin, dass C++ das Überladen unterstützt, sodass es zwei globale Funktionen namens **open()** geben kann. Dies muss sich in der Art und Weise widerspiegeln, wie der Linker funktioniert.

Um eine C++-Funktion im Stil von C zu binden (damit sie auch aus einem C-Programmfragment heraus aufgerufen werden kann) oder einer C-Funktion zu erlauben, aus einem C++-Programmfragment heraus aufgerufen zu werden, deklarieren Sie sie **extern "C"**. Zum Beispiel:

```
extern "C" double sqrt(double);
```

Nun kann **sqrt(double)** aus einem C- oder C++-Codefragment heraus aufgerufen werden. Die Definition von **sqrt(double)** kann ebenfalls als C- oder als C++-Funktion kompiliert werden.

Nur eine Funktion eines bestimmten Namens in einem Gültigkeitsbereich kann eine C-Bindung haben (weil C kein Überladen von Funktionen erlaubt). Eine Bindungsspezifikation hat keinen Einfluss auf die Typprüfung, sodass die C++-Regeln für Funktionsaufrufe und Argumentprüfungen auch weiterhin für eine Funktion gelten, die **extern"C"** deklariert wurde.

19.4 Ratschläge

[1] Der ISO-C++-Standard [C++, 2020] definiert C++.

[2] Wenn Sie einen Stil für ein neues Projekt wählen oder eine Codebasis modernisieren, halten Sie sich an die C++ Core Guidelines; §19.1.4.

[3] Wenn Sie C++ lernen, dann konzentrieren Sie sich nicht allein auf die Merkmale der Sprache, sondern auf die Sprache als Ganzes; §19.2.1.

[4] Bleiben Sie nicht in jahrzehntealten Sprachmerkmalen und Entwurfstechniken stecken; §19.1.4.

[5] Bevor Sie ein neues Feature in Produktionscode einsetzen, probieren Sie es aus, indem Sie kleine Programme schreiben. Auf diese Weise können Sie die Einhaltung der Standards und die Leistungsfähigkeit der Implementierungen testen, die Sie verwenden wollen.

[6] Nutzen Sie zum Lernen von C++ die neueste und vollständigste Implementierung von Standard-C++, die Sie bekommen können.

[7] Die gemeinsame Teilmenge von C und C++ ist nicht die beste Teilmenge von C++ für den Einstieg als Anfänger; §19.3.2.1.

[8] Vermeiden Sie Typumwandlungen (Casts); §19.3.2.1; [CG: ES.48].

[9] Bevorzugen Sie benannte Typumwandlungen wie **static_cast** gegenüber Typumwandlungen im C-Stil; §5.2.3; [CG: ES.49].

[10] Wenn Sie ein C-Programm in C++ konvertieren, benennen Sie alle Variablen um, die C++-Schlüsselwörter sind; §19.3.2.

[11] Falls Sie C benutzen müssen, dann schreiben Sie aus Gründen der Portabilität und Typsicherheit in der gemeinsamen Teilmenge von C und C++; §19.3.2.1; [CG: CPL.2].

[12] Wenn Sie ein C-Programm in C++ konvertieren, dann wandeln Sie das Ergebnis von **malloc()** in den richtigen Typ um oder ändern Sie alle Vorkommen von **malloc()** in **new**; §19.3.2.2.

[13] Wenn Sie **malloc()** und **free()** in **new** und **delete** umwandeln, dann sollten Sie möglicherweise **vector**, **push_back()** und **reserve()** statt **realloc()** benutzen; §19.3.2.1.

[14] In C++ gibt es keine impliziten Konvertierungen von **int** in Aufzählungen; benutzen Sie bei Bedarf eine explizite Typkonvertierung.

[15] Für jeden Standard-C-Header **<X.h>**, der Namen in den globalen Namensraum setzt, setzt der Header **<cX>** die Namen in den Namensraum **std**.

[16] Benutzen Sie **extern "C"**, wenn Sie C-Funktionen deklarieren; §19.3.2.3.

[17] Bevorzugen Sie **string** gegenüber Strings im C-Stil (direkte Manipulation von Null-terminierten Arrays aus **char**); [CG: SL.str.1].

[18] Bevorzugen Sie **iostream** gegenüber **stdio**; [CG: SL.io.3].

[19] Bevorzugen Sie Container (z. B. **vector**) gegenüber integrierten Arrays.

Anhang A

module std

Ein entscheidender Punkt an einer Erfindung ist,
dass das komplette System funktionieren muss.
— J. Presper Eckert

A.1 Einführung

Als dieses Buch geschrieben wurde, war **module std** [Stroustrup, 2021b] leider noch nicht Teil des Standards. Ich hege aber die begründete Hoffnung, dass es sich in C++23 wiederfinden wird. Dieser Anhang liefert Ihnen einige Anregungen, wie Sie in der Zwischenzeit verfahren könnten.

Die Idee hinter **module std** besteht darin, alle Komponenten der Standardbibliothek einfach und billig über eine einzige **import std;**-Anweisung zur Verfügung zu stellen. Ich habe mich in allen Kapiteln darauf verlassen. Die Header werden hauptsächlich erwähnt und benannt, weil sie traditionell und allgemein verfügbar sind, teilweise aber auch, weil sie die (nicht perfekte) historische Organisation der Standardbibliothek widerspiegeln.

Einige Standardbibliothekskomponenten werfen Namen wie **sqrt()** aus **<cmath>** in den globalen Namensraum. **module std** macht das nicht, doch wenn wir solche globalen Namen brauchen, können wir **std.compat** importieren. Der einzige gute Grund, **std.compat** anstelle von **std** zu importieren, besteht darin, dass wir es so vermeiden, die alten Codebasen durcheinanderzubringen, während wir zugleich die Vorteile der schnelleren Kompilierung genießen, die die Verwendung von Modulen mit sich bringt.

Beachten Sie, dass Module ganz bewusst keine Makros exportieren. Wenn Sie Makros brauchen, benutzen Sie **#include**.

Module und Header-Dateien können koexistieren. Das heißt, wenn Sie einen identischen Satz an Deklarationen sowohl mit **#include** als auch mit **import** einbinden, erhalten Sie ein konsistentes Programm. Das ist entscheidend für die Entwicklung großer Codebasen, die von Header-Dateien dann irgendwann auf Module wechseln sollen.

A.2 Benutzen Sie, was Ihre Implementierung zu bieten hat

Mit ein bisschen Glück hat eine Implementierung, die Sie benutzen wollen, bereits ein **module std**. In diesem Fall sollte dies Ihre erste Wahl sein. Es könnte als »experimentell« gekennzeichnet sein und ein bisschen Vorbereitung erfordern oder eine Einschränkung bei den Compiler-Optionen bedeuten. Untersuchen Sie also zuerst, ob die Implementierung ein **module std** oder etwas Äquivalentes hat. Zum Beispiel bietet Visual Studio momentan (Frühling 2022) eine Reihe »experimenteller« Module an, sodass Sie bei Verwendung dieser Implementierung **module std** folgendermaßen definieren können:

```
export module std;
export import std.regex;        // <regex>
export import std.filesystem;     // <filesystem>
export import std.memory;       // <memory>
export import std.threading; // <atomic>, <condition_variable>, <future>,
                             // <mutex>,
                             // <shared_mutex>, <thread>
export import std.core;         // der ganze Rest
```

Damit das funktioniert, müssen wir ganz offensichtlich einen C++20-Compiler benutzen und außerdem Optionen für den Zugriff auf die experimentellen Module einstellen. Seien Sie sich bewusst, dass alles »Experimentelle« sich mit der Zeit ändert.

A.3 Benutzen Sie Header

Wenn eine Implementierung Module noch nicht unterstützt oder noch kein **module std** oder etwas Äquivalentes anbietet, können Sie auf herkömmliche Header zurückgreifen. Sie sind der Standard und allgemein verfügbar. Damit ein Beispiel funktioniert, müssen Sie allerdings erst feststellen, welche Header erforderlich sind, und diese mit **#include** einfügen. Hier kann Kapitel 9 helfen. Sie können außerdem den Namen eines Features, das Sie benutzen wollen, in [Cppreference] nachschlagen. Dort sehen Sie, zu welchem Header es gehört. Falls Ihnen das zu mühselig wird, können Sie häufig benutzte Header in einem **std.h**-Header sammeln:

```
// std.h

#include <iostream>
#include<string>
#include<vector>
```

```
#include<list>
#include<memory>
#include<algorithms>
// ...
```

und dann:

```
#include "std.h"
```

Das Problem hier ist, dass es das Kompilieren beträchtlich verlangsamt, wenn Sie so viel mit **#include** einbinden [Stroustrup, 2021b].

A.4 Machen Sie sich Ihr eigenes module std

Diese Alternative ist am wenigsten attraktiv, weil sie wahrscheinlich die meiste Arbeit verursacht. Wenn man es aber einmal geschafft hat, kann man das Ergebnis mit anderen teilen:

```
module;
#include <iostream>
#include<string>
#include<vector>
#include<list>
#include<memory>
#include<algorithms>
// ...

export module std;
export istream;
export ostream;
export iostream;
// ...
```

Es gibt auch eine Abkürzung:

```
export module std;

export import "iostream";
export import "string";
export import "vector";
export import "list";
export import "memory";
```

```
export import "algorithms";
// ...
```

Das Konstrukt:

```
import "iostream";
```

Das Importieren einer *Header-Einheit* ist ein Übergangsstadium zwischen Modulen und Header-Dateien. Es nimmt eine Header-Datei und macht daraus so etwas wie ein Modul, kann aber auch Namen in den globalen Namensraum injizieren (wie **`#include`**) und es macht auch Makros verfügbar.

Das ist beim Kompilieren nicht ganz so langsam wie die Variante mit **`#include`**, aber auch nicht ganz so schnell wie ein anständig konstruiertes, benanntes Modul.

A.5 Ratschläge

[1] Bevorzugen Sie Module, die von einer Implementierung bereitgestellt werden; §A.2.

[2] Benutzen Sie Module; §A.3.

[3] Bevorzugen Sie benannte Module gegenüber Header-Einheiten; §A.4.

[4] Um Makros und globale Namen aus dem C-Standard zu benutzen, importieren Sie **`std.compat`**; §A.1

[5] Vermeiden Sie Makros; §A.1; [CG: ES.30] [CG: ES.31].

Anhang B

Literaturverzeichnis

B.1 Literaturhinweise

[Boost] *The Boost Libraries: free peer-reviewed portable C++ source libraries.* www.boost.org.

[C, 1990] X3 Secretariat: *Standard – The C Language.* X3J11/90-013. ISO-Standard ISO/IEC 9899-1990. Computer and Business Equipment Manufacturers Association. Washington, DC.

[C, 1999] ISO/IEC 9899. *Standard – The C Language.* X3J11/90-013-1999.

[C, 2011] ISO/IEC 9899. *Standard – The C Language.* X3J11/90-013-2011.

[C++, 1998] ISO/IEC JTC1/SC22/WG21 (Herausgeber: Andrew Koenig): *International Standard – The C++ Language.* ISO/IEC 14882:1998.

[C++, 2004] ISO/IEC JTC1/SC22/WG21 (Herausgeber: Lois Goldthwaite): *Technical Report on C++ Performance.* ISO/IEC TR 18015:2004(E) ISO/IEC 29124:2010.

[C++, 2011] ISO/IEC JTC1/SC22/WG21 (Herausgeber: Pete Becker): *International Standard – The C++ Language.* ISO/IEC 14882:2011.

[C++, 2014] ISO/IEC JTC1/SC22/WG21 (Herausgeber: Stefanus Du Toit): *International Standard – The C++ Language.* ISO/IEC 14882:2014.

[C++, 2017] ISO/IEC JTC1/SC22/WG21 (Herausgeber: Richard Smith): *International Standard – The C++ Language.* ISO/IEC 14882:2017.

[C++, 2020] ISO/IEC JTC1/SC22/WG21 (Herausgeber: Richard Smith): *International Standard – The C++ Language.* ISO/IEC 14882:2020.

[Cppcoro] *CppCoro – A coroutine library for C++.* github.com/lewissbaker/cppcoro.

[Cppreference] Online-Quelle für die Sprache C++ und die Elemente der Standardbibliothek. www.cppreference.com.

[Cox, 2007] Russ Cox: *Regular Expression Matching Can Be Simple And Fast.* Januar 2007. https://sswtch.com/~rsc/regexp/regexp1.html.

[Dahl, 1970] O-J. Dahl, B. Myrhaug und K. Nygaard: *SIMULA Common Base Language.* Norwegian Computing Center S-22. Oslo, Norwegen. 1970.

[Dechev, 2010] D. Dechev, P. Pirkelbauer und B. Stroustrup: *Understanding and Effectively Preventing the ABA Problem in Descriptor-based Lock-free Designs.* 13th IEEE Computer Society ISORC 2010 Symposium. Mai 2010.

[DosReis, 2006] Gabriel Dos Reis und Bjarne Stroustrup: *Specifying C++ Concepts.* POPL06. Januar 2006.

[Ellis, 1989] Margaret A. Ellis und Bjarne Stroustrup: *The Annotated C++ Reference Manual.* Addison-Wesley. Reading, Massachusetts. 1990. ISBN 0-201-51459-1.

[Garcia, 2015] J. Daniel Garcia und B. Stroustrup: *Improving performance and maintainability through refactoring in C++11.* Isocpp.org. August 2015. http://www.stroustrup.com/improving_garcia_stroustrup_2015.pdf.

[Friedl, 1997] Jeffrey E. F. Friedl: *Mastering Regular Expressions.* O'Reilly Media. Sebastopol, California. 1997. ISBN 978-1565922570.

[Gregor, 2006] Douglas Gregor et al.: *Concepts: Linguistic Support for Generic Programming in C++.* OOPSLA'06.

[Ichbiah,1979] Jean D. Ichbiah et al.: *Rationale for the Design of the ADA Programming Language.* SIGPLAN Notices. Bd. 14, Nr. 6. Juni 1979.

[Kazakova, 2015] Anastasia Kazakova: *Infographic: C/C++ facts.* Juli 2015. https://blog.jetbrains.com/clion/2015/07/infographics-cpp-facts-before-clion.

[Kernighan, 1978] Brian W. Kernighan und Dennis M. Ritchie: *The C Programming Language.* Prentice Hall. Englewood Cliffs, New Jersey. 1978.

[Kernighan, 1988] Brian W. Kernighan und Dennis M. Ritchie: *The C Programming Language,* Second Edition. Prentice-Hall. Englewood Cliffs, New Jersey. 1988. ISBN 0-13-110362-8.

[Knuth, 1968] Donald E. Knuth: *The Art of Computer Programming.* Addison-Wesley. Reading, Massachusetts. 1968.

[Koenig, 1990] A. R. Koenig und B. Stroustrup: *Exception Handling for C++ (revised).* Proc USENIX C++ Conference. April 1990.

[Maddock, 2009] John Maddock: *Boost.Regex.* www.boost.org. 2009. 2017.

[Orwell, 1949] George Orwell: *1984.* Secker & Warburg. London. 1949.

[Paulson, 1996] Larry C. Paulson: *ML for the Working Programmer.* Cambridge University Press. Cambridge. 1996. ISBN 978-0521565431.

[Richards, 1980] Martin Richards und Colin Whitby-Strevens: *BCPL – The Language and Its Compiler.* Cambridge University Press. Cambridge. 1980. ISBN 0-521-21965-5.

[Stepanov, 1994] Alexander Stepanov und Meng Lee: *The Standard Template Library*. HP Labs Technical Report HPL-94-34 (R. 1). 1994.

[Stepanov, 2009] Alexander Stepanov und Paul McJones: *Elements of Programming*. Addison-Wesley. Boston, Massachusetts. 2009. ISBN 978-0-321-63537-2.

[Stroustrup, 1979] Persönliche Arbeitsnotizen.

[Stroustrup, 1982] B. Stroustrup: Classes: *An Abstract Data Type Facility for the C Language*. Sigplan Notices. Januar 1982. Die erste öffentliche Beschreibung von »C mit Klassen«.

[Stroustrup, 1984] B. Stroustrup: *Operator Overloading in C++*. Proc. IFIP WG2.4 Conference on System Implementation Languages: Experience & Assessment. September 1984.

[Stroustrup, 1985] B. Stroustrup: *An Extensible I/O Facility for C++*. Proc. Summer 1985 USENIX Conference.

[Stroustrup, 1986] B. Stroustrup: *The C++ Programming Language*. Addison-Wesley. Reading, Massachusetts. 1986. ISBN 0-201-12078-X.

[Stroustrup, 1987] B. Stroustrup: *Multiple Inheritance for C++*. Proc. EUUG Spring Conference. Mai 1987.

[Stroustrup, 1987b] B. Stroustrup und J. Shopiro: *A Set of C Classes for Co-Routine Style Programming*. Proc. USENIX C++ Conference. Santa Fe, New Mexico. November 1987.

[Stroustrup, 1988] B. Stroustrup: *Parameterized Types for C++*. Proc. USENIX C++ Conference, Denver, Colorado. 1988.

[Stroustrup, 1991] B. Stroustrup: *The C++ Programming Language (Second Edition)*. Addison-Wesley. Reading, Massachusetts. 1991. ISBN 0-201-53992-6.

[Stroustrup, 1993] B. Stroustrup: *A History of C++: 1979–1991*. Proc. ACM History of Programming Languages Conference (HOPL-2). ACM Sigplan Notices. Bd. 28, Nr. 3. 1993.

[Stroustrup, 1994] B. Stroustrup: *The Design and Evolution of C++*. Addison-Wesley. Reading, Massachusetts. 1994. ISBN 0-201-54330-3.

[Stroustrup, 1997] B. Stroustrup: *The C++ Programming Language, Third Edition*. Addison-Wesley. Reading, Massachusetts. 1997. ISBN 0-201-88954-4. Hardcover- (»Sonder-«) Ausgabe. 2000. ISBN 0-201-70073-5.

[Stroustrup, 2002] B. Stroustrup: *C and C++: Siblings, C and C++: A Case for Compatibility, and C and C++: Case Studies in Compatibility*. The C/C++ Users Journal. Juli–September 2002. www.stroustrup.com/papers.html.

[Stroustrup, 2007] B. Stroustrup: *Evolving a language in and for the real world: C++ 1991–2006*. ACM HOPL-III. Juni 2007.

[Stroustrup, 2009] B. Stroustrup: *Programming – Principles and Practice Using C++*. Addison-Wesley. Boston, Massachusetts. 2009. ISBN 0-321-54372-6.

[Stroustrup, 2010] B. Stroustrup: *»New« Value Terminology*. https://www.stroustrup.com/terminology.pdf. April 2010.

[Stroustrup, 2012a] B. Stroustrup und A. Sutton: *A Concept Design for the STL*. WG21 Technical Report N3351==12-0041. Januar 2012.

[Stroustrup, 2012b] B. Stroustrup: *Software Development for Infrastructure. Computer*. Januar 2012. doi:10.1109/MC.2011.353.

[Stroustrup, 2013] B. Stroustrup: *The C++ Programming Language (Fourth Edition)*. Addison-Wesley. Boston, Massachusetts. 2013. ISBN 0-321-56384-0.

[Stroustrup, 2014] B. Stroustrup: *C++ Applications*. http://www.stroustrup.com/applications.html.

[Stroustrup, 2015] B. Stroustrup und H. Sutter: *C++ Core Guidelines*. https://github.com/isocpp/CppCoreGuidelines/blob/master/CppCoreGuidelines.md.

[Stroustrup, 2015b] B. Stroustrup, H. Sutter und G. Dos Reis: *A brief introduction to C++'s model for type- and resource-safety*. Isocpp.org. Oktober 2015. Revidiert Dezember 2015. http://www.stroustrup.com/resource-model.pdf.

[Stroustrup, 2017] B. Stroustrup: *Concepts: The Future of Generic Programming (or How to design good concepts and use them well)*. WG21 P0557R1. https://www.stroustrup.com/good_concepts.pdf. Januar 2017.

[Stroustrup, 2020] B. Stroustrup: *Thriving in a crowded and changing world: C++ 2006-2020*. ACM/SIGPLAN History of Programming Languages conference, HOPL-IV. Juni 2020.

[Stroustrup, 2021] B. Stroustrup: *Type-and-resource safety in modern C++*. WG21 P2410R0. Juli 2021.

[Stroustrup, 2021b] B. Stroustrup: *Minimal module support for the standard library*. P2412r0. Juli 2021.

[Sutton, 2011] A. Sutton und B. Stroustrup: *Design of Concept Libraries for C++*. Proc. SLE 2011 (International Conference on Software Language Engineering). Juli 2011.

[WG21] ISO SC22/WG21 The C++ Programming Language Standards Committee: Document Archive. www.open-std.org/jtc1/sc22/wg21.

[Williams, 2012] Anthony Williams: *C++ Concurrency in Action – Practical Multithreading*. Manning Publications Co. ISBN 978-1933988771.

[Wong, 2020] Michael Wong, Howard Hinnant, Roger Orr, Bjarne Stroustrup, Daveed Vandevoorde: *Direction for ISO C++*. WG21 P2000R1. Juli 2020.

[Woodward, 1974] P. M. Woodward und S. G. Bond: *Algol 68-R Users Guide*. Her Majesty's Stationery Office. London. 1974.

Stichwortverzeichnis

A

D

E

F

G

L

M

N

S

W

Y

Z